金陵全書

丙編·檔案類

南京近代教育檔案

南京市私立金陵大學附屬中學

南京市檔案館　編

南京出版社
南京出版傳媒集團

圖書在版編目（CIP）數據

南京近代教育檔案. 南京市私立金陵大學附屬中學 / 南京市檔案館編. -- 南京 : 南京出版社, 2021.11
（金陵全書）
ISBN 978-7-5533-3412-7

Ⅰ. ①南… Ⅱ. ①南… Ⅲ. ①地方教育－教育史－史料－南京－近代②南京市私立金陵大學附屬中學－校史－史料 Ⅳ. ①G527.531②G649.285.31

中國版本圖書館CIP數據核字（2021）第187795號

書　　名　【金陵全書】（丙編・檔案類）
　　　　　南京近代教育檔案・南京市私立金陵大學附屬中學
編　　者　南京市檔案館
出版發行　南京出版傳媒集團
　　　　　南　京　出　版　社
社址：南京市太平門街53號　　郵編：210016
網址：http://www.njcbs.cn　　電子信箱：njcbs1988@163.com
聯系電話：025-83283893、83283864（營銷）　025-83112257（編務）

出 版 人　項曉寧
出 品 人　盧海鳴
策　　劃　盧海鳴　朱天樂
責任編輯　金　欣
裝幀設計　王　俊
責任印製　楊福彬

製　　版　上海雅昌藝術印刷有限公司
印　　刷　上海雅昌藝術印刷有限公司
開　　本　889毫米 × 1194毫米　1/16
印　　張　31.25
版　　次　2021年11月第1版
印　　次　2021年11月第1次印刷
書　　號　ISBN 978-7-5533-3412-7
定　　價　1000.00 元

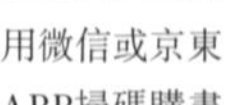

目録

壹　校史概況及會議記録

關于南京市私立金陵大學附屬中學送呈立案的一組文件

貳　教師聘用及名册

叁 學生學籍及管理

一組南京市私立金陵大學附屬中學學生學籍卡片

南京市私立金陵大學附屬中學高麗學生李敬善的一組文件

一組南京市私立金陵大學附屬中學畢業證書

關于呈送一九四七年度第二學期高中、初中畢業生成績一覽表及高中、初中畢業證書的往來公函

南京市私立金陵大學附屬中學推薦學生朱太平升入金陵大學的一組文件

肆 綜合

壹 校史概況及會議記録

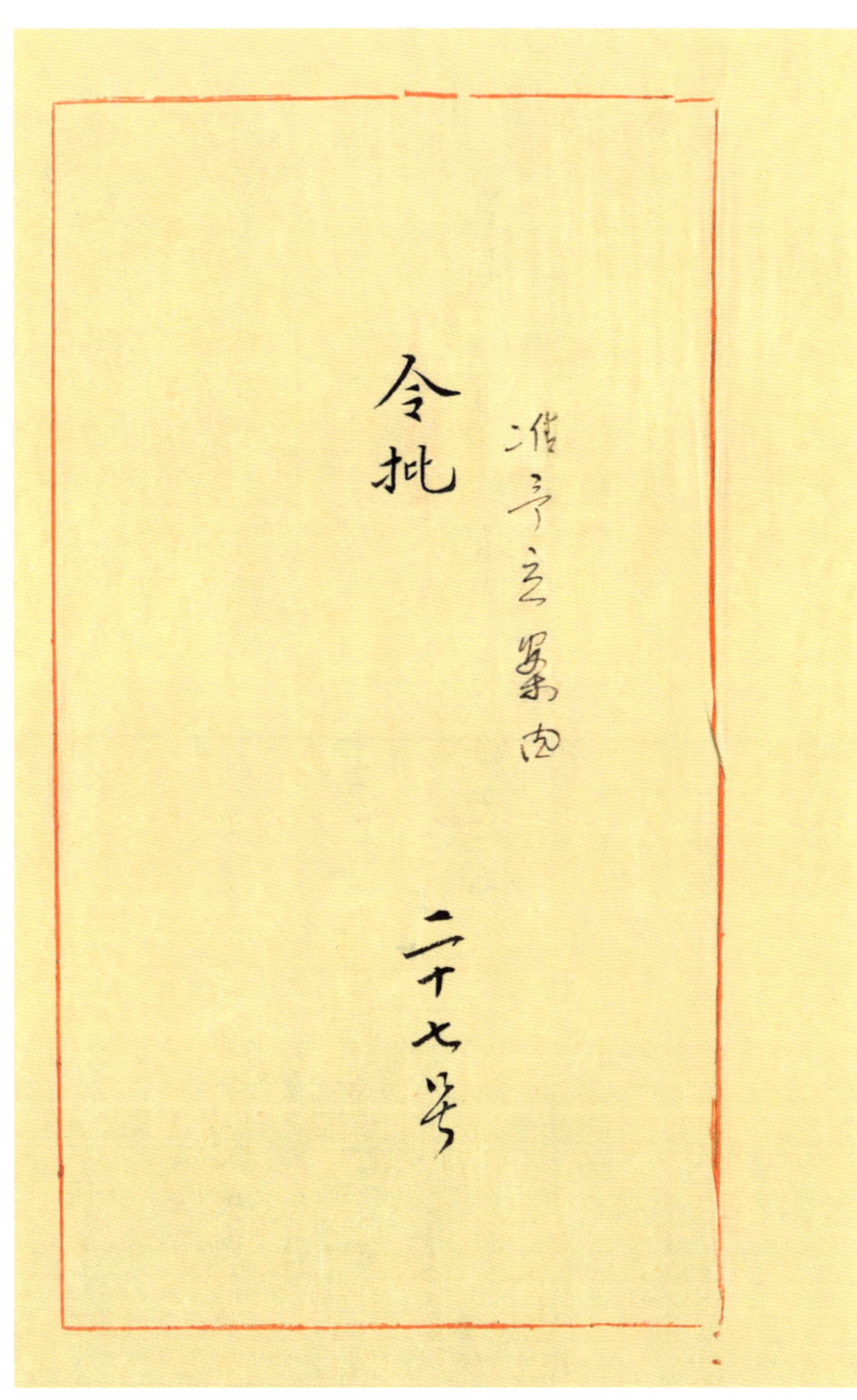

令批

准予立案由

二十七号

關于南京市私立金陵大學附屬中學送呈立案的一組文件

南京特别市市政府教育局爲照準學校立案給市私立金陵大學附屬中學校董會會長吴東初的令批

（一九二八年六月二十八日）

檔號：1009-1-550

南京特別市市政府教育局批第46號

批私立金陵中學校董會會長吳東初

呈一件 送呈學校表冊請予立案由

呈悉所請照准表冊存案備查此批

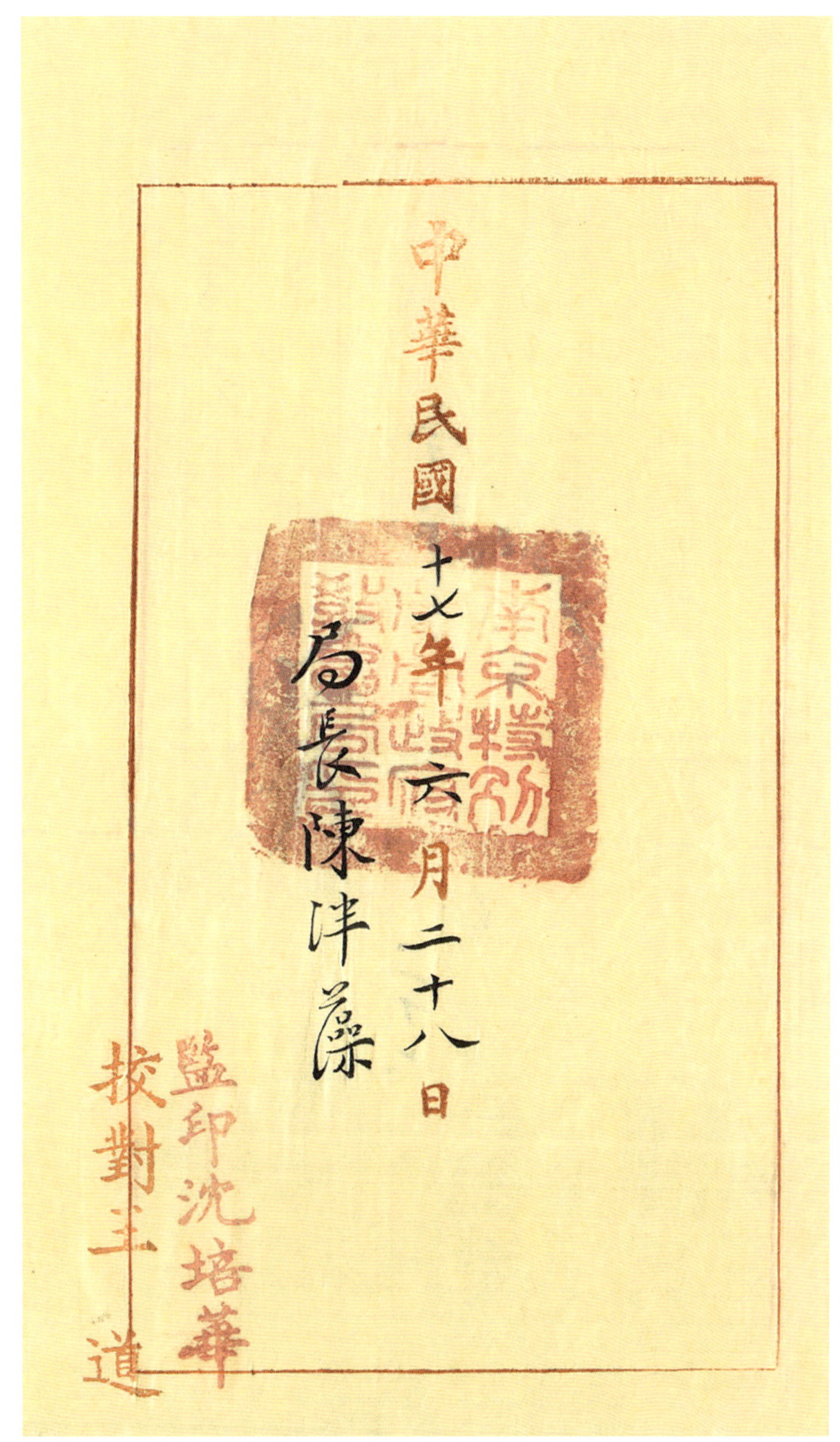

中華民國十七年六月二十八日

局長陳泮藻

監印沈培華

挍對王道

(南京特别市政府教育局)(訓令)(金陵中學)

事由 | 擬辦 | 決定辦法 | 備考

爲奉令暫准備案并遵照前令查填呈報由

附件

（　）字第　號　年　月　日　時到

第　字　收文

南京特别市政府教育局爲奉教育部令暫準備案并遵照前令查填呈報給市私立金陵大學附屬中學的訓令

（一九三〇年二月十五日）

檔號：1009-1-550

南京特别市政府教育局訓令

字第465號

令私立金陵中學

爲令知事，查私立學校立案問題，早經令飭各校立案，茲因金中鍾南兩校立案表冊，業經呈奉教育部第三三八號令准備案，令將原令錄附：

「呈表均悉。查金中鍾南兩校補造表冊，殊多與定章不符之處。例如金中表冊所載，即有以下錯誤各點：（1）中學與小學合設，而小學祇有高級小學一種（誤私立初級小學），殊與學制系統所規定者不符者也。中小學課程，雖在本部中小學課程暫行標準未頒前，暫准自訂，毋庸求全責備，但所謂「言文選修」「普通選修」意義殊欠明瞭，又收入預算表，小學每人每年學費四十六元，中學六十元，並有所謂雜費（每人平均十五元）、體育費、醫藥費等，學生負擔未免過重。姑念該校[illegible]既經該局核准立案已久，且所送表冊又係十七年度情形，應即免予置議，暫准備案。惟現時辦理情形是否已較十七年度改進，應仰該局遵照部頒各種規程標準，嚴加審察指導，以重教育，並將尚未填報各校並仰遵照本部第一二二〇號訓令，迅即查填呈報為要」等因。奉此，查該校立案手續業已正式完畢，除分行外，合行令仰該校知照。此令！

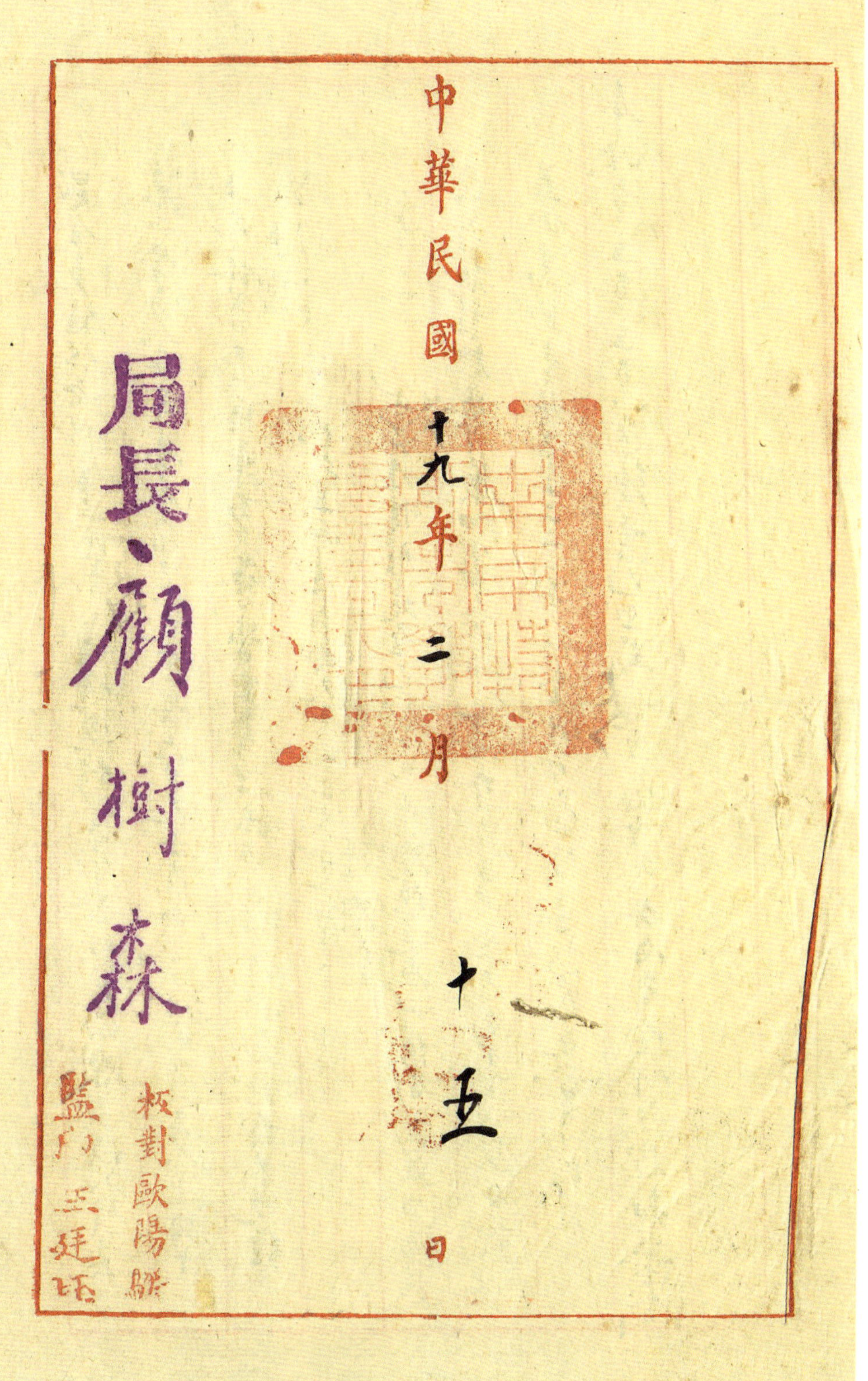
中華民國十九年二月十五日

局長顧樹森

校對歐陽驎

監印王廷[illegible]

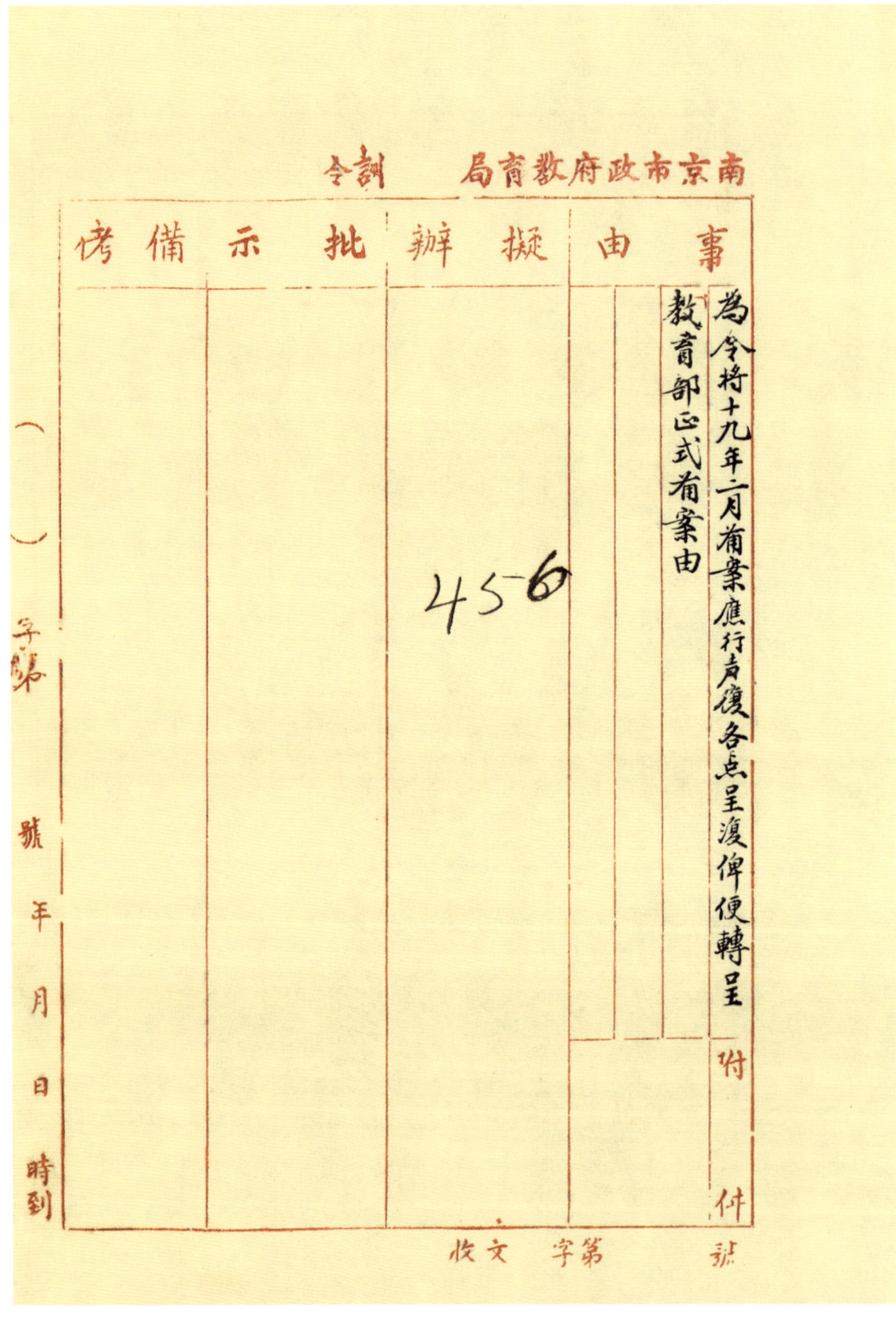
南京市政府教育局訓令

事由	擬辦	批示	備考
爲令將十九年二月備案應行聲復各點呈復俾便轉呈教育部正式備案由 附件	456		

字號 年 月 日 時到

收文 字第 號

南京市政府教育局爲將一九三〇年二月備案應行聲復各點呈復俾便轉呈教育部正式備案給市私立金陵大學附屬中學的訓令（一九三一年四月三十日）

檔號：1009-1-550

南京市政府教育局訓令　字第254號

令私立金陵中學

案奉

教育部第六七二號訓令內開：

「查本部核准備案之私立中等學校及校董會，叠經按月分別列表，令發各省市教育廳局知照；前據各公私立大學呈請，頒發已備案之私立中等學校名表，當經彙編總表，陸續寄發在案。惟是項總表，倉卒編就，於學校名稱，及所在地等項間有錯誤，且已備案之學校，亦有因辦理不善，或撤銷備案，或業經封閉，均待分別改正，自屬不復適用。茲特詳加審核，自十七年起至本年三月止，所有經前大學院及本部核准備案之各省市私立中等學校及校董會（學校已核准備案之校董會不列）編成一覽表各一份，合行檢發該局查照。表内附註一欄，標明各該校或校董會尚有應繳附屬書類，或待聲復及修正各點，或應改稱初級中學等情，各該局於奉到此表後，應就所主管範圍内之各校及校董會，逐一檢查，依照附註所開分別轉令遵照，限於文到後一個月内辦理完竣具報，以完成備案之程序。仰即遵照。此令」

等因，并附發核准備案之各省市私立中等學校及校董会一覽表各一份，奉此。查 教育部私立中等学校一覽表內本京私立鍾南中學及金陵中學均係暫准備案，除分令外，仰該校迅將十九年二月備案應行声復各点呈復，俾便轉呈 教育部正式備案。

此令。

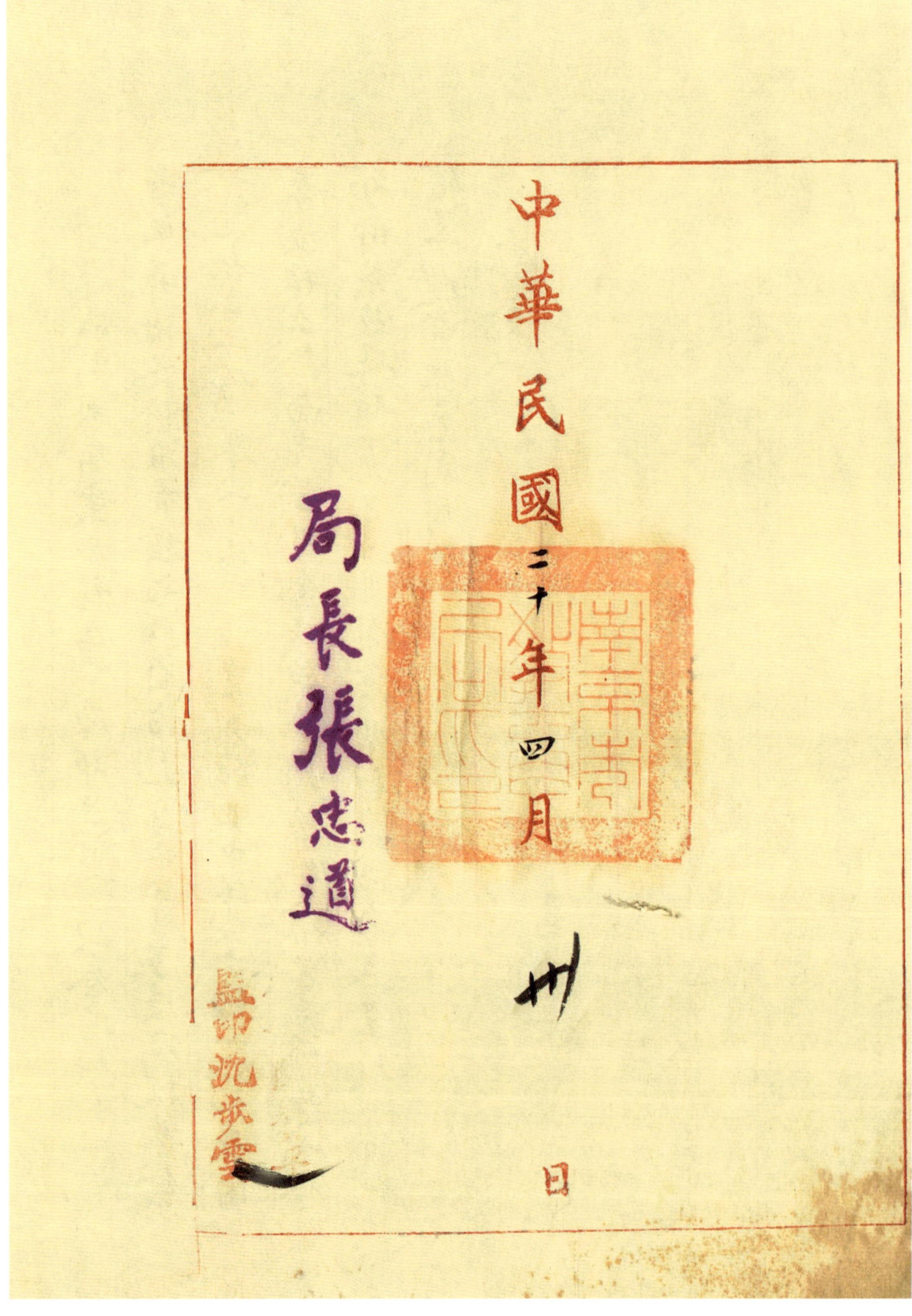

中華民國二十年四月　卅　日

局長張忠道

監印沈步雲

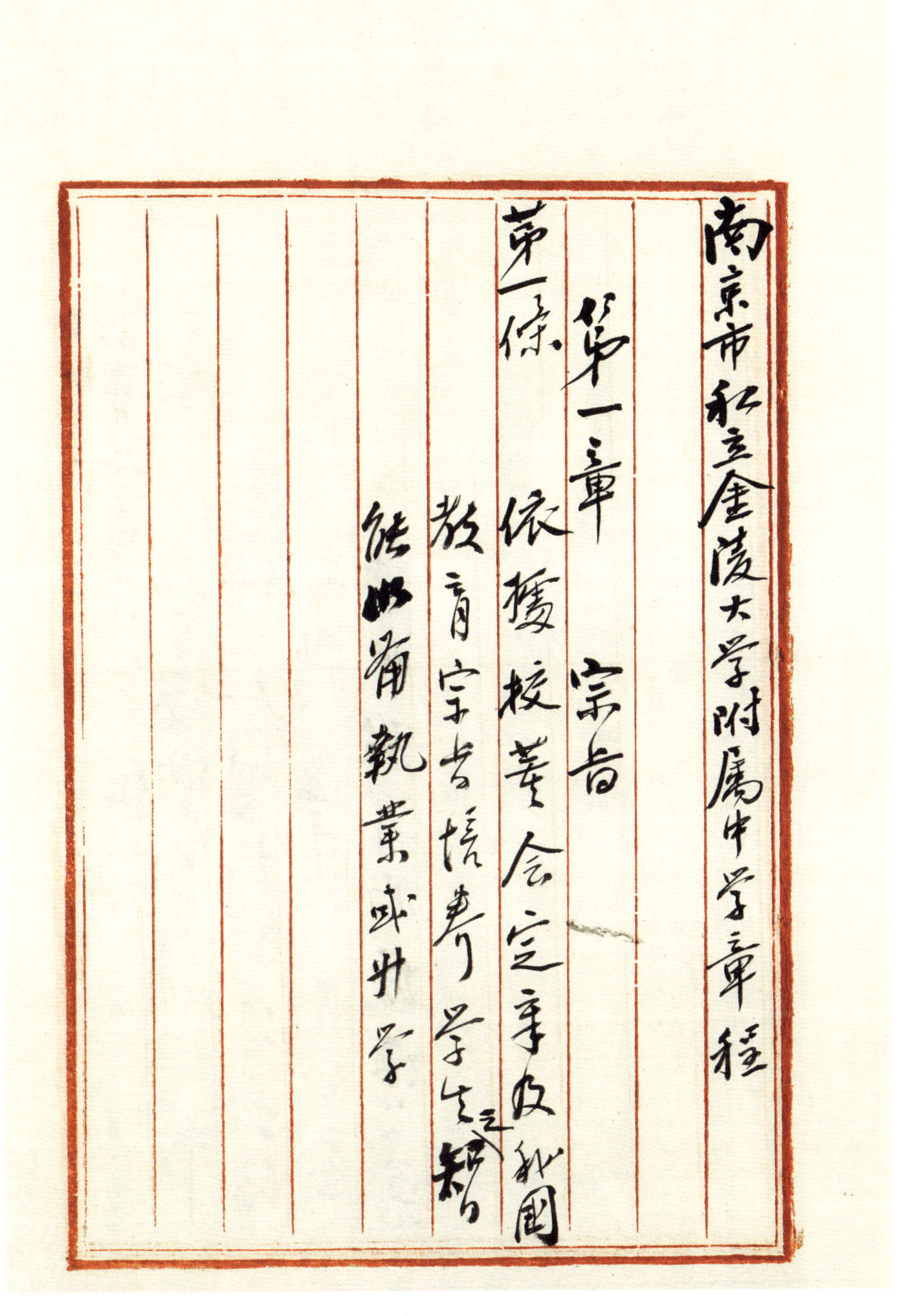

南京市私立金陵大學附屬中學章程

第一章 宗旨

第一條 依據校董會定章及我國教育宗旨培養學生之智能以備執業或升學

南京市私立金陵大學附屬中學章程（一九三〇年）

檔號：1009-1-550

第二章　組織

第二條　本校附屬于南京市私立金陵大學呈于民國十　年　月呈奉本市教育局核准立案

第三條　本校內部組織茲就行政與學制兩方之組織如下

甲、行政組織由校長統轄全校事務分置教務總務事務訓育四處各置主任一人負規劃及執行該處事務之責遇有重要事項得提出校務會議討決施行其不屬於一處之事得臨會有

關係之各處會同辦理

乙. 學制組織現辦普通高級中學第一第二兩年級第三年級並〔向〕金陵大學將于民國二十年秋季收後歸本校辦之另設初級中學三個年級全當並附有高後期小學六年級程度相同之補習班至民國二十年春季末停止

第四條　本校校務會議以校長及各處主任並校長所特約之教職員組織之開會時由校長主席每月舉行一次如由校長召集如遇緊急事宜得臨時舉行或由校長召集之

第五條　各處之處務會議由各處主任召集該處負責人員舉行之時間得由主任

规会之但须将会议经过及议决案报告于校务会议

第六条 各处办事细则由各主任拟定后提交校务会议待决施行

第三章 教務事宜

第七條 本校採用學分制分週分學程授課一小時滿一學期者爲一學分作實習及無需課外預備之學程折半計算

第八條 初中必修學程係一百九十二
選修八
高中必修學程係一百五十

選修 二十二

以上學程必須修完全畢方得畢業

第九條 初中三及高中三年級均不收轉學生

凡退學者或及一年不予轉學證書

第十條 課程表三件列後

第十一條　凡因家有要事確能證實以及犯病不能繼續肄業者得于學期向本校請求保留學籍一學期或一年逾一年者無効

第十二條　成績計算分五等共一二三四五分記方法以全班學生計算其百分之五為一等百分之二十為二等百分之五十為三等百分

之二十五四等百分之五为五等
凡等级除不加字母者及标
其有C者须补考有F者
重读

第十三条
成绩考查分三种一为平
日积分二为月考三为大考
其计算法积分为三分之二
月考与大考为三分之一
此得一個月之成绩更将此

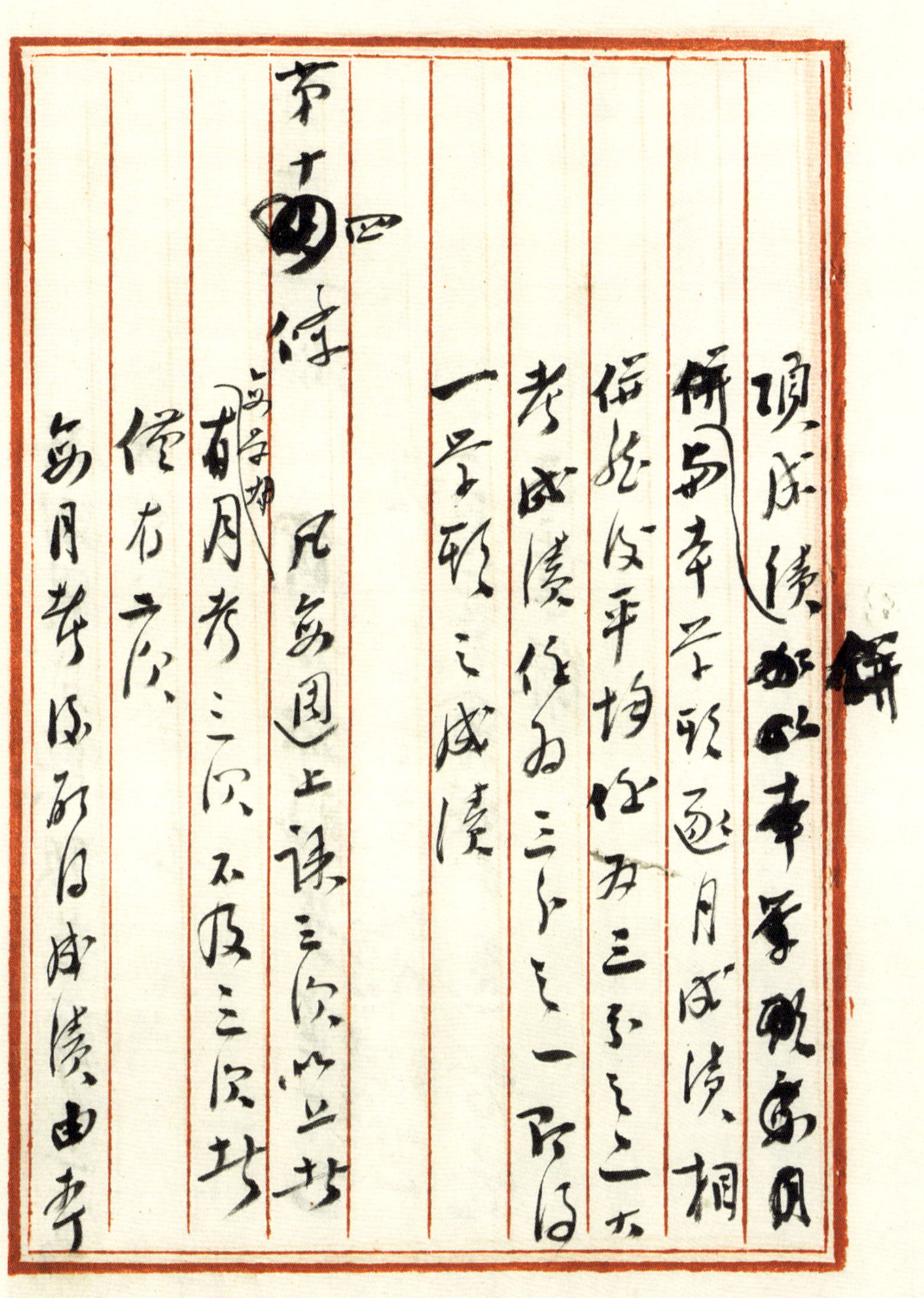

項成績併以本學期各月

併每本學期逐月成績相

併於後平均作為三分之二

考試成績作為三分之一所得

一學期之成績

第十四條

凡每週上課三次以上者

有月考三次不及三次者

僅考一次

每月考得成績由學

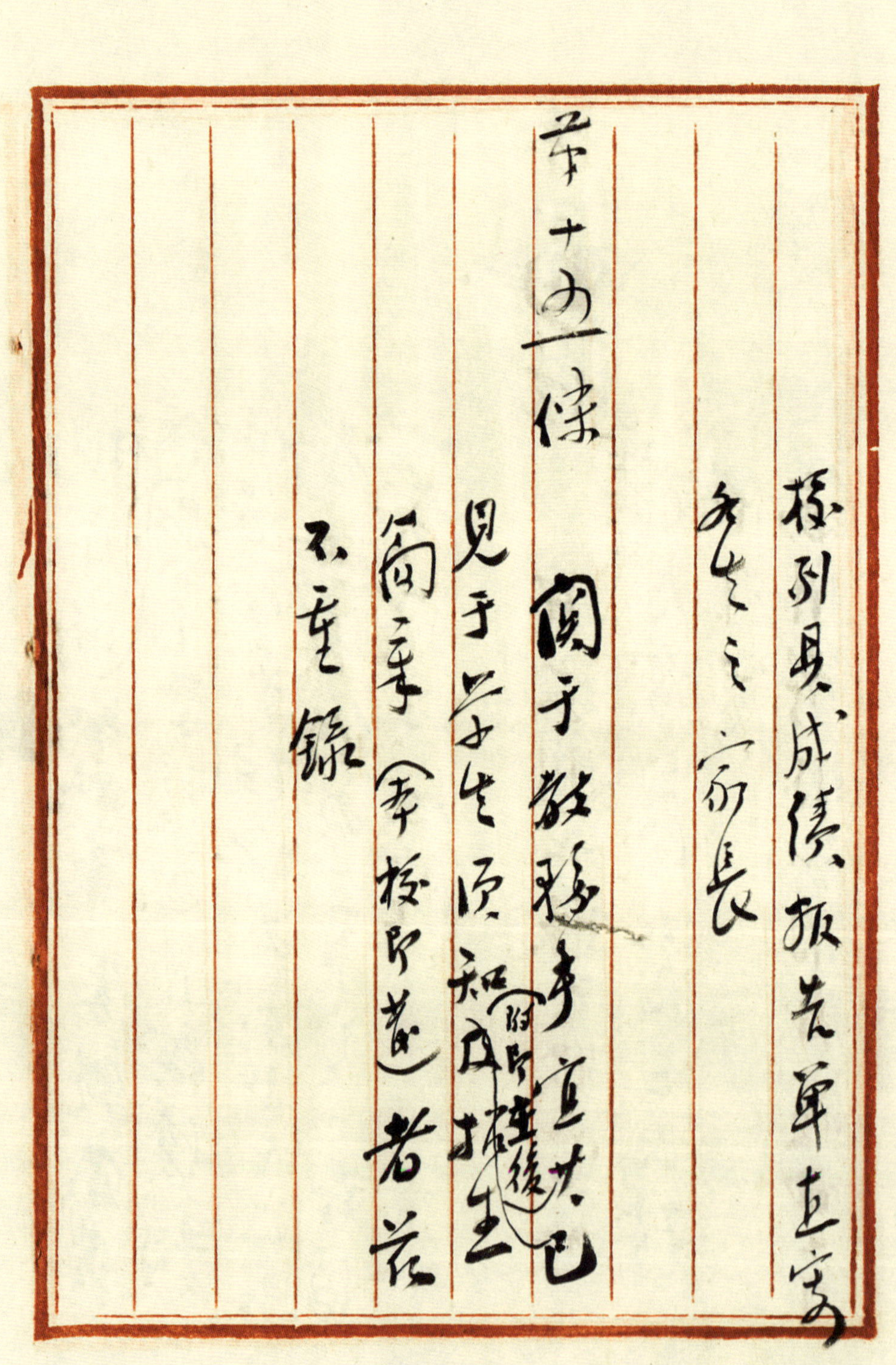

校列具成績報告單直寄各生之家長

第十四條　關于教務事宜其已見于學生須知（附印校後）及招生簡章（本校印發）者茲不重錄

第四章 齋務事宜

第六條 宿舍規則列后

第一條 每早六時半學生須一律起床

第二條 除星期六星期日及例假日外每晚六時五十分準備自修七時至八時五十分及九時至九時四十五分爲自修時間學生須一律在宿舍內安靜自修

第三條 每晚九時四十五分準備就寢十時熄燈學生須一律就寢

第四條 寢室內所有校具不得移至他處如有破壞損失須按價賠償

第五條 學生寢室內須於每早八時前自行打掃清潔以便校長及齋務主任隨時視察

第六條 學生不得私雇夫役

第七條 學生不得向窗外傾倒茶水及拋擲零星物件

第八條 學生盥洗須在盥洗室不得在宿舍內行之

第九條 學生不得携帶金銀器皿及貴重物品人校如有銀洋可交事務主任處代爲保存否則遇有損失本校概不負責

第十條 早中晚三餐須赴膳堂就食不得移入宿舍

第十一條 宿舍內不得私置燈爐

第十二條 寄宿生於例假日期出外須於午後七時返校聽候點名

第十三條 寄宿生未經特許不得在外住宿違犯者立即除名

除第十三條[illegible]得酌量情形與以懲罰

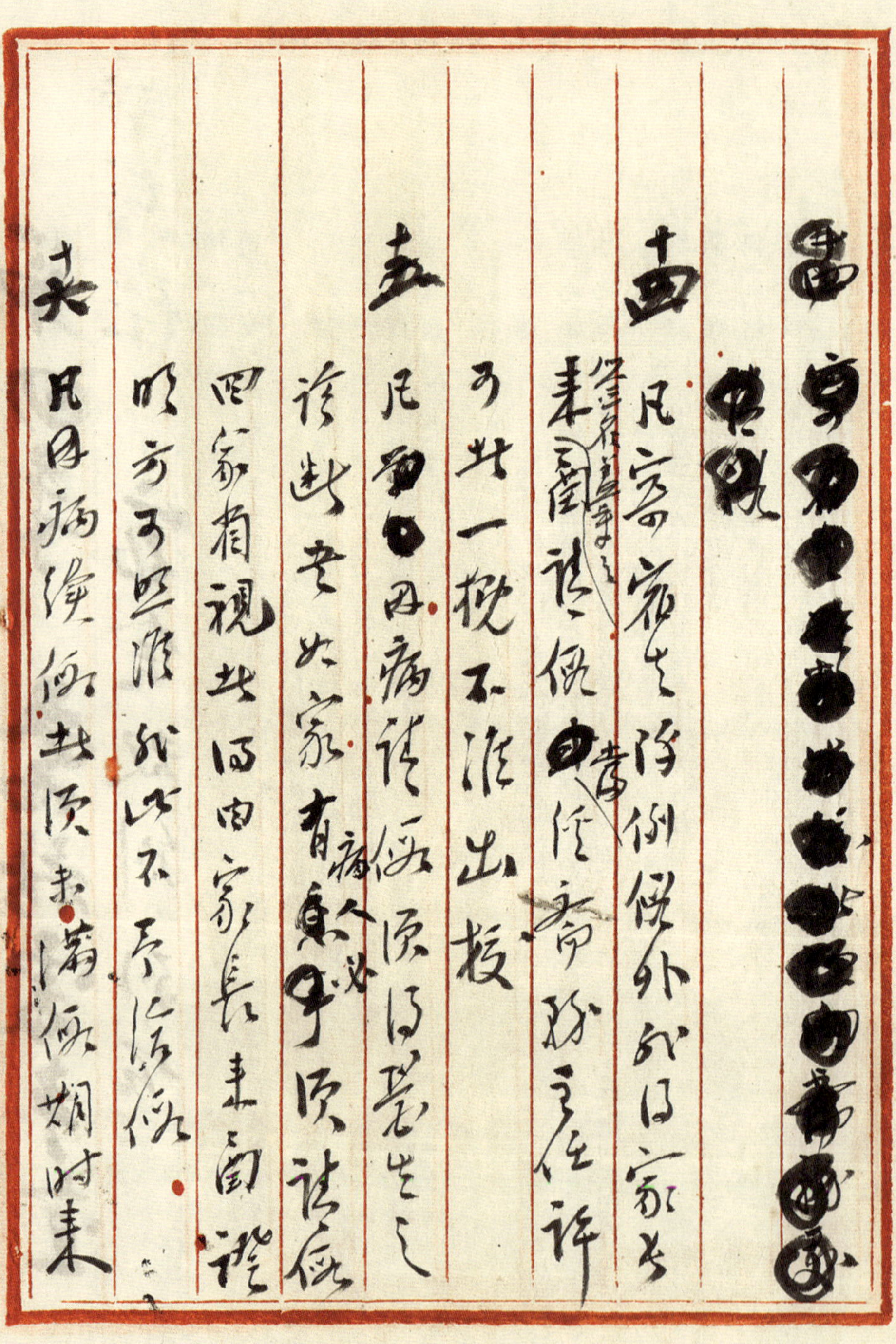

[illegible]

十四 凡寄宿生除例假外欲回家者，須經家長來函請假，由舍務主任許可，此外一概不准出校

十五 凡學生因病請假須得醫生之診斷書，或家有病人必要事須請假回家省視者，須由家長來函證明，方可照准，然此不予請假

十六 凡因病請假期須未滿假期時來

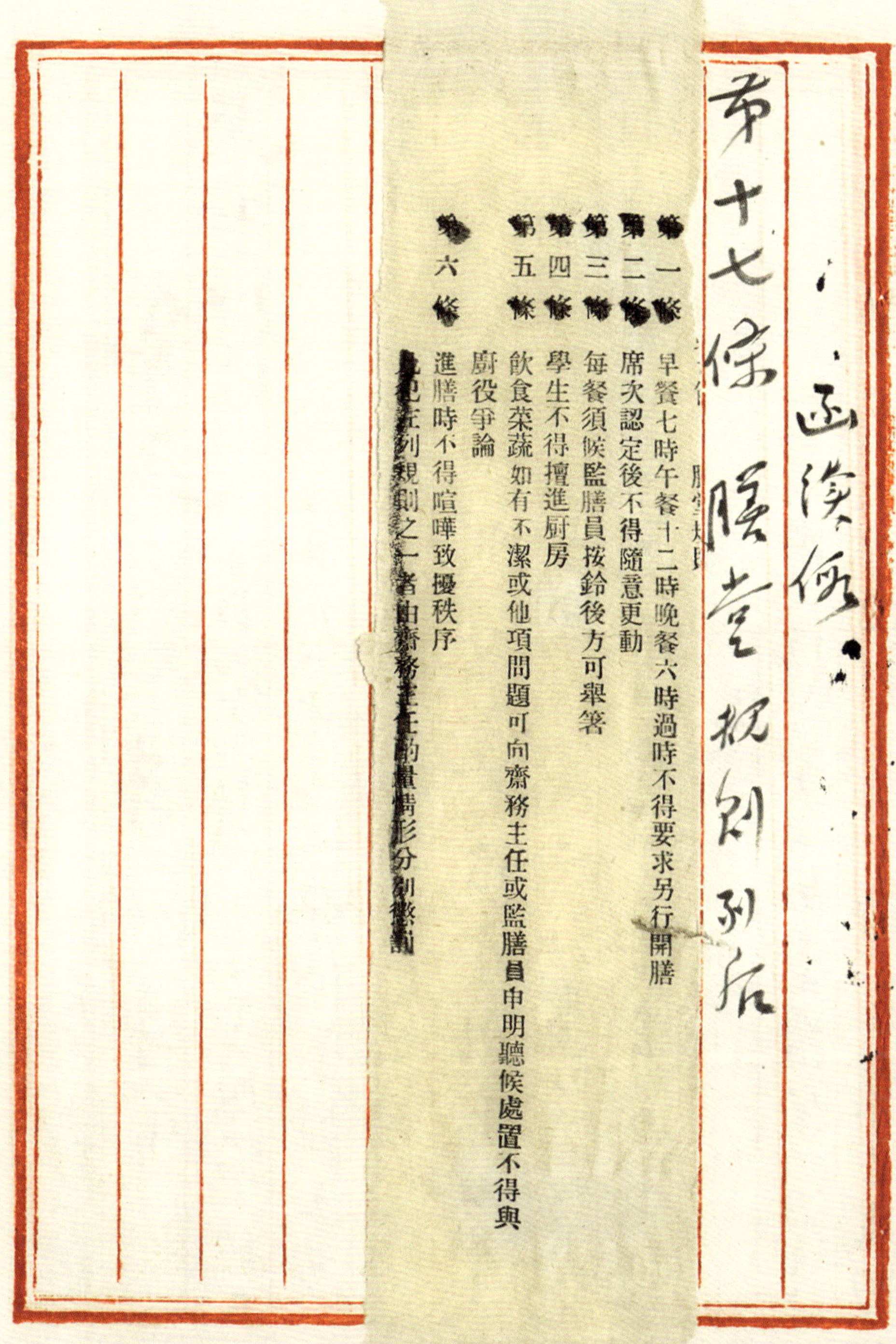

函後便

第十七條　膳堂規則列后

膳堂規則

第一條　早餐七時午餐十二時晚餐六時過時不得要求另行開膳

第二條　席次認定後不得隨意更動

第三條　每餐須候監膳員按鈴後方可舉箸

第四條　學生不得擅進廚房

第五條　飲食菜蔬如有不潔或他項問題可向齋務主任或監膳員申明聽候處置不得與廚役爭論

第六條　進膳時不得喧嘩致擾秩序

凡犯左列規則之一者由齋務主任酌量情形分別懲罰

7、请查据生前案核对之

第十八条 修正案 李務處教官

每学期頭向学生时协助大学会计处收取学杂各费大数如下

甲、学费 每学期高初中学生　　元补习生　　元

乙、宿费 寄宿生每学期纳宿费　　元

丙、膳费 每学期寄宿生纳膳费　　元午膳生只纳

膳费、　元四佰　元

午膳　元、

丁、旅费、每学期　元

戊、体育费、每学期　元

己、制服费、每学期　元

庚、书籍费、每学期　元

辛、杂志费、每学期　元

壬、学生会费、每学期　元

癸、讲义费、每学期　元

子、岁修费、五角（新生须缴一次）

丑、物理试验费每学期　元
寅、化学试验费每学期　元
卯、生物学试验费每学期　元
辰、补习测手工费每学期　元
巳、损失保金山元，通学生及寄宿均须缴纳，如遇损坏校具、遗失钥匙，以此扣抵，不敷，则照值补足；无损，则如数于学期末凭收条领还此款。

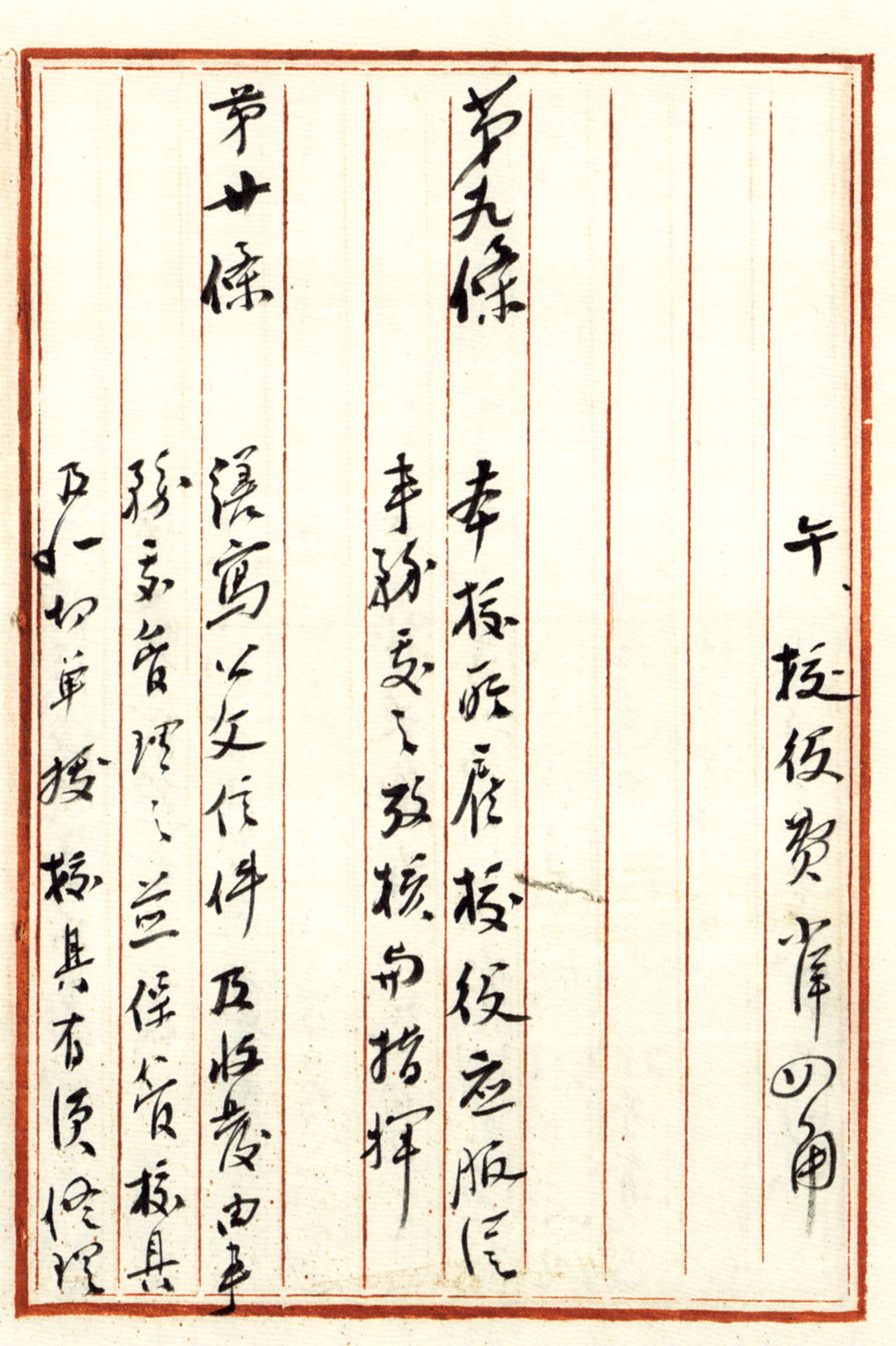

午、校役費洋四角

第十九條　本校所雇校役應服從事務處之考核而指揮

第廿條　繕寫公文信件及收發由事務處管理之並保管校具及一切單據校具有須修理

者或須擔保者應由事務主[illegible]商承校長辦理

第廿一條

支物（同仁）應由支用者具單簽名蓋章向事務處接洽

第廿二條

借物應由請借者具單簽名送由校長許可[illegible]簽字後辦理之

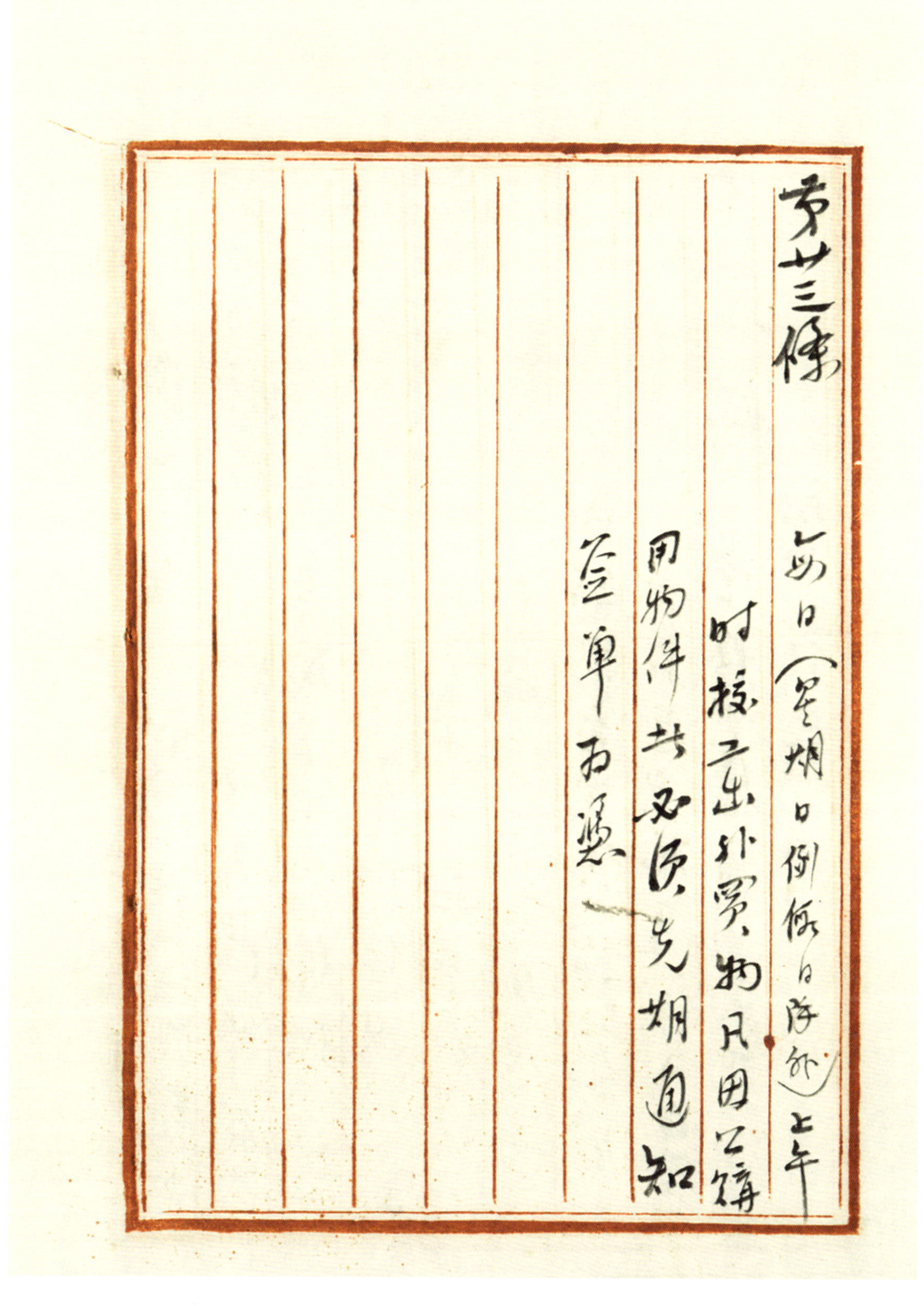

第廿三條

每日（星期日例假日除外）上午　時校工出外買物凡因公備用物件者必須先期通知簽單而還

第六章　训育实施事宜

第廿四条　本校之训育标准有五

甲、养成学生纪律化

乙、养成学生团体化

丙、养成学生科学化

丁、养成学生艺术化

戊、养成学生人格化

第廿五条　本校之校训如下

整齐严肃

賢橫勸位

第六條　在校內凡吸烟飲酒賭博等事均在嚴禁之列違者重罰即在校外而行為有敗壞學校名譽者一經查實亦當嚴重處分

第七條　凡學生犯情形嚴重之過錯經行政委員會議決即予開除

名

第廿八條　凡學生記過滿三十分者留校試讀滿四十分者即除名

第廿九條　未經校長許可不得自行招集會議或私約外賓到校聚議或任職公共學社及以個人或團體名義募捐

第三十條　凡學生於一學期內操行及成績最優並經全體教職員通過後於下期開學時給予獎狀

第三十一條　凡於肄業期內操行及成績優良者同於畢業時當眾頒給獎狀以資表揚

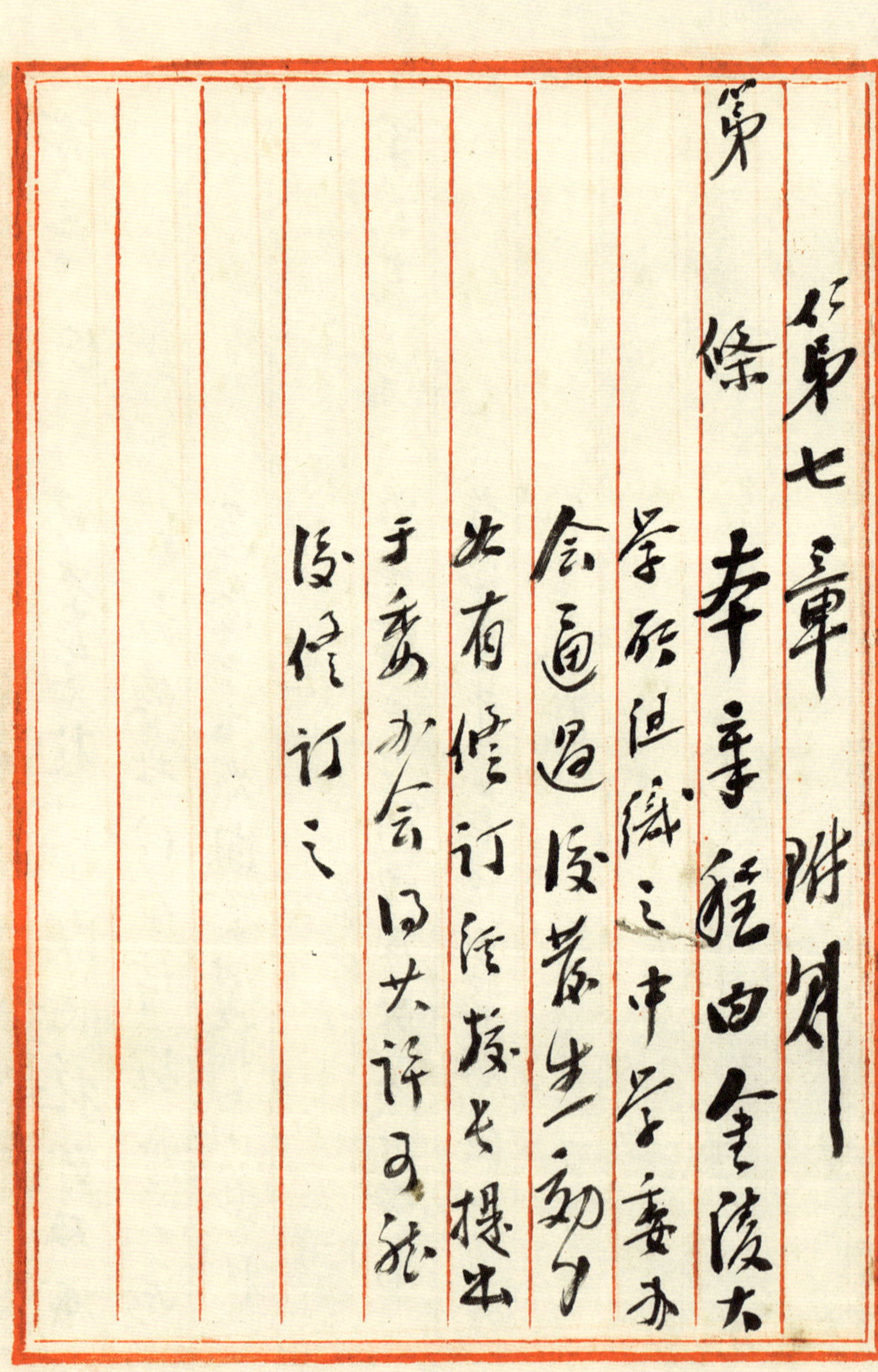

第七章 附则

第 条 本章程由金陵大学所组织之中学委办会通过后发生效力如有修订须校长提出于委办会得大许可能修订之

南京市私立金陵大學附屬中學校景（摘自金中校刊第十二期）（一九三七年一月）

檔號：1009-1-1313

鐘　樓

東課堂

大禮堂

圖書館

體育館

西宿舍

鳥瞰

校景之一（遠眺）

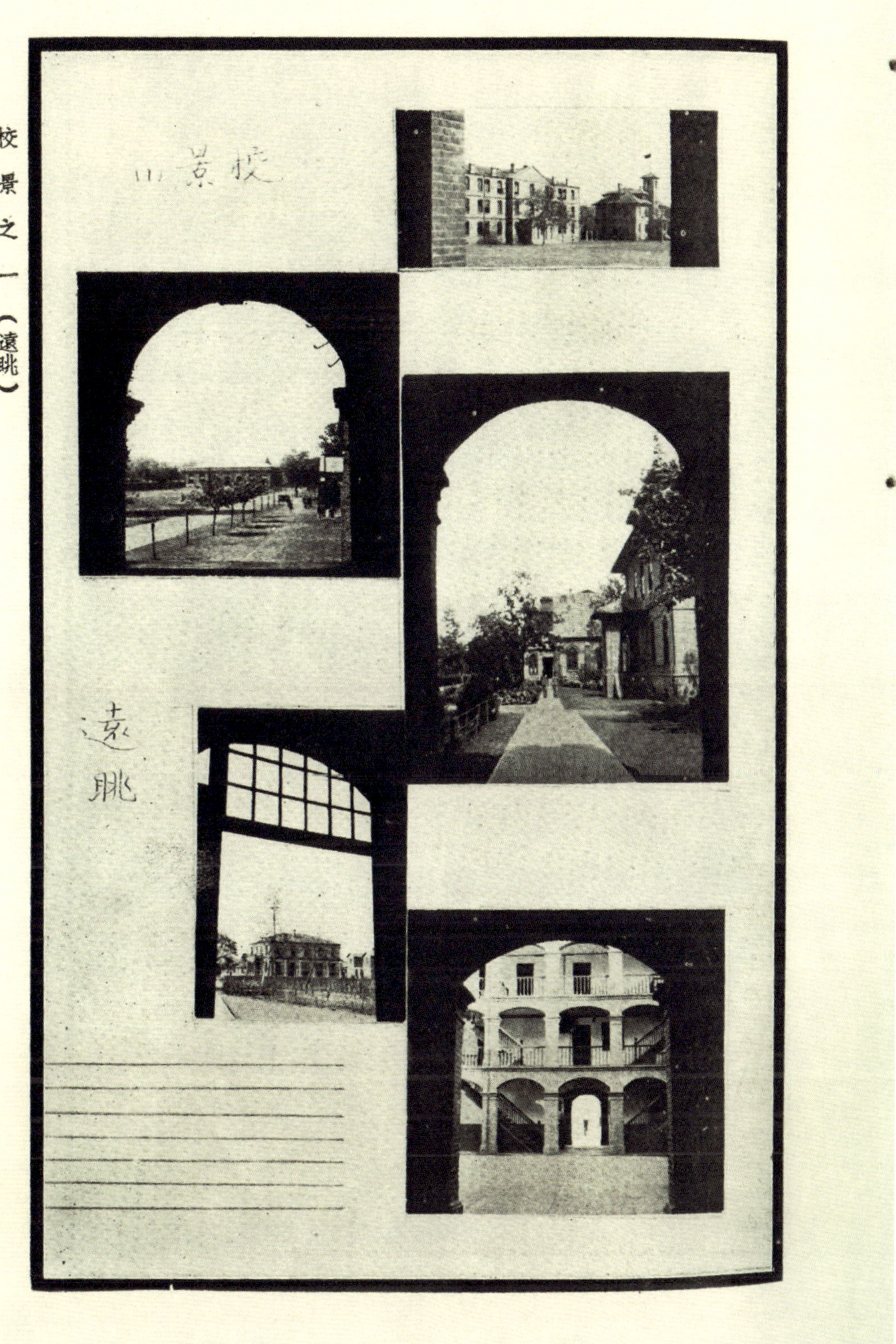

校景之二（晨曦）

校景之三（美的校園）

校景之四

校景之五（設備）

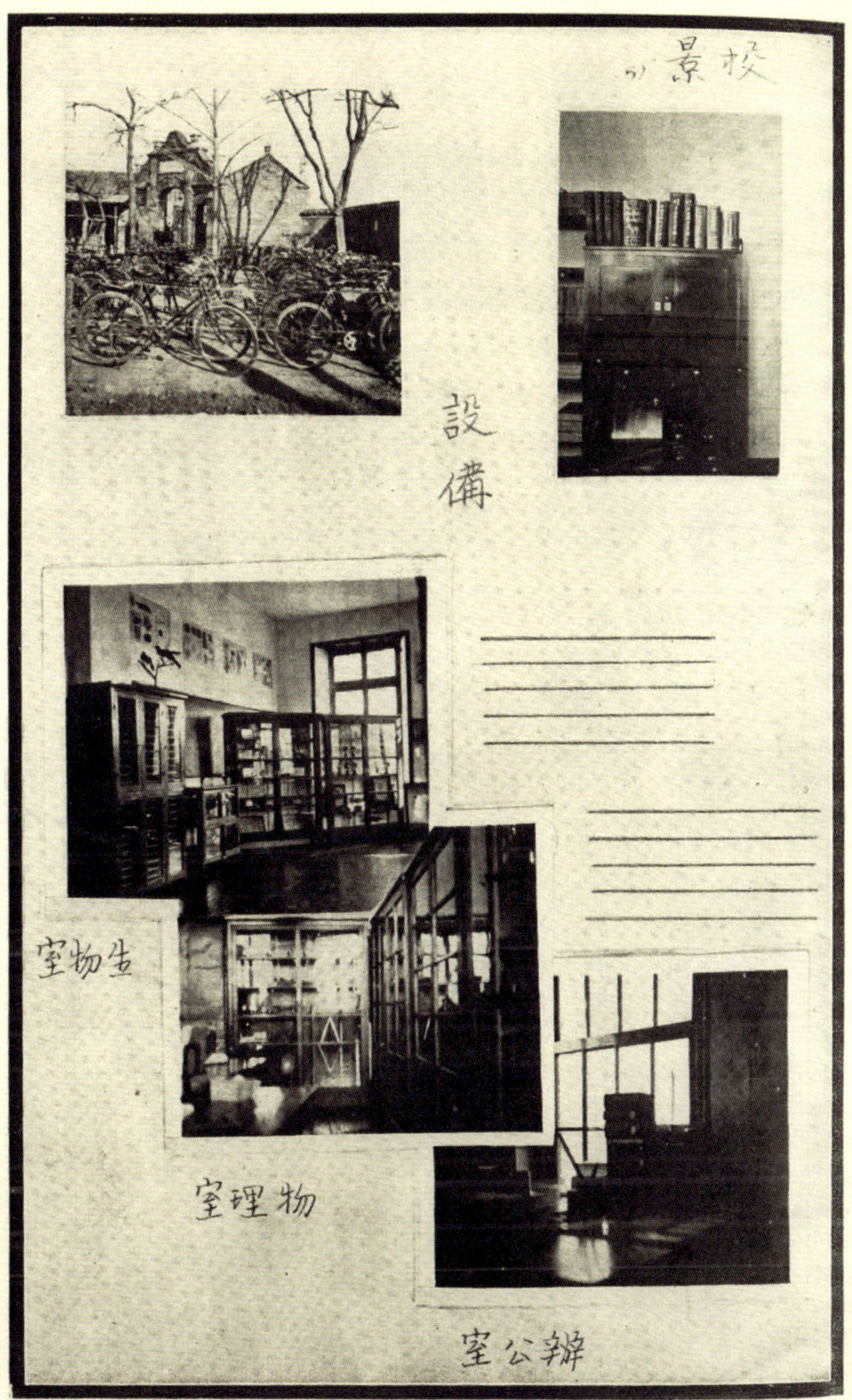

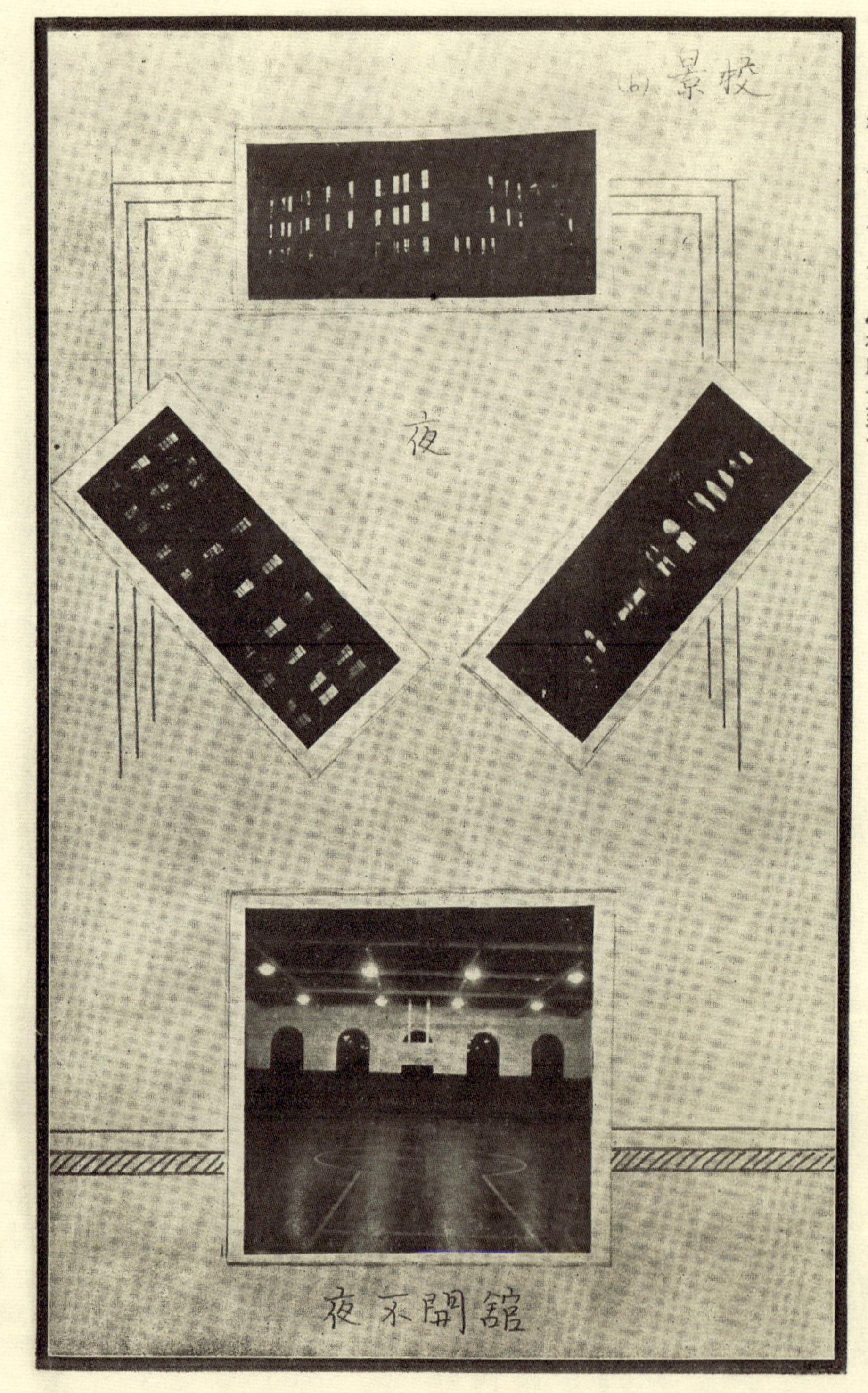

校景之六（夜晚景致）

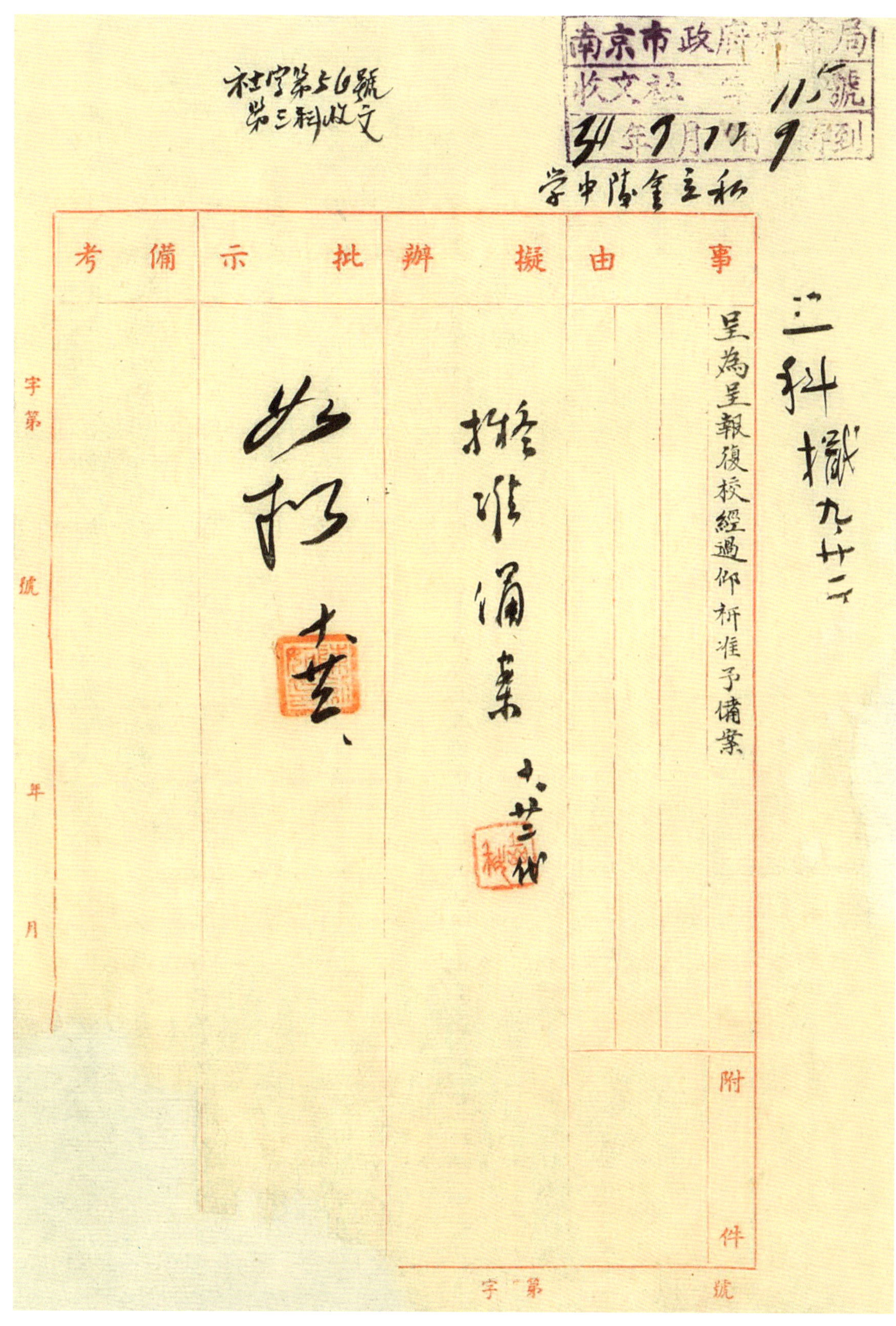
社字第五六號
第三科收文
南京市政府社會局
收文社 字 11號
34年9月19日到
私立金陵中學
事由
呈爲呈報復校經過仰祈准予備案
擬辦
擬准備案
批示
如擬
備考
附件
字第 號
三科
九廿二

關于南京市私立金陵大學附屬中學復校的一組文件

陳嶸校長爲申請將私立同倫中學改回私立金陵中學給南京市政府社會局的呈文（一九四五年九月十六日）

檔號：1003–7–791

呈為呈報復校經過仰祈准予備案事竊查本市乾河沿一號私立金陵中學初係美國教會所創辦早經遵照中國私立學校規章呈請政府註册立案惟美日戰事發生後被日軍作為敵產處置改稱為私立同倫中學兹以勝利實現理應仍復原稱私立金陵中學合行呈報經過伏祈
察核准予備案實為公便謹呈
社會局局長　陳

南京私立金陵中學校長陳　嶸　謹呈

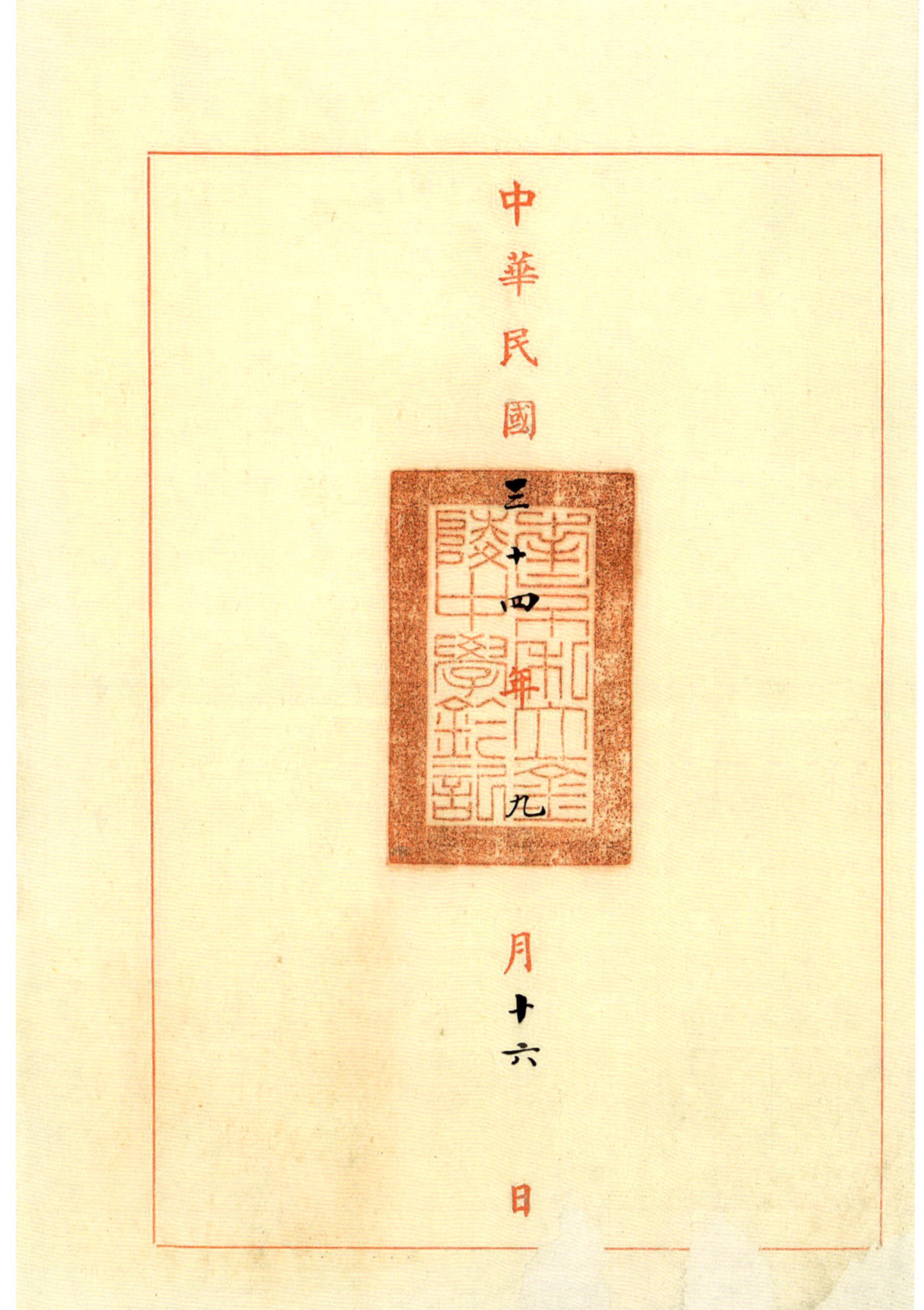

中華民國三十四年九月十六日

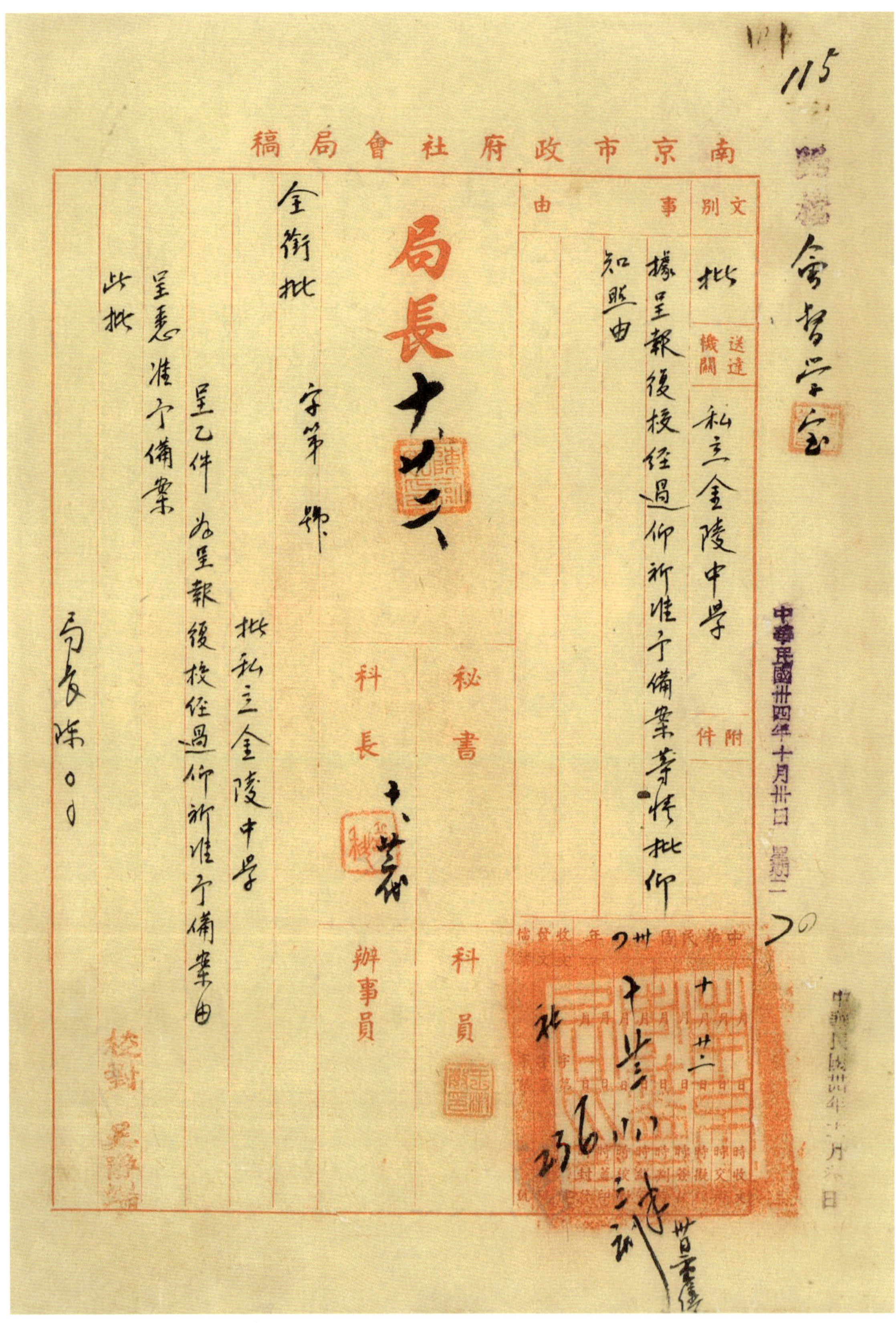
南京市政府社會局稿
文別：批
送達機關：私立金陵中學
事由：據呈報復校經過仰祈准予備案等情批仰知照由
局長
全銜批　字第　號
批私立金陵中學
呈乙件　爲呈報復校經過仰祈准予備案由
呈悉准予備案
此批
局長陳○○
秘書
科長
科員
辦事員
校對
中華民國卅四年十月卅日

南京市政府社會局爲準予備案給市私立金陵中學的批令（一九四五年十月三十日）

檔號：1003-7-791

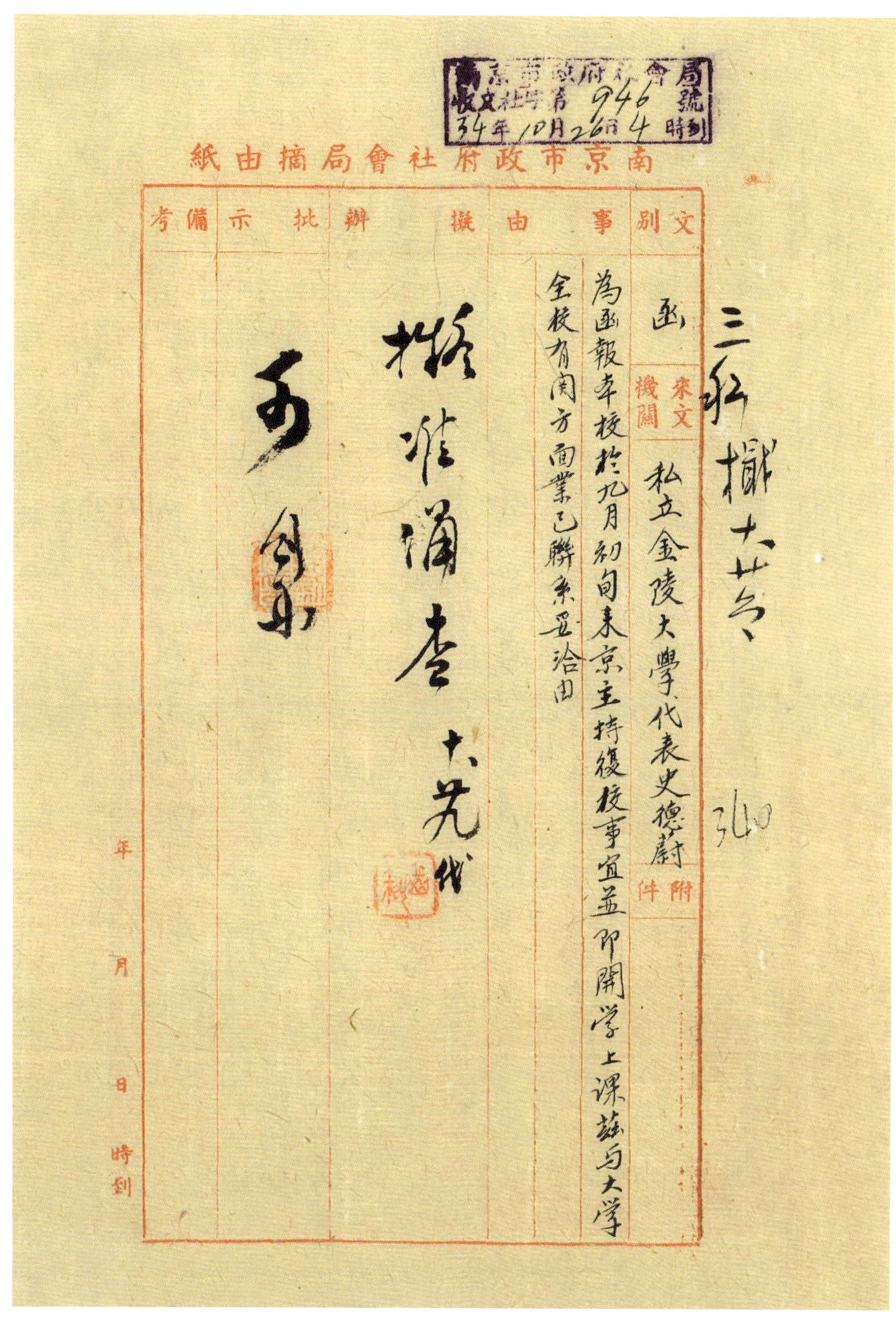

南京市政府社會局
收文社字第 9464 號
34年10月26日4時到

南京市政府社會局摘由紙

文別	函
來文機關	私立金陵大學代表史德蔚
附件	
事由	爲函報本校於九月初旬來京主持復校事宜並即開學上課茲与大學全校有関方面業已聯系妥洽由
擬辦	擬准備查
批示	
備考	

年 月 日 時到

私立金陵大學在京代表史德蔚爲來京主持市私立金陵中學復校事宜請賜備案給南京市政府社會局的箋函
（一九四五年十月十九日）
檔號：1003-7-791

敬啟者竊查本市乾河沿一号私立金陵中學即係私立金陵大學附屬中學於戰前早經遵照中國法令呈准政府立案惟自美日戰事發生後該校被日軍作為敵產處置改稱為私立同倫中學自抗戰勝利後同倫中學即自動解散德蔚於本年九月初旬來京主持私立金陵中學復校事宜並即開學上課茲與大學全校有關方面業已聯系妥洽理應具函呈敘經過敬祈賜予備案曷勝感禱之至此上

南京特別市政府社會局局長陳

私立金陵大學在京代表史德蔚

中華民國三十四年十月十九日

私立金陵大學用箋

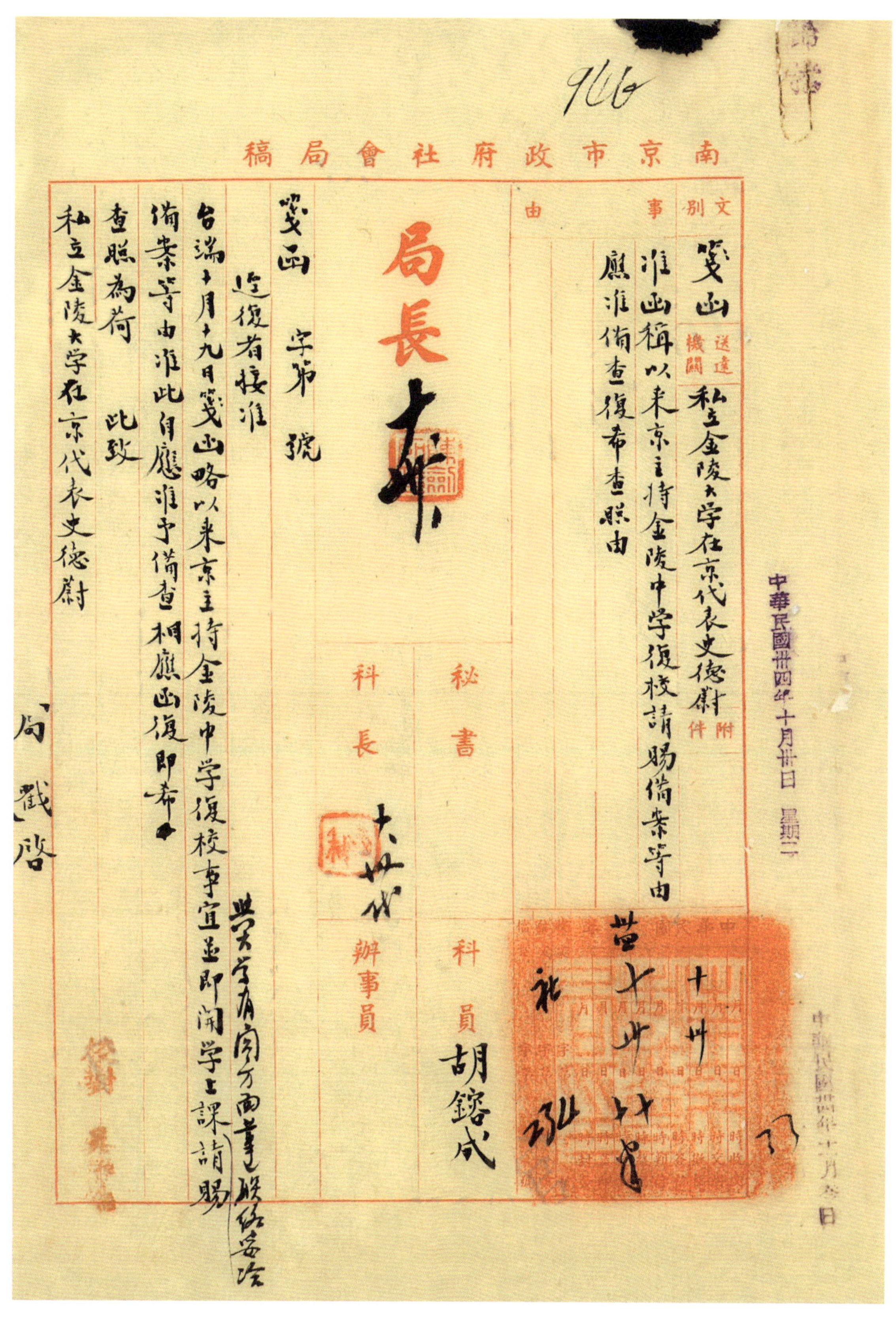
南京市政府社會局稿

文別：箋函

送達機關：私立金陵大學在京代表史德蔚

事由：准函稱以來京主持金陵中學復校請賜備案等由應准備查復希查照由

附件

局長

秘書　科長　科員　胡鎔成　辦事員

箋函　字第　號

逕復者：接准台端十月十九日箋函略以來京主持金陵中學復校事宜並即開學上課請賜備案等由准此自應准予備查相應函復即希查照為荷　此致

私立金陵大學在京代表史德蔚

局戳啓

南京市政府社會局爲所請準予備查給私立金陵大學在京代表史德蔚的箋函（一九四五年十月三十日）

檔號：1003-7-791

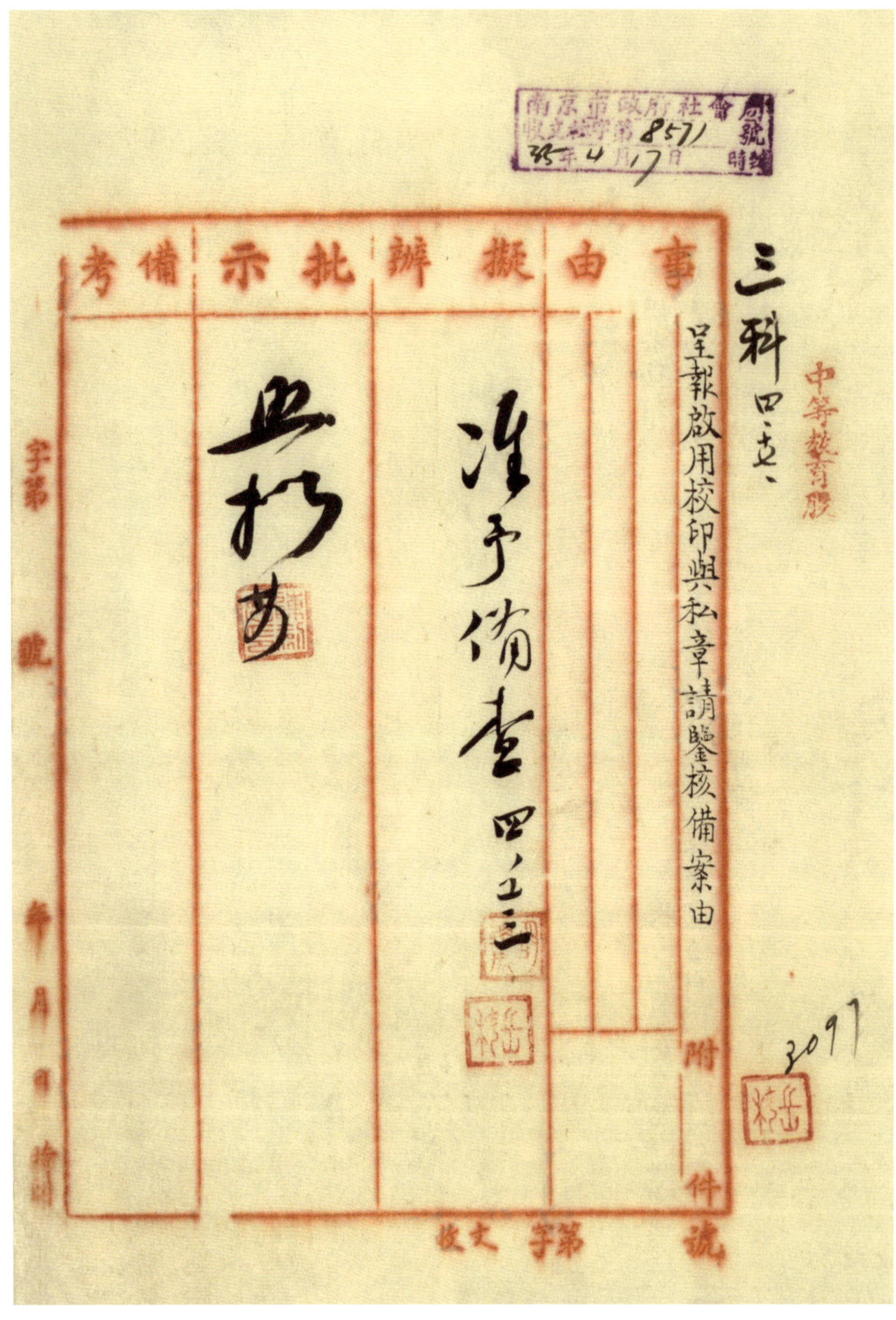

南京市私立金陵中學爲啓用校印與私章給市政府社會局的呈文（一九四六年四月十七日）

檔號：1003-7-791

呈爲呈報事，查本校抗戰伊始，即遷四川萬縣。現已返京復校，正式開課。于四月一日啟用校印與私章，理合具文呈請

鑒核備案！實爲公便。

謹呈

南京特別市市政府社會局局長陳

私立金陵中學校長張坊

中華民國三十五年四月十七日

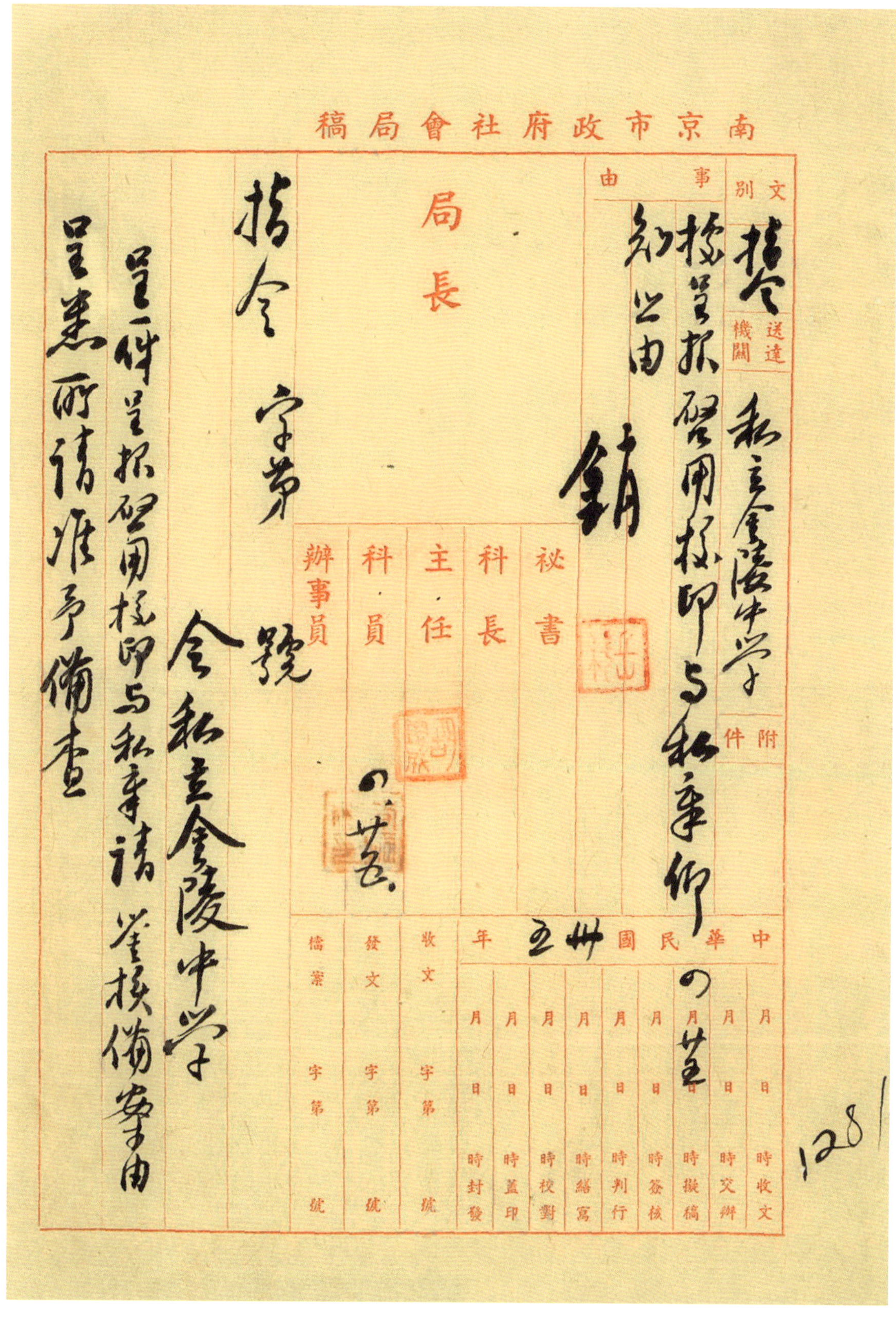

南京市政府社會局稿

文別：指令

送達機關：私立金陵中學

事由：據呈報啓用校印與私章仰知照由

銷

局長

秘書　科長　主任　科員　辦事員

中華民國卅五年四月

指令　字第　號

令私立金陵中學

呈一件呈報啓用校印與私章請鑒核備案由

呈悉。所請准予備查。

附件

月 日 時收文　月 日 時交辦　月 日 時擬稿　月 日 時簽核　月 日 時判行　月 日 時繕寫　月 日 時校對　月 日 時蓋印　月 日 時封發

收文 字第 號　發文 字第 號　檔案 字第 號

1281

南京市政府社會局爲所請準予備查給市私立金陵中學的指令（一九四六年四月二十五日）

檔號：1003-7-791

此令

局長陳[illegible]

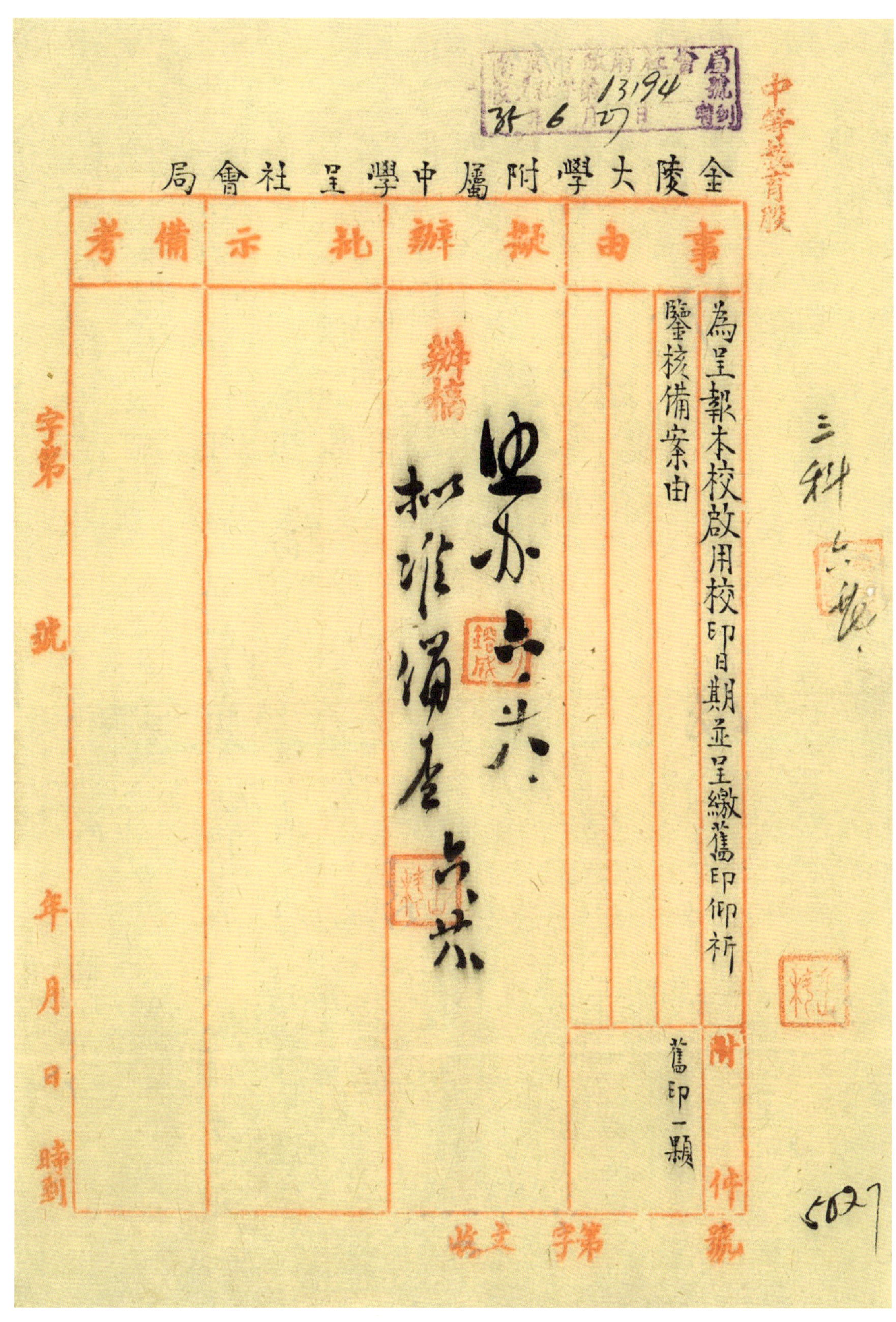

金陵大學附屬中學 呈 社會局

事由	擬辦	批示	備考
爲呈報本校啟用校印日期並呈繳舊印仰祈鑒核備案由	擬准備查		

附件：舊印一顆

南京市私立金陵大學附屬中學爲呈報啓用校印日期并呈繳舊印給市政府社會局的呈文

（一九四六年六月二十七日）

檔號：1003-7-791

金陵大學附屬中學呈文

陵字第31號

案奉

鈞局頒發校印一顆，着即啓用。等因；奉此，遵照于六月十日開始啟用。當將舊有校印截角呈繳註銷，理合具文呈報，仰祈

鑒核備案。

謹呈

南京市政府社會局局長陳

附呈繳舊校印乙顆

金陵大學附屬中學校長張　坊

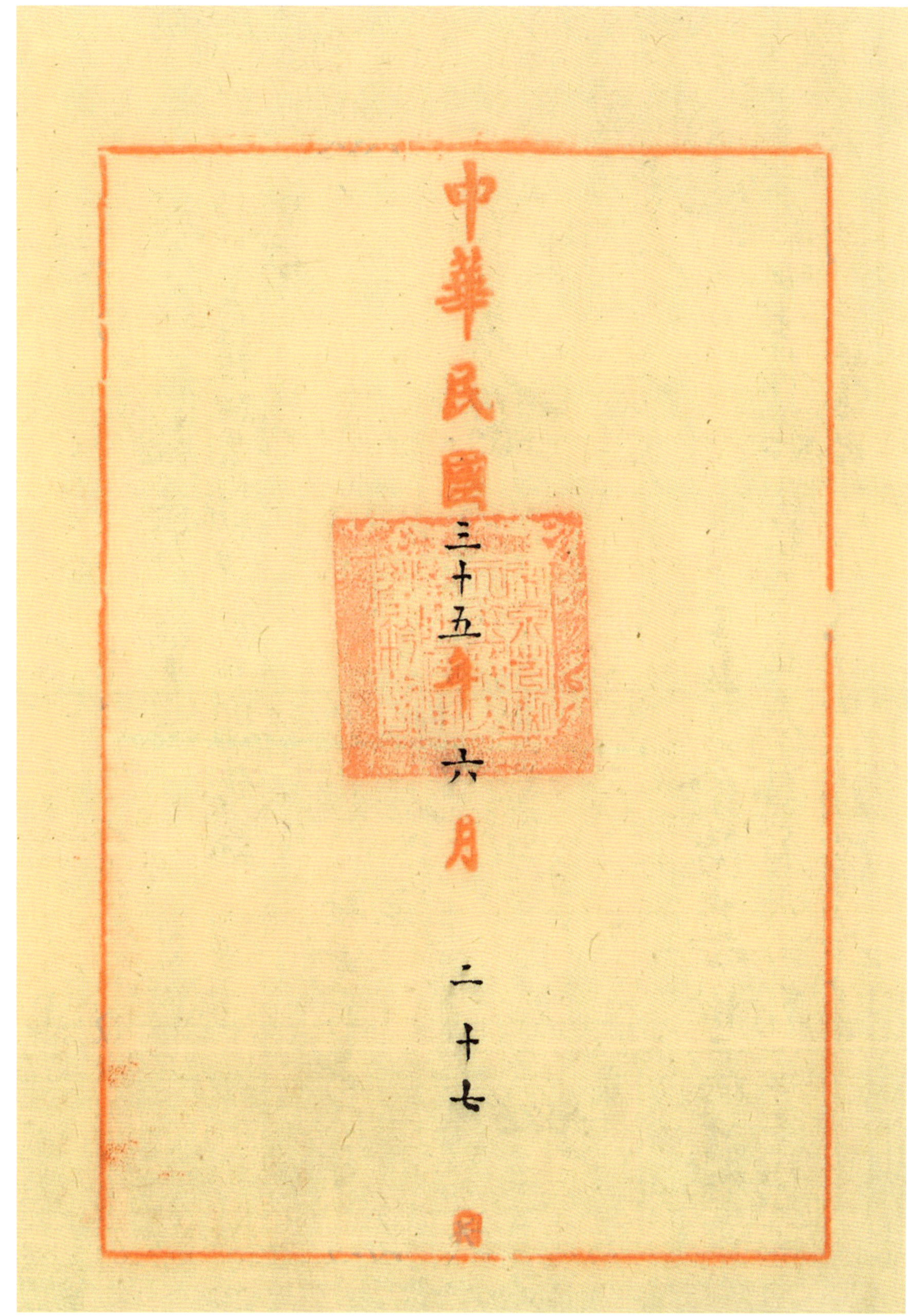

中華民國三十五年六月二十七日

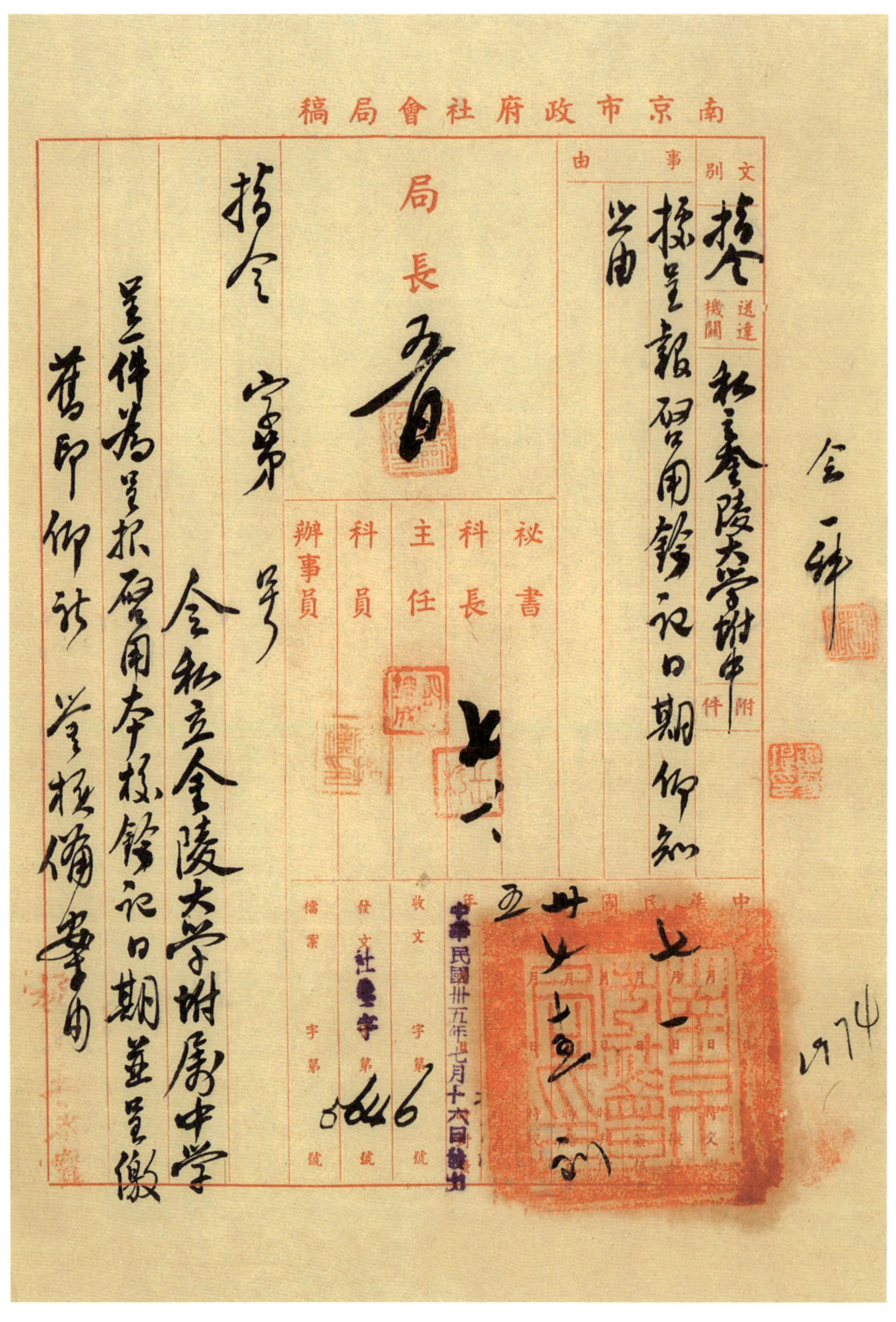

南京市政府社會局稿

文別：指令

送達機關：私立金陵大學附中

事由：據呈報啟用鈐記日期仰知照由

局長

秘書　科長　主任　科員　辦事員

中華民國卅五年七月十六日發出

收文　字第　號

發文　社　字第 0666 號

檔案　字第　號

指令　字第　號

令私立金陵大學附屬中學

呈件爲呈報啟用本校鈐記日期並呈繳舊印仰祈鑒核備案由

令一科

南京市政府社會局爲所報準予備案給市私立金陵大學附屬中學的指令（一九四六年七月十六日）

檔號：1003-7-791

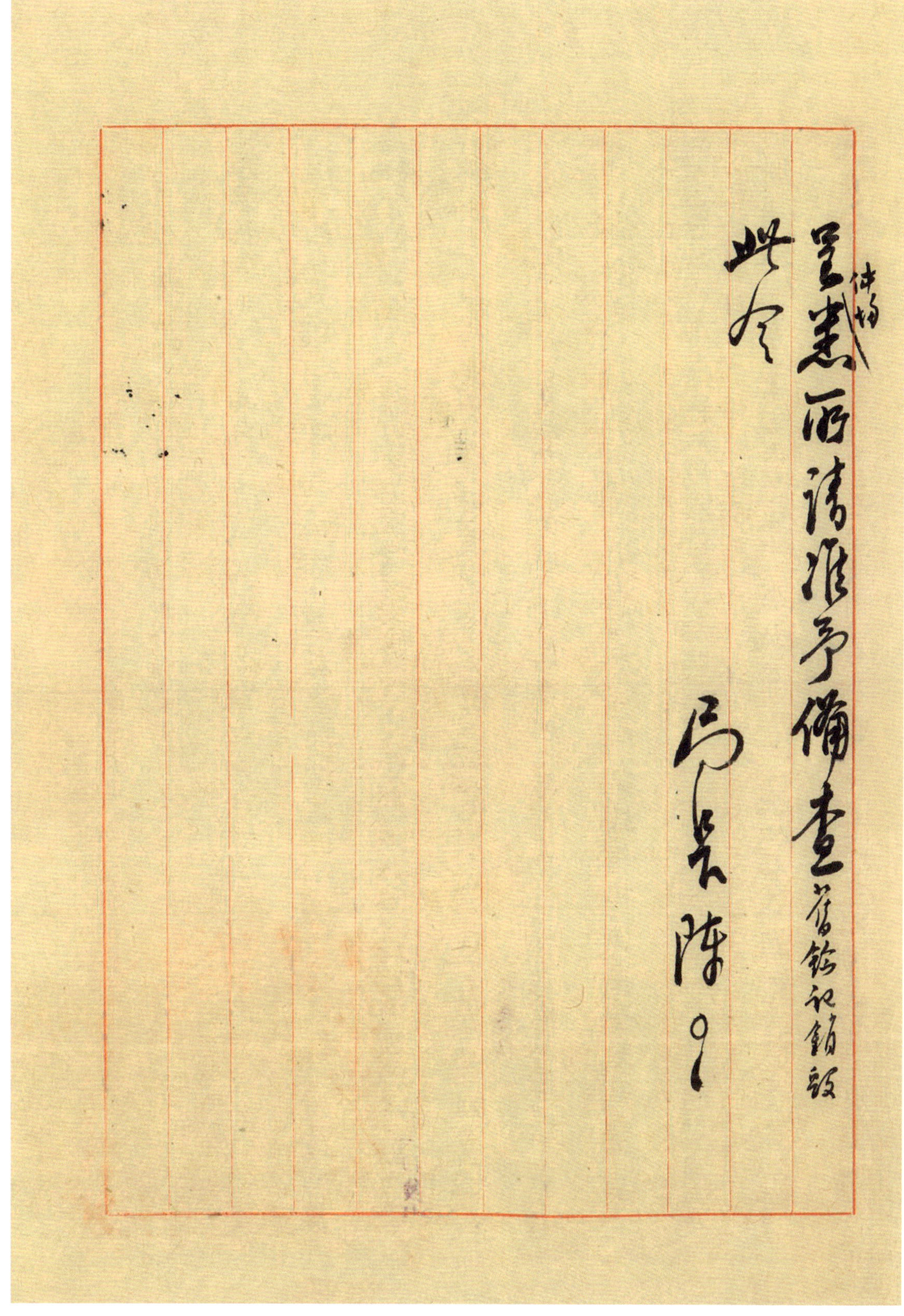

呈〔件均〕悉所請准予備查著鈐記頒發

此令

局長陳○○

校史

本校於民國前二十四年由美以美會創設、稱滙文書院、院址即乾河沿今之金大附中校址、民國前二年、為謀擴大規模、充實內容、是以滙文書院遂〔宏育兩〕併合、改稱金陵大學、大學部設乾河沿滙文書院、中學則設於鼓樓、民國五年秋、大學新校舍一部份完工、大學部遂遷至鼓樓、而以舊滙文學院為中學校舍、民國十年、大學遵教育部定章、改大學為本科三年、預科二年、並改組附設之中小學、旋於民國十七年呈准立案、民國二十二年本校始組織完全、抗戰軍興、大學遷至成都、本校入川設校於萬縣、在川八年、勝利後、三十五年春復員遷都、現設高中一二三上下級十六〔三〕班、初中一二三上下級十四〔三〕班、學生人數有一千〔三百五十餘人〕四百人之多、自立校以來垂六十年、本校兢兢力求上進、務期培育切合國情之

南京市私立金陵大學附屬中學校史（一九四八年）

檔號：1009–1–550

實用人才為目的。

南京市金陵大學附屬中學學校概況表

私立已備案　　三十五年度第一學期

教職員數及歲出經費數

教職員數									歲出經費數						所屬行政區	校址	校長姓名	備註
共計	教員				職員				共計	經常門				特殊門				
	專任		兼任		專任		兼任			小計	俸給費	辦公費	特別費					
	男	女	男	女	男	女	男	女										
72	44	5		1	18	4			289,135,1[illegible]		[illegible],901,700	72,9[illegible]6,180（72,[illegible]623[illegible]）	93,307,180		南京	南京	張坊	

班級數及學生數

	高中															初中														
	春秋季別	班級數				學生數							本學期畢業生數			春秋季別	班級數				學生數							本學期畢業生數		
		共計	三年級	二年級	一年級	共計	三年級		二年級		一年級		共計	男	女		共計	三年級	二年級	一年級	共計	三年級		二年級		一年級		共計	男	女
							男	女	男	女	男	女										男	女	男	女	男	女			
總計	一	十三	四	四	五	[illegible]	[illegible]		[illegible]		[illegible]		[illegible]		[illegible]	一	十三	三	五	五	[illegible]	[illegible]		[illegible]		[illegible]		[illegible]	[illegible]	
共計		九	[illegible]	[illegible]	[illegible]		[illegible]		[illegible]		[illegible]		[illegible]	[illegible]	[illegible]	共計	[illegible]					[illegible]				[illegible]		[illegible]	[illegible]	
	下季					[illegible]	[illegible]		[illegible]		[illegible]		[illegible]	[illegible]	[illegible]	春季	八	二	三	三		[illegible]		[illegible]		[illegible]		[illegible]	[illegible]	
	上季	四	一	一	二		[illegible]		[illegible]		[illegible]		[illegible]	[illegible]	[illegible]	秋季	五	一	二	二		[illegible]		[illegible]		[illegible]		[illegible]	[illegible]	

36年11月　日　校長張坊　　填表者＿＿＿＿

南京市私立金陵大学附属中学一九四六年度第一学期概况表（一九四七年十一月）

檔號：1009-1-563

私立金陵大學附屬中學三十五學年度訓導概況調查表

學校名稱	私立金陵大學附屬中學校	校址	南京乾河沿一號	成立年月	民國十七年立案
校長姓名	張坊	主管訓導人員姓名	訓育主任劉鏡欽 舍監韓發義	已否審查合格	
訓導行政組織	設訓育主任一人舍監一人宿舍管理員六人導師二十六人				
導師制推行狀況	導師負責指導全班之生活、課外活動，以及批閱週記				
軍訓及管理狀況	無軍訓教官其職務除術科外皆由訓育處代理				
童軍及管理狀況	童軍教官一人負責學術課其餘亦歸之訓育處				
課外及活動狀況	課外活動本期已組成者有體育、國術、樂隊、無線電、演說、歌詠、讀書、園藝等十餘會				
體育衛生狀況	有籃球場二排球場二體育館一共有教員三人 衛生有病房一病床四由護士一人在校負責診療藥品由校供給				
下年度訓導計劃	繼續本學期未完成之工作 并謀解決實際之困難而設法改善之				
備註					

附註：1.（軍訓及管理狀況）限高中填報（童軍及管理狀況）限初中填報）
2.有關訓導方面的計劃章則報告等可隨表附送。

存

南京市私立金陵大學附屬中學一九四六學年度訓導概況調查表（一九四七年）

檔號：1009-1-563

南京市　　立　　　　　　學校視導調查表（　年　月　日）

校名	私立金陵大學附屬中學	校址	南京乾河沿一號	環境		立案時期	民國十七年春

校長	姓名	性別	年齡	籍貫	學歷	經歷	兼任科目	兼任時間	到職時期
	張坊	男	五四	南京市	金陵大學文學士美國普林斯頓大學碩士	歷任大學教授等職			十八年春

全校概況	校舍由來	經費由來	辦公室	教室	專科教室	禮堂	操場	教職員宿舍	教員休息室	閱書室	藏書室	實驗室	儀器室	自習室	寢室	診療室	應接室	學生會客室	儲藏室	廚房	食堂	男浴室	女浴室	男廁所	女廁所	雜屋
			2	30		2	3		2	1	1	3	3			1	1	1	1	1	2	1		2		8

設備概況	辦公用		教室座位		教職員室				自習座位	寢室牀位	書架	櫥或櫃	飲茶設備	禮堂設備	鐘	琴	儀器	藥品	標本	模型	掛圖	中文書	西文書	雜誌	報紙	勞作用具	體育用具	衛生用具	消防用具
	桌	椅	可容數	有餘或缺少數	牀	桌	椅	書架																					
	60	60	1,600		50	50	50	50		800	190		3		7	2													

1559人

學生概況	班別	初中一六	初二六	初三六	高一六	高二六	高三六
	教室名稱	西2,3,4,6,7,8 共六室	西1,5 青2 東3,4 共五室	東21,22,25A 中21 共四室	東5,36,37,38 24,35 共六室	東32,33,中22,25 共四室	東33,34,35B 中24 共四室
	男生數	297	279	214	299	207	218
	女生數						
	共計	297	279	214	299	207	218

年齡	
最大者	21
最小者	11
平均	16

家長職業 業別	農	工	商	教育	醫師	律師	交通	軍警	公務員	其他
人數	70	65	450	147	36	14	74	178	380	96
百分比	4.78%	4.49%	21.35%	9.35%	2.48%	1%	5%	11.84%	25.2%	6.4%

教職員概況	資格		高等師範、師範學院或大學教育科系畢業者	大學畢業者	專科學校畢業者	學術有專長者	其他
	專任	男	14	29	5	4	11
		女	2	3		3	
	兼任	男					
		女					

年齡		月俸	
最大者	61	最多者	
最小者	21	最少者	
平均	41	平均	

新生入學情形 項目＼部別	初中	高中
報名與考人數	357	476
取錄人數	206	218
取錄百分率	38.38%	45.8%

常用表冊 部別	教務	訓育	事務
名稱	學生履歷表 課程時間總表 課室一覽表 各級正副級友課室幹事一覽表 各級學生分級名單 各級學生人數一覽表 月考成績統計表 月考成績報告表 校曆一覽表 學生年齡統計表 個別學生成績單	學生保證書 寢室點名表 學生入學志願書 學生操行成績表 作息時間表 學生請假登記簿 早操點名表 自修點名表	

新生繳費情形 費別＼部別		初中	高中
學費			
其他各費	繳後不退還者		
	繳後視實用數多退少補者		
共計			

公費生及免費生情形		
公費生	名佔全校學生	%
免費生	名佔全校學生	%

學生課外活動	

附記	

本期各科練習或實驗次數 科目	國文	英語	數學	物理	化學	博物
次數	2	2	1	2	2	2

南京市私立金陵大學附屬中學一九四六年視導調查表（一九四七年）

檔號：1009-1-563

南京市私立金大附中學校概況調查表　三十七年四月製

職別	姓名	職別	人數	備註
校長	張坊	專任教員	49	
教務主任	王佐周	兼任教員		
訓育主任	劉鏡澂	職員	24	
事務主任	孫良驥	工役	45	

私立學校	成立時期及其沿革	本校創設民國前二十四年，稱匯文書院，民國二年改稱金陵大學，民五年稱大學附屬中學，大學遷至鼓樓，而以匯文書院舊址為中學部，大學於民國十六年遵教育部立案，改大學本科三年制，並改組附屬中學，民十七年呈准立案，抗戰時期遷往四川萬縣，勝利後卅五年春復員回京		
私立學校	董事會核准立案年月及文號	前清	教育部核准備案年月及文號	民
	學校核准開辦年月及文號			
	學校核准立案年月及文號	民國十七年五月	教育部核准備案年月及文號	
校址及門牌號碼	南京乾河沿一號		電話	21535

校長　（加章）

存

南京市私立金陵大學附屬中學一九四八年概況調查表（一九四八年四月）

檔號：1009-1-563

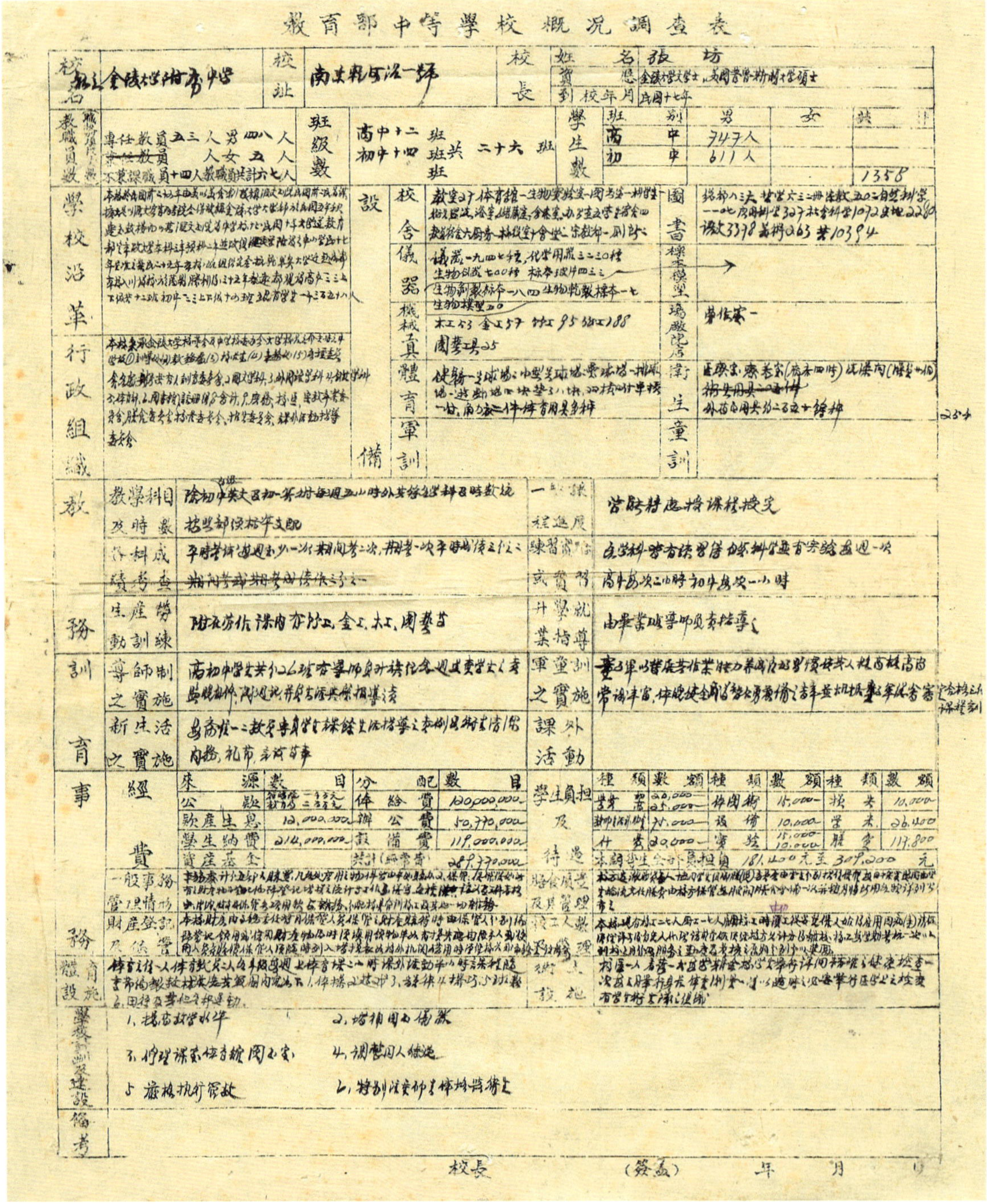

教育部中等學校概況調查表

校名	金陵大學附屬中學	校址	南京乾河沿一號	校長	姓名	張坊

教職員數	專任教員五三人 男四八人 女五人 兼任教員 人 男 女 人 其他課職員二十四人教職員共計六七人	班級數	高中十二班 初中十四班 班共二十六班	學生數	性別	男	女	共計
					高中	747人		
					初中	611人		1358

學校沿革	行政組織

設備	校舍			
	儀器			
	機械			
	體育軍訓			

教務	教學科目及時數			
	各科成績考查			
	生產勞動訓練			
訓育	導師制之實施			
	新生活之實施			
事務	經費			

教育部中等學校概況調查表（一九四八年）

檔號：1009-1-563

由基督教美以美會創設

長老會創設益智書院基督會創設基督書院 兩院合併為宏育書院[illegible]

南京市私立金大附中學校概況表

38年 月 日填

校名	私立金陵大学附属中学校	校址	南京乾河沿一號	電話號碼	21535
校史	本校創設於民國前二十四年稱滙文書院民國前二年為謀擴大發展滙文宏育兩書院合併改稱金陵大學堂民國五年秋大學部遷至鼓樓以舊滙文書院為中學校址民國十七年立案七七抗戰本校遷至四川萬縣民國三十五年秋復員返南京本期有高中九班初中九班				
辦學宗旨	[illegible]				
設備 校產	教學用具163件 教具2474，校具525件 學生用具7644件 其他442	校舍	鐘樓一幢、東課樓一幢、西課樓一座、口字樓一座、體育館一座、勞作室一座、教職員住宅十幢、校醫室一座、盥洗室一間、廁所二所		
設備 圖書	[illegible]	儀器	物理儀器2260件 生物儀器1304件 化學儀器25355件 [illegible]2108件 [illegible]標本44種 [illegible]標本129種 模型72種 生物標本31種		
經費 來源	學費117,505元 雜費61,675元 其他20,718元 [illegible]199,898元 [illegible]	合計	3,459,898—		
經費 支出	薪工3,177,544元 設備339,231.76 勞作202,207.60 [illegible]24,380元 水電100,795元 [illegible]118,484.20	合計	3,962,642.56		
人事 董事長	陳裕華	校長	張坊		
人事 教員	36 人(內專任36人兼任0人)	職員	20 人	工友	20 人
學生 班數	初中 9 班(內畢業1班)	高中 9 班(內畢業2班)		合計	18 班
學生 人數	初中 ~~349~~ 346 人(內畢業~~44~~ 53人)	高中 ~~377~~ 376 人(內畢業~~68~~ 73人)		計	~~726~~ 722人 (內男[illegible] 女6人)
行政組織	[illegible]				
教導設施 每科每週教學時數	初中：公民1，國文6 英語6 數學5 科學4 衛生1 歷史2 地理2、圖畫2、勞作2 體育1 音樂1 童軍1	高中	公民1 國文4 英文6 數學6 科學5 歷史2-3 體育1		
教導方針實施原則辦法	[illegible]				
問題及計劃	一、提高教學水準 二、加強自治學習 三、嚴格執行教學 四、改進總務措施 五、實施民主教育 六、採購適用書本				
備考					

說明：

① 備考欄應填明該校性質係教会学校抑团体兴办学校抑私人兴办学校抑机关附属学校。

② 校史欄应将学校開办年月寫入。

③ 董事長及董事履历应照附表一所列項目填报。

④ 校長主任及教職員履历应照附表二所列項目填报。

⑤ 教職員学生工友人数及班級数均須根据本学期（三十七学年度第二学期）实际情形填报。

⑥ 此外并应檢附全校各級学生名冊（内分級別、姓名、性別、年岁、籍貫、備註等項）一份。

南京市私立金陵大學附屬中學一九四九年概況表（一九四九年）

檔號：1009-1-563

南京市私立金陵大學附屬中學校概況表　附表一（董事長用）

姓名	陳裕華	別號	蘊輝	性別	男
		年齡	四十九	籍貫	浙江鄞縣
職業	金融	住址	南京莫愁路六十八號		
詳細學歷	金陵大學學士（1924） 伊利諾大學學士（1928） 康乃爾大學碩士（1930）				
詳細經歷	中央大學教授（1931-1937） 之江大學教授（1938-1941） 新華信託儲蓄商業銀行南京分行經理（1945—）				
過去及現在之政治主張	始終主張民主政治，使一般青年，各展所長，為大眾服務。				
党派關係	從未加入任何黨派。				
備考					

南京市私立金陵大學附屬中學 學校概況表 附表一（董事用）

姓名	邵鏡三	羅育[illegible]	蔡[illegible]森	章文新					
性別	男	男	男	男					
年齡	四八	五〇	四三	五五					
籍貫	南京市	美國	南京市	美國					
學歷	金陵大學文學士 美國耶魯大學[illegible]博士	文學士 神學士 美國大學	[illegible]大學博士 美國[illegible]大學碩士 金陵大學文學士	[illegible]博士 [illegible]大學神學碩士 美國[illegible]大學[illegible]士					
經歷	南京市立育群中學校長 中華全國基督教協進會幹事	牧師三年 傳教十十年 教育二年	育群中學校長	金陵神學院教授 金大英文教習 福建[illegible]中學校長					
職業	中華基督教會[illegible]幹事	宣教士	教育	教育					
住址	傅[illegible]24號	[illegible]五十四號	中華路九〇二號	[illegible]三號					

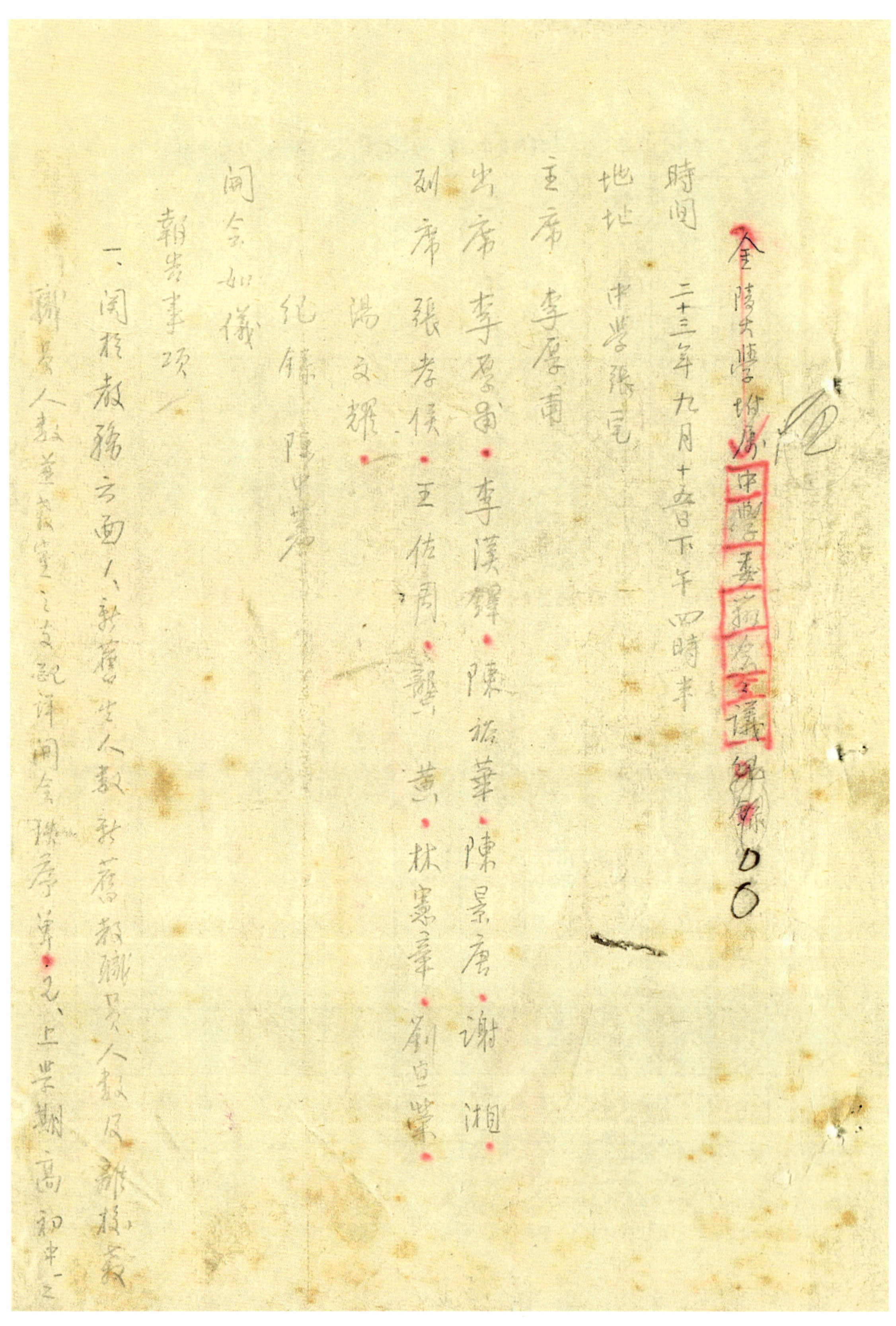
金陵大學附屬中學委辦會議紀錄
時間　二十三年九月十五日下午四時半
地址　中學張宅
主席　李廖甫
出席　李廖甫・李漢鐸・陳裕華・陳景唐・謝湘
列席　張孝侯・王佐周・龔　熏・林憲章・劉宜業・湯文耀
紀錄　陳中孚
開會如儀
報告事項
一、關於教務方面人、新舊生人數、新舊教職員人數及辦校費
職員人數並教室之支配詳閱會換序第一、上學期高初中之

南京市私立金陵大學附屬中學委辦會會議記録（一九三四年九月十五日）
檔號：1009-1-550

年级在大考外举行之升级甄别试验，本学期继续办理此种周
会考。关于校高初中三年级每星期一下午举行周考，钤考课程
为高初中一二年级。本学期晚间自修，由教员轮流到班及至
宿舍督促指导，以收切磋琢磨之效。

二、关于训育方面：自经主任委世印请龙黄林蕙章两先生担任
训育之，本学期学生一律穿着制服，以符新令；宿舍按号房
间，均加以指导，使校容整理。学生之奖惩：本学期免学费者二人，
给奖状者六人，记名者十人；此外因缺席逾四十次者、留级两学期者、操
行不修者计二十余人，一律予以辞退。受各项处分学生人数详核历表。

三、关于事务方面：1、着手补置校具，以壮观瞻；又设立商社，革新
四教膳堂及理发室，以求清洁而重卫生；商社盈余，以充点
缀校景之用。2、西层楼及宿舍有一部分楼木损倒，急待修理。

四、关於体育方面：1、体育馆建筑费已筹有两万八千三百余金，尚有未缴。又、建筑执照已由财局批准，缓缴筑路摊费，先行建筑。2、体育馆陈谨华先生设计绘图，煞费苦心，亦已奠基，而成在望。3、上学期本校参加江浙初中球类比赛，获有冠军亚军优胜锦标。

五、京市中等学校毕业会考，本校由社会局呈准市府，该校会考成绩优良，核给补助费八百五十元，[illegible]第此款须核方筹有同等款项，在[illegible]仪方面购置物品、阅览室及[illegible]等设备。

六、暑期学生军事训练成绩，冠绝中外，即为本校[illegible]。

七、购置方面：仪器款项约二千余金，此外添置铁床、椅、桌等件，用资需用。又、图书馆今属中学切需之书，为数亦夥。

宗教方面：课外活动方面均有相当之进展，主任各教职员亦[illegible]

谓十分努力，经营不懈，学生人数虽见其增，教室宿舍以及训练

均系于他困难，此乃在董事会陈校长及委办诸公指导之下

得此良好结果。

九、经济方面：1、本学期根据校务会议时所议决之科学捐款两种

储金一律作罢，改收保证金十元，至学生离校时退还之。在二十一年

度因修理费用过巨，及周老师之去职，传信戴鹏和先生之

身后卹金等，亏欠一万左右，望于此两年中，当力谋弥补

2、本学期所收学费，较上学期现款多，而偿费少，应

此学校所不易得者。

讨论事项

一、主席提出四点

1、张校长所报告各节，极为详尽，给主任各教职员均努力不可

謂為無過失。若外界不明真相，對於本校間有謂為較往年退步者，此點請學校當局特別注意。

又、張校長所報告之四層樓及宿舍有所損壞，此事關係極大，幸勿忽視，請該校長及中學方面盡速為未雨綢繆計。

至、學生人數前董事會有所限制，用意在訓育不易，而不在多少。本學期學生增至七百九十人，而宿舍、教室、班次均無問題，訓育上無困難，似與董事會所限制之意義無所違背，希望當局本此精神做去。

十、學生多經濟上貧困，既能在此中籌出百數十金以還前此積欠，事屬正當，希望切實履行。

議決事項

一、保證金處置案：決議此款不得動用，由大學會計處會同保管存入銀行，提款時須經常會通過。

二、建築訓育主任住宅案：決議訓育主任住宅亦屬需要，第在學校經濟狀況之下，能償還二十一年度欠款數或少數時，能抽出二千元爲該屋之建築費，此案自無問題。旋經張孝侯先生增聘學生人數無問題，償還之數亦無問題，一致通過。

三、張孝侯先生要求在來年秋季休息一年案：決議此案待服務六年滿了時再爲提出討論，暫予保留。

散會

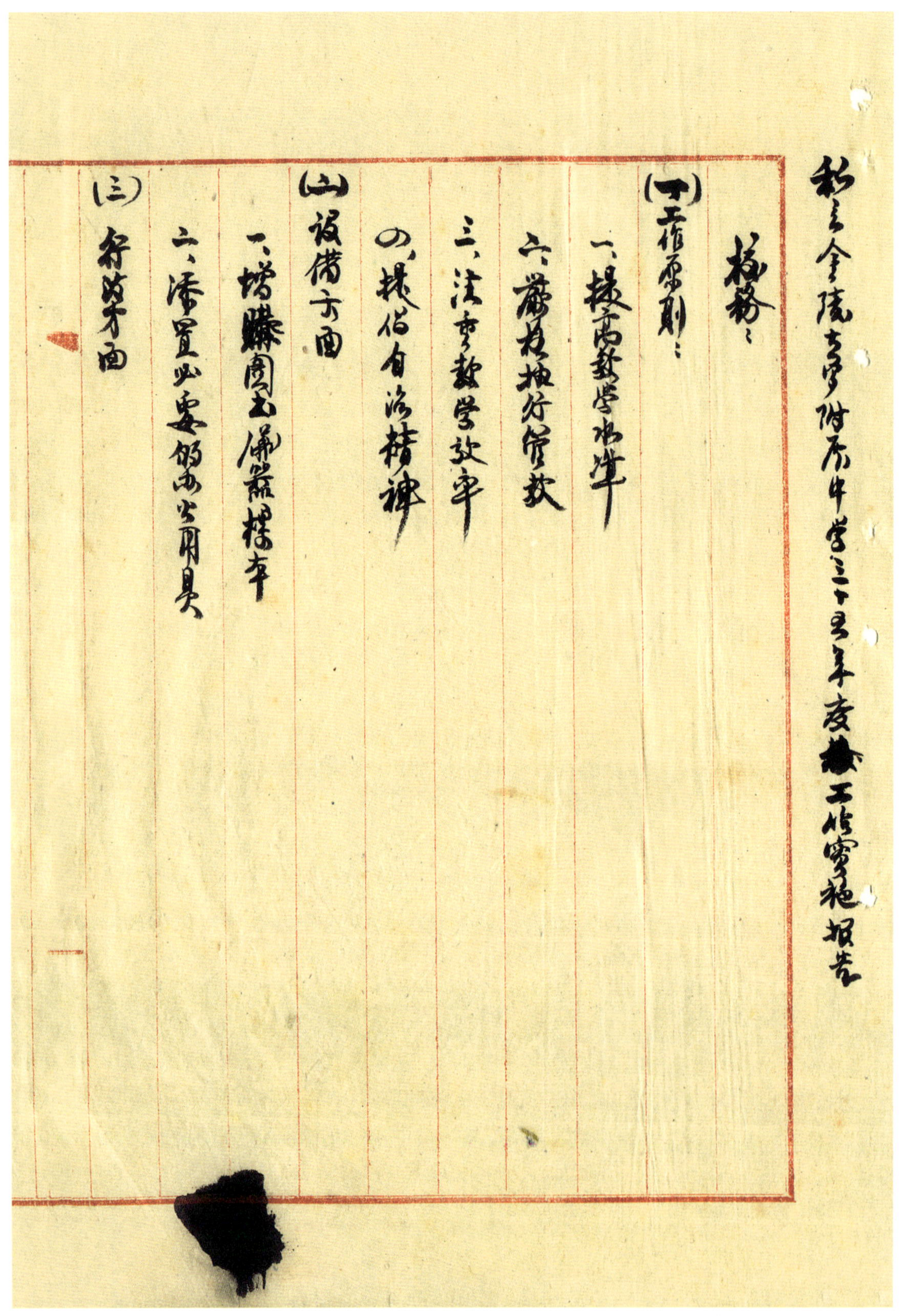

私立金陵大學附屬中學三十五年度工作實施報告

校務：

（一）工作原則：

一、提高教學水準

二、厲行經濟節約

三、注重教學效率

四、提倡自治精神

（二）設備方面

一、增購圖書儀器標本

二、添置必要的需要用具

（三）經費方面

南京市私立金陵大學附屬中學一九四六年度工作實施報告（一九四六年）

檔號：1009-1-563

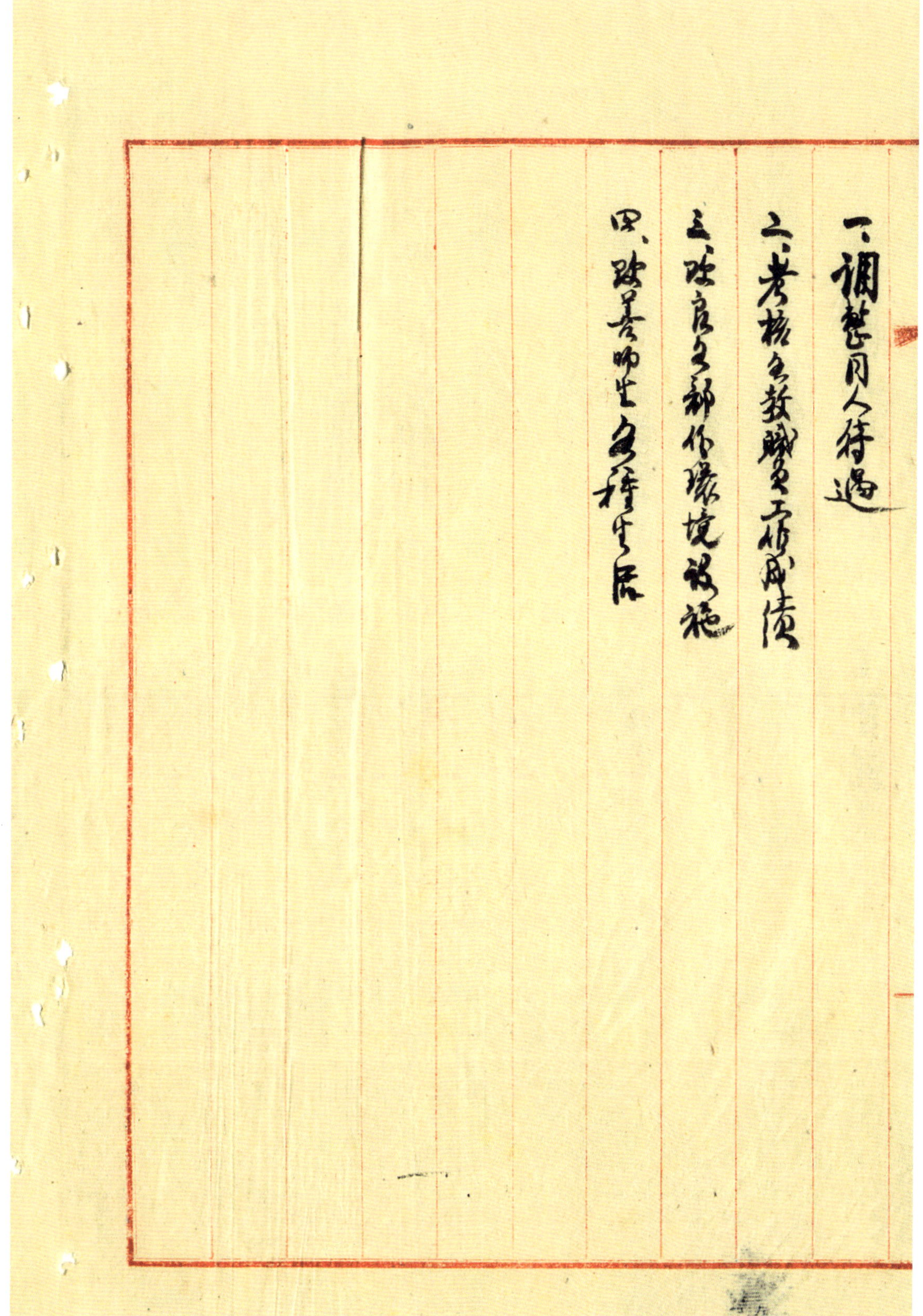

一、調整同人待遇

二、考核各教職員工作成績

三、改良各部份環境設施

四、改善學生各種生活

教務：

甲、工作目標

一、充實教學內容　三、增加教學設備

二、加強教學研究　四、改進教學方法

乙、教學方面

一、充實課程內容

1、審定教材大綱及教學細目

2、確訂教學進度

3、注重指導學生自學

4、隨時抽閱各科學生筆記

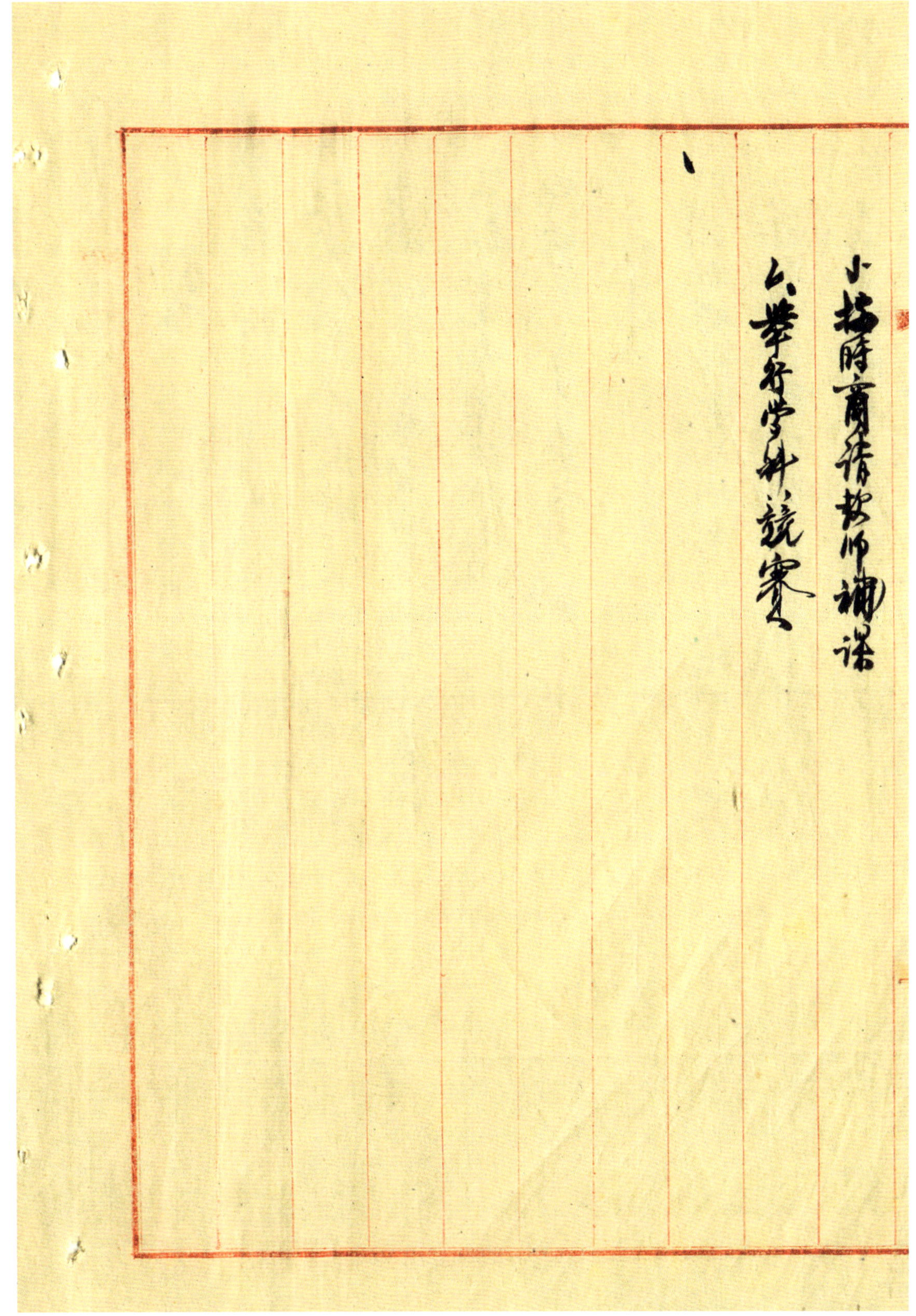

五、臨時商請教師補課

六、畢業學科競賽

訓育

甲、工作目標

一、策勵學生實踐禮義廉恥

二、陶融學生養成謙智仁勇之美德

三、培養學生自治能力

四、培養學生[illegible]之精神

乙、工作方法

一、團體訓導與個別訓導兼顧並重

二、直接訓導與間接訓導相輔而行

丙、工作要項

一、集团训练：　举行国父纪念周，升降旗典礼，及其他纪念会等
利操[illegible]作精神方面之训练
二、个别训练：　指示各学生处事做人之具体标准及进修之方法
三、个别谈话：　训导人员及导师规定时间轮调学生个别
谈话，语言行为善导，休闲娱乐习惯养成等
四、个性考查：　由日常生活中随时体察学生个性
五、成绩考核：　训导人员及各导师评订学生操行成绩标准
分别奖惩

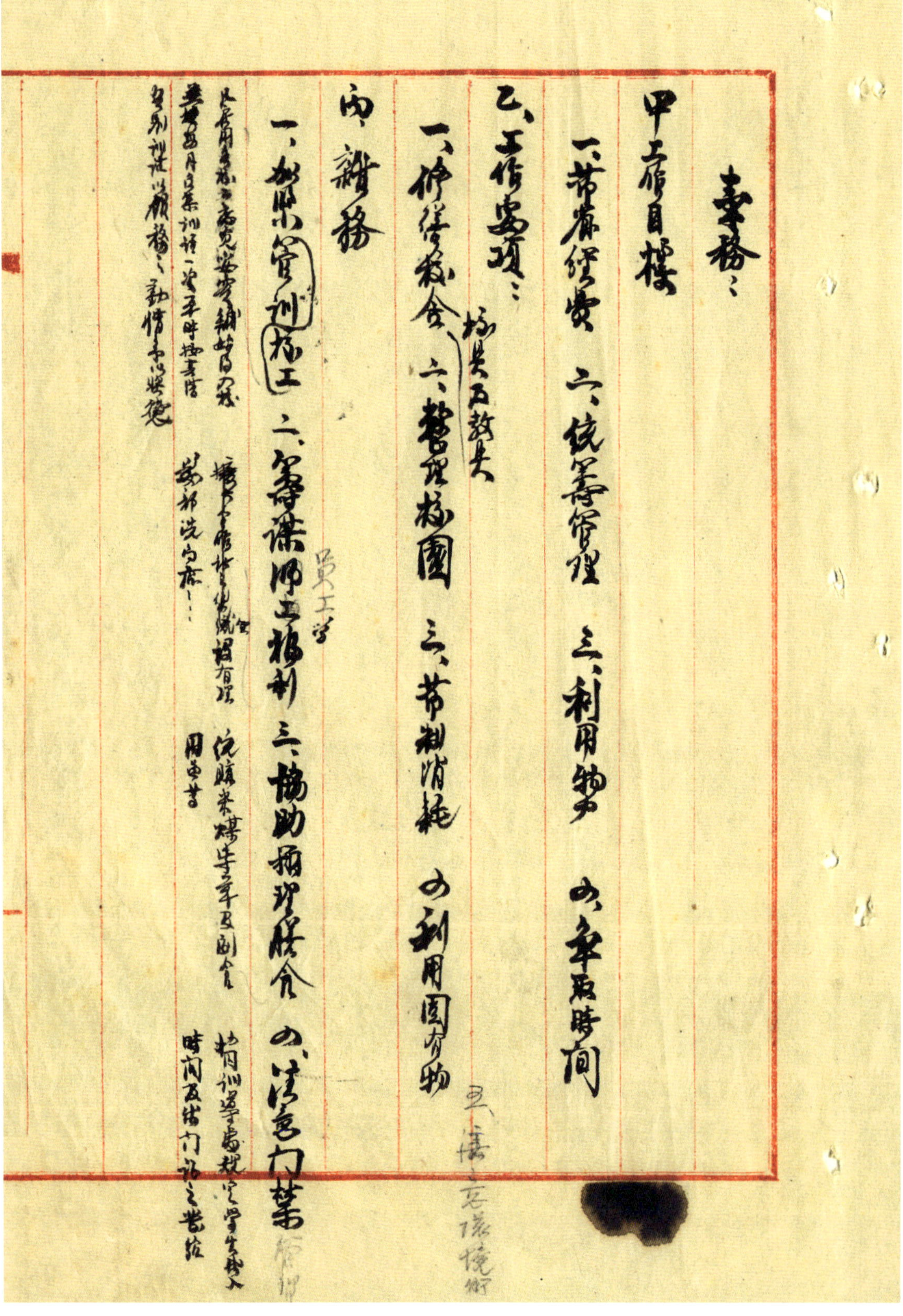

業務：

甲、工廠目標

一、節省經費 二、統籌管理 三、利用勞力 四、爭取時間

乙、工作要項：

一、修繕校舍 二、整理校園 三、節制消耗 四、利用固有物

丙、雜務

一、組織小型訓練工 二、籌謀職工福利 三、協助推行膳食 四、清查門禁

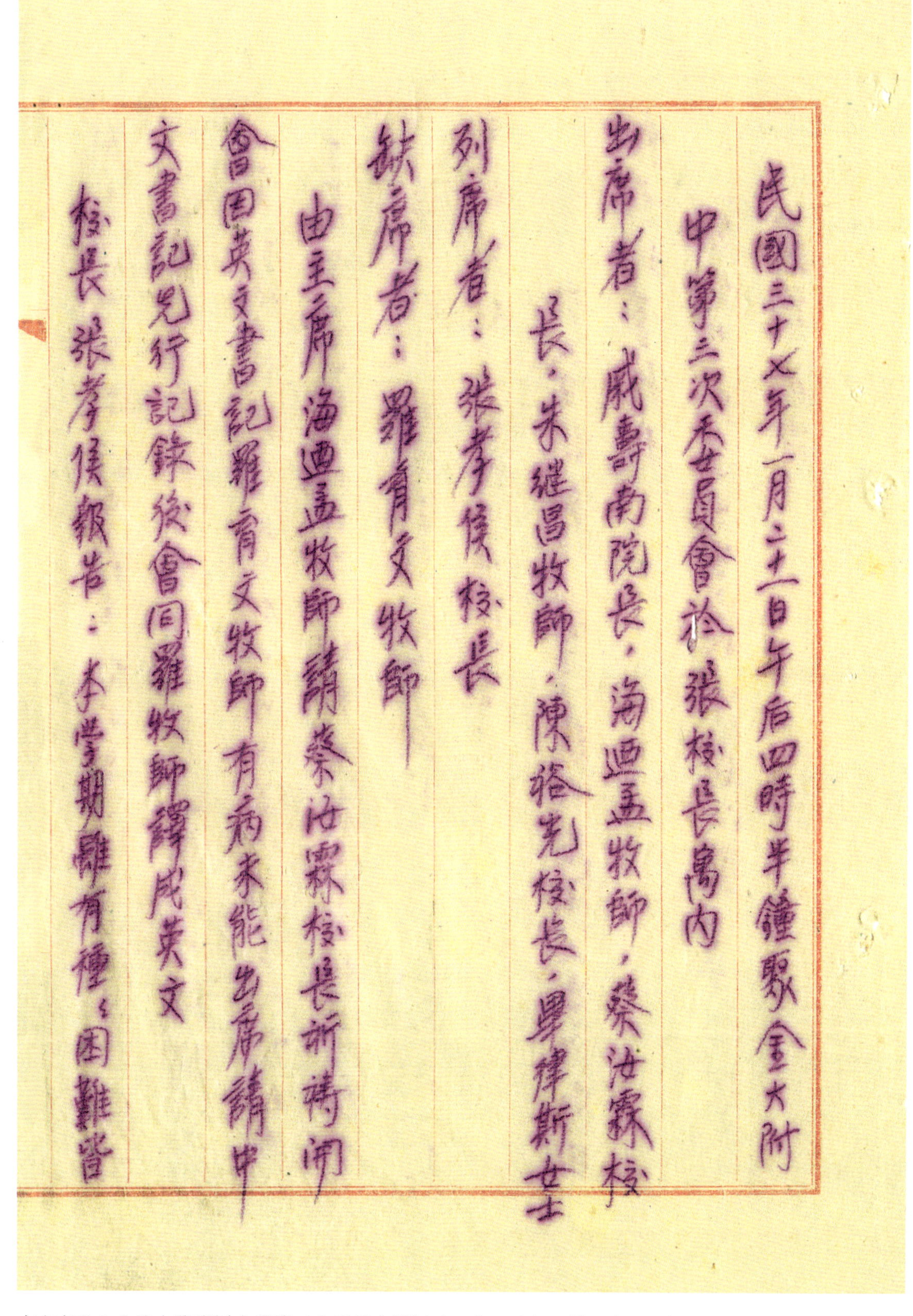
民國三十七年一月二十一日午后四時半鐘聚金大附
中第三次委員會於張校長寓内
出席者：戚壽南院長，海迺孟牧師，蔡汝霖校
長，朱繼昌牧師，陳裕光校長，畢律斯女士
列席者：張孝侯校長
缺席者：羅育文牧師
由主席海迺孟牧師請蔡汝霖校長祈禱開
會，因英文書記羅育文牧師有病未能出席，請中
文書記先行記錄，後會同羅牧師譯成英文
校長張孝侯報告：本學期雖有種種困難皆

南京市私立金陵大學附屬中學第三次委員會記録（一九四八年一月二十一日）

檔號：1009-1-563

能於事先防範周密，故未能成事實，為慶幸。經濟方面事前本有虧欠，但因處置適當，尚可彌補。

關於同人待遇應如何規定以及其他議案討論如左：

Ⅰ. 薪金基數之規定：由校長報告教職員薪金基數之等級，經眾討論接受後，報告之原則授權校長視情形之如何而決定之。

Ⅱ. 關於人事問題：經眾議決通過，人事更動由校長酌量辦理。

Ⅲ. 關於陳端宜先生退休津貼問題：本委員會建議如左：

查陳先生養光仝事前在萬縣經校務會議規定設獎大學金兩名等情本係臨時權宜之計而各大學規定章程抵觸前經本委員會建議由校長呈報大學校長或校董會決定之、

IV. 經濟問題：校長建議恢復戰前制度由大學會計經營本校一切收支本校祇負記賬責任經本委員會贊同通過、

V. 校長代理人問題：遵照上次決議案辦理通過

公傳敬會

民國三十七年四月三十日午后四時半聚金大附第四次委員
會於張校寓內
出席者：威壽南院長（陳裕華先生代）海廼孟牧師，
羅育文牧師，蔡汝霖校長，朱繼昌牧師陳裕光校長，
畢律斯女士。
列席者：張孝侯校長
由主席海廼孟牧師請畢律斯女士祈禱開會中英
文書記宣讀上次記錄更正後接受通过
由校長报告本學期一切校務情形較前進步。關於
管理方面因未招新生及辞退不守規則或學業無進

南京市私立金陵大學附屬中學第四次委員會記録（一九四八年四月三十日）
檔號：1009-1-563

步之學生故管理非常順利，關於教學方面因學生數目減少各級人數也少故教學方面尽量提高質素，關於宗教方面亦尽量使其發展，例如本學期常請宗教名人來校領會或講演，上礼拜至今請雷希耀牧師蒞校領會有壹百數十人记名研究宗教，關於全人待遇方面遵照上次议决基數原則辦理各同人尚能諒解，但現在一般公教人員之待遇已由八萬伍仟倍提高至六十四萬倍相形之下未免距離太遠，

由會计畢律斯女士报告本學期收支概況關於學費收入支付不能抵大約差兩億餘元到是一个问题緩

會衆詢問後接受校長及會计报告。

1.関於待遇問題因公立學校教職員之待遇自四月份起由八萬五千倍漲至二百萬倍在此物價飛漲之情形下本校全人生活非常艱苦若不設法補救将来困難必多，經討論後议決如左本委員會深知同人等之困難情形，為免除一切误會起見寧願追隨各私立中學之後有所举動故授權校長斟酌情相机辦理。

2.校長报告本校有四幢校舍十餘年来從未修理倘不能未雨綢繆，將来非常危險，现今本校週圍已建築房屋故下水道急需整理，再者上次请求合作之各公會派人来校服務仍未实行经衆讨論后建议大學校董會要求創辦本校之各公會在该原经費項下设法補助修理並建築下水道並函请該速派人到校服務议决通过。

3、本委員會建议请校長搜集本校急需经済及人才之材料陳交大學校董會轉達創辦本校之各公會设法筹劃经済及人才補助本校之不及议决通过

由朱继昌牧師祈禱散會

貳　教師聘用及名册

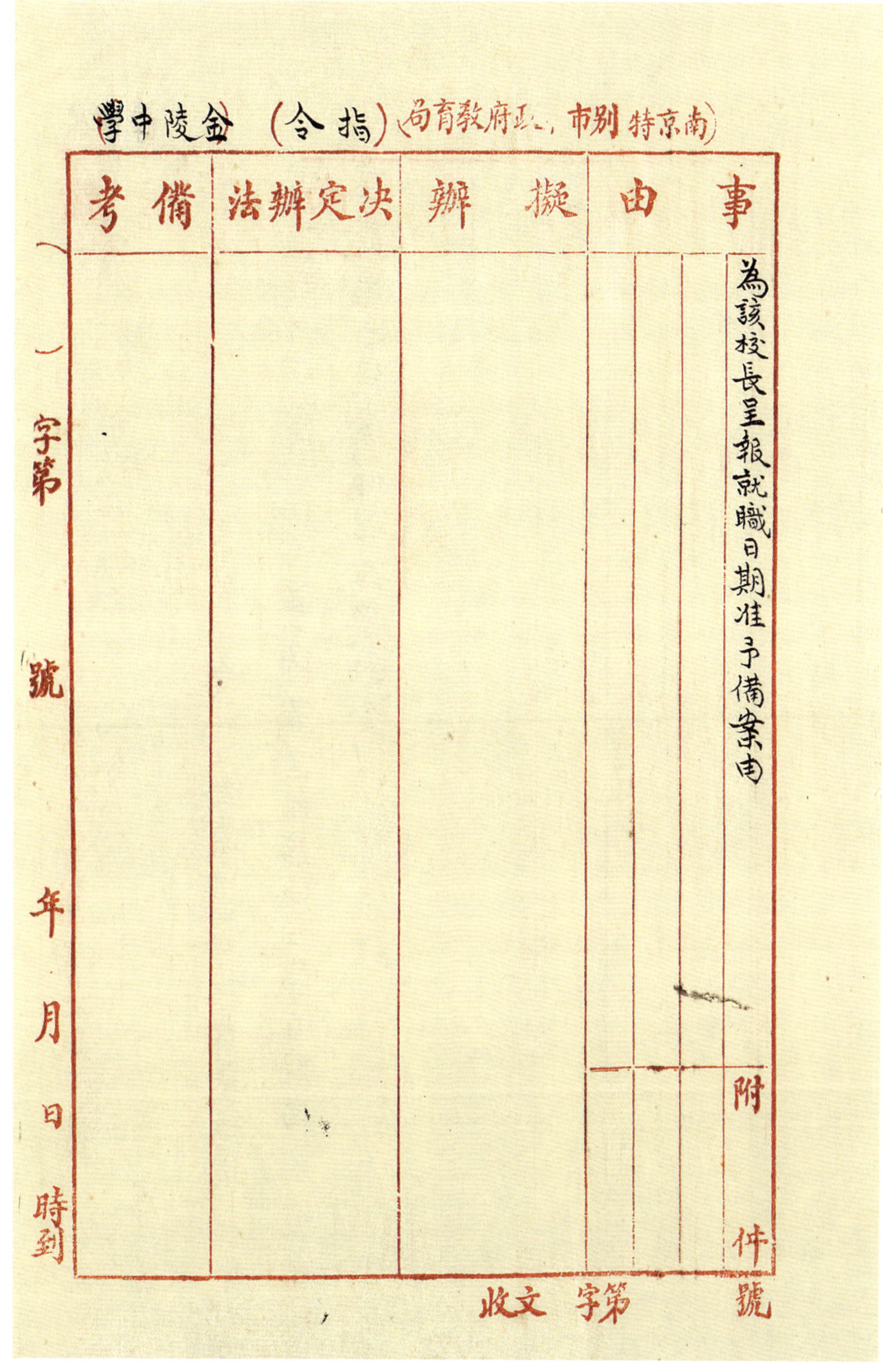
南京特別市市政府教育局指令（金陵中學）

事由	擬辦	決定辦法	備考
爲該校長呈報就職日期准予備案由			
附件			

字第　　號

年　月　日　時到

收文　字第　號

南京特別市市政府教育局爲校長就職日期準予備案給市私立金陵大學附屬中學校長張坊的指令（一九二九年八月二十日）

檔號：1009-1-552

南京特别市市政府教育局指令　　字第四〇七號

令私立金陵中學校長張坊

呈一件為呈報接任視事日期由

呈悉。准予備案，仰即知照。此令！

中華民國十八年八月廿日

局長劉樹森

校對歐陽淡
監印王廷珏

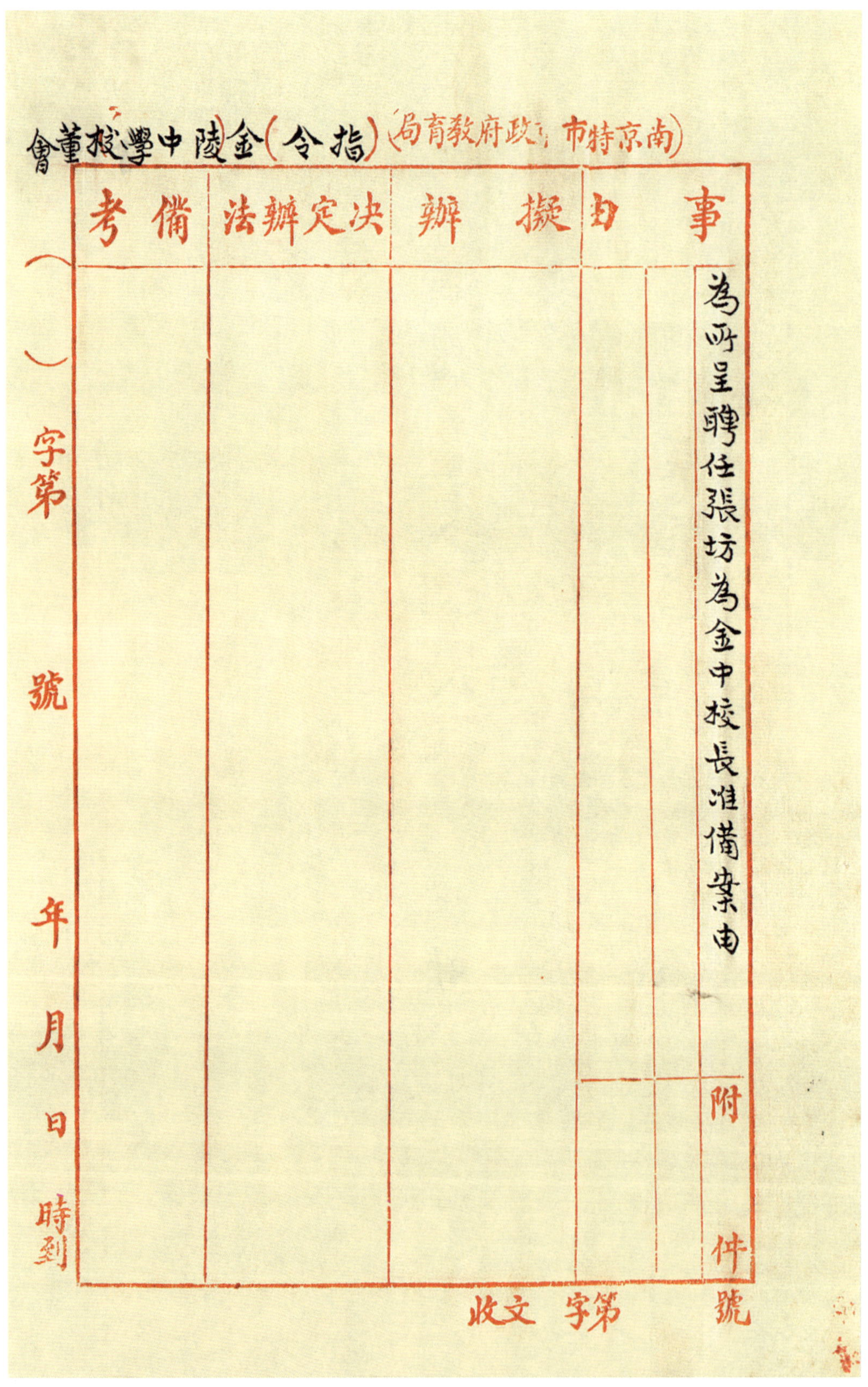
南京特別市市政府教育局爲金陵中學校董會（指令）

事由	擬辦	決定辦法	備考
爲所呈聘任張坊爲金中校長准備案由			
附件			

（　　）字第　　號

年　月　日　時刻

收文　字第　號

南京特別市市政府教育局爲聘請張坊任校長準予備案給市私立金陵大學附屬中學校董會的指令

（一九二九年九月二十日）

檔號：1009-1-552

南京特別市市政府教育局指令　字第348號

令私立金陵中學校董會

呈一件為改聘張坊為校長請備案由

呈悉。准予備案，仰即知照。此令！

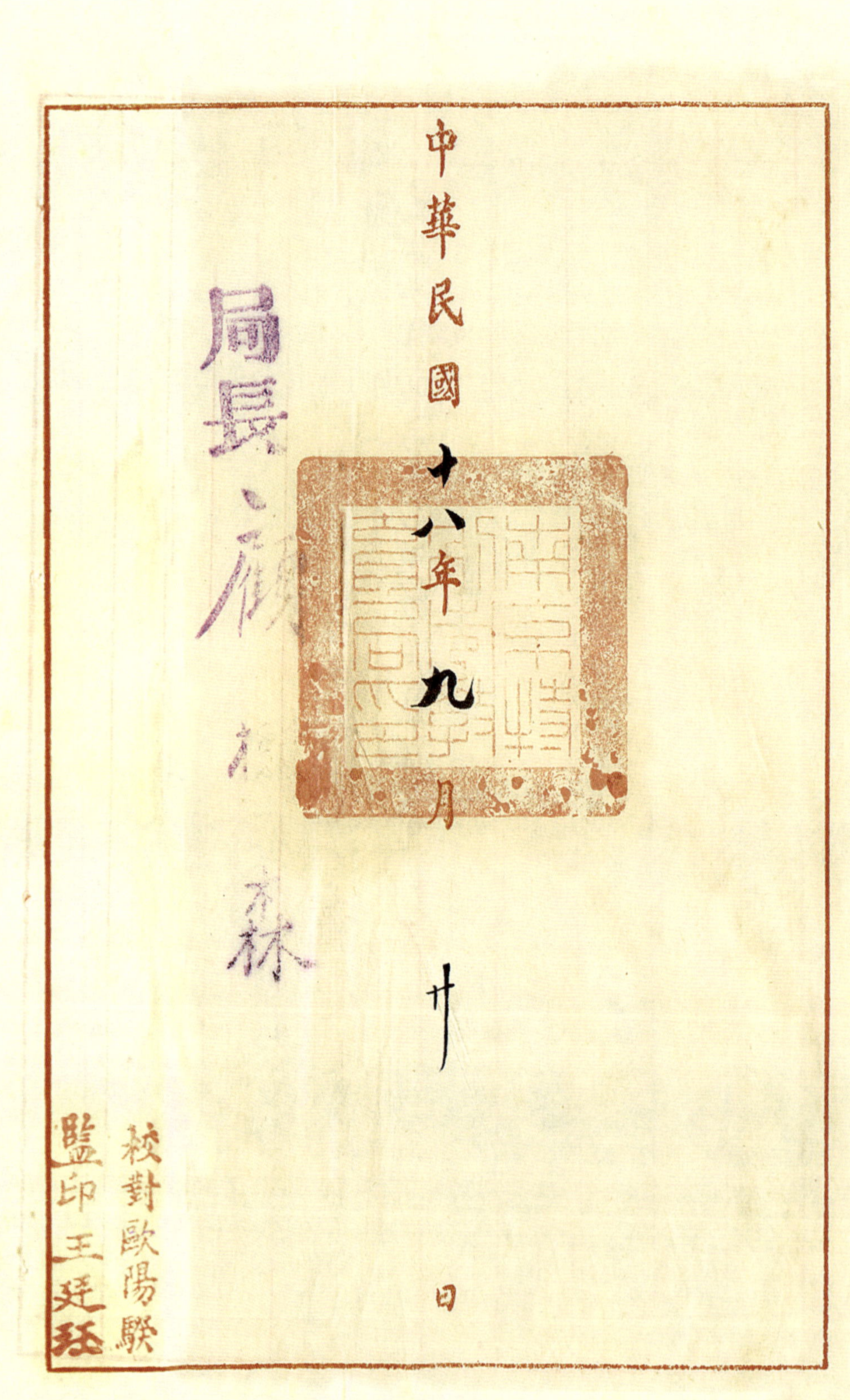

中華民國十八年九月廿日

局長顧樹森

校對歐陽駪

監印王廷珏

私立金陵中學　（訓令）　（南京特別市市政府教育局）

事由	擬辦	決定辦法	備考
爲奉教育部令該校長資格准備案由	可 收件 十一 11 號		

附件

第　字　號
第　字　號
年　月　日　時到

第字文收　號

南京特別市市政府教育局爲奉教育部令市私立金陵大學附屬中學校長資格準予備案給該校校長張坊的訓令

（一九二九年十月十一日）

檔號：1009-1-551

南京特別市市政府教育局訓令

字第　　號

令私立金陵中學校長張坊

為令知事：案奉

教育部第二五五五號指令為據本局呈復關於金陵中學

學生會呈控校長案內開：

「呈悉：金陵中學校長資格，既經該局查明，尚無

朦混情事，應准備案。此令！」等因，

奉此，查此案前奉

教育部

市政府

移付本局查明具復，業經派員調查並呈復

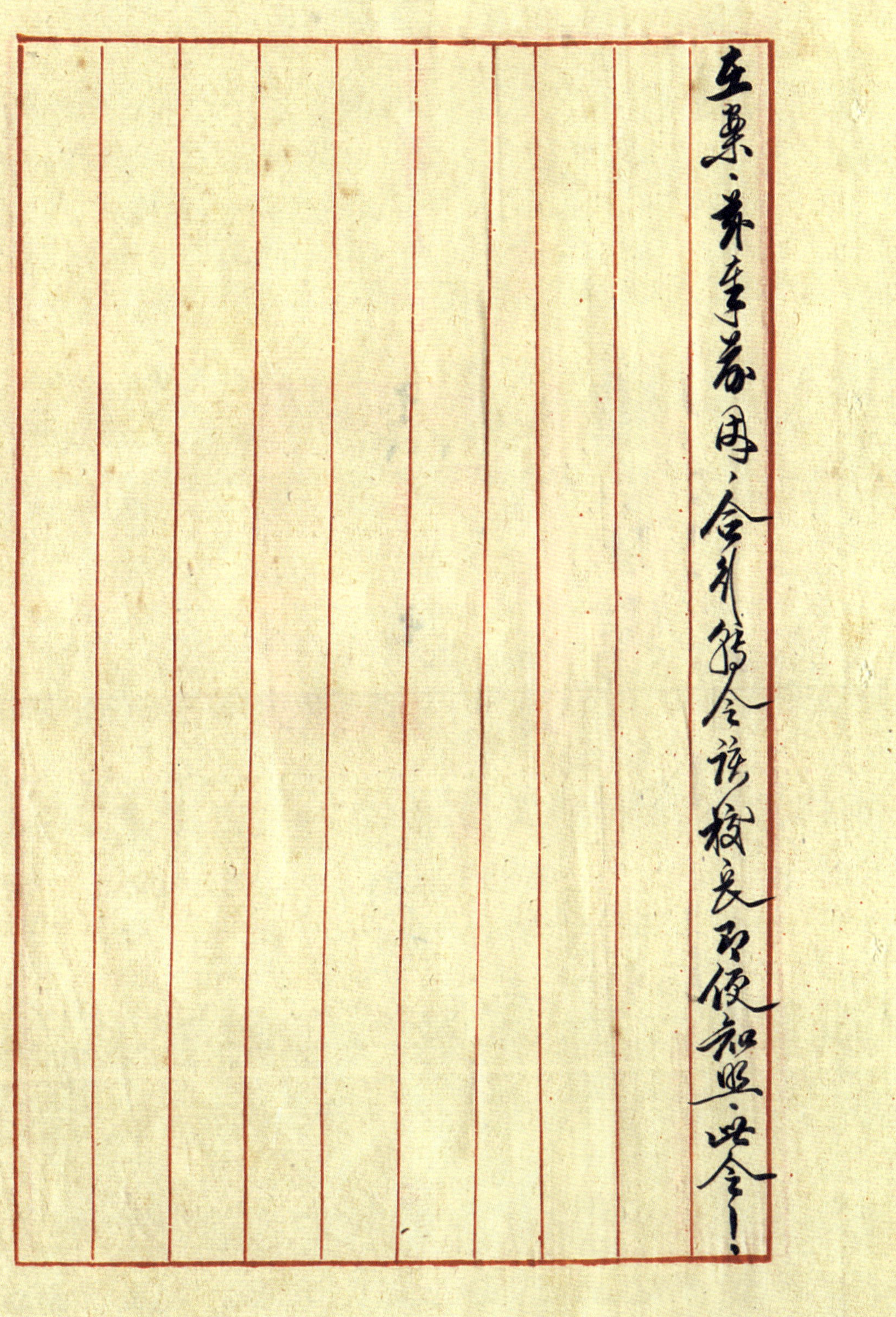
在案，並李蒸函，合行飭令該校長即便知照。此令！

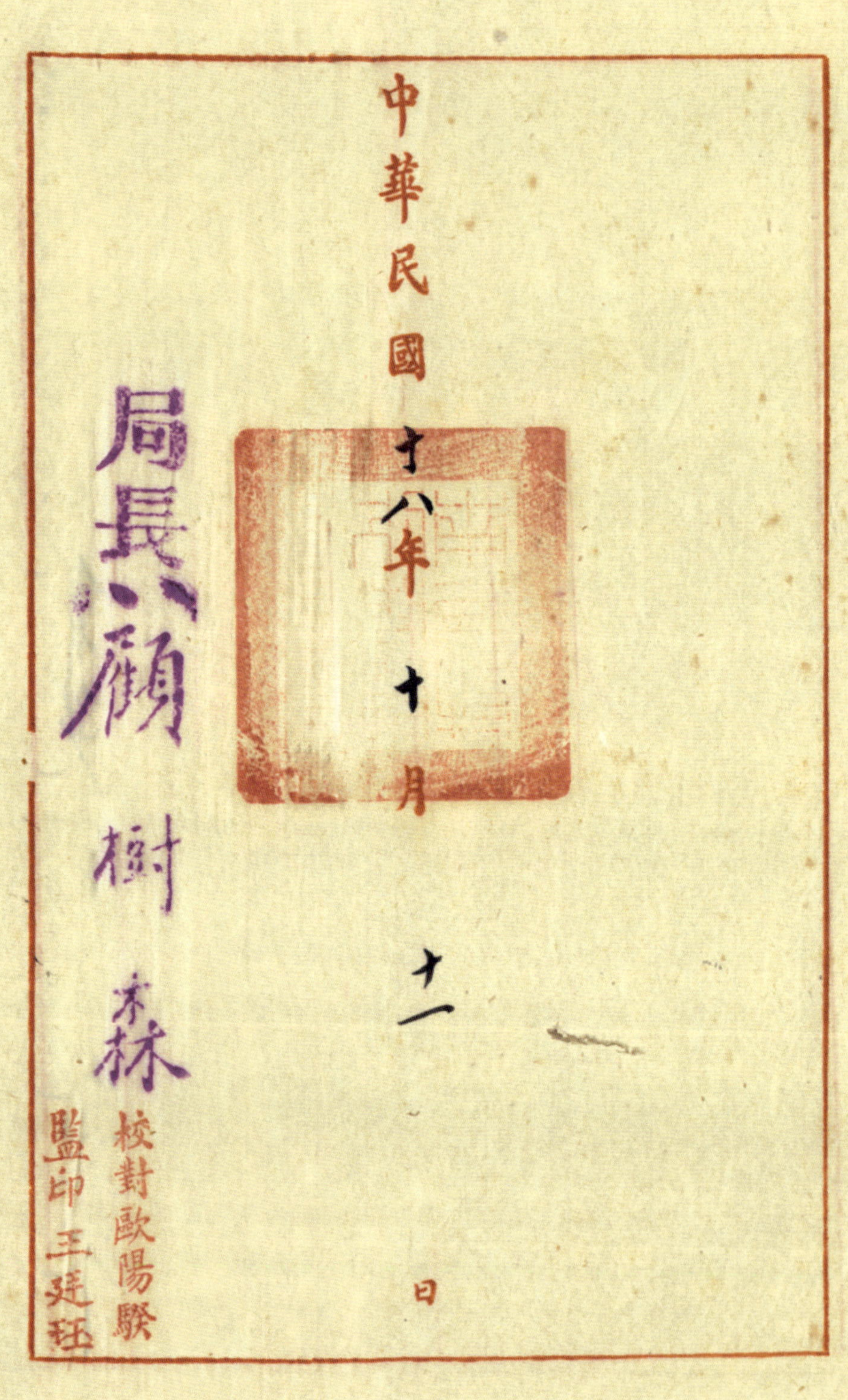

中華民國十八年十月十一日

局長顧樹森

校對歐陽騤

監印王廷珏

應聘書

頃接到聘書一份謹依照聘書附載各項規程擔任職
務合將此應聘書簽名蓋章奉上即希
詧存此復
金陵中學

具應聘書人（簽名蓋章）向培豪

中華民國　　年　　月　　日

向培豪、王佐周、何錫嘏、江乾耀、許國樑、曾昭燏等二十人應聘書
（一九三三年七月至一九三五年一月）
檔號：1009-1-552

應聘書

頃接到聘書一份謹依照聘書附載各項規程擔任職務合將此應聘書簽名蓋章奉上即希

詧存此復

金陵中學

具應聘書人 王佐周
（簽名蓋章）

中華民國二十二年七月十八日

應聘書

頃接到聘書一份謹依照聘書附載各項規程擔任職務合將此應聘書簽名蓋章奉上即希詧存此復

金陵中學

具應聘書人何錫嘏（簽名蓋章）林羡二手代

中華民國廿二年七月廿日

應聘書

頃接到聘書一份謹依照聘書附載各項規程擔任職務合將此應聘書簽名蓋章奉上即希

詧存此復

金陵中學

具應聘書人（簽名蓋章）江乾耀

中華民國廿二年九月一日

應聘書

頃接到聘書一份謹依照聘書附載各項規程擔任職務合將此應聘書簽名蓋章奉上即希

詧存此復

金陵中學

具應聘書人許國樑

（簽名蓋章）

中華民國六十二年七月日

應聘書

頃接到聘書一份謹依照聘書附載各項規程擔任職務合將此應聘書簽名蓋章奉上即希

詧存此復

金陵中學

具應聘書人 曾昭燏

（簽名蓋章）

中華民國二十二年七月 日

應聘書

頃接到聘書一份謹依照聘書附載各項規程擔任職務合將此應聘書簽名蓋章奉上即希

詧存此復

金陵中學

具應聘書人 金千城（簽名蓋章）

中華民國二十二年七月十日

應聘書

頃接到聘書一份謹依照聘書附載各項規程擔任職務合將此應聘書簽名蓋章奉上即希

詧存此復

金陵中學

具應聘書人韓發義

（簽名蓋章）

中華民國二十二年七月　日

應聘書

頃接到聘書一份謹依照聘書附載各項規程擔任職務合將此應聘書簽名蓋章奉上即希

詧存此復

金陵中學

具應聘書人鄭行健

（簽名蓋章）

中華民國二十二年七月日

應聘書

頃接到聘書一份謹依照聘書附載各項規程擔任職務合將此應聘書簽名蓋章奉上即希

詧存此復

金陵中學

具應聘書人 汝仲傑

（簽名蓋章）

中華民國廿二年七月廿五日

應聘書

頃接到聘書一份謹依照聘書附載各項規程擔任職務合將此應聘書簽名蓋章奉上即希
察存此復
金陵中學

具應聘書人（簽名蓋章）岑聯甲

中華民國二十二年七月十五日

應聘書

頃接到聘書一份謹依照聘書附載各項規程擔任職務合將此應聘書簽名蓋章奉上即希
詧存此復
金陵中學

具應聘書人濮光第
（簽名蓋章）

中華民國二十二年七月日

應聘書

頃接到聘書一份謹依照聘書附載各項規程擔任職務合將此應聘書簽名蓋章奉上即希

詧存此復

金陵中學

具應聘書人（簽名蓋章）徐宣和

中華民國二十二年七月六日

應聘書

頃接到聘書一份謹依照聘書附載各項規程擔任職務合將此應聘書簽名蓋章奉上即希

詧存此復

金陵中學

具應聘書人于振聲（簽名蓋章）

中華民國廿三年七月十日

應聘書

頃接到聘書一份謹依照聘書附載各項規程擔任職務合將此應聘書簽名蓋章奉上即希

詧存此復

金陵中學

具應聘書人孫明經

（簽名蓋章）

中華民國二十二年九月日

應聘書

頃接到聘書一份謹依照聘書附載各項規程擔任職務合將此應聘書簽名蓋章奉上即希

詧存此復

金陵中學

具應聘書人包惠根（簽名蓋章）

中華民國　年　月　日

應聘書

頃接到聘書一份謹依照聘書附載各項規程擔任職務合將此應聘書簽名蓋章奉上卽希

詧存此復

金陵中學

具應聘書人柯象寅

（簽名蓋章）

中華民國二十三年一月十二日

應聘書

頃接到聘書一份謹依照聘書附載各項規程擔任職務合將此應聘書簽名蓋章奉上即希

詧存此復

金陵大學附屬中學

具應聘書人（簽名蓋章）唐圭璋

中華民國卅四年一月卅日

應聘書

頃接到聘書一份謹依照聘書附載各項規程擔任職務合將此應聘書簽名蓋章奉上即希

詧存此復

金陵大學附屬中學

具應聘書人屠哲梅（簽名蓋章）

中華民國卄四年一月　日

應聘書

頃接到聘書一份謹依照聘書附載各項規程擔任職務合將此應聘書簽名蓋章奉上即希

詧存此復

金陵大學附屬中學

具應聘書人高文
（簽名蓋章）

中華民國二十四年一月十八日

南京市政府教育局聘函（張坊）

事由	擬辦	決定辦法	備考
聘請擔任南京市未立案私立高級中學畢業生升學預試考試委員由	489		

附件

（ ）字第 號 年 月 日 時到

收文 字第 號

南京市政府教育局爲聘請擔任南京市未立案私立高級中學畢業生升學預試考試委員給張坊校長的聘函

（一九三一年六月十六日）

檔號：1009-1-552

南京市政府教育局聘函 字第465號

茲聘請

先生擔任南京市未立案私立高級中學畢業生

升學預試考試委員

此致

張先生埅

教育局長張忠道

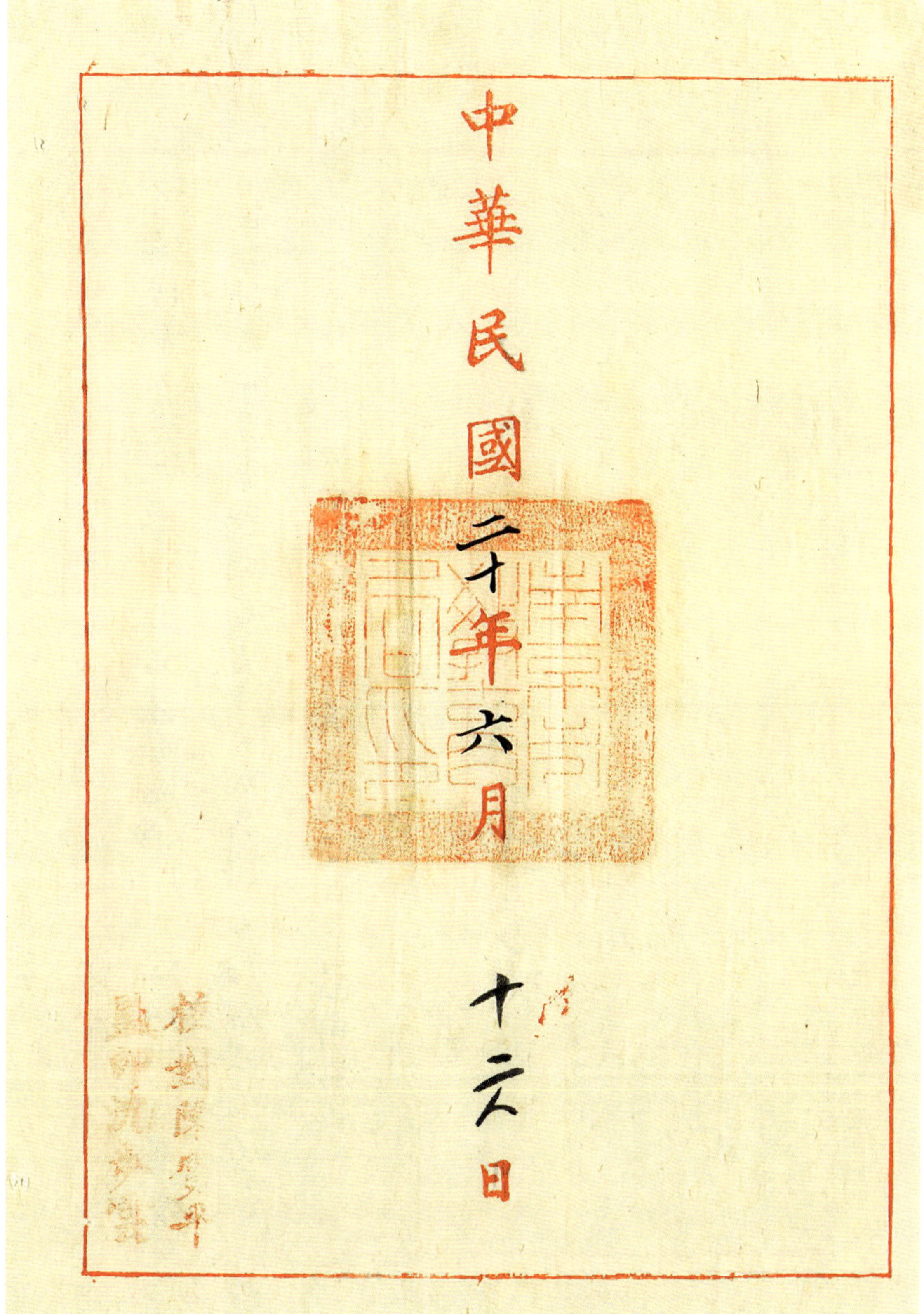

中華民國二十年六月十二日

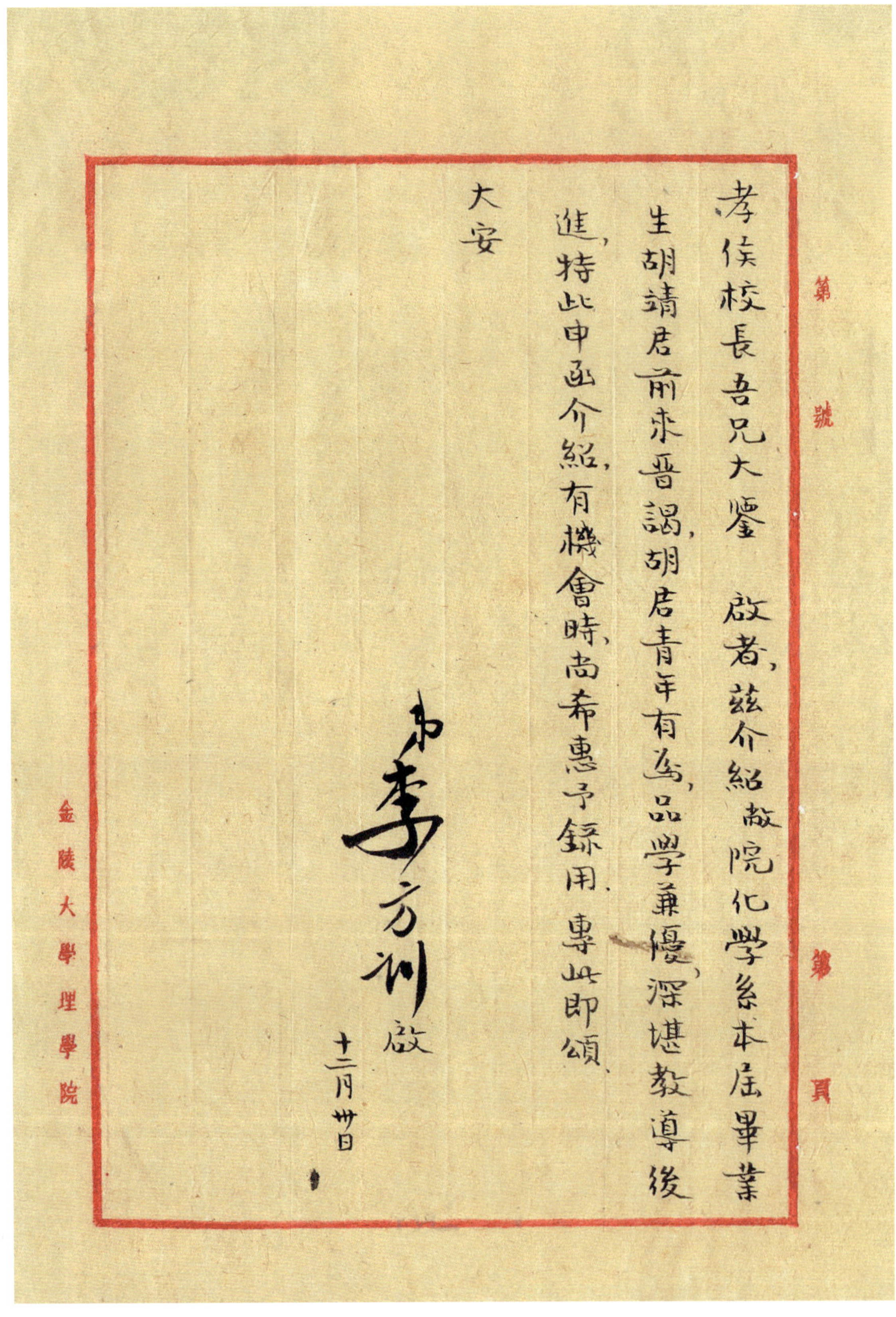

孝侯校長吾兄大鑒：啟者，茲介紹敝院化學系本屆畢業生胡靖君前來晉謁，胡君青年有爲，品學兼優，深堪教導後進，特此申函介紹，有機會時，尚希惠予録用，專此即頌

大安

弟李方訓啟

十二月卅日

第　號　第　頁

金陵大學理學院

私立金陵大學理學院院長李方訓爲介紹本院畢業生胡靖到南京市私立金陵大學附屬中學任教寫給張坊的推薦信（一九三三年十二月三十日）

檔號：1009-1-552

應聘書

頃接到聘書一份謹依照聘書附載各項規程擔任職務合將此應聘書簽名蓋章奉上即希

詧存此復

金陵中學

具應聘書人陸德麟（簽名蓋章）

陸德麟章

中華民國二十三年一月十四日

關于聘用教員陸德麟的一組文件

南京市私立金陵大學附屬中學應聘書（一九三四年一月十四日）

檔號：1009-1-564

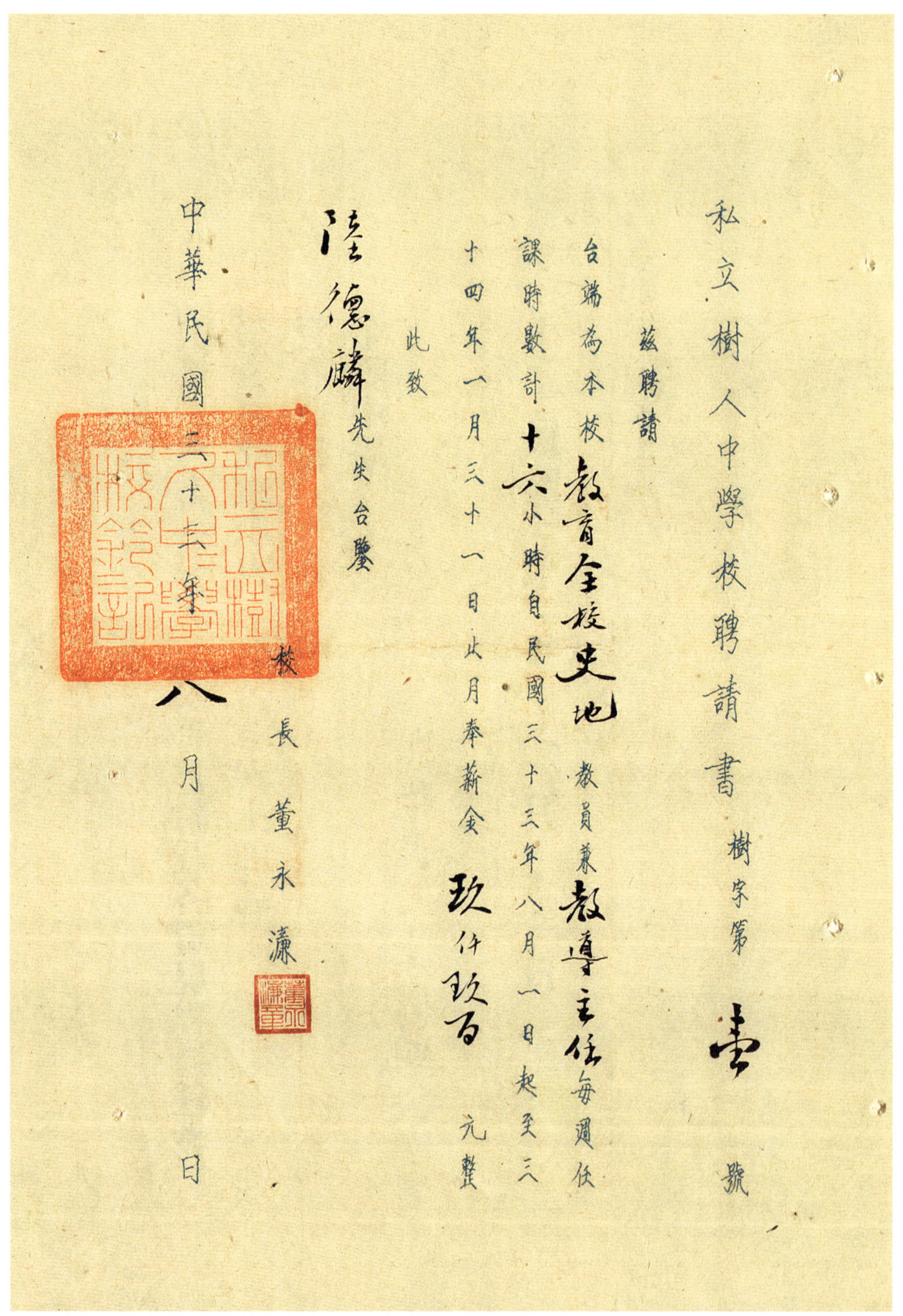

私立樹人中學校聘請書　樹字第壹號

茲聘請

台端為本校教育全校史地教員兼教導主任每週任

課時數計十六小時自民國三十三年八月一日起至三十

十四年一月三十一日止月奉薪金玖仟玖百元整

此致

陸德麟先生台鑒

校長　董永濂

中華民國三十三年八月　日

私立樹人中學校聘請書（一九四四年八月）

檔號：1009-1-564

江蘇省立鎮江師範學校用牋

第　頁

聘書

茲聘請

陸法麟先生任三十四年度第二學期本校　師一乙導師

兼教員課務為　師三、師二甲乙丙、師一甲乙、簡師一二音樂（各二）　每週教授 20 小時薪津

依照廳頒標準另訂

江蘇省立鎮江師範學校校長夏佩白　三五、三、八

（註）開課以前課務如有必須略加變更之處再行洽商

民國　年　月　日

江蘇省立鎮江師範學校聘書（一九四六年三月一日）

檔號：1009-1-564

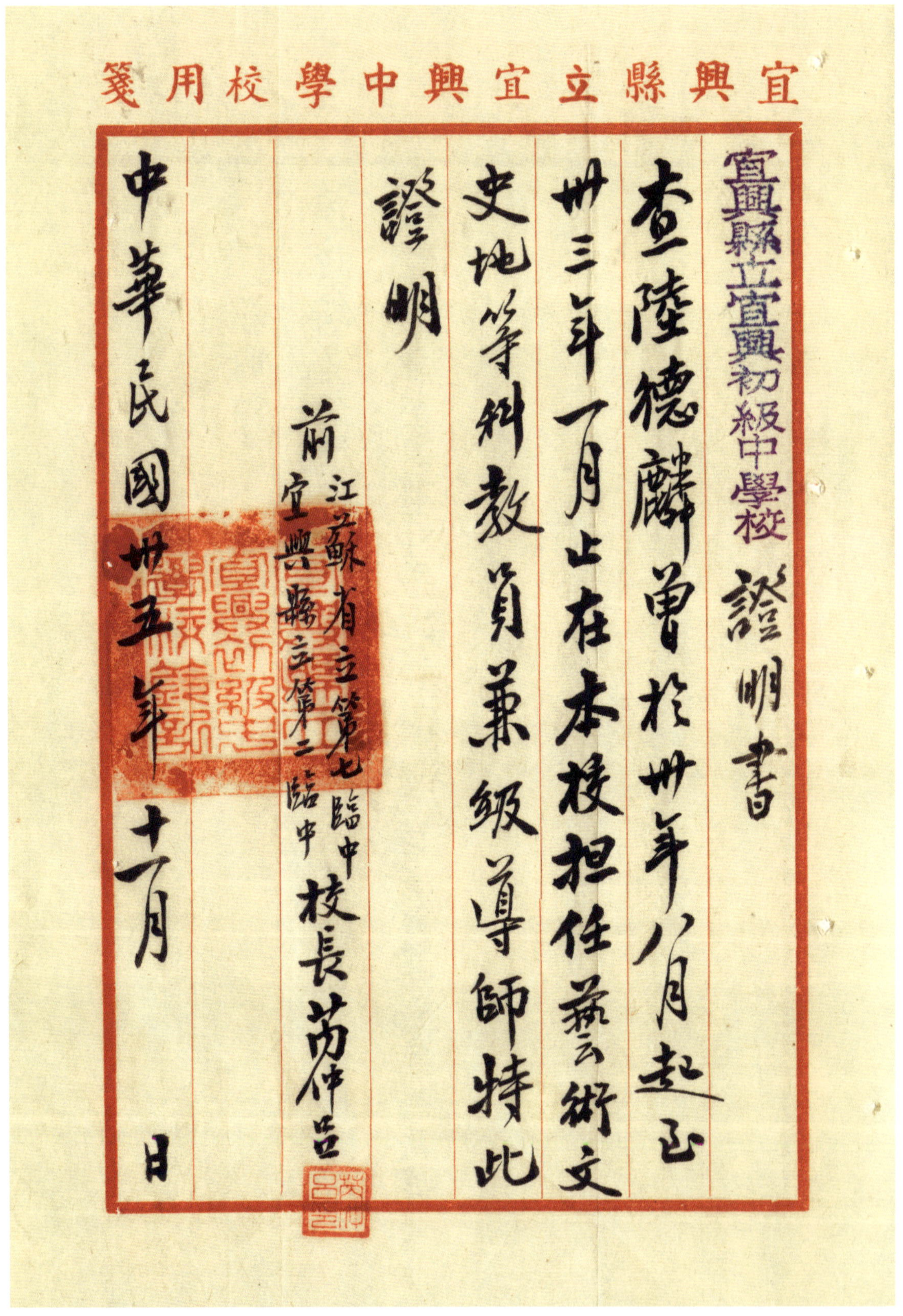
宜興縣立宜興中學校用箋

宜興縣立宜興初級中學校
證明書

查陸德麟曾於卅卅年八月起至卅三年一月止在本校担任藝術文史地等科教員兼級導師特此

證明

江蘇省立第七臨中
前宜興縣立第二臨中校長茆仲呂

中華民國卅五年十一月 日

宜興縣立宜興初級中學校證明書（一九四六年十一月）

檔號：1009-1-564

姓名	陸德麟
性別	仁山
年齡	四十四歲
籍貫	江蘇溧陽
學歷	國立杭州藝術專科學校繪畫系畢業
學校所在地	杭州西湖
畢業年月	民國二十三年第一期畢業
經歷 現任職務	抗戰前服務本校五年，抗戰中歷任江蘇省立第五第七臨中二年，宜興縣二臨中三年，私立弘毅（中學）、樹人中學一年半，勝利後服務省立鎮江師範，卅五年秋後來本校
任教科目	本校勞作教師
任課時數（以週計）	每週任課十五小時
每月薪津	月俸壹佰弍拾萬
住址	本校
到校年月	卅五年秋
備註	

附註：（一）學歷須將院系詳為填明並請將畢業年月填註
（二）經歷請將每項任職年月起止時期詳細填明
（三）表內各欄務請詳細填列於三日內送交校長室為荷

元、八、

南京市私立金陵大學附屬中學教師履歷表（一九四八年一月八日）

檔號：1009-1-564

姓名	性别	年龄	籍贯	學歷	經歷	到校年月	每週任課時數	每月支薪	專任或兼任	備註
詹道志	男	卅	南京	國立體育專科學校第四届畢業	南京市立第一中學體育教員（自民國卅四年十月一日起至卅五年七月卅一日止）	卅五年八月	體育課十五小時 童軍課六小時		專任	

備註

本表各欄務請詳細填列，經歷欄須將任職機關或學校名稱、級職別詳填并註明起迄年月，如右列格式（國立二中英文教員自三十年八月起至三十五年二月止）（三年半）

此表請於五日內連同台端服務証件送交校長室，以便彙呈市教局

南京市私立金陵大學附屬中學教職員詹道志、黄廣堯、章祖慧、張竹軒、徐竹書、彭重熙、詹天爵等四十八人履歷表（一九四七年至一九四八年）

檔號：1009-1-565

職别	姓名	性别	年齡	籍貫	學歷	經歷	到校年月	每週授課時數	每月支薪數	專任或兼任	備註
	黄廣堯	男	31	广东	嶺南大学社會学系畢業	廣東華英中学高中歷史教员一年(民卅三年一月至卅四年二月) 廣東曲江循道高級護士学校心理学教员一年(民卅二年八月至卅三年七月) 金大附中暑期补习班高中地理教员兼学生生活指導一年(民卅四年二月至卅五年一月)	卅五年三月	24	287,500—	専任	服務证件因战时辗转多处多已散失现正向主管请补发中

本表各欄務请详细填列經歷欄须将任職机关或学校名称級職别详填并注明起迄年月如右列格式

備註

(國立二中英文教員自三十年八月起至三十四年二月止(三年半))

此表请於三日内連同 台端服務证件送交校長室以便彙呈 市教局

服務证件容后补交

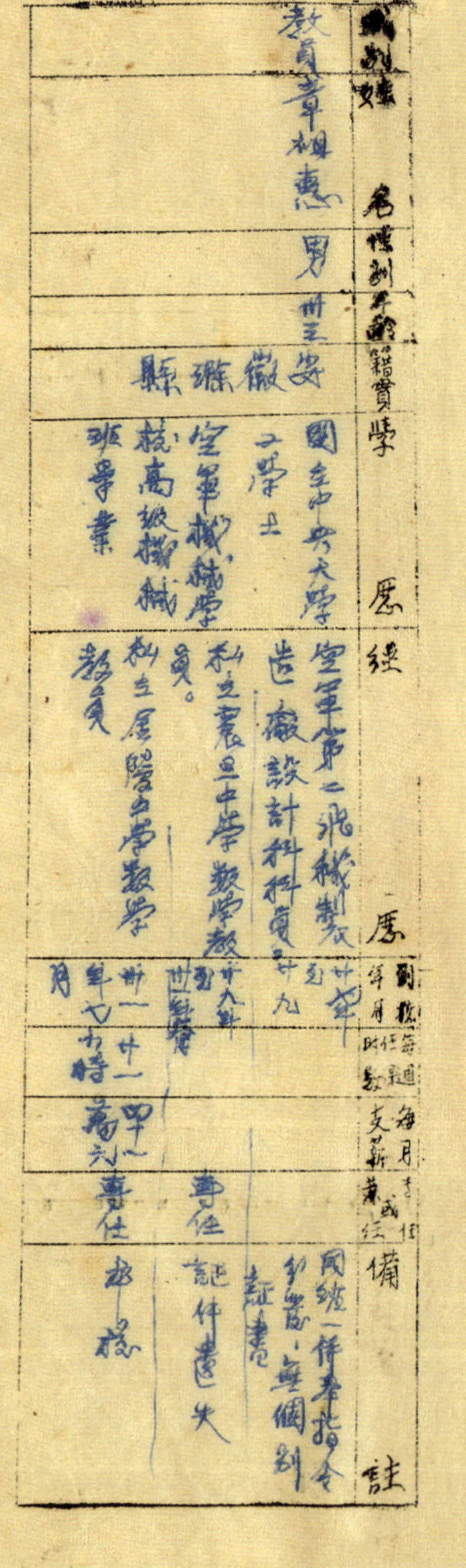

職別	教員
姓名	章桐惠
性別	男
年齡	卅三
籍貫	安徽[illegible]縣
學歷	國立中央大學工學士 空軍機械學校高級機械班畢業
經歷	空軍第二飛機製造廠設計科科員 私立震旦中學數學教員。 私立[illegible]中學數學教員
到校年月	卅一年七月
每週任課時數	廿一小時
每月支薪	甲一[illegible]
專任或兼任	專任
備註	因統一[illegible]奉指令郵寄，無個別證書 證件遺失 同校

本表各欄務須詳細填列經歷欄須將任職机关或学校名称級職別詳填并註明起迄年月如右列格式

（國立二中英文教員自三十年八月起至三十四年二月止）（三年半）

備註

此表請於三日內連同 台端服務証件送交校長室以便彙呈 市教局

職別	姓名	性別	年齡	籍貫	學歷	經歷	到校年月	擬任專兼任每週授課時數	每月支薪	專任或兼任	備註
[illegible]	張竹軒	男	四三	銅山	齊魯大學數學系	遂寧涪江蓬靈聯合女中學 國立第十六中學 金陵大學附中	三十四年二月起	專任 專任 專任			各校聘書遺失

本表各欄務請詳細填列經歷欄須將任職機關或學校名稱級職別詳填并註明起迄年月如右列格式

（國立二中英文教員自三十年八月起至三十四年二月止）（三年半）

備註

此表請於二日內連同　台端服務証件送交校長室以便彙呈　市教局

姓名	徐竹書
性別	男
年齡	三十九歲
籍貫	江蘇
學歷	金陵大學文學士
學校所在地	南京
畢業年月	一九二三
經歷	①曾任江蘇省立揚州中學、四川國立二中高中部英文教員兼訓導組長 ②荷蘭大使館翻譯 ③華委會外事局科員
現任職務	
任教科目	英文
任課時數（以週計）	
每月薪津	卅195,000
住址	南京金中
到校年月	
備註	

附註：（一）學歷須將院系詳爲填明并請將畢業年月填註

（二）經歷請將每項任職年月起止時期詳細填明

（三）表內各欄務請詳細填列於三日內送交校長室爲荷

元、八、

姓名	彭重熙
性別	男
年齡	三十七
籍貫	吳縣
學歷	之江大學中國文學系畢業
學校所在地	杭州閘口
畢業年月	民國廿二年
經歷	之江附中國文教員四年 金陵附中國文教員四年半 之江大學文學院中國文學系講師一年半 蘇州私立崇實、溧陽青年會等中學國文教員三年 又金陵附中國文教員一年半
現任職務	
任教科目	國文
任課時數	(以週計) 34-
每月薪津	36
住址	本校
到校年月	民國二十五年
備註	

附註：(一)學歷須將院系詳爲填明并請將畢業年月填註
(二)經歷請將每項任職年月起止時期詳細填明
(三)表內各欄務請詳細填列於三日內送交校長室爲荷

九、八、

姓名	詹天爵
性別	男
年齡	二十六
籍貫	四川岳池
學歷	金陵大学畢業
學校所在地	南京
畢業年月	三十七年六月
經歷	曾任四川岳池私立新三中学理化教員（三十二年九月至三十三年七月）
現任職務	現任本校物理教員
任教科目	初中物理
任課時數	十六小時（以週計）
每月薪津	120萬
住址	本校鐘樓十三號
到校年月	三十六年十一月
備註	

附註：（一）學歷須將院系詳為填明并請將畢業年月填註

（二）經歷請將每項任職年月起止時期詳細填明

（三）表内各欄務請詳細填列於三日内送交校長室為荷

九、八、

職別	姓名	性別	年齡	籍貫	學歷	經歷	到校年月	每週任課時數	每月支薪	兼或專任	備註
體育主任	許璟璜	男	卅又歲	南京市	上海東亞體育專科學校專科畢業（本字一三一〇號） 中央政治大學新聞專修班畢業（新甲字第三五號）	南京五卅中學體育主任（廿五年至廿六年止） 中央黨部宣傳部幹事（廿六年至廿九年） 重慶載英中學體育主任（廿九年至卅一年兼任） 重慶廣益中學體育主任（卅一年至卅二年兼任） 重慶建國銀行事務主任（卅二年至卅五年）	卅五年八月一日	廿八小時		專任	外附載英中學聘書乙份

本表各欄務請詳細填列經歷欄須將任職機關或學校名稱級職別詳填並註明起迄年月如右列格式

備註

（國立二中英文教員自三十年八月起至三十四年二月止（三年半））

此表請於三日內連同　台端服務證件　送交校長室以便彙呈　市教局

姓名	韓發義
性別	男
年齡	四十八
籍貫	湖北襄陽
學歷	南京私立金陵大學文學院教育系畢業
學校地點	南京
畢業年月	民國十九年春
經歷 現任職務	民國十九年秋任金大附中會監兼英文教員 又事務副主任兼英文教員 又英文專任教員 又總務主任兼英文教員 現任會監兼英文教員
任教科目	英文
任課時數	（以週計）十二時
每月薪津	貳佰零七万七仟元
住址	本校
到校年月	民國十九年秋
備註	

附註：（一）學歷須將院系詳為填明并請將畢業年月填註
（二）經歷請將每項任職年月起止時期詳細填明
（三）表內各欄務請詳細填列於三日內送交校長室為荷

九、八、

姓名	黎振誠
性別	男
年齡	31
籍貫	安徽宿松
學歷	金陵大學理學院數學系畢業
學校所在地	南京
畢業年月	卅年秋季
經歷 現任職務	卅一年經濟部物資局統計員 卅二年軍委會外事局外採科員 卅三年一月至　月交通大學助教 卅三年九月至卅五年七月[illegible] 卅五年八月起在本校講師
任教科目	數學
任課時數	22小時（計週22）
每月薪津	145万
住址	本校
到校年月	卅五年　月
備註	

附註：（一）學歷須將院系詳為填明並請將畢業年月填註
（二）經歷請將每項任職年月起止時期詳細填明
（三）表內各欄務請詳細填列於三日內送交校長室為荷

九、八、

姓名	劉鏡澂
性別	男
年齡	六十二
籍貫	江蘇
學歷	南京滙文書院1909文學士金中服務十八年浦東中學教務主任四年安徽中學訓育主任三年國立邊校副教授四年
學校所在地	南京
畢業年月	一九〇九年秋
經歷	一九四六年秋復入金中任訓育兼授高中英文
現任職務	
任教科目	英文
任課時數	(以週計)十二小時後增四時
每月薪津	本期#225.—
住址	本校
到校年月	一九四六秋
備註	

附註：(一)學歷須將院系詳為填明并請將畢業年月填註
(二)經歷請將每項任職年月起止時期詳細填明
(三)表內各欄務請詳細填列於三日內送交校長室為荷

九、八、

姓名	性別	年齡	籍貫	學歷	畢業學校所在地	畢業年月	經歷	現任職務	任教科目	任課時數	每月薪津	住址	到校年月	備註
江乾耀	男	四十四	江蘇阜寧	金陵大學文學院政治系畢業（中國[illegible]校張[illegible]）	南京	民國十九年七月	金陵中學英文教員六年（十九年八月至廿五年八日）	教員	英文	（以週計）廿七小時	弍百拾伍[illegible]	本校	卅五年八月	

附註：（一）學歷須將院系詳為填明并請將畢業年月填註
（二）經歷請將每項任職年月起止時期詳細填明
（三）表內各欄務請詳細填列於三日內送交校長室為荷

九、八、

姓名	徐銘貞
性別	女
年齡	三十九
籍貫	江蘇南京
學歷	金陵大學文學院歷史系文學士
學校所在地	南京
畢業年月	民二十八年夏
經歷 現任職務	曾任金大附中史地教員六年 民廿一—二十七 曾任中央經研局職員、六年 民二十九—三十五年 現任金大附中史地教員 民三十六年秋
任教科目	史地
任課時數	(以週計)二十六小時
每月薪津	
住址	
到校年月	
備註	

附註:(一)學歷須將院系詳為填明并請將畢業年月填註
(二)經歷請將每項任職年月起止時期詳細填明
(三)表內各欄務請詳細填列於三日內送交校長室為荷

九、八、

姓名	盧崇烈
性別	男
年齡	三十三
籍貫	江蘇寶應
學歷	金陵大學理學士
學校所在地	南京
畢業年月	民國二十五年
經歷	曾任金大物理系助教，五卅中学教員，滙文女中教員，宝應鍾南中学教員，鼓樓中学，同倫中学，國立第一臨中教員
現任職務	本校化学教員
任教科目	化学
任課時數	（以週計）二十八小时
每月薪津	一百六十万元
任校址	本校
到校年月	民國卅六年六月
備註	

附註：(一)學歷須將院系詳為填明并請將畢業年月填註

(二)經歷請將每項任職年月起止時期詳細填明

(三)表內各欄務請詳細填列於三日內送交校長室為荷

九、八、

姓名	沈廷玉
性別	男
年齡	三十六
籍貫	江蘇吴縣
學歷	金陵大学理学院数学系畢業（民国二十五年一月）
學校所在地	南京
畢業年月	民國廿五年一月
經歷	南京匯文女子中学数学教員（民廿五年二月—廿六年九月） 上海華光中学中國職業学校英文数学教員（民廿八年八月—廿九年七月） 國立南京第二臨中数学教員（民卅四年十月—卅五年七月） 南京市立第五中学数学教員（民卅五年八月—卅六年一月） 南京市立第三中学数学教員（民卅六年二月—卅六年七月）
現任職務	專任教員
任教科目	数学
任課時數	（以週計）廿三小時
每月薪俸	
住址	本校
到校年月	卅六年八月
備註	

附註：（一）學歷須將院系詳為填明并請將畢業年月填註
（二）經歷請將每項任職年月起止時期詳細填明
（三）表內各欄務請詳細填列於三日內送交校長室為荷

九八

姓名	顏其林
性別	男
年齡	42
籍貫	湖北武昌
學歷	民國廿二年一月金陵大學文學院圖書[illegible]畢業
學校所在地	鼓樓
畢業年月	民廿二年一月
經歷	廿六年四月四川大學圖書館事務員 廿六年七月至卅一年七月任[illegible] 本校圖書室管理員 卅二年六月至卅四年九月中[illegible]專[illegible] 務員 卅四年十一月至卅五年七月[illegible]四川省立圖書館[illegible] 卅五年八月至卅七年十一月任本校圖書館主任
現任職務	
任教科目	
任課時數	(以週計)
每月薪津	玖拾陸[illegible]元
住址	吉兆營28號
到校年月	民卅五年八月
備註	

附註：(一)學歷須將院系詳為填明并請將畢業年月填註
(二)經歷請將每項任職年月起止時期詳細填明
(三)表內各欄務請詳細填列於三日內送交校長室為荷

九、八

姓名	吳雲端
性別	男
年齡	三十九
籍貫	安徽歙縣
學歷	金陵大學文學士
畢業學校地點	南京
畢業年月	十九年夏
經歷 現任職務	歷任安中、上海華東聯中、達材女中教務主任，現任金中教員
任教科目	國文
任教時數	（以週計）十八小時
每月薪津	一百四十四元
住址	乾河沿壹號（南京
到校年月	十九年夏
備註	

附註：（一）學歷須將院系詳為填明并請將畢業年月填註
（二）經歷請將每項任職年月起止時期詳細填明
（三）表內各欄務請詳細填列於三日內送交校長室為荷

九、八、

姓名	張季德
性別	男
年齡	46
籍貫	丹陽
學歷	國立東南大學文學院政經系去年畢業
學校所在地	南京
畢業年月	16
經歷 現任職務	曾任國民政府編譯委員會編譯 十七年 南京市教育局中等教育科主任 十八年—廿四年 南京市立中學校長 廿四—廿六 江蘇省立蘇州中學教員 金陵中學教員
任教科目	國文
任課時數（以週計）	24
每月薪津	140萬元
住址	本校
到校年月	卅年
備註	

附註：（一）學歷須將院系詳為填明并請將畢業年月填註

（二）經歷請將每項任職年月起止時期詳細填明

（三）表內各欄務請詳細填列於三日內送交校長室為荷

元、八、

姓名	張[illegible]之
性別	男
年齡	39
籍貫	湖北黄陂縣
學歷	上海，上海美術专科学校西洋画系畢業。上海國立音樂专科学校高中師範科畢業。
學校所在地	民國廿一年一月 二十六年七月
畢業年月	
經歷	上海美術专科学校音樂系助教及講師四年半，自22年二月至26年七月。四川成都華西大学音樂系副教授。自27年9月至35年七月）4 8
現任職務	金中教員
任教科目	音樂
任課時數	15（計週）
每月薪津	$120萬
住址	漢中路金陵神学院
到校年月	36年九月
備註	

附註：（一）學歷須將院系詳為填明并請將畢業年月填註。

（二）經歷請將每項任職年月起止時期詳細填明（共八年）

（三）表內各欄務請詳細填列於三日內送交校長室為荷

張[illegible]之

元、八、

姓名	鄭[illegible]
性别	男
年齡	三十
籍貫	浙江平陽
學歷	國立浙江大學理學院數學系幾何組民國卅二年畢業
學校所在地	浙江杭州（戰時遷至貴州遵義）
畢業年月	民國卅二年六月
經歷現任職務	1. 貴州省立黔西中學（32.6—33.6） 2. 交通部運輸人員訓練所教員（33.1—33.8） 3. 國防部航空總司令部航空工業局貴州大定航空發動機製造廠技術學校數學教官（33.8—36.7）
任教科目	數學
任課時數	（以週計）每週十五小時
每月薪津	一百二十萬
住址	本校
到校時期	民國三十六年八月
備註	

附註：(一)學歷須將院系詳為填明並請將畢業年月填註
(二)經歷請將每項任職年月起止時期詳細填明
(三)表內各欄務請詳細填列於三日内送交校長室為荷

九、八、

姓名	吳清年
性別	男
年齡	五十
籍貫	南京市
學歷	金陵大學畢業
學校所在地	南京
畢業年月	民國十四年
經歷	曾任金大講师及各中學教员
現任職務	
任教科目	數學
任課時數	(以週計)二十一小時
每月薪給	壹百七十八萬
住址	西方巷八號
到校年月	卅六年一月
備註	

附註：(一)學歷須將院系詳為填明并請將畢業年月填註
(二)經歷請將每項任職年月起止時期詳細填明
(三)表內各欄務請詳細填列於三日內送交校長室為荷

九、八、

姓名	陸德麟
別號	仁山
年齡	四十四歲
籍貫	江蘇溧陽
學歷	國立杭州藝術專科學校繪畫系畢業
學校所在地	杭州西湖
畢業年月	民國二十三年冬第一期畢業
經歷	抗戰前服務本校五年，抗戰中歷任江蘇省立第五、第七臨中二年，宜興縣二臨中三年，私立弘毅、樹人中学一年半，勝利後服務省立鎮江师範，卅五年秋後來本校
現任職務	本校勞作教师
任課時數（以週計）	每週任課十五小時
每月薪津	月俸壹佰弍拾萬元
住址	本校
到校年月	卅五年秋
備註	

附註：（一）學歷須將院系詳為填明，並請將畢業年月填註
（二）經歷請將每項任職年月起止時期詳細填明
（三）表內各欄務請詳細填列於三日內送交校長室為荷

九、八、

姓名	張令白
性別	男
年齡	三十
籍貫	南京市
學歷	江蘇省立南京中学高中部畢業 江苏省地政局測繪学校三屆畢業
學校所在地	
畢業年月	民國念陸年貳月
經歷	江苏儀徵、上海、金壇、井縣測量員、信羅師管區一等軍需佐、中央訓練團二九軍官總隊上尉政治幹事兼第大中隊教官
現任職務	現任訓育員
任教科目	0
任課時數	0(計週)
每月薪俸	玖拾萬元
住址	淮海路152号
到校年月	三十七年八月
備註	

附註：(一)學歷須將院系詳為填明并請將畢業年月填註
(二)經歷請將每項任職年月起止時期詳細填明
(三)表內各欄務請詳細填列於三日內送交校長室為荷

九、八、

姓名	閔叔騫
性別	男
年齡	二十九
籍貫	江蘇宜興
學歷	國立藝術專科學校西畫系畢業。
學校所在地	四川重慶青木關，複員後遷回原校址現在杭州西湖
畢業年月	民國三十一年七月
經歷	1.國立藝術專科學校助教一年（民國三十一年八月至三十二年七月） 2.國立中央大學師範學院附屬中學高中美術專任教員三年（民國三十二年八月至三十五年七月）
現任職務	教員
任教科目	圖畫
任課時數	（以週計）十五小時
每月薪津	一百二十萬元
住址	本校
到校年月	民國三十五年十月
備註	

附注：（一）學歷須將院系詳為填明並請將畢業年月填入該
（二）經歷請將每項任職年月起止時期詳細填明
（三）表內各欄務請詳細填列於三日內送交校長室為荷

九、八、

姓名	夏忠誥
性別	男
年齡	二十四歲
籍貫	江蘇六合
學歷	濟南市私立正誼中學高中部畢業（該校于後方省教廳備案）
學校所在地	山東濟南市
畢業年月	民國卅二年七月
經歷	一、曾任安徽省第五區專員公署電台管理員（自卅三年六月至卅四年八月） 二、曾任句容縣政府科員（自卅四年九月至卅五年二月） 三、曾任句容縣立中學會計員（自卅五年二月至七月）
現任職務	教務處職員
任教科目	
任教時數	（計週　）
每月薪津	九十五萬元
住址	六合縣東門大街十號
到校年月	三十五年八月
備註	學歷證件均在身邊

附註：（一）學歷須將現系詳為填明并請將畢業年月填註

（二）經歷請將每項任職年月起止時期詳細填明

（三）表內各欄務請詳細填列於三日內送交校長室為荷

卅七、九、八

姓名	李德馨
性別	男
年齡	二七
籍貫	湖北[illegible]縣
學歷	金陵大學文學院經濟系畢業
學校所在地	南京
畢業年月	三十六年秋
經歷	1. 三十三年三十四年任美軍譯員一年半 2. 三十四年任成都協進中學英文教員 3. 三十五年任金大補習班英文教員
現任職務	
任教科目	公民
授課時數	15 （以週計）
每月薪津	一百零五萬
住址	南京金銀街9号
到校年月	三十六年九月
備註	

附註：（一）學歷須將院系詳為填明并請將畢業年月填註

（二）經歷請將每項任職年月起止時期詳細填明

（三）表內各欄務請詳細填列於三日內送交校長室為荷

九、八、

姓名	徐寅和
性別	男
年齡	58
籍貫	南京
學歷	南京私立金陵大學畢業文學士
學校所在地	鼓樓
畢業年月	民四年六月
經歷 現任職務	民廿六年前即在本校充當教員
任教科目	歷史地理
任課時數	（以週計）廿四小時
每月薪津	一百四十四万
住址	莫愁路黃鸝巷十九号
到校年月	民十九年春
備註	

附註：（一）學歷須將院系詳為填明并請將畢業年月填註

（二）經歷請將每項任職年月起止時期詳細填明

（三）本表各欄務請詳細填列於三日內送交校長室為荷

九、八、

姓名	胡鎮章
性別	男
年齡	三十三
籍貫	安徽來安
學歷	金陵大學理學院物理學系畢業1942年
學校所在地	南京
畢業年月	1942年
經歷現任職務	金陵大學助教 金陵大學講師 現任金陵中學教員
任教科目	代數
任課時數	18時（以週計）
每月薪津	60萬元
住址	安將軍巷一号
到校年月	1946年
備註	兼任

附註：（一）學歷須將院系詳為填明并請將畢業年月填註
（二）經歷請將各項任職年月起止時期詳細填明
（三）表內各欄務請詳細填列於三日內送交校長室為荷

九、八、

姓名	戚迦陵
性別	女
年齡	二十四
籍貫	浙江鄞縣
學歷	模範女子中学校 高中畢業（民卅二年） 中央大学理学院 化学系肄業（民32/34）
學校所在地	南京
畢業年月	
經歷	
現任職務	管理化学实验室
任教科目	
任課時數	（以週計）
每月薪津	
住址	莫愁路十七号
到校年月	民三十五年九月
備註	

附註：（一）學歷須將何校何科系明予註明畢業或肄業年月填註

（二）經歷請將每項任職年月起止時期詳細填明

（三）表內各欄務請詳細填列於三日內送交校長室為荷

九、八、

姓名	張劍秋
性别	男
年齡	五十六歲
籍貫	安徽含山
學歷	兩江師範文選科 遜清宣統三年
學校所在地	本京成賢街
畢業年月	
經歷	本校專任教員
現任職務	
任教科目	高中國文
任課時數（以週計）	廿小時
每月薪洋	壹百貳拾萬
住址	本京廣州路卅號
到校年月	民國四年
備註	

附註：（一）學歷須將院系詳為填明并請將畢業年月填註
（二）經歷請將每項任職年月起止時期詳細填明
（三）表內各欄務請詳細填列於三日內送交校長室為荷

九、八、

姓名	吳名宣(原名紹瑄)
性别	男
年齡	四十六歲
籍貫	安徽滁縣
學歷	前國立東南大學文理科國文系畢業(授文學士學位)(民國十五年六月)
學校所在地	南京
畢業年月	民國十五年六月(十四年底修畢學分)
經歷 現任職務	一、廈門集美學校教員(民十五一年) 二、南京女子中學教員兼秘書(民十六年下半年) 三、上海暨南大學中學部師範科教員(民十七年上半年) 四、南京金大附中教員(民十七九月起二十年一月止) 五、南京鍾南中學教員(二十三年九月起二十四年六月止) 六、杭州樹範中學教員(二十四年下半年) 七、杭州高級中學教員(二十五年二月起二十七年七月止) 八、前南京同倫中學教員(三十年九月起卅四年九月止) 現任南京金大附中教員(三十四年九月迄今) (無關教育者不錄)
任教科目	高中國文
任課時數	(以週計)二十四小時
每月薪俸	壹百柒拾肆萬元
住址	乾河沿一號本校
到校年月	三十四年九月(第一次在校未計入)
備註	在中等教育界服務十五年以上

附註：(一)學歷須將院系詳為填明并請將畢業年月填註
(二)經歷請將每項任職年月起止時期詳細填明
(三)表内各欄務請詳細填列於三日内送交校長室為荷

九、八、

姓名	性別	年齡	籍貫	學歷	學校所在地	畢業年月	經歷	現任職務	任教科目	每週授課時數（以週計）	每月薪津	住址	到校年月	備註
高有容	男	二十三	南京	廣益中學校	長沙	民三十二年七月	第六伏兵站總監部軍需（民三二、十到職三三、三、離職） 後勤部駐江陵軍糧接運處秉文科員（民三三、三到職三四、九、離職） 貴州省湄潭縣田糧管理處科員（民三四、十到職三五、五、離職）						三十六年四月	

附註：（一）學歷須將院系詳為填明并請將畢業年月填註

（二）經歷請將每項任職年月起止時期詳細填明

（三）表內各欄務請詳細填列於三日內送交校長室為荷

九、八、

姓名	韋禎惠
性別	男
年齡	卅四
籍貫	安徽濉縣
學歷	國立中央大學土木工程系；空軍機械學校高級班
學校地點	南京；成都
畢業年月	廿七年春；卅六年春
經歷	空軍第二飛機製造廠設計室科員；空軍第二飛機製造廠設計室科員；鼓樓中學數理教員
現任職務	金中教員
任教科目	物理
任課時數	（以週計）廿四小時
每月薪津	基[illegible]六十四萬
住址	本校
到校年月	卅年七月
備註	

附註：（一）學歷須將院系詳為填明并請將畢業年月填註

（二）經歷請將每項任職年月起止時期詳細填明

（三）表內各欄務請詳細填列於三日內送交校長室為荷

九、八、

姓名	詹道志
性別	男
年齡	卅三
籍貫	南京市
學歷	國立體育專科學校第四屆畢業
學校所在地	本京孝陵衛
畢業年月	民國廿八年一月
經歷	南京市立第一中學校體育教員 南京市私立震旦中學校教體育教員
現任職務	
任教科目	體育
任課時數	(以週計)廿二小時
每月薪津	壹百四十七萬元
住址	本京珠江路一九六號
到校年月	卅五年九月
備註	

附註：(一)學歷須將院系詳為填明并請將畢業年月填註
(二)經歷請將每項任職年月起止時期分別填明
(三)表內各欄務請詳細填列於三日內送交校長室為荷

九、八、

姓名	吳東平
性别	女
年齡	二十八歲
籍貫	湖北黄陂
學歷	國立女子師範學院 理化系畢業
畢業學校所在地	重慶
畢業年月	民國卅四年七月
經歷現任職務	曾任(一)重慶明德女中 (二)國立社會教育學院附中 (三)南京市立四中等校數理專任教員 (一)民卅四年八月起卅五年七月止 (二)民卅五年八月起卅六年元月止 (三)民卅六年二月起卅六年七月止 現任本校數學專任教員
任教科目	幾何 算術
任課時數	(以週計)二十小時
每月薪津	壹百貳拾萬元
住址	太平橋南大悲巷15号之一
到校年月	卅六年八月
備註	

附註：(一)學歷須將院系詳為填明并請將畢業年月填註

(二)經歷請將每項任職年月起止時期詳細填明

(三)表内各欄務請詳細填列於三日内送交校長室為荷

九、八、

姓名	張祖超
性別	男
年齡	廿三
籍貫	南京市
學歷	金陵大学理学院化学工程系理学士（卅五年一月）
學校所在地	南京
畢業年月	卅五年一月
經歷 現任職務	永利化学公司技術員 金陵中学高初中化学教員
任教科目	化学
任課時數（以週計）	廿三小時
每月薪津	一百廿九萬元
住址	本校
到校年月	卅五年九月
備註	

附註：（一）學歷須將院系詳為填明并請將畢業年月填註

（二）經歷請將每項任職年月起止時期詳細填明

（三）表內各欄務請詳細填列於三日內送交校長室為荷

九、八、

姓名	夏淑貞
性別	女
年齡	44
籍貫	江蘇丹徒
學歷	金陵女子大學
學校所在地	南京
畢業年月	1924 B.S
經歷 現任職務	英文教員
任教科目	英文
任課時數	（以週計）
每月薪津	120萬
住址	金陵中學
到校年月	民國三十年冬
備註	

附註：（一）學歷須將院系詳為填明并請將畢業年月填註

（二）經歷請將每項任職年月起止時期詳細填明

（三）表內各欄務請詳細填列於三日內送交校長室為荷

九、八、

姓名	劉全斌
性別	男
年齡	二十二
籍貫	湖北宜昌
學歷	高中畢業（金陵中學）
學校所在地	萬縣
畢業年月	三十四
經歷	
現任職務	
任教科目	職員
任課時數（以週計）	
每月薪津	六十萬元
住址	鐘樓
到校年月	三十六年九月
備註	

附註：（一）學歷須將院系詳為填明并請將畢業年月填註

（二）經歷請將每項任職年月起止時期詳細填明

（三）表内各欄務請詳細填列於三日内送交校長室為荷

九、八、

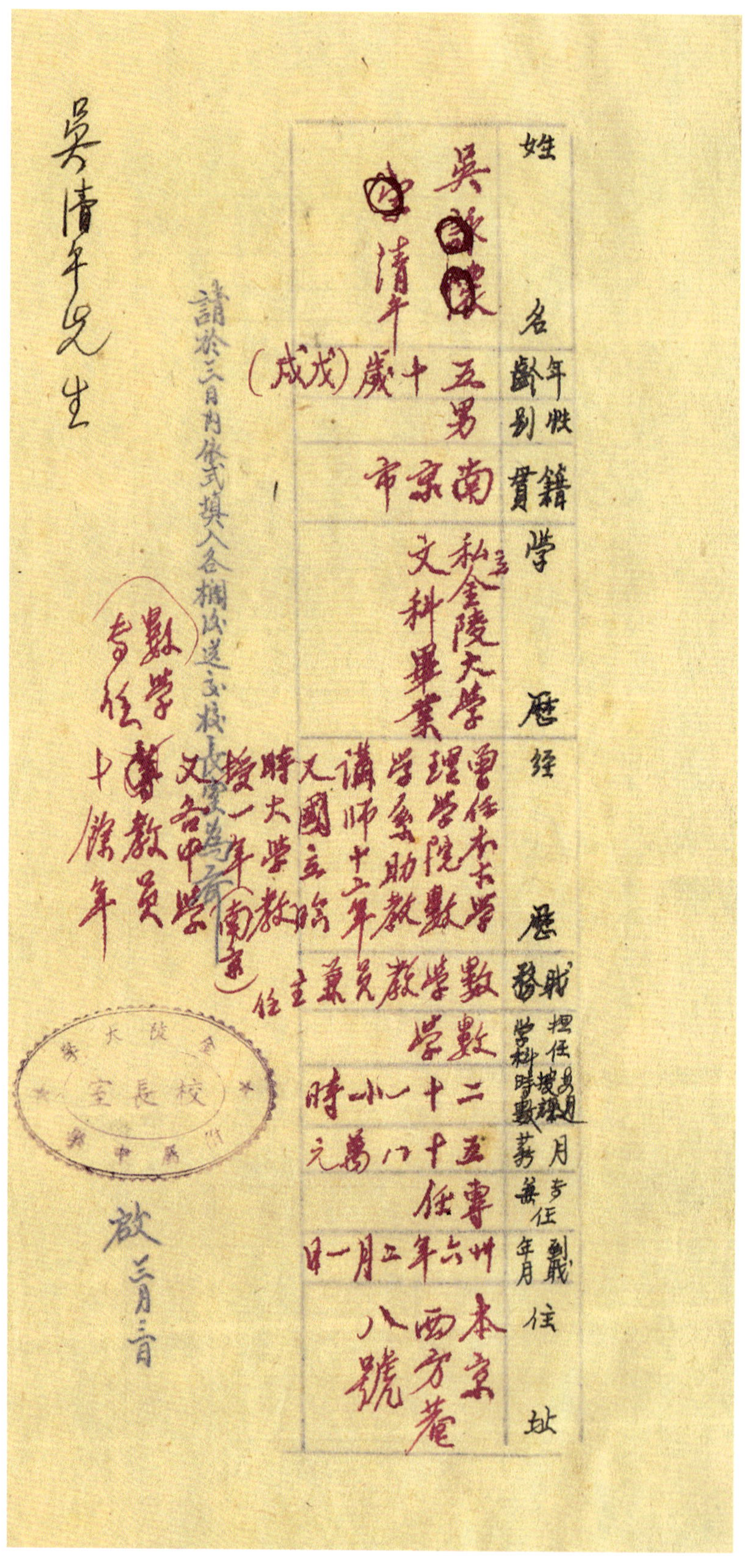

姓名	年齡	性別	籍貫	學歷	經歷	職務	擔任學科	每週授課時數	月薪	專任兼任	到職年月	住址
吳清年	五十歲（戊戌）	男	南京市	私立金陵大學文科畢業	曾任本大學理學院數學系助教、講師十二年，又國立臨時大學教授一年，又文合中學	數學教員兼主任	數學	二十一小時	五十八萬元	專任	卅六年二月一日	本京西方巷八號

數學專任教員十餘年

請於三月內依式填入各欄送交校長室為荷　南京

吳清年先生

金陵大學附屬中學　校長室

啟　三月三日

劉常賢 先生

劉常賢

姓名	年齡	籍貫	學歷	資歷		
劉常賢	32歲 女	湖南湘鄉	(一)上海務本高中畢業 (二)湖南湘雅高級護士學校畢業	(一)曾任湖南中央醫院護士主任 (二)現任空軍醫院護士主任 (三)曾任軍政部軍醫署護士主任	學校護士	三十五萬

2月1日 1947年 漢口路 壹號

登 三月四日

湘省立衡陽第二中學校長室印

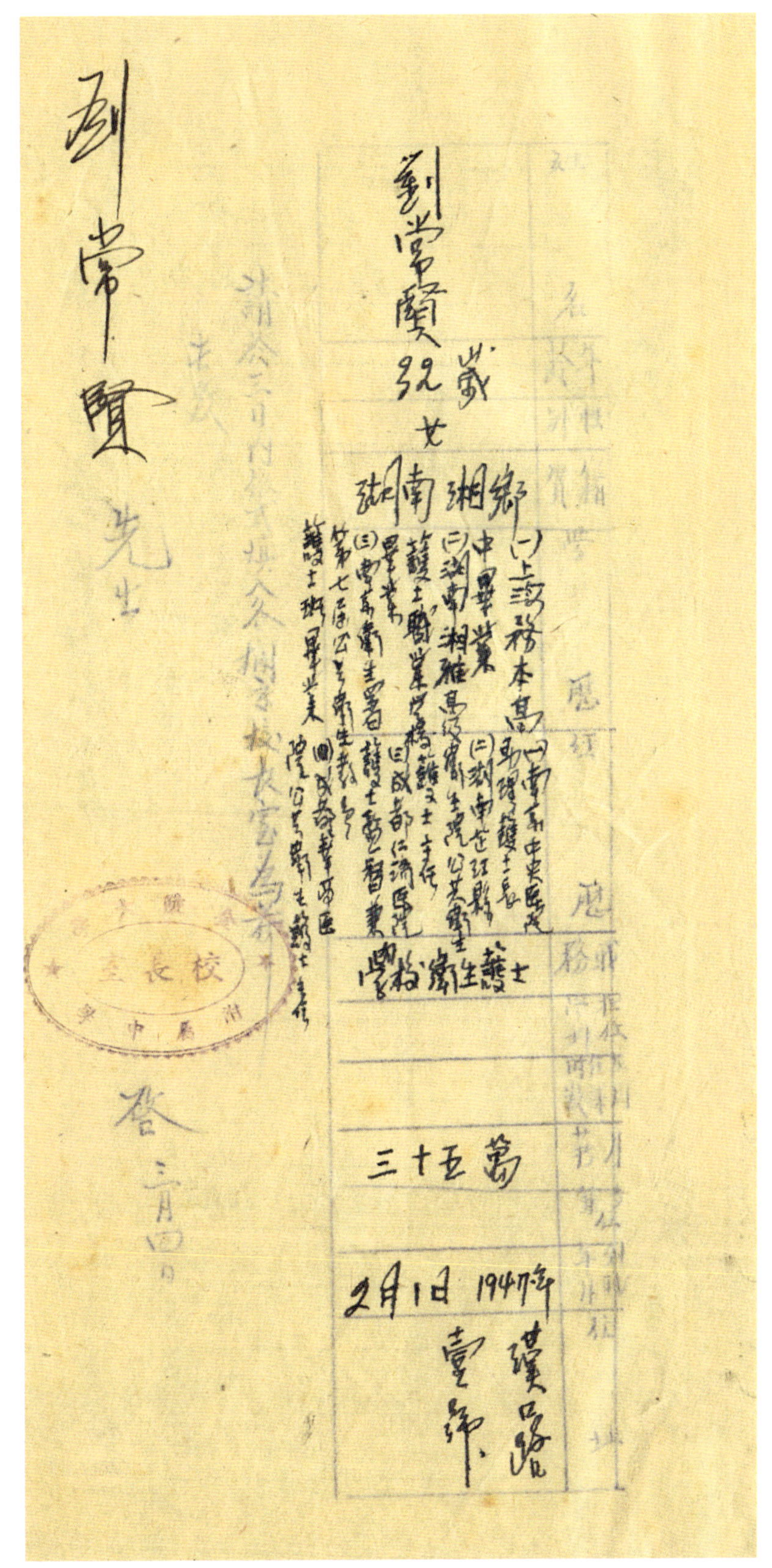

請填畢業年月

姓名	李萱
性別	男
年齡	廿二
籍貫	南京
學歷（畢業學校及科系）	金陵大學理學院電機工程學系畢業 一九四八年秋季
經歷	
職務	教員
專任或兼任	專任
擔任教科目	物理
每週授課時數	×
月俸	×
住址	
到校年月	
學	

請填列後於五日內送交校長室為荷 此致

李萱 先生

金陵大學附屬中學校長室

啟 月 十七 日

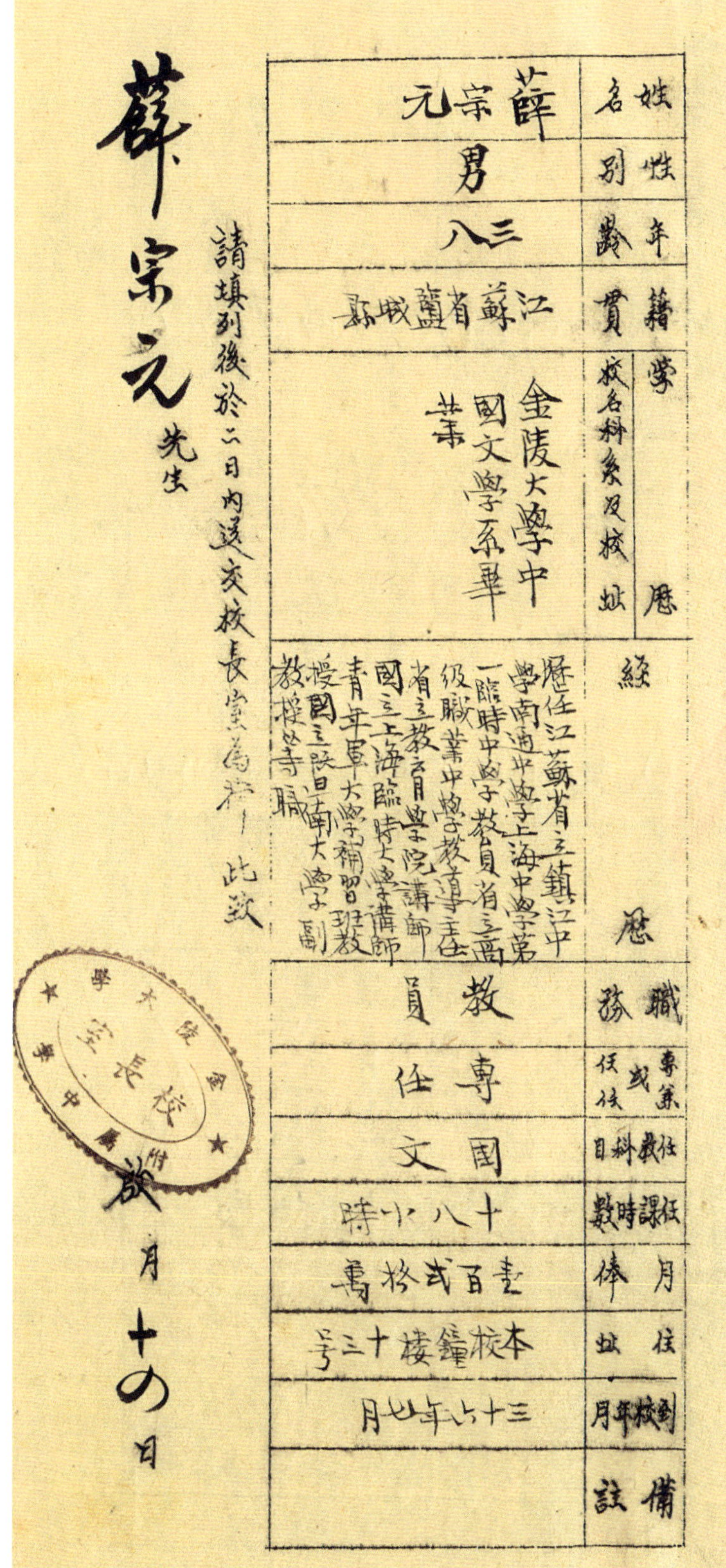

姓名	薛宗元
性別	男
年齡	三八
籍貫	江蘇省鎮江縣
學歷（校名科系及校址）	金陵大學中國文學系畢業
經歷	歷任江蘇省立鎮江中學南通中學上海中學第一臨時中學教員省立高級職業中學教導主任省立教育學院講師國立上海臨時大學講師青年軍大學補習班教授國立暨南大學副教授等職
職務	教員
專任或兼任	專任
任教科目	國文
任課時數	十八小時
月俸	壹百貳拾萬
住址	本校鐘樓十三号
到校年月	三十六年七月
備註	

薛宗元先生

請填列後於二日內送交校長室為荷 此致

叁月十四日

請填畢業年月

姓名	石坤銳
性別	男
年齡	二十九歲
籍貫	南京市
學歷（校名科系及校址）	中央大學數學系畢業 民國卅三年七月畢業
經歷	曾任南京市私立培育中學、伯純中學、安徽中學、市立第一中學及私立青年會中學高中數學教員。
職務	教員
專任或兼任	專任
任教科目	數學
任課時數	二十小時
月俸	
住址	本校
到校年月	民國37年7月
在京家屬	父母一人 妻一人 子女二人

請詳細填列後於二日內送交校長室為荷 此致

石坤銳 先生

啟

年 七 月 九 日

請填畢業年月

姓名		翁心瑗
性別		男
年齡		29
籍貫		浙江鄞縣
學歷	校名科系及校址	金陵大學數学系畢業（1944，6）
經歷		青年軍201師士兵 擊兵突擊隊隊官 彈道研究所助理研究員 市立一中數学教員
職務		教員
專任或兼任		專任
任教科目		數学
任課時數		——
月俸		——
住址		本校
到校年月		卅七年七月十九日
在家家屬		父母0人　0妻　人　子女0人

請詳細填列後於二日内送交校長室為荷　此致

翁心瑗先生

啟

年七月十九日

姓名	殷淑儀
性别	女
年齡	廿五岁
籍貫	江蘇鎮江
學歷（校名科系及校址）	杭州國立浙江大學教育系畢業（今年畢業）
經歷	
職務	教員
專任或兼任	專任
任教科目	國文，本國史
任課時數	共十六小時
月俸	
住址	鼓樓醫院曹錫冲醫師轉
到校年月	九月十五号（本年）
在京家屬	父母 1 人 妻 0 人 子女 0 人

殷淑儀先生

請詳細填列後於本日内送交校長室為荷 此致

敬

卅七年九月十六日

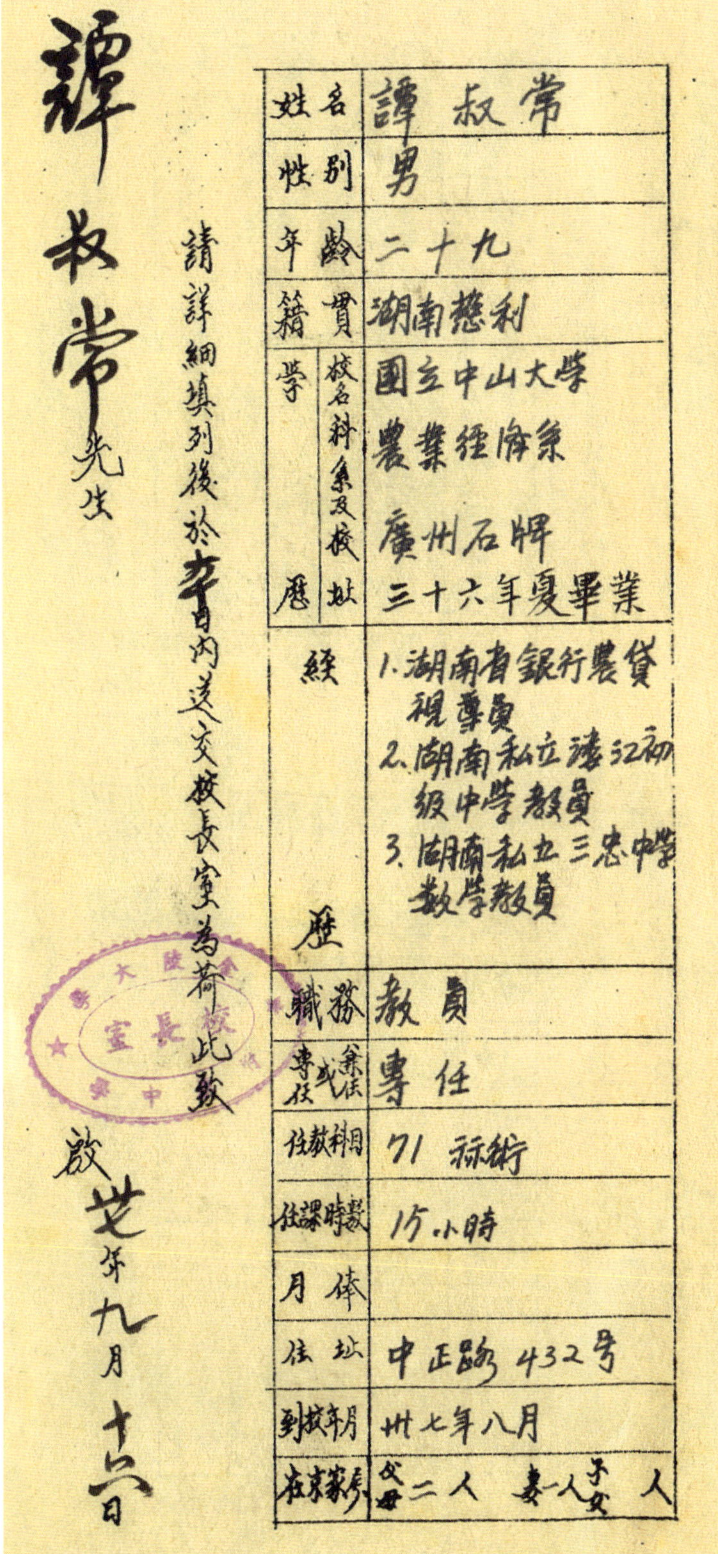

譚叔常先生

請詳細填列後於本日內送交校長室為荷此致

姓名	譚叔常
性別	男
年齡	二十九
籍貫	湖南慈利
學歷 校名	國立中山大學
學歷 科系及校址	農業經濟系 廣州石牌 三十六年夏畢業
經歷	1. 湖南省銀行農貸視導員 2. 湖南私立澧江初級中學教員 3. 湖南私立三忠中學數學教員
職務	教員
專任或兼任	專任
任教科目	71 訴術
任課時數	15小時
月俸	
住址	中正路432号
到校年月	卅七年八月
在京家屬	父母二人 妻一人 子女 人

金陵大學附屬中學校長室

卅七年九月十六日

姓名		呂有德
性別		男
年齡		十七歲
籍貫		江苏
學歷	校名科系及校址	鐘英中學畢業 南京南捕廳
經歷		
職務		
專任或兼任		
任教科目		
任課時數		
月俸		四十三元
住址		本校
到校日期		三十七年九月
在京家屬		父母 人 妻 人 子女 人

呂有德先生

請詳細填列後於二日內送交校長室為荷 此致

敬

卅七年十月十四日

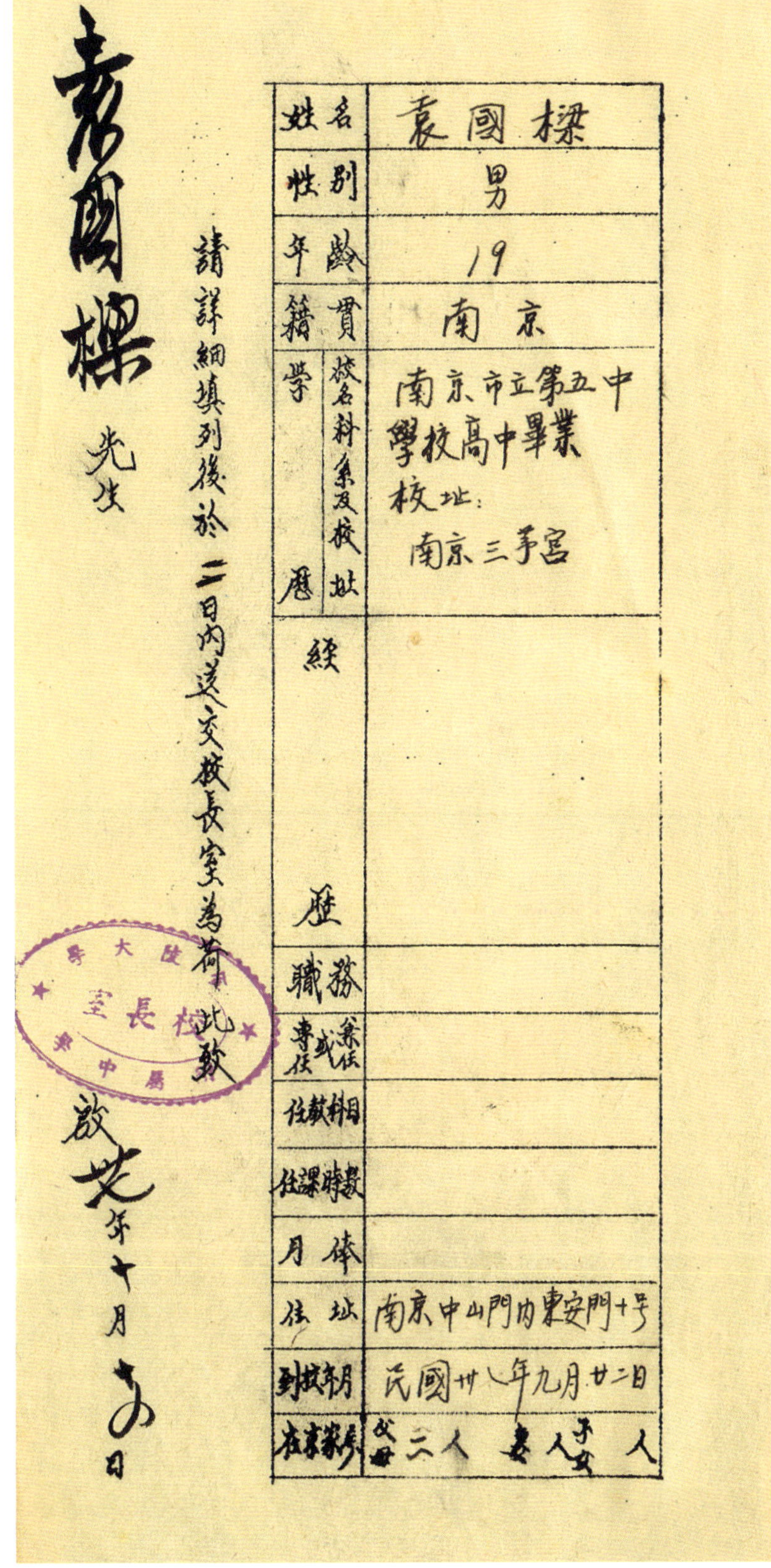

袁國樑先生

請詳細填列後於二日內送交校長室爲荷此致

敬禮

年十月十日

姓名	袁國樑
性別	男
年齡	19
籍貫	南京
學歷（校名科系及校址）	南京市立第五中學校高中畢業 校址：南京三茅宫
經歷	
職務	
專任或兼任	
任教科目	
任課時數	
月俸	
住址	南京中山門内東安門十号
到校年月	民國卅八年九月廿二日
在京家屬	父母二人 妻 人 子女 人

印：金陵大學附屬中學校長室

私立金陵大學附屬中學三十七學年度第一學期現任教職員名冊
一九四八年

南京市私立金陵大學附屬中學一九四八年度第一學期現任教職員名冊（一九四八年）

檔號：1009-1-564

私立金陵大學附屬中學校現任教職員一覽表

姓名	性別	年齡	籍貫	學歷	經歷		所任課目 班次	科目	時數	專任或兼任	到校年月	備註
張坊	男	五六	南京	金陵大學文學士 美國普林斯頓大學碩士	金陵神學院教授	校長				專任	一八、八	
王欽周	男	五〇	江蘇	金陵大學文學士	益智中學校長 青年會中學教員	教務主任	高中	英文	一二	〃	一七、二	
劉鏡澂	男	六一	江蘇	金陵大學文學士	金陵大學附屬中學校長 浦東中學教務主任 國立暨南學校教授	訓育主任	高中	英文	一二	〃	一九、六	
湯文耀	男	四八	安徽	金陵大學畢業	國立第二暨中體育主任 南京市立五中體育主任	事務主任	初中	英文	三	〃	三六、七	
韓發義	男	五〇	湖北	金陵大學文學士		舍監主任	初中	英文	一二	〃	元、八	
張邦銳	男	四七	南京	金陵中學畢業		會計主任	初中	英文	六	〃	一五、八	
湯效鈞	男	三三	南京	國立體育專科學校畢業	浙江省立溫州中學教員	體育主任	高中初中	體育	二三	〃	三五、八	
江乾耀	男	四五	江蘇	金陵大學文學士 美國惠利諾大學碩士	歷任大學教授	教員	高中初中	英文	一四	〃	元、八	

何錫瑕	男	四五	河北	金陵大學文學士	金陵大學助教、國立西北圖書館編輯、西北西峽學校教員	教員	高中	英文	二四	〃	二六、六
孫良驥	男	四五	南京	金陵大學外國語文系畢業	青年會中學教務主任、鎮南中學訓育主任、市立四中五中英文教員	教員	高初中	英文	二四	〃	二六、八
徐竹書	男	四〇	江蘇	金陵大學文學士	江蘇省立揚州中學教員、國立第二中學教員、荷蘭大使館翻譯	教員	高初中	英文	二四	〃	二五、四
夏淑貞	女	四五	江蘇	金陵女子大學文學士	上海英工部局中學教員	教員	初中		二四	〃	二三、二
吳雲端	男	四一	安徽	金陵大學文學士	上海中學進修班教員、華東道中女中教員	教員	高初中	國文	二〇	〃	二四、八
張劍秋	男	三七	安徽	兩江師範畢業		教員	高中		十二	〃	民二二、八
吳名宣	男	四五	安徽	東南大學文學士	上海暨南中學、南京女中	教員	高初中		一八	〃	二二、八
張季德	男	四六	江蘇	東南大學畢業		教員	初中		二〇	〃	二八、二
曾紹元	男	三七	江西	蘇州國學研究院畢業	嘉興秀州中學教員、上海華東聯中教員	教員	高初中		一八	〃	二五、四
宋家淇	男	三四	江蘇	金陵大學文學士		教員	高初中	文	一八	〃	二五、四

刁則純	男	三三	廣東	中央大學文學士	湖南零陵縣政府科員	教員	初高中	國文	二〇	專任	二五、四
王敦化	男	四五	山東	齊魯大學畢業	潘陽文會高級中學訓育主任兼國文教員 私立烟台真光女中校長	教員	初高中	國文	一八	〃	三七、八
王祖錫	男	三五	浙江	金陵大學文學士	主計處[illegible]員 招商局[illegible]股長	教員	初高中	國文	二二	〃	三三、二
薛宗元	男	三八	江蘇	金陵大學中國文學系畢業	金陵大學助教 暨南大學副教授	教員	初高中	國文	一八	〃	三六、七
吳清午	男	五一	南京	金陵大學文科畢業	金陵大學理學院助教諒 湖南大臨時大學教授	教員	初高中	數學	二二	〃	三六、二
向培豪	男	五〇	湖南	金陵大學畢業		教員	高中	數學	一三	〃	一八、八
張竹軒	男	四五	江蘇	齊魯大學畢業		教員	初高中	數學	二〇	〃	三四、二
黎在誠	男	二八	安徽	金陵大學理學士	交通大學助教 國立邊疆學校講師	教員	初高中	數學	二〇	〃	三五、八
石坤銳	男	四九	南京	中央大學畢業	南京私立培育伯純安徽市立中等校數學教員	教員	高中	數學	二〇	〃	三七、七
章復初	男	三四	安徽	金陵大學理學士		教員	初中	數學	一〇	〃	三五、八

章明華	女	二六	安徽	國立中央大學師範學院畢業		教員	初中	數學	一〇	〃	二六八
黃鉞	男	四〇	江蘇	金陵大學農學士	青年會中學教員	教員	高中	科學	二四	〃	二八、八
盧崇烈	男	三五	江蘇	金陵大學理學士	金陵大學物理系助教 滙文女中教員	教員	高中	科學	二四	〃	三〇、二
章祖惠	男	三五	安徽	中央大學工學士		教員	初高中	科學	二四	〃	二九、八
曾原光	男	二八	廣東	金陵大學工學士		教員	初高中	科學	二六	〃	二五、八
陳入鵬	男	二五	湖北	金陵大學畢業		教員	初高中	科學	二四	〃	二七、二
李萱	男	二二	南京	金陵大學理學院化機系畢業		教員	初高中	科學	二〇	〃	二七、八
徐允明	男	二九	河南	武昌大學文學院史學系畢業	同濟大學附屬中學教員	教員	高中	地理	二四	〃	二六、八
王永芬	男	三五	江蘇	金陵大學文學士	滙文女中教員	教員	高中	歷史	二四	〃	二四、八
冷淑媛	女	三五	南京	金陵大學文學士		教員	初中	史地	二四	〃	二六、二

淩季康	男	四八	南京	金陵大學文學院政治教育系畢業	私立青年會日中學教員、私立安徽中學教員	教員	高中	公民	一六	〃	二六、八	
殷淑儀	女	二五	江蘇	國立浙江大學教育系畢業		教員	初中	歷史	一六	〃	二七、八	
譚叔常	男	二九	湖南	國立中山大學農學系經濟系畢業	湖南省銀行視導員、湖南三忠中學、湖南漢江中學教員	教員	初中	數學	一五	〃	二七、七	
李德馨	男	二六	湖北	金陵大學經濟系畢業	成都洲基中學教員、金大補習班英文教員	教員	初中	公民衛生	二五	〃	二六、九	
何仁傑	男	二六	浙江	國立音樂院畢業		教員		音樂	一五	〃	二五、八	
范道鵜	男	二六	四川	國立中央大學體育系畢業		教員	初高中	體育	二三	〃	二七、八	
陸德麟	男	二七	江蘇	國立杭州藝專畢業		教員	初中	勞作	一五	〃	二八	
閔叔騫	男	三二	江蘇	國立藝術專科學校畢業	國立藝專助教、國立中大附中教員	教員	初中	美術	一五	〃	二六、八	
徐寅和	男	五〇	南京	金陵大學畢業	山東省立師範教員、山東省立二中教員	教員	初中	地理	一六	〃	一七、二	
Miss Riggs	女	五〇	美國	紐約神學研究院畢業		教員	初高中	英文	一〇	〃	二六、八	

劉宜榮	男	五〇	山東	金陵大學文學士	中華基青年會全國協會幹事	教員	初中	英文	一四	〃	[illegible]	
徐銘貞	女	四〇	南京	金陵大學文學士	中央設計局科員	教員	高中 初中	史地	一八	〃	二八、八	
翁心檨	男	二九	浙江	金陵大學畢業	市立一中數學教員	教員	高中	數學	二〇	〃	三七、七	
孫繹愚	男	三二	山東	山東省立一中畢業	國立西康師範文牘	職員				〃	三五、八	
鄭濟臻	男	五〇	南京	成美中學畢業	敦穆中學教務員舍務員等職	職員				〃	二九、八	
劉明祥	男	三五	南京	中央大學藝術系肄業	中學教員	職員				〃	三五、八	
夏忠誥	男	二五	江蘇	山東濟南中學畢業		職員				〃	三五、八	
陳君驊	男	三八	浙江	江蘇省立高級農業學校畢業		職員				〃	三五、四	
熊君璧	女	三二	安徽	財政商業專校畢業		職員				〃	三五、四	
郭寶璨	男	四〇	江蘇	六合縣立師範畢業	小學教員 金陵大學事務員	職員				〃	三五、三	

樊玉良	男	四〇	江蘇	金陵大學肄業		職員				〃	三七、七
阮大同	男	二六	上海	本校畢業		職員				〃	三五、四
胡長保	男	二四	南京	本校肄業		職員				〃	三五、四
王錫安	男	三〇	浙江	開封[illegible]神學院上海分院畢業	杭[illegible]大學附屬中學教員 安徽省立徽州中學教員	職員				〃	三五、八
顏其林	男	三五	湖北	金陵大學圖書館專修科畢業	四川大學圖書館館員 空軍幼年學校教員	職員				〃	三五、八
高有容	男	三五	南京	長沙廣益中學畢業	後勤部糧食運輸處科員 貴州沿河縣田賦處科員	職員				〃	三六、四
劉雲亭	男	四四	河北	保定同仁中學畢業		職員				〃	三五、八
吳紹滄	男	二七	南京	本校畢業		職員				〃	三五、八
臧迦陵	女	二四	浙江	模範高中畢業		職員				〃	三五、八
劉長賢	女	三四	湖南	湖南湘雅高級護士學校畢業	中央醫院助理護士長 華西醫院公共衛生主任					〃	三六、八

張令白	男	三〇	南京	江蘇省立南京中學高中畢業		職員			專任	三六、八
覃裕才	男	二三	四川	本校畢業		職員			專任	三六、八
袁國樑	男	一九	南京	南京市立第五中學畢業		職員			專任	三七、九
呂有德	男	一七	江蘇	鎮英中學畢業		職員			專任	三七、九
陶國馨	男	三八	河北	北平藝專畢業	陸軍軍樂學校教官 中華交响樂團團員	教員	高初中	音樂	一四	兼任	三七、十
張慧林	女	二八	南京	金陵大學畢業		教員	初中	化學	八	專任	三七、七

私立金陵大學附屬中學各級各科教材及任課教師一覽表

三十七年　月　日　校長

級別	科目	書名	編著人	出版書局	任課教師	備註
初一上	公民	初級中學公民第一冊	王鴻俊	聯合供應社	張福臻 丙乙甲	共三組
	國文	初級中學國文第一冊	方卓雲	中華書局	張孝松 甲 殷淑儀 丙乙	共三組
	英文	國民英語讀本第一冊	陸步青	世界書局	韓癸義 甲 孫良驥 丙乙	〃
	數學	新中國教科書初中算術第一冊	余信符 汪桂榮	正中書局	譚叔常 丙乙甲	
	歷史	初級中學本國史第一冊	宋延庠	聯合供應社	徐寅和 丙乙甲	
	地理	初級中學本國地理第一冊	任美鍔	聯合供應社	徐寅和 丙乙甲	
	動物	初中動物學上冊	陳掄	中華書局	萬鉞 甲 曾廣光 丙乙	
	植物	初中植物學上冊	華汝成	中華書局	萬鉞 甲 曾廣光 丙乙	

南京市私立金陵大學附屬中學各級各科教材及任課教師一覽表（一九四八年）

檔號：1009-1-564

初一下

科目	課本	冊次	編者	發行	教員	
公民	初級中學公民	第二冊	王鴻俊	聯合供應社	張福臻 甲乙	共六組
國文	初級中學國文	第二冊	方卓雲	中華書局	張季穗 甲乙	
英文	國民英語讀本	第二冊	陸步青	世界書局	夏淑貞 甲 劉宜棠 乙	
數學	新中國教科書 初中算術	下冊	余信符 汪桂榮	正中書局	蔡在誠 甲乙	
歷史	初級中學本國史	第二冊	宋延庠	聯合供應社	殷淑儀 甲 張季德 乙	
地理	初級中學本國地理	二冊	任美鍔	聯合供應社	徐寅和 甲乙	
動物	初中動物學	下冊	陳編	中華書局	曾學光 甲乙	
植物	初中植物學	下冊	華汝成	中華書局	曾學光 甲乙	

私立金陵大學附屬中學各級各科教材及任課教師一覽表

三十七年 月 日 校長

級別	科目	書名	編著人	出版書局	任課教師	備註
初二上	公民	初級中學公民第二冊	王鴻俊	联合供應社	張福臻 甲乙丙	共三組
	國文	初級中學國文第三冊	方東雲	中華書局	魯繼元 甲 宋家淇 乙 刁則純 丙	
	英文	國民英語讀本第三冊	陸步青	世界書局	劉宜榮 甲乙丙	
	數學	溫德華氏代數學	漢譯本	商務書館	吳倩午 甲 章明華 乙丙	
	歷史	初級中學本國史第一冊	宗述庠	联合供應社	王祖錫 甲 宋家禹 乙 刁則純 丙	
	地理	初級中學本國地理第三冊社	美鶚	联合供應社	徐寓和 甲乙丙	
	衛生	初中生理衛生	程瀚章	商務書館	張福臻 甲乙丙	
	化学	初中化学上冊	趙廷炳	開明書局	陳人鵬 甲 [illegible] 乙	

年級	科目	課本	編者	出版	教員	班級	備註
[illegible]	[illegible]	[illegible]	[illegible]	[illegible]	[illegible]	[illegible]	
初二下	公民	初級中學公民 第四冊	王鴻俊	聯合供應社	張福臻	甲乙	共二組
	國文	初級中學國文 第四冊	方草雲	中華書局	王祖錫 王郭化	甲乙	
	英文	國民英語讀本 第四冊	陸步青	世界書局	夏淑貞 張邦銳	甲乙	
	數學	溫德華氏代數學	漢譯本	商務書館	章復初	甲乙	
	歷史	初級中學本國史 第四冊	宋延庠	聯合供應社	王禮錫 王毅化	甲乙	
	地理	初級中學本國地理第四冊	任美鍔	聯合供應社	徐寅和	甲乙	
	衛生	初中生理衛生	程瀚章	商務書局	張福臻	甲乙	
	科學	初中化學 下冊	趙廷炳	開明書局	章禎惠	甲乙	

私立金陵大學附屬中學各級各科教材及任課教師一覽表

三十七年　月　日　校長

級別	科目	書名	編著人	出版書局	任課教師	備註
初三上	公民	初級中學公民　第五冊	王鴻俊	聯合出版社	張福臻 丙乙甲	共三組
	國文	初級中學國文　第五冊	方卓雲	中華書局	吳雲端 薛宗九 吳白宜 丙.乙.甲	
	英文	國民英語讀本　第五冊	陸步青	世界書局	江乾盤 徐竹書 丙.乙.甲	
	數學	三S平面幾何	舒賓司氏	新亞書局	翁心槿 黎在誠 張竹軒 丙.乙.甲	
	歷史	初級中學外國史　上冊	高振清	中學生書局	冷淑媛 丙乙甲	
	地理	初中外國地理　上冊	胡煥庸	正中書局	冷淑媛 丙乙甲	
	衛生	初中生理衛生學	程瀚章	商務印書館	張福臻 丙乙甲	

	科学	初中物理学 上册	戴運軌	開明書局	章祖惠 丙乙[illegible]	
初三下	公民	初級中學公民 第三册	王鳴俊	聯合[illegible]社	張福臻 乙甲	共二組
	國文	初級中學國文 第六册	陸步青	世界書局	刁則純 甲 薛宗元 乙	
	英文	國民英語讀本第六册	陸步青	世界書局	夏淑貞 乙、甲	
	數学	三S平面幾何	舒[illegible]三氏	新亞書局	張竹軒 乙、甲	
	歷史	初級中学外國史 下册	高振清	中學生書局	冷淑媛 乙、甲	
	地理	初中外國地理 下册	胡煥庸	正中書局	冷淑[illegible] 乙、甲	
	衛生	初中生理衛生学	程翰章	商務書館	張福臻 乙、甲	
	科学	初中物理学 下册	戴運軌	開明書局	章祖惠 乙、甲	

私立金陵大學附屬中學各級各科教材及任課教師一覽表

三十七年　月　日　校長

級別	科目	書名	編著人	出版書局	任課教師	備註
高一上	公民	高級中學公民 第一冊	葉楚傖	正中書局	凌季康 甲乙丙丁	共四組
	國文	高級中學國文 第一冊	胡怀琛	正中書局	張劍秋 甲　魯紹光 乙丙丁	
	英文	三民主義英文讀本	李培恩	商務書館	何錫璣 江乾騏 孫良馨 徐竹書 甲乙丙丁	
	英文文法	秦氏英文法 第一冊	Jenner	龍门书局	何錫璣 江乾騏 孫良馨 徐竹書 甲乙丙丁	
	數学	開明高中幾何学		開明书局	張竹軒 石坤鏡 蕭心提 甲乙丙丁	
	歷史	高中本國史 上冊	余遜	世界書局	徐銘岌 冷潑壎 甲乙丙丁	
	地理	高中本國地理 第一冊	王成組	商務書館	秦潑媛 徐錦貞 甲乙丙丁	
	科学	高中生物学	陳　禎	商務書館	萬 [illegible] 錢 甲乙丙	

高一下	公民	高級中學公民	葉楚傖	正中書局	凌李康 乙、甲	呂雨組
	國文	高級中學國文	胡懷琛	正中書局	薛宗元 甲 刁則純 乙	
	英文	三民主義英文讀本	李培恩	商務書館	劉鏡澂 甲 王佐周 乙	
	英文文法	森氏英文法	Jones	龍門書局	劉鏡澂 甲 王佐周 乙	
	數學	高中新三角學	裘友石	世界書局	吳清午 乙、甲	
	歷史	高中本國史	余遜	世界書局	徐銘貞 乙、甲	
	地理	高中本國地理	王成組	商務書局	徐銘貞 乙、甲	
	科學	高中生物學	陳楨	商務書館	黃鉞 乙、甲	

私立金陵大學附屬中學各級各科教材及任課教師一覽表

三十七年　月　日　校長

級別	科目	書名	編著人	出版書局	任課教師	備註
高二上	公民	高級中學公民 第一冊	葉楚傖	正中書局	凌季康 丁、丙、乙、甲	芮の組
	國文	高級中學國文 第三冊	胡怀琛	正中書局	王祖庠 王敦化 丁、丙、乙、甲	
	英文	林肯傳	James Baldwin		徐竹书 何錫嘏 江乾耀 王佐周 丁、丙、乙、甲	
	英文文法	泰氏英文法	Tanner	龍門書局	徐竹书 何錫嘏 江乾耀 王佐周 丁、丙、乙、甲	
	數學	范氏大代數	漢譯本	新亞書局	吳晴午 翁四揺 石坤欽 盤居識 丁、丙、乙、甲	
	歷史	高中本國史 下冊	金遜	世界書局	王永芬 丁丙乙甲	
	地理	高中本國地理 第三冊	王成組	商務書館	徐允明 丁丙乙甲	
	科學	朱吳二氏高中化學		世界書局	盧宇到 陳人鵬 丁丙乙甲	

高二下 公民	高級中學公民(六)	葉楚傖	正中書局	凌季康 乙甲	共同組
英文	林肯傳	James Baldwin		孫良驥 甲 徐竹書 乙	
國文	高級中學國文(四)	胡懷琛	正中書局	宋家湧 乙甲	
英文文法	泰氏英文法	Tanner	龍門書局	孫良驥 甲 徐竹書 乙	
數學	范氏大代數	漢譯本	新亞書局	石坤鏡 乙甲	
歷史	高中本國史下冊	余遜	世界書局	王永孝 乙甲	
地理	高中本國地理叁冊	王成組	商務書館	徐允明 乙甲	
科學	朱吳二氏高中化學		世界書局	盧宗烈 乙甲	

私立金陵大學附屬中學各級各科教材及任課教師一覽表

三十七年 月 日 校長

級別	科目	書名	編著人	出版書局	任課教師	備註
高三上	公民	高級中學公民第三冊	葉楚傖	正中書局	凌李康 甲乙丙	兼高三班
	國文	高級中學國文第五冊	胡怀琛	正中書局	吳雲端 甲 吳名宣 乙、丙	
	英文	約翰生行述	麥考來	商務書局	汪乾權 甲、 何錫嘏 乙、 孫良驥 丙	
	數學	斯蓋尼三氏解析幾何譯	本	新亞書局	向培豪 甲、乙、丙	
	英文文法	李氏修辭學	李培恩	商務書館	汪乾權 何錫嘏 孫良驥 甲乙丙	
	歷史	高中外國史中上冊	王宗武 耿淡如	正中書局	王永芳 甲乙丙	
	地理	高中外國地理上冊	蘇繼廎	商務書館	徐克明 甲乙丙	
	科學	高中物理學上冊	張閬圻	正中書局	章湘霖 李賞 甲乙丙	

高三下				
公民	高級中學公民 第四冊	葉楚傖	正中書局	凌李康
國文	高級中學國文第六冊	胡[illegible]樑	正中書局	吳雲端
英文	選讀時文			Mr. Riggs
數學	高中數學總溫習			向培豪
英文文法	選讀修辭文法			劉鏡微
歷史	復興中學教科書外國史 下冊	何炳松	商務書館	王永芳
地理	高中外國地理 下冊	蘇繼廎	商務書館	徐允明
科學	高中物理學 下冊	張開圻	正中書局	章祖惠

私立金陵大學附屬中學三十八年度　月份在校教職員工役學生名冊

職別	姓名	性別	年齡	籍貫	全膳半膳	簽名蓋章	備註
校長	張坊	男	五六	南京市	全		
教務主任	王佐周	〃	五〇	江蘇	〃		
訓育主任	劉鏡澂	〃	六三	江蘇	〃		
事務主任	湯文耀	〃	四九	安徽	〃		
舍監主任	韓葆義	〃	四九	湖北	〃		
會計主任	張邦銳	〃	四〇	南京	〃		
教員	江乾耀	〃	四四	江蘇	〃		
〃	何錫嘏	〃	四六	河北	〃		

南京市私立金陵大學附屬中學一九四九年度在校教職員工役學生名冊（節選）（一九四九年）

檔號：1009-1-566

〃	劉宜榮	〃	四八	山東	〃
〃	徐竹書	〃	四〇	江蘇	〃
〃	吳雲端	〃	四〇	安徽	〃
〃	吳名宣	〃	四七	安徽	〃
〃	張劍秋	〃	五八	安徽	〃
〃	張季德	〃	四六	江蘇	〃
〃	魯紹元	〃	五七	江西	〃
〃	夏淑貞	女	四五	江蘇	〃
〃	湯啟鈞	男	三四	南京	〃
〃	孫良驥	〃	四六	南京	〃

教員	宋家淇	男	三四	江蘇	全體
〃	刁則純	〃	三三	廣東	〃
〃	吳清午	〃	五四	南京	〃
〃	何培豪	〃	四八	湖南	〃
〃	張竹軒	〃	四四	江蘇	〃
〃	黎在誠	〃	三二	安徽	〃
〃	章明華	女	二六	安徽	〃
〃	黄鉞	男	四〇	江蘇	〃
〃	盧宗烈	〃	三〇	江蘇	〃
〃	章祖恩	〃	三六	安徽	〃

教員	徐允明	男	二六	河南	〃	[seal]
〃	薛宗元	〃	四〇	江蘇	〃	[seal]
〃	冷淑媛	女	三六	南京	〃	[seal]
〃	王永芬	男	三七	江蘇	〃	[seal]
〃	凌李度	〃	四七	南京	〃	[seal]
〃	閔叔謇	〃	三二	江蘇	〃	[seal]
〃	陸德麟	〃	四四	江蘇	〃	[seal]
〃	王祖錫	〃	三六	浙江	〃	[seal]
〃	徐寅和	〃	五〇	南京	〃	[seal]
職員	孫繹思	〃	五三	山東	〃	[seal]

職員	胡金春	男	五六	南京	金陵
〃	劉明祥	〃	三七	南京	〃
〃	鄭濟蓀	〃	五〇	南京	〃
〃	夏忠誥	〃	二四	江蘇	〃
〃	陳君驊	〃	三八	浙江	〃
〃	王錫安	〃	三〇	浙江	〃
〃	鄭寶琛	〃	四〇	江蘇	〃
〃	胡長保	〃	二四	南京	〃
〃	饒若璧	女	三二	安徽	〃
〃	覃裕才	男	二二	四川	〃

職員	高明容	男	二五	南京	〃
〃	吳純洽	〃	二八	南京	〃
〃	劉雲亭	〃	四三	河北	〃
〃	顏其林	〃	三三	湖北	〃
〃	臧巡陵	女	二四	浙江	〃
〃	張全白	男	三〇	南京	〃
〃	袁國樑	〃	二〇	南京	〃
〃	呂有德	〃	一八	南京	〃
〃	汪兆瑛	女	三五	南京	〃
〃	樊立邑	男	四八	南京	〃

南京市私立金陵大學附屬中學

叁 學生學籍及管理

STUDENT'S RECORD

REGISTRAR'S OFFICE
UNIVERSITY OF NANKING

NAME Chang Yu Kwan (In Romanization) 陳裕光 (In Chinese)

SCHOOL High

No. 61

CREDITS FROM / ENTRANCE EXAMINATION / CONDITIONS

ENTRANCE STANDING

RECORD OF WORK DONE IN THE UNIVERSITY OF NANKING

SUBJECTS: Algebra, Bible, Botany, English R, Eng. Gr., Gen. Geog., Phy. Geog., Geometry, History, Physics, Zoology

SEMESTERS: Fall 1907, Spring 1908, Fall 1908, Spring 1909, Fall 1909, Spring 1910, Fall 1910, Spring 1911, Fall 1911, Spring 1912, Fall 1912

TOTAL / CLASSIFICATION / PRIZES AND HONORS / DATE / NAME OF PRIZE OR HONOR / SUSPENSIONS / DATE / REASON / DISMISSED TO / DATE OF DISMISSAL / WITHDREW / DATE / DEGREE / DATE

一組南京市私立金陵大學附屬中學學生學籍卡片

陳裕光一九〇七年至一九一一年學籍卡片（一九一一年）

STUDENT'S RECORD

REGISTRAR'S OFFICE
UNIVERSITY OF NANKING

SCHOOL High

NAME Chen Yu Dwan (In Romanization) 陳裕光 (In Chinese)

No. 61

ENTRANCE STANDING

CREDITS FROM				ENTRANCE EXAMINATION				CONDITIONS		
SUBJECTS	GRD	SUBJECTS	GRD	SUBJECTS	GRD	SUBJECTS	GRD	SUBJECTS	WHEN MADE UP	GRD

RECORD OF WORK DONE IN THE UNIVERSITY OF NANKING

(Course No. / Hrs. Wk. / Sem. Grd. / Re-Ex. Grd. for each semester; entries give Hrs. Wk. and Sem. Grd.)

SEMESTRS / SUBJECTS	FALL 1907	SPRING 1908	FALL 1908	SPRING 1909	FALL 1909	SPRING 1910	FALL 1910	SPRING 1911	FALL 1911	SPRING 19	FALL 19
ALGEBRA				5 73	5 93	5 90					
BIBLE				3 87	3 81	3 96					
BOTANY					5 88			4 92			
ENG. GR.	5 75										
	5 82										
ENG. R.	5 87		5 80	5 93							
GEN. GEO.		5 78	5 74	3 88							
GEOM.						5 89	3 92	3 82			
HISTORY				5 94	5 91						
PHY. GEO.											
PHYSICS						5 89	5 95				
ZOOLOGY											
TOTAL											
CLASSIFICATION											

PRIZES AND HONORS		SUSPENSIONS		DISMISSED TO
DATE	NAME OF PRIZE OR HONOR	DATE	REASON	DATE OF DISMISSAL
				WITHDREW　DATE
				DEGREE　DATE

STUDENT'S RECORD

REGISTRAR'S OFFICE
UNIVERSITY OF NANKING

SCHOOL High

NAME Chen yu Kwan (In Romanization) 陳裕光 (In Chinese)

No. 61

ENTRANCE STANDING

CREDITS FROM SUBJECTS	GRD	SUBJECTS	GRD	ENTRANCE EXAMINATION SUBJECTS	GRD	SUBJECTS	GRD	CONDITIONS SUBJECTS	WHEN MADE UP	GRD

RECORD OF WORK DONE IN THE UNIVERSITY OF NANKING

(Each semester has columns Course No., Hrs. Wk., Sem. Grd., Re-Ex. Grd.; only Course No. and Re-Ex. Grd. columns are empty and are shown here with Hrs. Wk. / Sem. Grd.)

SEMESTERS	FALL 1907 Hrs. Wk.	Sem. Grd.	SPRING 1908 Hrs. Wk.	Sem. Grd.	FALL 1908 Hrs. Wk.	Sem. Grd.	SPRING 1909 Hrs. Wk.	Sem. Grd.	FALL 1909 Hrs. Wk.	Sem. Grd.	SPRING 1910 Hrs. Wk.	Sem. Grd.	FALL 1910 Hrs. Wk.	Sem. Grd.	SPRING 1911 Hrs. Wk.	Sem. Grd.	FALL 1911 Hrs. Wk.	Sem. Grd.	SPRING 1912 Hrs. Wk.	Sem. Grd.	FALL 1912 Hrs. Wk.	Sem. Grd.
ALGEBRA							5	13	5	93	5	90										
BIBLE							3	87	3	81	3	96										
BOTANY									5	88					4	92						
ENG. GR.	5	87			5	80	5	93														
ENG. GR.																						
GEN. GEO.																						
GEOMETRY																						
HISTORY																						
PHY. GEO																						
PHYSICS																						
ZOOLOGY																						
TOTAL																						
CLASSIFICATION																						

PRIZES AND HONORS DATE	NAME OF PRIZE OR HONOR	SUSPENSIONS DATE	REASON	DISMISSED TO
				DATE OF DISMISSAL
				WITHDREW DATE
				DEGREE DATE

STUDENT'S RECORD

REGISTRAR'S OFFICE
UNIVERSITY OF NANKING

NAME Li Kwoh Tung (In Romanization)　李国棟 (In Chinese)

SCHOOL High　No. 450

ENTRANCE STANDING

CREDITS FROM SUBJECTS	GRD	SUBJECTS	GRD	ENTRANCE EXAMINATION SUBJECTS	GRD	SUBJECTS	GRD	CONDITIONS SUBJECTS	WHEN MADE UP	GRD

RECORD OF WORK DONE IN THE UNIVERSITY OF NANKING

Each semester: Course No. / Hrs. Wk. / Sem. Grd. / Re-Ex. Grd.

SUBJECTS	FALL 1911	SPRING 1912	FALL 1912	SPRING 1913	FALL 1913	SPRING 1914	FALL 1914	SPRING 1915	FALL 1915	SPRING 1916	FALL 1916
Algebra			I 3 67	II 3 93	II+ 3 81	III 3 75					
Bible			I 3 77	II 3 87	III 3 85	IV 3 80	V 3 93	VI 2 92			
Botany				4 77							
Eng. R.			II 4 80			IV 3 73	V 3 81	VI 80		(VII+VIII) 5 85	
Eng. Gr.			III 5 77								
Gen. Geo				I 3 84						II Ex. 92	
Geom.						II 3 72	III 2 88				
History								II 4 78		I 4 92	
Phy. Geo					I 3 74	I 3 80					
Physics							I 4 79	II 80			
Zoology					4 86						
ENG. R.								VIII 3 86			
								VIII 3 86			

Note: Excused by Dr. Lin from studying Chinese. must take exam. in Chinese history.

TOTAL
CLASSIFICATION

PRIZES AND HONORS DATE	NAME OF PRIZE OR HONOR	SUSPENSIONS DATE	REASON	DISMISSED TO
				DATE OF DISMISSAL
				WITHDREW　DATE
				DEGREE　DATE

李國棟一九一二年至一九一六年學籍卡片（一九一六年）

STUDENT'S RECORD

REGISTRAR'S OFFICE

UNIVERSITY OF NANKING

SCHOOL

No. 180

NAME Ko Shiang Feng 柯象丰
(In Romanization) In Chinese

ENTRANCE STANDING: CREDITS FROM — SUBJECTS / GRD; ENTRANCE EXAMINATION — SUBJECTS / GRD; CONDITIONS — SUBJECTS / WHEN MADE UP / GRD

中

RECORD OF WORK DONE IN THE UNIVERSITY OF NANKING

SEMESTERS: FALL 1910, SPRING 1911, FALL 1911, SPRING 1912, FALL 1912, SPRING 1913, FALL 1913, SPRING 1914, FALL 1914, SPRING 1915, FALL 1915 (Course No., Hrs. Wk., Sem. Grd., Re-Ex. Grd.)

SUBJECTS	FALL 1915 Hrs. Wk.	FALL 1915 Sem. Grd.
Chinese History	5	80
National Reader	5	57
English Language	5	90
Fourth Reader	5	68
Bible	3	86
Science	2	84
Drawing		82

TOTAL

CLASSIFICATION

PRIZES AND HONORS: DATE / NAME OF PRIZE OR HONOR

SUSPENSIONS: DATE / REASON

DISMISSED TO / DATE OF DISMISSAL

WITHDREW / DATE

DEGREE / DATE

柯象豐一九一五年至一九一八年學籍卡片（一九一八年）

STUDENT'S RECORD

REGISTRAR'S OFFICE
UNIVERSITY OF NANKING

SCHOOL High

NAME Ko Hsiang Feng (In Romanization) 柯象豐 (In Chinese)

No. 180

ENTRANCE STANDING

CREDITS FROM Univ. Middle School

ENTRANCE EXAMINATION

CONDITIONS

SUBJECTS	GRD	SUBJECTS	GRD	SUBJECTS	GRD	SUBJECTS	GRD	SUBJECTS	WHEN MADE UP	GRD

RECORD OF WORK DONE IN THE UNIVERSITY OF NANKING

Columns for each semester: Course No. / Hrs. Wk. / Sem. Grd. / Re-Ex. Grd.

SUBJECTS	FALL 19	SPRING 1916	FALL 1916	SPRING 1917	FALL 1917	SPRING 1918	FALL 1918	SPRING 19	FALL 19	SPRING 19	FALL 19
Biology											
Business											
Chinese		I 4 90	III 4 91	5 4 93	105 4 75	112 4 81	115 4 93				
Chinese		II 2 83	IV 2 81	6 2 81	107 2 80	114 2 90	117 2 97				
Civics		Physics & Chemistry takes place of these									
Economics					103 2 89	118 2 87					
Education					101 3 92	116 3 92					
English		I 5 92	III 5 92	5 5 80	105 3 79	110 3 90					
English		II 5 88	IV 5 81	6 5 87	107 4 88	115					
Geography				1 2 86							
History						113 5 89	115 4 90				
Mathematics		I 4 93	II 4 89		101 4 89	106 4 92					
Nature Study											
Phys. Culture											
Physics					105 5 89						
Physiology											
Relig. Instr.		I 2 94	II 2 91	3 2 89	105 2 92	112 2 89; 114 2 86; 2 86					
Phys. Culture											

completed
SDM

TOTAL

CLASSIFICATION

PRIZES AND HONORS		SUSPENSIONS		DISMISSED TO
DATE	NAME OF PRIZE OR HONOR	DATE	REASON	DATE OF DISMISSAL
				WITHDREW — DATE
				DEGREE — DATE

Education 103 is manual training

STUDENT'S RECORD

REGISTRAR'S OFFICE
UNIVERSITY OF NANKING

SCHOOL

NAME Pu Kwan Di (In Romanization) 濮光第 (In Chinese)

No. 888

ENTRANCE STANDING — CREDITS FROM / ENTRANCE EXAMINATION / CONDITIONS

RECORD OF WORK DONE IN THE UNIVERSITY OF NANKING 中

SUBJECTS	2B Fall 19 Sem. Grd.	3a Spring 19 Sem. Grd.	3B Fall 1915 Hrs. Wk.	3B Fall 1915 Sem. Grd.	4a Spring 19 Sem. Grd.	4B Fall 19 Sem. Grd.
Ch. History	84	85	2	93	77	96
Ch. Reader	84	81	8	83	82	94
Reading	83	81	5	80	86	60
Grammar	83	84	5	84	83	88
Bible	81	83	3	89	82	87
Arithmetic	80	76	5	88	83	87
Science	80	82	2	88	67	93
Ch. Composition		77	1	82	60	87

TOTAL

CLASSIFICATION

PRIZES AND HONORS — DATE / NAME OF PRIZE OR HONOR

SUSPENSIONS — DATE / REASON

DISMISSED TO / DATE OF DISMISSAL / WITHDREW DATE / DEGREE DATE

濮光第一九一四年至一九一九年學籍卡片（一九一九年）

STUDENT'S RECORD

REGISTRAR'S OFFICE
UNIVERSITY OF NANKING

SCHOOL High

NAME Pu Kwan Di (In Remanization) 濮光第 (In Chinese)

No. 888

ENTRANCE STANDING

CREDITS FROM Graduate from				ENTRANCE EXAMINATION				CONDITIONS		
SUBJECTS	GRD	SUBJECTS	GRD	SUBJECTS	GRD	SUBJECTS	GRD	SUBJECTS	WHEN MADE UP	GRD
Univ. Mid. School										

RECORD OF WORK DONE IN THE UNIVERSITY OF NANKING

SEMESTERS	FALL 19				SPRING 1917				FALL 1917				SPRING 1918				FALL 1918				SPRING 1919				FALL 1919			
SUBJECTS	Course No.	Hrs. Wk.	Sem. Grd.	Re-Ex. Grd.	Course No.	Hrs. Wk.	Sem. Grd.	Re-Ex. Grd.	Course No.	Hrs. Wk.	Sem. Grd.	Re-Ex. Grd.	Course No.	Hrs. Wk.	Sem. Grd.	Re-Ex. Grd.	Course No.	Hrs. Wk.	Sem. Grd.	Re-Ex. Grd.	Course No.	Hrs. Wk.	Sem. Grd.	Re-Ex. Grd.	Course No.	Hrs. Wk.	Sem. Grd.	Re-Ex. Grd.
Biology													106	5	88													
Business																												
Chinese					I	4	80		95	4	79		102	4	91		105	4	93		114	2	88		111		87	
Chinese					II	2	86		97	2	95		104	2	93		107	2	97		102	2	90		115		90	
Civics																	101	2	91									
Economics													106	2	93						106	3	81		113		78	
Education																					114	2	83		111		80	
English					I	5	91		95	3	87		102	3	89		105	3	91		116	3	83		111		85	
English					II	5	89		97	5	90		104	4	91		107	4	87						113		85	
Geography									95	4	86																	
History																					112	5	93		115		88	
Mathematics					I	4	95		95	4	85		102	4	92		105	4	81									
Nature Study																												
Phy. Culture																												
Physics																	101	5	86									
Physiology																					116	5	90					
																	105	2	87									
Rel. Int.					I	2	91		95	2	86						101	2	89		112	2	83		118		88	
Phys. Culture														2	80			2	73				75				85	
Manual S.																					102	2	90					
Society																							85				83	
Demerits																												
TOTAL																												
CLASSIFICATION																												

SEMESTERS	SPRING 19				FALL 19				SPRING 19				FALL 19			
SUBJECTS	Course No.	Hrs. Wk.	Sem. Grd.	Re-Ex. Grd.	Course No.	Hrs. Wk.	Sem. Grd.	Re-Ex. Grd.	Course No.	Hrs. Wk.	Sem. Grd.	Re-Ex. Grd.	Course No.	Hrs. Wk.	Sem. Grd.	Re-Ex. Grd.
TOTAL																
CLASSIFICATION																

PRIZES AND HONORS		SUSPENSIONS		DISMISSED TO	
DATE	NAME OF PRIZE OR HONOR	DATE	REASON	DATE OF DISMISSAL	
				WITHDREW	DATE
				DEGREE	DATE

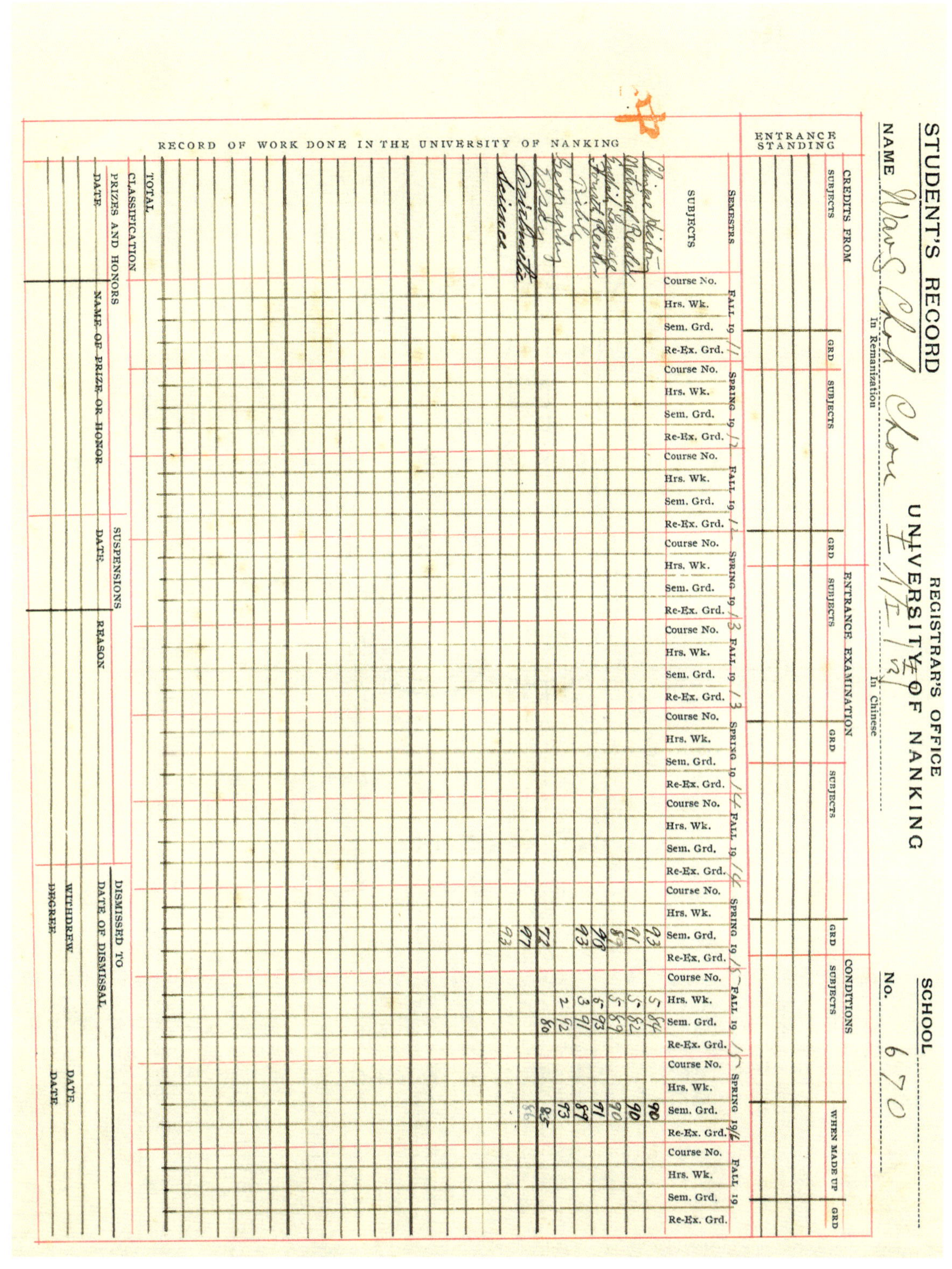

STUDENT'S RECORD

REGISTRAR'S OFFICE
UNIVERSITY OF NANKING

NAME Wang Tso Chou 王佐周 in Romanization / in Chinese

SCHOOL

No. 670

ENTRANCE STANDING: CREDITS FROM (SUBJECTS, GRD) / ENTRANCE EXAMINATION (SUBJECTS, GRD) / CONDITIONS (SUBJECTS, WHEN MADE UP, GRD)

RECORD OF WORK DONE IN THE UNIVERSITY OF NANKING

SUBJECTS	Spring 1915 Sem. Grd.	Fall 1915 Hrs. Wk.	Fall 1915 Sem. Grd.	Spring 1916 Sem. Grd.
Chinese History	93	5	84	90
National Reader	91	5	82	90
English Language	89	5	89	90
Foreign Reader	90	5	93	91
Bible	93	3	91	89
Geography		2	92	93
Zoology	77		80	85
Arithmetic	97			86
Science	93			

SEMESTERS: FALL 1911, SPRING 1912, FALL 1912, SPRING 1913, FALL 1913, SPRING 1914, FALL 1914, SPRING 1915, FALL 1915, SPRING 1916, FALL 19 (Course No., Hrs. Wk., Sem. Grd., Re-Ex. Grd.)

TOTAL

CLASSIFICATION

PRIZES AND HONORS: DATE / NAME OF PRIZE OR HONOR

SUSPENSIONS: DATE / REASON

DISMISSED TO / DATE OF DISMISSAL

WITHDREW / DATE

DEGREE / DATE

王佐周一九一五年至一九一九年學籍卡片（一九一九年）

STUDENT'S RECORD

REGISTRAR'S OFFICE
UNIVERSITY OF NANKING

SCHOOL High

NAME Wang Tso Cheo (In Remanization) 王佐周 (In Chinese)

No. 670

ENTRANCE STANDING

CREDITS FROM: Graduated from Mid. School June 1916

CREDITS FROM SUBJECTS	GRD	SUBJECTS	GRD	ENTRANCE EXAMINATION SUBJECTS	GRD	SUBJECTS	GRD	CONDITIONS SUBJECTS	WHEN MADE UP	GRD

RECORD OF WORK DONE IN THE UNIVERSITY OF NANKING

SUBJECTS	Fall 1916 Course No.	Hrs. Wk.	Sem. Grd.	Re-Ex. Grd.	Spring 1917 Course No.	Hrs. Wk.	Sem. Grd.	Re-Ex. Grd.	Fall 1917 Course No.	Hrs. Wk.	Sem. Grd.	Re-Ex. Grd.
Biology												
Business												
Chinese	I	4	91		III	4	92		101	4	95	
Chinese	II	2	85		IV	2	87		103	2	92	
Civics									101	2	85	
Economics									103	2	90	
Education									101	3	92	
English	I	5	93		III	5	89		101	3	91	
English	II	5	83		IV	5	91		103	4	90	
Geography												
History												
Mathematics	I	4	96		II	4	99		101	4	95	
Nature Study												
Phys. Culture												
Physics												
Physiology												
Relig. Inst.	I	2	94		II	2	95		103	2	91	
Phys. Culture												
Manual T.												
Society												
TOTAL												
CLASSIFICATION												

SUBJECTS	Spring 1918 Course No.	Hrs. Wk.	Sem. Grd.	Re-Ex. Grd.	Fall 1918 Course No.	Hrs. Wk.	Sem. Grd.	Re-Ex. Grd.	Spring 1919 Course No.	Hrs. Wk.	Sem. Grd.	Re-Ex. Grd.
Biology	106	5	95									
Business												
Chinese	106	4	81		111	4	99		116	4	97	
Chinese	108	2	84		113	2	95		108	2	97	
Civics												
Economics	106	2	91						106	3	90	
Education									114	2	94	
English	106	3	92		111	3	95		116	3	90	
English	108	4	91		113	1	83					
Geography					111	5	92					
History					115	4	96					
Mathematics	106	4	95									
Nature Study												
Phys. Culture												
Physics												
Physiology												
Relig. Inst.	106	2	95		111	2	94		116	2	89	
Phys. Culture		2	83			2	90					
Manual T.									102		85	
Society											97	
TOTAL												
CLASSIFICATION												

SUBJECTS	Fall 19 Course No.	Hrs. Wk.	Sem. Grd.	Re-Ex. Grd.	Spring 19 Course No.	Hrs. Wk.	Sem. Grd.	Re-Ex. Grd.	Fall 19 Course No.	Hrs. Wk.	Sem. Grd.	Re-Ex. Grd.	Spring 19 Course No.	Hrs. Wk.	Sem. Grd.	Re-Ex. Grd.	Fall 19 Course No.	Hrs. Wk.	Sem. Grd.	Re-Ex. Grd.
TOTAL																				
CLASSIFICATION																				

Complete
W. T. W.

PRIZES AND HONORS DATE	NAME OF PRIZE OR HONOR	SUSPENSIONS DATE	REASON

DISMISSED TO
DATE OF DISMISSAL
WITHDREW DATE
DEGREE DATE

Education 103 = Manual Training

STUDENT'S RE[illegible]

REGISTRAR'S OFFICE
UNIVERSITY OF NANKING

NAME Hang Lih Wu In Romanization

杭立武 In Chinese

SCHOOL High

No. 1443

CREDITS FROM Chichow Christian School

ENTRANCE EXAMINATION

CONDITIONS

ENTRANCE STANDING

RECORD OF WORK DONE IN THE UNIVERSITY OF NANKING

TOTAL

CLASSIFICATION

PRIZES AND HONORS

SUSPENSIONS

DISMISSED TO

DATE OF DISMISSAL

WITHDREW

DEGREE

杭立武一九一六年至一九一九年學籍卡片（一九一九年）

金陵大學

附屬中小學校履歷書

中文姓名 李敬善 69

英文姓名 Rhee Kyung Sun

南京市私立金陵大學附屬中學高麗學生李敬善的一組文件

金陵大學附屬中小學校履歷書（一九二〇年九月）

附屬中小學校履歷書

1 姓名(英文) Rhee Kyung Sun (中文) 李敬善

2 年齡 廿二

3 住址 上海法界霞飛路二一三号

4 父或保人之姓名 李明龍 職業 農

住址 高麗平北道定州郡德達面德星洞

5 已婚否 未 有子女否

6 成績報告書應寄至何處 上海霞飛路二一三号

7 擔負經濟責任者何人 李明龍

住址 高麗

8 信何宗教 基督教 教友否 是

何教會教友 長老教

有無基督徒親屬或姻戚 有

9 曾在何學校畢業或肄業 五星中學校

何地 高麗京城 何時 1917

10 欲入何級 中學一年級

11 可向詢問之人姓名 李明龍 住址 高麗

姓名 住址

入學志願書

令願入
貴校肄業凡校中章程當遵守無違
其他學生職務皆願盡力爲之並
矢志保存全校令名

中華民國九年九月七日姓名李[illegible]簽字

校長介紹書

令有本校學生在　　校肄業
年品學皆優茲特介紹入
貴校肄業該生將來成績之優良敝校長
願爲之證明也

中華民國　　年　　月　　日　校長　　簽字

入學志願書及校長介紹書（一九二〇年九月七日）

STUDENT'S RECORD

UNIVERSITY OF NANKING

Date registered.......... Department.......... Name Li Ching Shan

Year of birth.......... Group.......... Name in Chinese 李敬善

Religious affiliation.......... Preparatory School.......... Address..........

Advanced Standing: Kwan Tsing(?) English 81, 81a | Hrs. | Deficiencies | Hrs. | Left School—date and reason | Position after leaving

Classification at time of entrance

SUBJECTS: Book keeping, Civics, Economics, Chinese, Chinese, Chinese, Education, Education, English, English, English, Geography, History, Manual T., Math, Physiology, Relig. Edu., Relig. Lit., Mandarin

FALL 1920 / WINTER 1920 / SPRING 1921 / FALL 19 / WINTER 19 / SPRING 19 …
Course No. / Hrs. Wk. / Sem. Grd. / Re-Ex. Grd.

TOTAL OR AV.
GRAND TOTAL OR AV.
CLASSIFICATION

李敬善一九二〇年至一九二一年學籍卡片（一九二一年）

私立中小學校立案用表之五（附）

學校歷年畢業生一覽表 民國十七年五月填報

[illegible]民國紀元前一年度

姓名	性別	籍貫	入校年月	畢業年月	所學門類	入校前之學歷	畢業後之狀況	備考
陳義門	男	江蘇江寧	紀元前六年	紀元前一年	中學	本校附小畢業	政界	
朱遵?	男	江蘇丹徒	紀元前五年	仝上	仝上		商界	
郭瓏瑞?	男	湖南長沙	紀元前三年	仝上	仝上		教育界	
盧?楷?	男	安徽六安	紀元前五年	仝上	仝上		教育界	
謝家聲	男	安徽寧國	紀元前四年	仝上	仝上		政界	
徐?和	男	江蘇丹徒	紀元前三年	仝上	仝上		教育界	
吳伯奎?	男	江蘇江寧	紀元前六年	仝上	仝上		已故	
楊宗??	男	江蘇上海	紀元前三年	仝上	仝上		教育界	

私立中小學校立案用表之五（附）

學校歷年畢業生一覽表 民國　年　月填報

民國元年度

姓名	性別	籍貫	入校年月	畢業年月	所學門類	入校前之學歷	畢業後之狀況	備考
張枝一	男	江蘇江寧	紀元前三年	民國元年夏季	中學		已故	
陳裕光	男	浙江鄞縣	紀元前四年	仝上	仝上		教育界	
周德熙	男	四川成都	紀元前二年	仝上	仝上		教育界	
劉??	男	安徽蕪湖	紀元前六年	仝上	仝上		教育界	
劉鍾璐?	男	江蘇江寧	紀元前三年	仝上	仝上		政界	

南京市私立金陵大學附屬中學一九一一年至一九二七年歷年畢業生一覽表（一九二八年五月）

檔號：1009-1-558

私立中小學校立案用表之五（附）

學校歷年畢業生一覽表　民國　年　月填報

民國二年度

姓名	性別	籍貫	入校年月	畢業年月	所學門類	入校前之學歷	畢業後之狀况	備考
周寄高	男	安徽和縣	紀元前三年	民國二年夏季	中學		教育界	
胡學源	男	安徽安慶	紀元前二年	仝上	仝上	本校附小畢業	政學	
洪有寬	男	安徽歙縣	紀元前一年	仝上	仝上		教育界	
李振黄	男	江蘇丹徒	紀元前三年	仝上	仝上		留美	
任應中	男	江蘇徐州	紀元前二年	仝上	仝上		政界	
董克道	男	浙江嘉興	紀元前一年	仝上	仝上		政界	
吴同焯	男	安徽蕪湖	紀元前二年	仝上	仝上		商界	

私立中小學校立案用表之五（附）

學校歷年畢業生一覽表　民國　年　月填報

民國三年度

姓名	性別	籍貫	入校年月	畢業年月	所學門類	入校前之學歷	畢業後之狀况	備考
查誼	男	安徽蕪湖	民國元年	民國三年夏季	中學		教育界	
張秉鈞	男	安徽寧國	民國元年	仝上	仝上		政界	
陳威	男	江蘇江寧	紀元前一年	仝上	仝上	本校附小畢業	商界	
陳盟祖	男	江蘇丹徒	紀元前一年	仝上	仝上		仝上	
朱德謙	男	江蘇江寧	民國元年	仝上	仝上		仝上	
馮異	男	江蘇江寧	仝上	仝上	仝上		教育界	
洪潤庠	男	江蘇當塗	仝上	仝上	仝上		仝上	
李國棟	男	江蘇江寧	仝上	仝上	仝上		仝上	
劉策華	男	安徽六安	仝上	仝上	仝上		教育界	
羅良鑄	男	湖南	仝上	仝上	仝上		仝上	

私立中小學校立案用表之(五)(附)

學校歷年畢業生一覽表　民國　年　月填報

民國三年度

姓名	性別	籍貫	入校年月	畢業年月	所學門類	入校前之學歷	畢業後之狀況	備考
沈寶森	男	江蘇江寧	民國紀元前一年	民國三年夏季	中學		教育界	
戴德之	男	江蘇江都	仝上	仝上	仝上		仝上	
崔有成	男	安徽婺源	仝上	仝上	仝上		仝上	
董元美	男	安徽和縣	仝上	仝上	仝上		商界	
王常青	男	江蘇六合	仝上	仝上	仝上		教育界	
王文田	男	江蘇江寧	仝上	仝上	仝上	本校附小畢業	政界	
吳定安	男	廣東廣州	仝上	仝上	仝上		教育界	

私立中小學校立案用表之(五)(附)

學校歷年畢業生一覽表　民國　年　月填報

民國四年度

姓名	性別	籍貫	入校年月	畢業年月	所學門類	入校前之學歷	畢業後之狀況	備考
張坊	男	江蘇江寧	民國元年	民國四年夏季	中學	曾在南洋中學肄業	教育界	
張聲濤	男	江蘇江寧	民國元年	仝上	仝上	本校附小畢業	政界	
陳金洲	男	江蘇江寧	民國二年	仝上	仝上	仝上	已故	
周瑞華	男	江蘇江寧	民國元年	仝上	仝上	仝上	留美	
朱調蓀	男	江蘇江寧	民國紀元前年	仝上	仝上	曾在青年中學肄業	教育界	
方承鈞	男	江蘇江寧	民國二年	仝上	仝上	本校附小畢業	商界	
馮郁文	男	湖北漢陽	民國元年	仝上	仝上	曾在豫章中學肄業	政界	
王毅蓀	男	安徽蕪湖	民國元年	仝上	仝上	本校附小畢業	商界	
黃人傑	男	四川敘州	民國紀元前一年	仝上	仝上	仝上	軍界	
江鴻超	男	湖北黃州	民國二年	仝上	仝上	曾在文華畢業	教育界	

私立中小學校立案用表之五（附）

學校歷年畢業生一覽表　民國　年　月填報

民國四年度

姓名	性別	籍貫	入校年月	畢業年月	所學門類	入校前之學歷	畢業後之狀況	備考
鄺寶鑾	男	江蘇丹徒	民國紀元前一年	民國四年夏季	中學	本校附小畢業	政界	
李鴻孫	男	安徽旌德	民國元年	仝上	仝上	曾在南京商業學校肄業	教育界	
凌旭東	男	江蘇丹徒	民國元年	仝上	仝上		商界	
唐繼瓊	男	安徽六安	民國二年	仝上	仝上	曾在廣州三育中學肄業	政界	
王慶坊	男	江蘇江寧	民國元年	仝上	仝上		教育界	
屠德庠	男	江蘇吳縣	民國前一年	仝上	仝上	曾在吳縣中學肄業	商界	

私立中小學校立案用表之五（附）

學校歷年畢業生一覽表　民國　年　月填報

民國五年度

姓名	性別	籍貫	入校年月	畢業年月	所學門類	入校前之學歷	畢業後之狀況	備考
趙錫彬	男	直隸京兆	民國元年	民國五年夏季	中學	本校附小畢業	農科	
陳鴻卿	男	浙江鄞縣	民國二年	仝上	仝上	曾在明德中學肄業	升學	
賈毅春	男	江蘇高郵	民國二年	仝上	仝上		仝上	
金孝熹	男	江蘇江寧	民國二年	仝上	仝上		仝上	
金元亮	男	江蘇江浦	民國二年	仝上	仝上	本校附小畢業	仝上	
方城	男	仝上	民國元年	仝上	仝上	仝上	仝上	
馮錫康	男	江蘇上海	民國元年	仝上	仝上	仝上	留美	
侯學波	男	廣東番禺	民國二年	仝上	仝上		升學	
賀秉凱	男	江蘇江寧	民國二年	仝上	仝上	本校附小畢業	仝上	
黃福寶	男	廣東香山	民國四年	仝上	仝上		仝上	

私立中小学校立案用表之（五）（附）

学校历年毕业生一览表　民国　年　月填报

民国六年度

姓名	性别	籍贯	入校年月	毕业年月	所学门类	入校前之学历	毕业后之状况	备考
丁懋德	男	江苏东台	民国二年	民国六年夏季	中学		升学	
曹国桢	男	江苏江浦	仝上	仝上	仝上		仝上	
翟进生	男	江苏江宁	民国元年	仝上	仝上	本校附小毕业	仝上	
徐廷佑	男	安徽寿州	民国三年	仝上	仝上	仝上	仝上	
童德富	男	江苏江宁	仝上	仝上	仝上	仝上	留美	
王春官	男	江苏六合	民国二年	仝上	仝上		升学	
王洪谟	男	江苏江浦	民国元年	仝上	仝上		仝上	
王佐周	男	江苏句容	民国三年	仝上	仝上	铜井镇高等小学校毕业	教育界	
袁荣光	男	江苏江宁	仝上	仝上	仝上	进修学校毕业	升学	
李景华	男	安徽来安	仝上	仝上	仝上	曾在滁县高等小学毕业	升学	

私立中小学校立案用表之（五）（附）

学校历年毕业生一览表　民国　年　月填报

民国六年度

姓名	性别	籍贯	入校年月	毕业年月	所学门类	入校前之学历	毕业后之状况	备考
柯兴琏	男	安徽芜湖	民国四年	民国六年夏季	中学	本校附小毕业	留美	
劳远埙	男	湖南长沙	仝上	仝上	仝上	仝上	留日	
李化衡	男	山东历城	民国三年	仝上	仝上			
陆昌越	男	江苏江宁	民国四年	仝上	仝上			
毛怀恩	男	仝上	民国四年	仝上	仝上	两淮道[illegible]小学毕业	机械	
倪绳祖	男	仝上	民国三年	仝上	仝上	进修学校毕业	教育界	
夏仁斋	男	江苏江宁	民国三年	仝上	仝上			
施树声	男	江苏江宁	民国四年	仝上	仝上			
谢京勋	男	江苏江宁	民国三年	仝上	仝上	本校附小毕业	升学	
孙乃溁	男	浙江吴兴	民国四年	仝上	仝上	曾在吴兴[illegible]中学肄业	仝上	

私立中小學校立案用表之（五）（附）

進學校歷年畢業生一覽表　民國　年　月填報

民國七年度

姓名	性別	籍貫	入校年月	畢業年月	所學門類	入校前之學歷	畢業後之狀況	備考
張[illegible]		江蘇丹徒	民國五年	民國七年夏季	中學	曾在[illegible]肄業	升學	
張[illegible]山		南昌	民國四年	仝上	仝上	本校附小畢業	仝上	
程[illegible]毅		安徽合肥	民國三年	仝上	仝上		仝上	
朱[illegible]		江蘇江寧	仝上	仝上	仝上	本校附小畢業	仝上	
韓[illegible]華		江蘇江寧	民國五年	仝上	仝上	曾在[illegible]肄業	仝上	
[illegible]		湖北	民國四年	仝上	仝上	曾在[illegible]中學肄業	仝上	
胡[illegible]		江蘇江寧	民國五年	仝上	仝上		仝上	
高恩永		江蘇丹徒	民國四年	仝上	仝上		仝上	
姜[illegible]		江蘇江寧	民國四年	仝上	仝上	本校附小畢業	留美	

私立中小學校立案用表之（五）（附）

進學校歷年畢業生一覽表　民國　年　月填報

民國八年度

姓名	性別	籍貫	入校年月	畢業年月	所學門類	入校前之學歷	畢業後之狀況	備考
楊[illegible]勳	男	江蘇江寧	民國五年	民國八年夏季	中學	本校附小畢業	升學	
楊[illegible]	男	仝上	仝上	仝上	仝上		仝上	
魏學仁	男	仝上	民國四年	仝上	仝上	本校附小畢業	留學	
王大釗	男	仝上	民國六年	仝上	仝上	曾在[illegible]中學肄業	升學	
王[illegible]	男	江蘇江寧	民國六年	仝上	仝上		仝上	
徐[illegible]	男	[illegible]	民國四年	仝上	仝上	曾在南[illegible]附中肄業	政界	
錢[illegible]	男	江蘇江寧	民國五年	仝上	仝上		升學	
[illegible]承業	男	仝上	民國四年	仝上	仝上		仝上	
[illegible]如	男	江蘇六合	仝上	仝上	仝上		仝上	
劉[illegible]	男	江蘇丹徒	民國六年	仝上	仝上	曾在湖州中學肄業	教育界	

私立中小學校立案用表之(五)(附)

學校歷年畢業生一覽表 民國　年　月填報

民國九年度

姓名	性别	籍貫	入校年月	畢業年月	所學門類	入校前之學歷	畢業後之狀況	備考
胡叟文	男	安徽盱眙	民國七年	民國九年夏季	中學	曾在安徽省立二中肄業	政界	
黄質良	男	福建閩侯	民國五年	仝上	仝上	本校附小畢業	留美	
劉維邦	男	江蘇江寧	仝上	仝上	仝上	本校附小畢業	商界	
劉[illegible]宜	男	江西九江	民國七年	仝上	仝上	曾在[illegible]偉烈附中肄業	[illegible]	
潘[illegible]	男	廣東南海	民國六年	仝上	仝上	曾在[illegible]中肄業	留美	
濮克勇	男	江蘇江寧	民國六年	仝上	仝上	曾在[illegible]中學肄業	教育界	
邵幼廉	男	福建閩侯	民國五年	仝上	仝上	曾在廈門[illegible]中肄業	升學	
盛[illegible]麟	男	江蘇吳縣	民國七年	仝上	仝上	曾在[illegible]中學肄業	仝上	
戴[illegible]	男	浙江崇德	民國六年	仝上	仝上	曾在[illegible]中學肄業	仝上	
譚[illegible]	男	廣東香山	民國五年	仝上	仝上	曾在[illegible]南洋中肄業	[illegible]	

私立中小學校立案用表之(五)(附)

學校歷年畢業生一覽表 民國　年　月填報

民國九年度

姓名	性别	籍貫	入校年月	畢業年月	所學門類	入校前之學歷	畢業後之狀況	備考
吳[illegible]	男	江蘇上元	民國五年	民國九年夏季	中學	本校附小畢業	教育界	
吳子璋	男	浙江鄞縣	民國六年	仝上	仝上	曾在杭州惠蘭中學肄業	留美	
張斌	男	江蘇江寧	民國五年	仝上	仝上	本校附小畢業	仝上	
章[illegible]	男	安徽[illegible]	民國五年	仝上	仝上	曾在[illegible]畢業	農科	
趙世桐	男	直隸京兆	民國六年	仝上	仝上	曾在天津南開中學肄業	教育界	
陳[illegible]	男	江西九江	民國五[年]	仝上	仝上	本校附小畢業	留美	
陶[illegible]	男	江蘇江寧	仝上	仝上	仝上	仝上	南洋[illegible]	
陳[illegible]	男	浙江鄞縣	民國六年	仝上	仝上	仝上	留美	
周[illegible]	男	江蘇無錫	仝上	仝上	仝上	曾在省立一中肄業	升學	
[illegible]	男	湖北武昌	民國七年	仝上	仝上	曾在文華中學肄業	升學	

私立中小學校立案用表之五（附）

學校歷年畢業生一覽表　民國　年　月填報

民國九年度

姓名	性別	籍貫	入校年月	畢業年月	所學門類	入校前之學歷	畢業後之狀況	備考
譚鏞	男	廣東寧	民國五年	民國九年暑季	中學	本校附小畢業	留美	
王長富	男	江蘇丹徒	仝上	仝上	仝上	仝上	商界	
王作棟	男	江蘇江寧	仝上	仝上	仝上	仝上	教育界	
王耀邦	男	江蘇上海	民國六年	仝上	仝上	曾在清華附中肄業	升學	
王龍廷	男	江蘇上海	仝上	仝上	仝上	曾在聖約翰附中肄業	仝上	
吴瑞泉	男	安徽合肥	仝上	仝上	仝上	曾在安徽省立四中肄業	仝上	
吴長生	男	江蘇上海	仝上	仝上	仝上	曾在滬江中學肄業	仝上	
俞任霖	男	江蘇江寧	民國五年	仝上	仝上	本校附小畢業	海關	

私立中小學校立案用表之五（附）

學校歷年畢業生一覽表　民國　年　月填報

民國十年度

姓名	性別	籍貫	入校年月	畢業年月	所學門類	入校前之學歷	畢業後之狀況	備考
張弘唐	男	安徽合肥	民國七年	民國十年暑季	中學	曾在安徽省立一中肄業	升學	
鄭驥成	男	江蘇江寧	民國六年	仝上	仝上	曾在成美學校肄業	仝上	
陳驥	男	江蘇宜興	民國六年	仝上	仝上	本校附小畢業	仝上	
陳鴻達	男	江蘇上海	民國六年	仝上	仝上	曾在[illegible]中學肄業	仝上	
周成和	男	湖北黄梅	民國六年	仝上	仝上	本校附小畢業	教育界	
朱華	男	山東歷城	民國七年	仝上	仝上	曾在[illegible]華中學肄業	政界	
何傑三	男	安徽望江	民國八年	仝上	仝上		商界	
夏立貴	男	江蘇丹徒	仝上	仝上	仝上	本校附小肄業	仝上	
高超	男	浙江紹興	仝上	仝上	仝上	曾在杭州蕙蘭中學肄業	升學	
萬瑞昌	男	安徽滁縣	民國五年	仝上	仝上	曾在滁縣[illegible]小學肄業	仝上	

私立中小學校立案用表之（五）（附）

學校歷年畢業生一覽表　民國　年　月填報

民國十年度

姓名	性別	籍貫	入校年月	畢業年月	所學門類	入校前之學歷	畢業後之狀況	備考
忻禮祥	男	江蘇吳縣	民國八年	民國十年暑季	中學	曾在他埠中學肄業	升學	
孫樹藩	男	江蘇江寧	民國八年	仝上	仝上	本校附小畢業	教育界	
湯定耀	男	仝上	仝上	仝上	仝上	本校附小畢業	教育界	
徐其壽	男	仝上	仝上	仝上	仝上	本校附小畢業	仝上	
徐乃昌	男	仝上	民國七年	仝上	仝上	曾在他埠中學肄業	商界	
王文任	男	安徽宣城	仝上	仝上	仝上	曾在安徽省立中學肄業	仝上	
吳景三	男	江蘇江寧	民國八年	仝上	仝上	曾在[illegible]法律學畢業	病故	
楊慶壽	男	仝上	民國八年	仝上	仝上	曾在教會小學畢業	商界	

私立中小學校立案用表之（五）（附）

學校歷年畢業生一覽表　民國　年　月填報

民國十年度

姓名	性別	籍貫	入校年月	畢業年月	所學門類	入校前之學歷	畢業後之狀況	備考
郁德懋	男	江蘇江寧	民國八年	民國十年暑季	中學	本校附小畢業	政界	
李國鏞	男	仝上	民國五年	仝上	仝上	曾在進修小學畢業	升學	
陸秀顯	男	仝上	仝上	仝上	仝上	曾在縣立一高畢業	仝上	
毛德恩	男	江蘇江寧	仝上	仝上	仝上	曾在[illegible]小學畢業	實業界	
梅炯夫	男	江蘇吳江	民國八年	仝上	仝上	曾在華英中學肄業	教育界	
高明	男	直隸天津	民國七年	仝上	仝上	曾在南開中學畢業	~~教育界~~ 政界	
房逸穆	男	安徽定遠	仝上	仝上	仝上	曾在安徽省立[illegible]中一年肄業	~~政界~~ 升學	
傅培祖	男	江蘇江寧	民國八年	仝上	仝上	本校附小畢業	~~[illegible]~~ 教育界	
江孝先	男	江蘇吳縣	民國八年	仝上	仝上	曾在華英中學肄業	~~教育界~~ 升學	
石祖泰	男	安徽歙縣	民國六年	仝上	仝上	曾在歙縣[illegible]中學畢業	政界	

私立中小學校立案用表之(五)(附)

學校歷年畢業生一覽表 民國 年 月填報

民國十二年度

姓名	性別	籍貫	入校年月	畢業年月	所學門類	入校前之學歷	畢業後之狀況	備考
章壽曾	男	安徽宣城	民國九年	民國十二年夏季	中學	曾在省立一中肄業	升學	
張[illegible]	男	江蘇丹徒	民國八年	仝上	仝上	曾在湖州中學肄業	仝上	
趙維良	男	江蘇江寧	民國七年	仝上	仝上	道勝學校畢業	政界	
陳裕康	男	浙江鄞縣	仝上	仝上	仝上	本校附小畢業	教育界	
周壽英	男	江蘇上海	民國九年	仝上	仝上	曾在南洋中學肄業	商界	
朱慶民	男	安徽[illegible]浦	仝上	仝上	仝上	曾在金陵中學畢業	升學	
莊維義	男	江蘇江寧	民國八年	仝上	仝上	本校附小畢業	商界	
何錫[illegible]	男	仝上	仝上	仝上	仝上	本校附小畢業	政界	
蕭國祥	男	安徽貴池	仝上	仝上	仝上	曾在道勝小學畢業	留學	
許偉年	男	安徽貴池	民國九年	仝上	仝上	曾在安徽省立第十中肄業	升學	

私立中小學校立案用表之(五)(附)

學校歷年畢業生一覽表 民國 年 月填報

民國十一年度

姓名	性別	籍貫	入校年月	畢業年月	所學門類	入校前之學歷	畢業後之狀況	備考
洪裕民	男	江蘇江寧	民國七年	民國十一年暑季	中學	本校附小畢業	教育界	
郭[illegible]佛	男	江蘇江都	民國九年	仝上	仝上	曾在省立第九中學肄業	政界	
[illegible]	男	四川夔州	民國七年	仝上	仝上	本校附小畢業	升學	
林[illegible]	男	江蘇泰興	民國九年	仝上	仝上		教育界	
劉[illegible]	男	江寧江寧	民國九年	仝上	仝上	南京成美中學肄業	商界	
劉[illegible]	男	山東[illegible]縣	民國七年	仝上	仝上	本校附小畢業	升學	
劉維堯	男	江蘇江寧	仝上	仝上	仝上	本校附小畢業	政界	
魯[illegible]	男	江蘇宣城	民國七年	仝上	仝上	曾在安徽省立一中肄業	仝上	
翁[illegible]	男	江蘇江寧	民國八年	仝上	仝上	道勝學校畢業	仝上	
謝威[illegible]	男	安徽無為	民國七年	仝上	仝上	曾在[illegible]中學肄業	商界	

私立中小學校立案用表之(五)(附)

學校歷年畢業生一覽表　民國　年　月填報

民國十一年度

姓名	性别	籍貫	入校年月	畢業年月	所學門類	入校前之學歷	畢業後之狀況	備考
謝湘	男	江蘇江寧	民國七年	民國十一年夏季	中學	本校附小畢業	教育界	
唐善治	男	安徽貴池	民國七年	仝上	中學	本校附小畢業	升學	
曹祖彬	男	安徽阜陽	民國七年	仝上	中學	本校附小畢業	教育界	
徐志謙	男	山東維縣	民國八年	仝上	中學	曾在齊魯附中肄業	升學	
李宜端	男	江蘇江寧	民國六年	仝上	中學	曾在華中公學肄業	升學	
李肄生	男	江蘇六合	民國八年	仝上	中學	曾在省立一中肄業	升學	
潘錫麟	男	江蘇上海	民國七年	仝上	中學	本校附小畢業	游歷	
毛[illegible]富	男	江蘇上海	民國七年	仝上	中學	本校附小畢業	商界	
戈永閎	男	直隸保定	民國七年	仝上	中學	曾在直隸公學肄業	政界	
吳汝霖	男	江蘇丹徒	民國八年	仝上	中學	曾在美漢中學肄業	教育界	

私立中小學校立案用表之(五)(附)

學校歷年畢業生一覽表　民國十一年五月填報

民國十一年度

姓名	性别	籍貫	入校年月	畢業年月	所學門類	入校前之學歷	畢業後之狀況	備考
吳山	男	江蘇江寧	民國七年	民國十一年夏季	中學	本校附小畢業	軍界	
吳士龍	男	江蘇常州	民國八年	仝上	中學	曾在桃塢中學肄業	升學	
黃家桂	男	江蘇江寧	民國七年	仝上	中學	本校附小畢業	升學	
晏卯	男	四川成都	民國十年	仝上	中學	曾在四川省立三中學肄業		

私立中小學校立案用表之（五）（附）

學校歷年畢業生一覽表 民國十七年五月填報

民國十二年度

姓名	性別	籍貫	入校年月	畢業年月	所學門類	入校前之學歷	畢業後之狀況	備考
張國紀	男	直隸保定	民國八年	民國十二年夏季	普通科		政界	
朱麟圖	男	江蘇上海	民國十年	仝上	商科	曾在復旦中學肄業	商界	
黃錫綸	男	直隸天津	民國九年	仝上	普通科		政界	
鄧鍾堃	男	江蘇丹徒	民國九年	仝上	商科	曾在美漢中學肄業	留美	
劉文經	男	江蘇江浦	民國九年	仝上	商科	曾在江浦縣立高小畢業	政界	
馬建勳	男	四川敘縣	民國九年	仝上	商科	曾在四川省立學校肄業	商界	
栗宗衡	男	湖南長沙	民國十年	仝上	普通科	曾在省立一中肄業	病故	
孫[illegible]驊	男	江蘇江寧	民國八年	仝上	商科 [illegible]	[illegible]肄業	郵政界	
徐懋武	男	安徽蕪湖	民國七年	仝上	初級師範科	本校附小畢業	教育界	
[illegible]鍾璣	男	江蘇高郵	民國七年	仝上	普通科	曾在高郵縣高小畢業	教育界	

私立中小學校立案用表之（五）（附）

學校歷年畢業生一覽表 民國 年 月填報

民國十二年度

姓名	性別	籍貫	入校年月	畢業年月	所學門類	入校前之學歷	畢業後之狀況	備考
魏學禮	男	江蘇江寧	民國八年	民國十二年夏季	初級師範科	本校附小畢業	升學	
袁義生	男	山東維縣	民國九年	仝上	普通科		升學	
常[illegible]俊	男	山東沂縣	民國十年	仝上	普通科		升學	
黃祈壽	男	江蘇丹徒	民國九年	仝上	商科	曾在潤商學校肄業	政界	
高遐章	男	江蘇江寧	民國八年	仝上	初級師範科	本校附小畢業	商界	
殷燕禧	男	江蘇六合	民國九年	仝上	初級師範科	曾在[illegible]小學畢業	病故	
劉崇元	男	江蘇江寧	民國九年	仝上	商科	曾在滬江中學肄業	商界	
沈世直	男	江蘇江寧	民國十年	仝上	普通科	曾在華中公學肄業	政界	
丁毓貢	男	江蘇丹徒	民國十年	仝上	普通科		病故	
徐國祺	男	江蘇丹徒	民國七年	仝上	初級師範科	曾在鎮江潤州中學肄業	升學	

私立中小學校立案用表之（五）（附）

學校歷年畢業生一覽表 民國　年　月填報

民國十二年度

姓名	性別	籍貫	入校年月	畢業年月	所學門類	入校前之學歷	畢業後之狀況	備考
汪鴻勛	男	江蘇江寧	民國八年	民國十二年夏季	普通科	本校附小畢業	商界	
孫蔭祖	男	安徽太平	民國七年	仝上	商科	曾在閩商肄業	教育界	
周作舟	男	浙江紹兴	民國八年	仝上	普通科		政界	
張遠秀	男	江西九江	民國八年	仝上	普通科	曾在南偉烈中学肄業	政界	
黃觀教	男	安徽滁縣	民國八年	仝上	普通科	曾在滁縣基督小学肄業	政界	
姜孝敏	男	山东沂縣	仝上	仝上	仝上	本校附小畢業	教育界	
劉景儀	男	江蘇丹徒	仝上	仝上	商科	仝上	升学	
駱文華	男	江蘇江寧	仝上	仝上	普通科	仝上	升学	
謝景修	男	仝上	民国九年	仝上	仝上			
錢存興	男	江蘇高郵	民国八年	仝上	仝上	本校附小畢業	教育界	

私立中小學校立案用表之（五）（附）

學校歷年畢業生一覽表 民國　年　月填報

民國十二年度

姓名	性別	籍貫	入校年月	畢業年月	所學門類	入校前之學歷	畢業後之狀況	備考
徐國懋	男	江蘇丹徒	民國七年	民國十二年	商科	曾在滁州中学肄業	教育界	
王紹賡	男	安徽壽县	民国八年	仝上	普通科	曾在省立一中肄業	政界	
王應麟	男	江蘇江都	民国九年	仝上	商科	曾在美漢中学肄業	商界	
吳光清	男	江蘇江寧	仝上	仝上	普通科 附設師範科	曾在成美中学肄業	升学	

私立中小學校立案用表之五（附）

學校歷年畢業生一覽表　民國　年　月填報

民國十三年度

姓名	性別	籍貫	入校年月	畢業年月	所學門類	入校前之學歷	畢業後之狀況	備考
張家[illegible]	男	安徽滁县	民国九年	民国十三年夏季	初级师範科	曾在滁县[illegible]小学肄業	升学	
張炳瑞	男	江苏松江	民国九年	仝上	普通科	曾在上海華童小学肄業	仝上	
陳啟業	男	江西高安	民国十年	仝上	仝上		仝上	
朱康鎬	男	安徽和县	民国八年	仝上	普通科 初级师範科	曾在省立一中肄業	商界	
韓寶義	男	湖北襄陽	仝上	仝上	初级师範科	曾在武昌模範小学肄業	升学	
姜炳南	男	江苏丹徒	仝上	仝上	普通科	曾在鎮江[illegible]中学肄業	商界	
[illegible]祖俊	男	江苏江寧	仝上	仝上	初级师範科	曾在[illegible]小学肄業	教書	
劉勳名	男	福建漳平	民国十年	仝上	普通	曾在[illegible]南洲中肄業	升学	
馬立義	男	江苏江寧	民[illegible]八年	仝上	仝上	滁县[illegible]小学畢業	升学	
畢[illegible]英	男	江西高安	民国十年	仝上	仝上	本校附小畢業	升学	

私立中小學校立案用表之五（附）

學校歷年畢業生一覽表　民國　年　月填報

民國十三年度

姓名	性別	籍貫	入校年月	畢業年月	所學門類	入校前之學歷	畢業後之狀況	備考
孫[illegible]遠	男	安徽壽县	民国一年	民国十三年夏季	普通科	本校附小畢業	升学	
劉振東	男	廣東新會	民国八年	仝上	商科	仝上	教書	
徐銀俊	男	安徽蕪湖	民国九年	仝上	初级师範科	仝上	病故	
馮立南	男	江苏江寧	民国八年	仝上	普通科	仝上	升学	
吳[illegible]義	男	安徽滁县	民国九年	仝上	仝上		升学	
余鏡春	男	安徽[illegible]安	民国十一年	仝上	普通科		升学	
張孝瑞	男	江苏江浦	民国九年	仝上	普通科 初级师範科	本校附小畢業	教書	
張[illegible]堂	男	安徽和县	仝上	仝上	普通科 初级师範科	本校附小畢業	商界	
張津堂	男	廣東香山	民国十一年	仝上	普通科	曾在山欽南洲中肄業	經商	
張運元	男	江西九江	民国九年	仝上	仝上	曾在[illegible]中华列一中学肄業	留日	

私立中小學校立案用表之(五)(附)

學校歷年畢業生一覽表 民國 年 月填報

民國十二年度

姓名	性別	籍貫	入校年月	畢業年月	所學門類	入校前之學歷	畢業後之狀況	備考
周紹澤	男	江西南昌	民國九年	民國十二年夏季	商科		政界	
金蔭開	男	直隸保定	民國十一年	仝上	仝上		政界	
樊立昌	男	江蘇江寧	民國十一年	仝上	普通科初級師範科	曾在銅井[illegible]小學畢業	教書	
傅道啟	男	仝上	民國十一年	仝上	商科	曾在南[illegible]中學肄業	教育界	
韓家奎	男	仝上	民國八年	仝上	普通科	曾在縣立高小畢業	商界	
蕭世新	男	江蘇灌雲	民國九年	仝上	仝上	本校附小畢業	政界	
顧建中	男	安徽來安	民國十年	仝上	仝上	曾在[illegible]小學肄業	商界	
賈宗藩	男	江蘇江寧	民國九年	仝上	普通科初級師範科	本校附小畢業	教書	
柳慶華	男	江蘇江寧	民國九年	仝上	商科		商界	
劉祖仁	男	江蘇丹徒	民國十年	仝上	普通科	曾在湖州中學肄業	升學	

私立中小學校立案用表之(五)(附)

學校歷年畢業生一覽表 民國 年 月填報

民國十三年度

姓名	性別	籍貫	入校年月	畢業年月	所學門類	入校前之學歷	畢業後之狀況	備考
吕德昌	男	江蘇丹徒	民國八年	民國十三年夏季	商科	本校附小畢業	商界	
馬文瀾	男	江蘇江寧	民國九年	仝上	仝上	仝上	病故	
潘繼鑾	男	江蘇江寧	民國十一年	仝上	普通科	曾在武[illegible]美中學肄業	政界	
韓櫻	男	江西安福	民國九年	仝上	商科	本校附小畢業	商界	
饒延岷	男	湖北黃梅	民國十一年	仝上	普通科	曾在南[illegible]附中肄業	政界	
譚仲鈞	男	廣東廣州	仝上	仝上	仝上	曾在廈門大學附中肄業	升學	
庞世芳	男	浙江鄞縣	仝上	仝上	仝上	曾在四明中學肄業	仝上	
曹衡芳	男	江蘇上海	民國十年	仝上	商科	曾在上海普益中學肄業	政界	
蔣家騮	男	江蘇江寧	民國九年	仝上	仝上	本校附小畢業	商界	
王正澤	男	江蘇丹徒	民國十年	仝上	仝上	曾在[illegible]立[illegible]肄業	仝上	

私立中小學校立案用表之(五)(附)

學校歷年畢業生一覽表 民國　年　月填報

民國十三年度

姓名	性別	籍貫	入校年月	畢業年月	所學門類	入校前之學歷	畢業後之狀況	備考
[illegible]	男	安徽宿縣	民國八年	民國十三年夏季	普通科	縣立小學畢業	教員	
吴玠	男	江蘇江寧	民國九年	仝上	仝上	本校附小畢業	商界	
吴運生	男	皖肥	仝上	仝上	初級師範科	仝上	升學	
吴信麟	男	江蘇句容	仝	仝上	普通科 初級師範科	仝上	商學	
楊恩生	男	皖和	仝上	仝上	仝上	仝上	仝上	

私立中小學校立案用表之(五)(附)

學校歷年畢業生一覽表 民國　年　月填報

民國十四年度

姓名	性別	籍貫	入校年月	畢業年月	所學門類	入校前之學歷	畢業後之狀況	備考
[illegible]授	男	皖來	民國九年	民國十四年	中學	本校附小畢業	升學	
張廣祖	男	皖滁	民國十一年	仝上	仝上	滁縣立一高畢業	升學	
張樸棠	男	皖安慶	民國十年	仝上	仝上	本校附小畢業	病故	
張[illegible]	男	湖南長沙	民國十一年	仝上	仝上		升學	
張[illegible]	男	江蘇丹徒	仝上	仝上	仝上		升學	
趙仁祜	男	安徽滁縣	民國九年	仝上	仝上	滁縣基督小學畢業		
陳虞賓	男	湖北宜昌	民國十年	仝上	仝上	本校附小畢業	升學	
陳錫[illegible]	男	江西高安	仝上	仝上	仝上	仝上		
朱武勛	男	直隸天津	仝上	仝上	仝上	仝上	政界	
朱秉勛	男	直隸天津	仝上	仝上	仝上	仝上	政界	

私立中小學校立案用表之(五)(附)

中學校歷年畢業生一覽表　民國　年　月　填報

民國十四年度

姓名	性别	籍貫	入校年月	畢業年月	所學門類	入校前之學歷	畢業後之狀况	備考
朱[illegible]祥	男	江蘇丹徒	民國十一年	民國十四年	中學		教育界	
朱炤	男	江蘇江寧	民國九年	仝上	仝上	曾在[illegible]小學畢業	升學	
[illegible]家廣	男	江蘇江寧	民國十二年	仝上	仝上	曾在鍾英中學肄業	仝上	
傅[illegible]亨	男	江西九江	仝上	仝上	仝上	曾在南偉烈中學肄業	仝上	
夏[illegible]望	男	江蘇江寧	民國十一年	仝上	商科	曾在匯文中學肄業	仝上	
夏文[illegible]	男	安徽和縣	民國十一年	仝上	中學		警界	
黄[illegible]在	男	江蘇丹徒	民國十一年	仝上	仝上	本校附小畢業	商界	
黄[illegible]吟	男	暹邏	民國十二年	仝上	仝上	曾在[illegible]中學肄業	留法	
貢祖[illegible]	男	江蘇江寧	民國九年	仝上	仝上	[illegible]中學肄業	教書	
李德安	男	湖北宜都	民國十二年	仝上	仝上		升學	

私立中小學校立案用表之(五)(附)

中學校歷年畢業生一覽表　民國　年　月　填報

民國十五年度

姓名	性别	籍貫	入校年月	畢業年月	所學門類	入校前之學歷	畢業後之狀况	備考
劉國鏜	男	江蘇江寧	民國十一年	民國十四年	中學	曾在華中公學肄業	病故	
劉[illegible]煌	男	湖北黄梅	民國十二年	仝上	仝上	曾在湖北文華肄業	升學	
羅文錦	男	江蘇江寧	民國十一年	仝上	仝上		商界	
[illegible]	男	江蘇江浦	民國十一年	仝上	仝上	曾在江浦縣立一高肄業	政界	
宗[illegible]麟	男	江蘇江寧	仝上	仝上	仝上		軍界	
董金生	男	仝上	仝上	仝上	仝上	曾在華中公學肄業	郵政	
[illegible]德興	男	江蘇江寧	民國九年	仝上	仝上	本校附小畢業	升學	
徐繼和	男	直隸天津	民國十年	仝上	仝上	仝上	政界	
徐繼勛	男	直隸天津	仝上	仝上	仝上	仝上	仝上	
徐[illegible]	男	安徽宿縣	民國十二年	仝上	仝上		仝上	

私立中小學校立案用表之(五)(附)

學校歷年畢業生一覽表　民國　年　月填報

民國十の年度

姓名	性别	籍貫	入校年月	畢業年月	所學門類	入校前之學歷	畢業後之狀況	備考
杜有恩	男	安徽和县	民国十年	民国十の年	中学	本校附小毕业	升学	
汪锡鹏	男	江苏江宁	仝上	仝上	仝上	仝上	仝上	
魏学智	男	仝上	仝上	仝上	仝上	仝上	仝上	
吴家祐	男	江苏上海	仝上	仝上	仝上	仝上	仝上	
杨葳	男	江苏江宁	仝上	仝上	仝上	曾在东大附中肄业	升上	
钱罗祺	男	江西九江	仝上	仝上	仝上	曾在东大附小毕业	商界	
叶祥法	男	江苏江宁	民国九年	仝上	仝上	仝上	升学	
俞[illegible]	男	仝上	民国十年	仝上	仝上	仝上	仝上	
金汤才	男	安徽安庆	民国十二年	仝上	仝上	曾在东大附中肄业	商界	

私立中小學校立案用表之(五)(附)

學校歷年畢業生一覽表　民國　年　月填報

民國十五年度

姓名	性别	籍貫	入校年月	畢業年月	所學門類	入校前之學歷	畢業後之狀況	備考
黄[illegible]功	男	江苏丹徒	民国十一年	民国十五年	中學	本校附小毕业	升学	舊制学
黄[illegible]	男	江苏丹徒	仝上	仝上	仝上	仝上	仝上	仝上
申永庆	男	江苏丹徒	民国十四年	仝上	仝上	曾在东大附中肄业	仝上	仝上
谭官禄	男	江苏上海	民国十三年	仝上	仝上		仝上	仝上
常振玉	男	安徽芜湖	仝上	仝上	仝上	曾在芜湖省立[illegible]中学肄业	仝上	仝上
张[illegible]锐	男	江苏江宁	民国十四年	仝上	仝上	曾在溧阳中学肄业	教育界	仝上
陈翼	男	广东梅县	民国十三年	仝上	仝上	曾在梅县省立中学毕业	南洋经商	仝上
费家驹	男	江苏高邮	民国十三年	仝上	仝上	本校附小毕业	升学	仝上
朱家杰	男	江苏江宁	仝上	仝上	仝上	仝上	政界	仝上
方锡[illegible]	男	仝上	仝上	仝上	仝上	仝上	政界	仝上

私立中小學校立案附表之(五)(附)

學校歷年畢業生一覽表　民國　年　月填報

民國十五年度

姓名	性別	籍貫	入校年月	畢業年月	所學門類	入校前之學歷	畢業後之狀況	備考
趙福蔭(?)	男	安徽宿縣	民國十三年	民國十五年	中學			舊制學(?)
辛潤堂	男	江西南昌	仝上	仝上	仝上	曾在南高附中肄業		仝上
湯文新	男	江蘇上海	民國十二年	仝上	仝上	本校附小畢業	升學	仝上
蔡泰祥	男	廣東新會	民國十三年	仝上	仝上	仝上	升學	仝上
王恩甲	男	江蘇六合	民國十三年	仝上	仝上	曾在[illegible]中學肄業	商界	仝上
常金波	男	安徽來安	民國十三年	仝上	仝上	滁縣一高畢業		初中
張嘉琨(?)	男	江蘇松江	民國十四年	仝上	仝上	曾在浦東中學肄業	升學	仝上
趙敏求	男	江蘇江寧	民國十三年	仝上	仝上	曾在東大附中肄業	仝上	仝上
高幼侯(?)	男	安徽蕪湖	民國十四年	仝上	仝上	曾在聖保羅中學肄業	仝上	仝上
劉德恩(?)	男	湖南長沙	民國十三年	仝上	仝上	本校附小畢業	仝上	仝上

私立中小學校立案附表之(五)(附)

學校歷年畢業生一覽表　民國　年　月填報

民國十五年度

姓名	性別	籍貫	入校年月	畢業年月	所學門類	入校前之學歷	畢業後之狀況	備考
劉金鉞	男	安徽靈璧	民國十三年	民國十五年	中學	本校附小畢業		初中
陶建章	男	安徽無為	民國十二年	仝上	仝上	曾在聖保羅中學肄業	商界	仝上
孫達範(?)	男	江蘇崑山	民國十三年	仝上	仝上	本校附小畢業	升學	仝上
于家武(?)	男	江蘇江寧	民國十二年	仝上	仝上	曾在浙東中學肄業	升學	仝上
張錦文	男	安徽滁縣	民國十三年	仝上	仝上	曾在[illegible]中學肄業	升學	仝上
張保林	男	直隸天津	民國十三年	仝上	仝上	本校附小畢業	鐵路	仝上
張有光	男	江蘇江寧	民國十二年	仝上	仝上	仝上	商界	仝上
陳恩風(?)	男	江蘇句容	仝上	仝上	仝上	仝上	升學	仝上
周崇智	男	江蘇江寧	仝上	仝上	仝上	仝上	升學	仝上
周煥昌(?)	男	安徽壽縣	仝上	仝上	仝上	仝上	升學	仝上

私立中小學校立案用表之五(附)

學校歷年畢業生一覽表 民國 年 月填報

民國十五年度

姓名	性別	籍貫	入校年月	畢業年月	所學門類	入校前之學歷	畢業後之狀況	備考
朱綸元	男	江蘇江寧	民國十二年	民國十五年	中學		升學	初中
朱鈞翰	男	仝上	仝上	仝上	仝上		仝上	仝上
何永康	男	仝上	仝上	仝上	仝上	曾在匯進中學肄業	仝上	仝上
胡家豐	男	浙江蘭谿	民國十三年	仝上	仝上		仝上	仝上
胡維德	男	浙江崇德	民國十二年	仝上	仝上	積餘小學畢業	仝上	仝上
黃渭民	男	廣東香山	仝上	仝上	仝上	本校附小畢業	仝上	仝上
高蔭般	男	江蘇江寧	民國十四年	仝上	仝上	曾在上海華童公學肄業	仝上	仝上
高蔭定	男	仝上	仝上	仝上	仝上	曾在上海華童公學肄業	仝上	仝上
婁天浩	男	安徽太平	民國十二年	仝上	仝上	本校附小畢業	仝上	仝上
李啟遠	男	江蘇江寧	仝上	仝上	仝上	仝上	仝上	仝上

私立中小學校立案用表之五(附)

學校歷年畢業生一覽表 民國 年 月填報

民國十五年度

姓名	性別	籍貫	入校年月	畢業年月	所學門類	入校前之學歷	畢業後之狀況	備考
李鏡之	男	江蘇吳縣	民國十二年	仝上	中學	本校附小畢業	升學	初中
呂峨	男	江蘇江寧	民國十三年	仝上	仝上	曾在吳縣中學肄業	仝上	仝上
汪至寧	男	浙江東陽	民國十二年	仝上	仝上	本校附小畢業	仝上	仝上
邵振華	男	安徽壽縣	仝上	仝上	仝上	仝上	仝上	仝上
沈震春	男	江蘇江寧	民國十四年	仝上	仝上	曾在益智學堂畢業	仝上	仝上
李思明	男	山東濰縣	仝上	仝上	仝上			仝上
陶述先	男	安徽淮縣	民國十二年	仝上	仝上	本校附小畢業	仝上	仝上
丁維勇	男	江蘇江都	仝上	仝上	仝上	仝上	仝上	仝上
曹毅安	男	直隸天津	民國十三年	仝上	仝上	仝上	商界	仝上
王昭楷	男	安徽太平	民國十三年	仝上	仝上	仝上	仝上	仝上

私立中小學校立案用表之(五)(附)

學校歷年畢業生一覽表 民國 年 月填報

民國十五年度

姓名	性別	籍貫	入校年月	畢業年月	所學門類	入校前之學歷	畢業後之狀況	備考
王叔璧	男	安徽靈璧	民國十三年	仝上	中學	本校附小畢業	升學	初中
魏恩熙	男	江蘇丹徒	民國十三年	仝上	仝上	仝上	仝上	仝上
吳世華	男	安徽婺源	民國十三年	仝上	仝上	仝上	仝上	仝上
楊本德	男	山東昌樂	民國十二年	仝上	仝上	曾在經文中學肄業	教育界	仝上
葉[illegible]	男		民國十[illegible]年		仝上	曾在廣德中學肄業		仝上

私立中小學校立案用表之(五)(附)

學校歷年畢業生一覽表 民國 年 月填報

民國十六年度

姓名	性別	籍貫	入校年月	畢業年月	所學門類	入校前之學歷	畢業後之狀況	備考
張竹林	男	安徽壽安	民國十三年	民國十六年	中學	曾在鎮江中學肄業	病故	亡
張國謀	男	安徽蕪湖	民國十四年	仝上	仝上		升學	仝上
趙[illegible]	男	江蘇江寧	民國十三年	仝上	仝上	曾在東大附小畢業	仝上	仝上
龔[illegible]途	男	江蘇江寧	民國十二年	仝上	仝上	本校附小畢業	仝上	仝上
李廣平	男	廣東寶安	民國十三年	仝上	仝上	曾在香港小學畢業	仝上	仝上
[illegible]達揚	男	廣東寶安	仝上	仝上	仝上	曾在香港小學畢業	仝上	仝上
[illegible]	男	安徽蕪湖	民國十四年	仝上	仝上		仝上	仝上
[illegible]	男	安徽太平	仝上	仝上	仝上		仝上	仝上
馬慶[illegible]	男	安徽[illegible]縣	民國十年	仝上	仝上	本校附小畢業	仝上	仝上
馬[illegible]	男	仝上	仝上	仝上	仝上	仝上	仝上	仝上

私立中小學校立案用表之(五)(附)

學校歷年畢業生一覽表 民國 年 月填報

民國十六年度

姓名	性別	籍貫	入校年月	畢業年月	所學門類	入校前之學歷	畢業後之狀況	備考
向笏	男	江蘇江寧	民國十三年	民	中	本校附小畢業	升學	高中
徐光祐	男	廣東惠陽	民國十四年			[illegible]	仝上	仝上
唐松樹	男	江蘇武進	民國十一年				仝上	仝上
王炳文	男	直隸大興	民國十三年	國		上海市北公學高小畢業	[illegible]	仝上
王秀崙	男	安徽宿縣	民國十三年	十			政界	仝上
魏倫韓	男	江蘇江寧	仝上			曾在東大附中肄業	仝上	仝上
吳家鈞	男	安徽合肥	民國十三年	六			軍界	仝上
楊兆和	男	江蘇上海	民國十一年			[illegible]附中肄業	鐵路	仝上
葉懋	男	江蘇江寧	民國十一年			東大附小畢業	升學	仝上
周作元	男	江西金谿	民國十二年	年	學	[illegible]肄業		

私立中小學校立案用表之(五)(附)

學校歷年畢業生一覽表 民國 年 月填報

民國 年度

姓名	性別	籍貫	入校年月	畢業年月	所學門類	入校前之學歷	畢業後之狀況	備考
陸徵祁	男	江蘇江寧	民國十五年	民	中	曾在青年會學校肄業	商界	高中
張景福	男	江蘇灌雲	民國十三年	國		本校附小畢業	升學	初中
張賡堯	男	安徽滁縣	仝上	十				仝上
趙國光	男	江蘇江寧	仝上	六				仝上
陳嘉森	男	仝上	仝上	年		東大附小畢業	升學	仝上
陳書綬	男	安徽懷寧	仝上	民		本校附小畢業	仝上	仝上
陳廣勳	男	江蘇江寧	民國十五年	國				仝上
陳仁全	男	仝上	民國十四年	十		本校附小畢業	升學	仝上
陳述堯	男	浙江鄞縣	民國十五年	六		仝上	仝上	仝上
陳祖銘	男	江蘇江寧	仝上	年	學			仝上

私立中小學校立案用表之(五)(附)

學校歷年畢業生一覽表 民國 年 月填報

民國十八年度

姓名	性别	籍貫	入校年月	畢業年月	所學門類	入校前之学歷	畢業後之状况	備考
周勤浩	男	廣東潮陽	民国十四年	民国十六年	中学	本校附小畢業	升学	初中
贾衡良	男	山東昌樂	民国十五年	仝上	仝上		升学	仝上
丘秀昌	男	江苏江宁	民国十三年	仝上	仝上	本校附小畢業		仝上
朱璞光	男	仝上	民国十四年	仝上	仝上	仝上	升学	仝上
朱柏林	男	江苏江宁	民国十四年	仝上	仝上	仝上		仝上
朱瑞誠	男	江苏寶应	民国十四年	仝上	仝上		升学	仝上
馮志楠	男	安徽來安	民国十五年	仝上	仝上			仝上
何昌熾	男	廣东寶安	民国十三年	仝上	仝上	本校附小畢業	升学	仝上
戴漢儒	男	安徽滁县	民国十三年	仝上	仝上		仝上	仝上
黃國粹	男	湖北武昌	民国十三年	仝上	仝上	[illegible]中学肄業	仝上	仝上

私立中小學校立案用表之(五)(附)

學校歷年畢業生一覽表 民國 年 月填報

民國 年度

姓名	性别	籍貫	入校年月	畢業年月	所學門類	入校前之学歷	畢業後之状况	備考
潘秉中	男	江苏武進	民国十四年	民国十六年	中学	本校附小畢業		初中
沈農襄	男	江苏江宁	仝上	仝上	仝上		政界	仝
沈開騏	男	江苏六合	民国十三年	仝上	仝上	本校附小畢業	商界	仝上
石城	男	安徽滁县	民国十四年	仝上	仝上	曾在私塾[illegible]書	升学	仝上
謝永祥	男	江苏上海	民国十三年	仝上	仝上		新聞界	仝上
孫佩瑤	男	安徽滁县	民国十四年	仝上	仝上		升学	仝上
蔡維[illegible]	男	江苏六合	民国十三年	仝上	仝上	[illegible]肄業	仝上	仝上
蔣瑶麟	男	江苏江都	仝上	仝上	仝上	[illegible]中学肄業	仝上	仝上
曹棣卅	男	江苏崑山	民国十四年	仝上	仝上		仝上	仝上
孫民臨	男	安徽當塗	民国十五年	仝上	仝上		仝上	仝上

私立中小學校立案用表之(五)(附)

學校歷年畢業生一覽表　民國　年　月填報

民國十六年度

姓名	性别	籍貫	入校年月	畢業年月	所學門類	入校前之學歷	畢業後之狀況	備考
胡燾[illegible]	男	江蘇句容	民國十六年	民	中	本校附小畢業	升學	初中
顧元[illegible]	男	江蘇江寧	仝上	國		東方附小畢業	升學	仝上
桂[illegible]紀	男	仝上	民國十三年	十		本校附小畢業	升學	仝上
吳永[illegible]	男	安徽太平	民國十四年	六		仝上	升學	仝上
李宗[illegible]	男	江蘇江寧	民國十五年	年			升學	仝上
李紹先	男	仝上	仝上	民				仝上
李永璿	男	廣東寶安	民國十四年	國			升學	仝上
劉[illegible]華	男	江西[illegible]	仝上	十				仝上
馬建之	男	四川瀘縣	仝上	六			升學	仝上
馬[illegible]華	男	安徽[illegible]江	民國十五年	年	學	[illegible]省立一中肄業	升學	仝上

私立中小學校立案用表之(五)(附)

學校歷年畢業生一覽表　民國　年　月填報

民國　年度

姓名	性别	籍貫	入校年月	畢業年月	所學門類	入校前之學歷	畢業後之狀況	備考
徐[illegible]玉	男	安徽[illegible]鎮	民國十五年	民國十六年	中學			初中
[illegible]啟棟	男	江蘇武進	民國十四年	仝上	仝上	本校附小畢業		仝上
王[illegible]賢	男	安徽寧[illegible]	民國十三年	仝上	仝上	仝上	升學	仝上
王[illegible]	男	江蘇江寧	民國十三年秋	仝上	仝上	[illegible]小學畢業	仝上	仝上
汪禮[illegible]	男	安徽旌德	民國十四年	仝上	仝上		仝上	仝上
衛[illegible]	男	山東青島	民國十三年	仝上	仝上		仝上	仝上
吳永[illegible]	男	安徽歙縣	民國十四年	仝上	仝上	本校附小畢業	仝上	仝上
吳[illegible]	男	安徽涇縣	民國十三年	仝上	仝上	進修小學畢業	仝上	仝上
吳[illegible]	男	江蘇[illegible]	民國十四年	仝上	仝上			

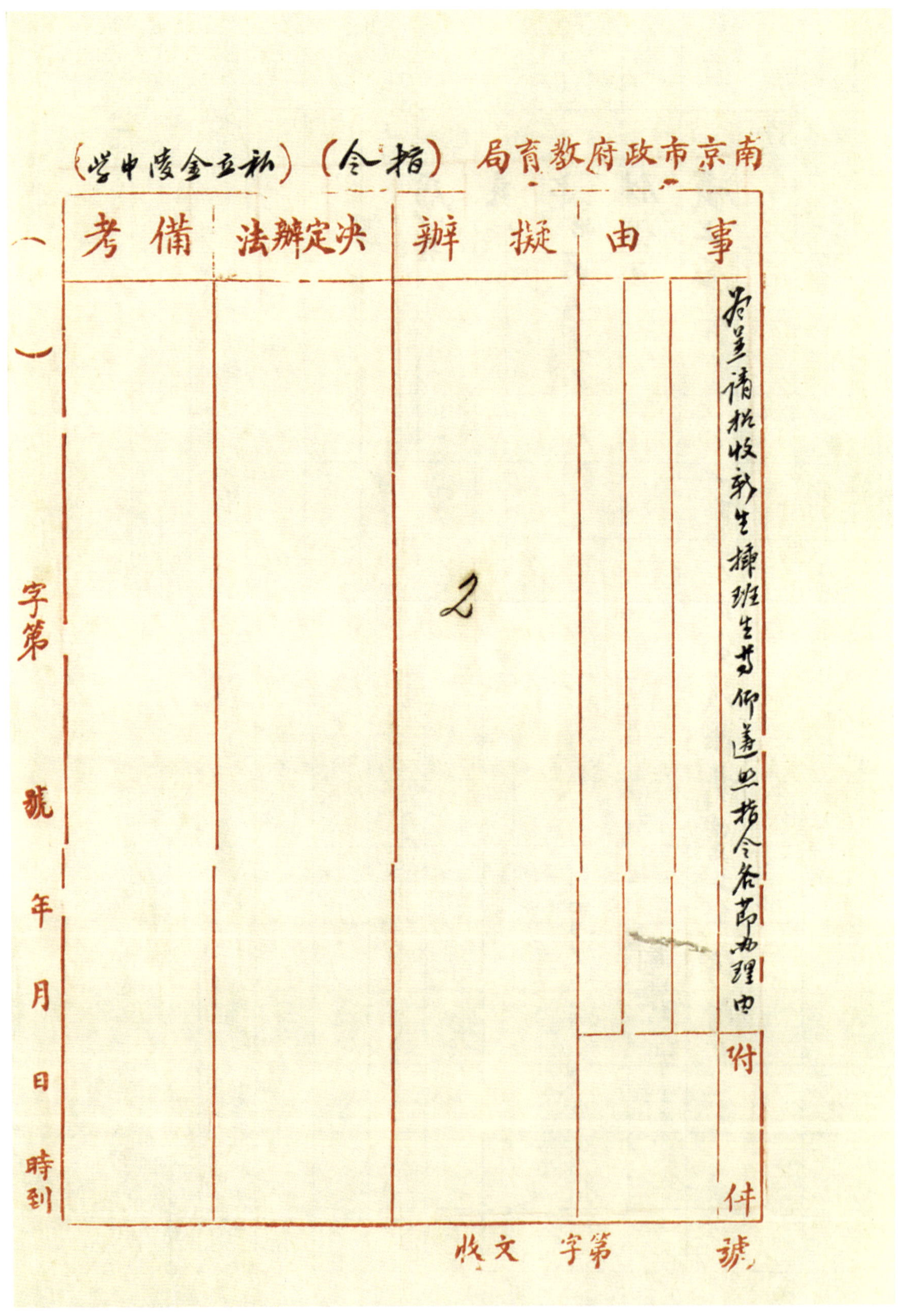

南京市政府教育局（指令）（私立金陵中學）

事由	擬辦	決定辦法	備考
爲呈請招收新生插班生等仰遵照指令各節辦理由	2		

附 件

（ ）字第 號 年 月 日 時到

收文 字第 號

南京市政府教育局爲同意招收新生、插班生等給市私立金陵大學附屬中學的指令

（一九三一年一月十七日）

附：新生招生廣告樣張

檔號：1009-1-554

南京市政府教育局指令

字第33號

令私立金陵中學

呈一件為下學期招收新生插班生學額及招生廣告樣張呈請備案由

呈件均悉。查該校呈請招收新生插班生及賷送招生廣告樣張，尚無不合。初一准予招收新生八十名，其餘插班生每級連同原有學生不超過五十人為度。其外考期一項，二月六七兩日，與本局頒布學曆不合。查二月一日為學期更始期，休課五日，當即須開學，應提前考試，報告時間亦須提前截止。至索閱簡章一項，應改為須附郵票一分，仰即分別修正再行呈报备查为要！

此令。附件发还

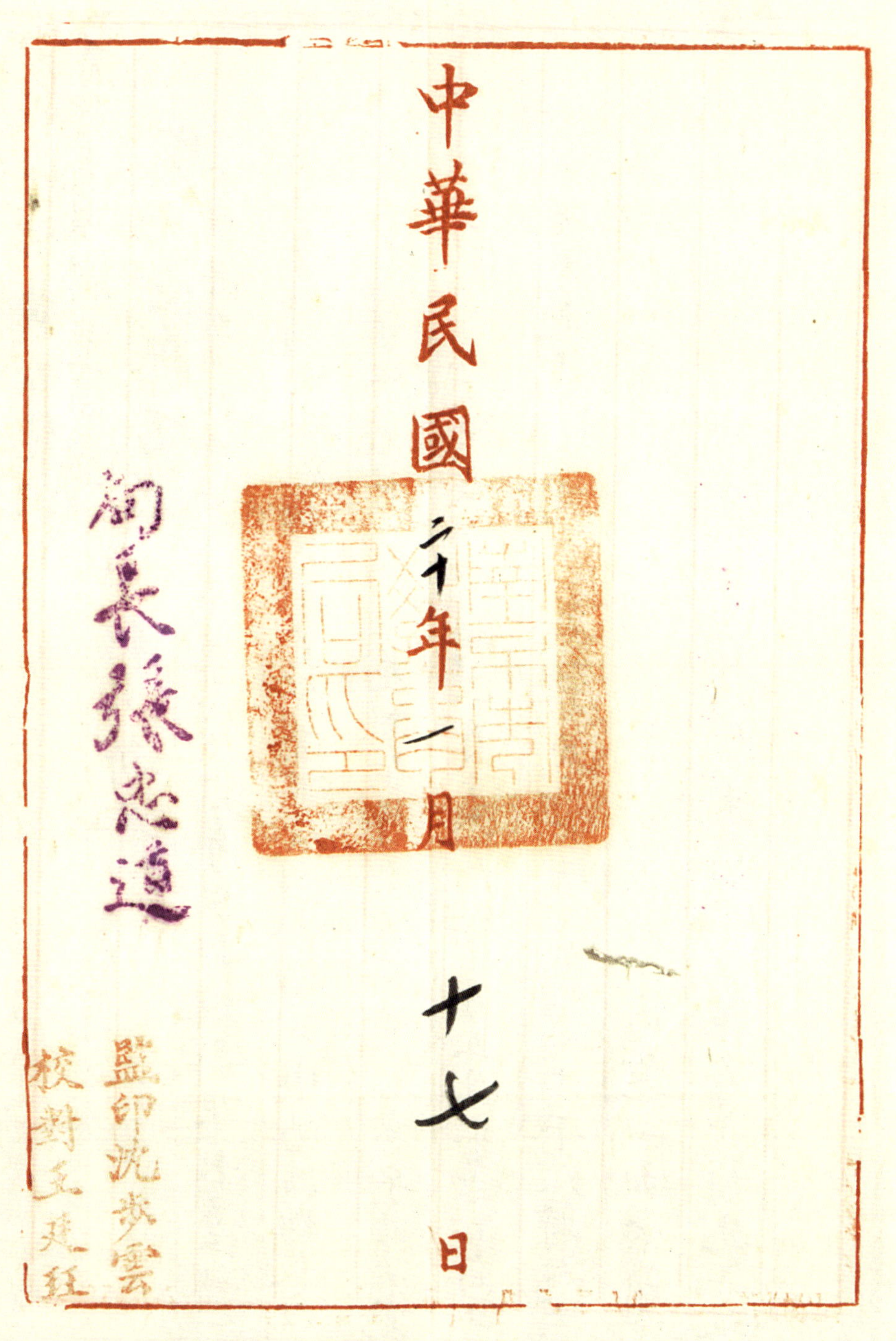

中華民國二十年一月十七日

局長張忠道

監印沈步雲

校對孔建廷

招生廣告樣張

私立金陵大學附屬中學招考新生

（招考年級）初中一二三年級高中一二年級插級新生（報名手續）新生報名須向本校招生委員會索取履歷書依式填寫隨繳報名費二元四寸半身照片兩張並繳驗修業或畢業証書手續不完全者不得與考（報名時間）一月十二日起二月五日止每日自上午九時起至下午四時止（考期）二月六七兩日上午八時起下午四時止（考試地點）南京乾河沿本校（附告）（一）函索簡章須附郵票四分（二）凡家居外埠者得來函報名惟須先寄報名費二元空函不覆

學生須知

第一節 宿舍規則

第一條 每早六時半學生須一律起床

第二條 每晚六時五十分準備自修七時至八時五十分及九時至九時四十五分為自修時間學生須一律在宿舍内安靜自修

第三條 每晚九時四十五分準備就寢十時熄燈學生須一律就寢

第四條 寢室内所有用具不得移至他處如有破壞損失須按值賠償

第五條 學生寢室内須於每早八時前自行打掃清

第一頁

南京市私立金陵大學附屬中學學生須知（一九三四年九月）

檔號：1009-1-550

潔以便校長及齋務主任隨時視察

第六條 學生不得私雇夫役

第七條 學生不得向窗外傾倒茶水

第八條 學生盥洗須在盥洗室不得在宿舍內行之

第九條 學生不得攜帶金銀器皿及貴重物品入校如有銀洋交事務主任處代為保存否則遇有損失本校概不負責

第十條 早中晚三餐須赴膳堂就食不得移入宿舍

第二頁

第十一條 宿舍內不得私置灯炉

第十二條 寄宿生於例假日期外出須於午後七時半返校聽候點名

第十三條 寄宿生未經特許者不得在外住宿違犯者立即除名

犯左列規則之一者齋務主任得酌量予以懲罰

第二節 請假規則

第一條 凡學生因事或因病請假者須向齋務主任處請假，寄宿生如欲出校者須向齋務主任處請假

第二條　凡学生因病請假并須得醫生之診斷书
如家屬病危須請假回家看視者必須
家中來函證明方可准假除以上兩種情形外
概不給假

第三條　凡住宿生除例假外非得家长來函概不許
出校

請假一

或經舍務主任許可者

第四條　凡学生如因病請假到期病尚未痊仍須續
假者須於假期未滿前續假

第五條　一切事故請假概不發生效力

第三節 缺課規則

第一條 凡學生事前並未請假或請假未准因而曠課者均以無故缺席論

第二條 凡無故遲到或早退兩次者作無故曠課一次論

第三條 無故曠課每次記過一分凡某班在一學期內曠課過六次者除記過外該班均分降一等級原有之等級則降為丙F

第四條 凡某班缺席次數超過一學期內上課時間四分之一者降一等級原為丙等者降為丙C

第五條　每請有假每假凡缺席過本學期
三分之一者本班級一律重讀

第六條　紀念周及教員演講會及名人演講
會凡缺席一次記過一分

第七條　凡假期前後日之缺席加倍計算

第四節　競賽規則

第一條　凡學生同級各班成績平均在三·五以下或在
三·五以上而有一班以下者不得代表學校
參與校外任何競賽

第四頁

第二條　凡品行不端曾因犯校規記過至廿分者亦不得参与

第五節　膳堂規則

第一條　早餐七時午餐十二時晚餐六時過時不得要求另行開膳

第二條　席次認定後不得隨意更動

第三條　每餐須候監膳員搖鈴後方可举箸

第四條　學生不得擅進廚房

第五條　飲食菜蔬有不潔或他項問題可向齋務主任或監膳員申明聽候處置不

第六條　進膳時不得喧嘩及與廚役爭論致擾秩序

凡犯左列規則之一者由齋務主任酌量情形分別懲罰

第五節　考試與成績

第一條　學生成績分一二三四五五等凡等級以不加字母者為及格等級以有C字者准予補考

有F者一律重讀

第二條　學生所習課程須按其年級循序遞前進不得躐等惟各班成績卓著努力超群經

教員之提議得校長之認可並得酌量提升

第三條　學校舉行月試或學期試驗時學生不得藉故規避且不得向教員要求稽延

第四條　考試時若有不規則行為初犯者本次試驗以零分計再犯者該班學期總均以零分計三犯立即開除

第五條　凡因病或因事請假經教務處許可未能參與月試或學期試驗者得在規定時期內請求補

致

第六條 凡不在規定時期內請求補考學期試驗者每班繳納補考費半元

第六節 學生操行

第一條 在校內凡吸烟飲酒賭博等事均在嚴禁之列違者重罰即在校外而行為有敗壞學校名譽者一經查實亦當嚴重處分

第二條 凡學生犯情形嚴重之過錯經行政委員會議決得立即除名

第六頁

第三條 凡学生記過滿三十次留校試讀滿四十次除名

第七節 聚会結社

第一條 未經校長許可学生不得自行招集会議或私約外賓到校演講或組織公共学社及以個人或團体名義募捐

第八節 獎勵

第一條 凡学生於一学期内操行及学績最優者經全体教職員通過於下學期開学時給予獎状

第二條 凡於肄業期內操行及學績優良者得在畢業時由校家頒給獎狀以資表揚

第三條 凡代表本校參與校外競賽得勝者學校得給予獎章或獎狀

附則

凡有未盡事宜得由校長及行政委員會隨提出補行

畢業證書

學生陳美恩係江蘇省南京縣人現年十七歲於三十年七月在本校初中第　班修業期滿經本校畢業考試成績及格准予畢業此證

私立金陵大學附屬中學校長張坊

中華民國三十一年四月　日

四川省政府教育廳驗訖發還存校

教育部核准備案

一組南京市私立金陵大學附屬中學畢業證書

陳美恩初中畢業證書（一九四二年四月）

檔號：1009-1-1483

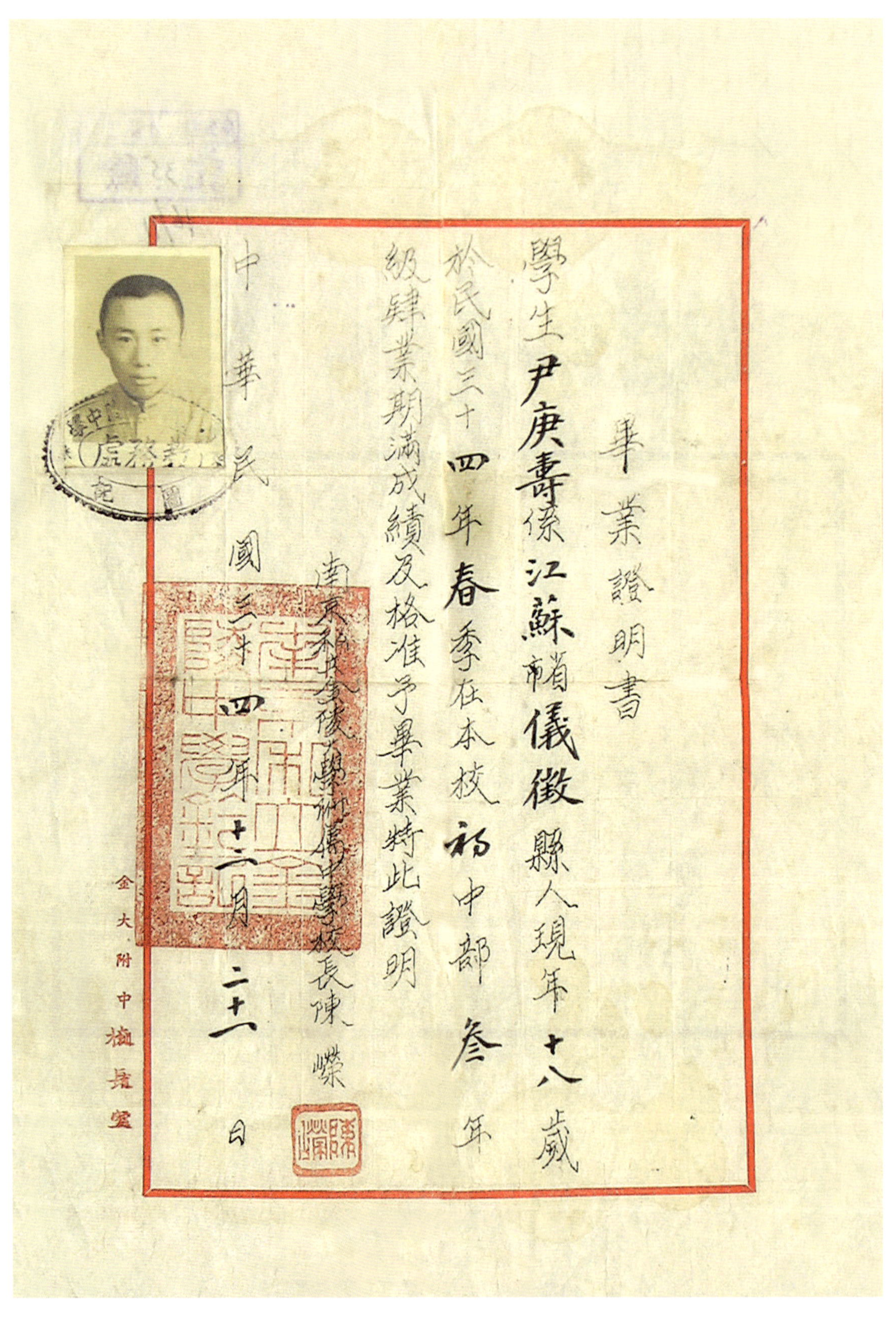

畢業證明書

學生尹庚壽係江蘇省儀徵縣人現年十八歲
於民國三十四年春季在本校初中部叁年
級肄業期滿成績及格准予畢業特此證明

南京市私立金陵大學附屬中學校長陳嶸

中華民國三十四年十二月二十一日

金大附中檔案室

尹庚壽初中畢業證明書（一九四五年十二月二十一日）

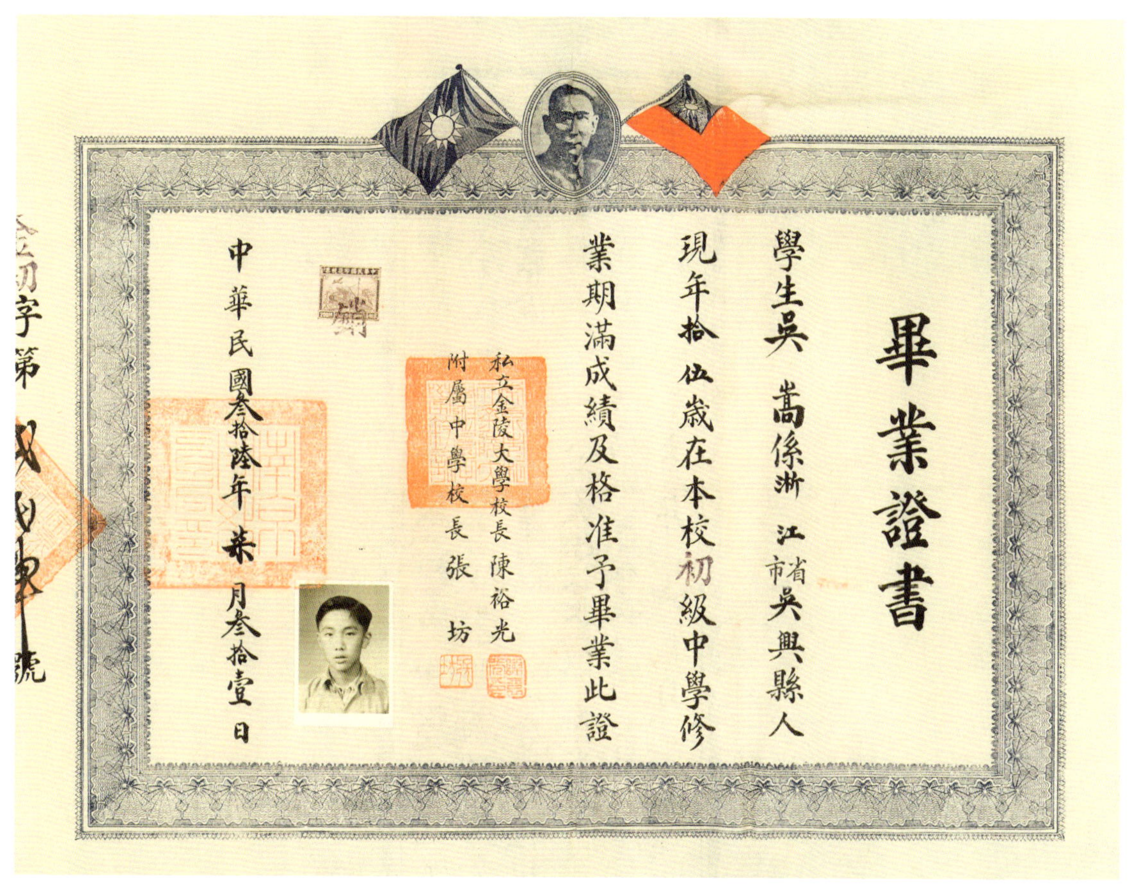

金初字第 [illegible] 號

畢業證書

學生吳嵩係浙江省市吳興縣人

現年拾伍歲在本校初級中學修

業期滿成績及格准予畢業此證

私立金陵大學校長陳裕光

附屬中學校長張坊

中華民國叁拾陸年柒月叁拾壹日

吴嵩初中畢業證書（一九四七年七月三十一日）

檔號：1003-7-761

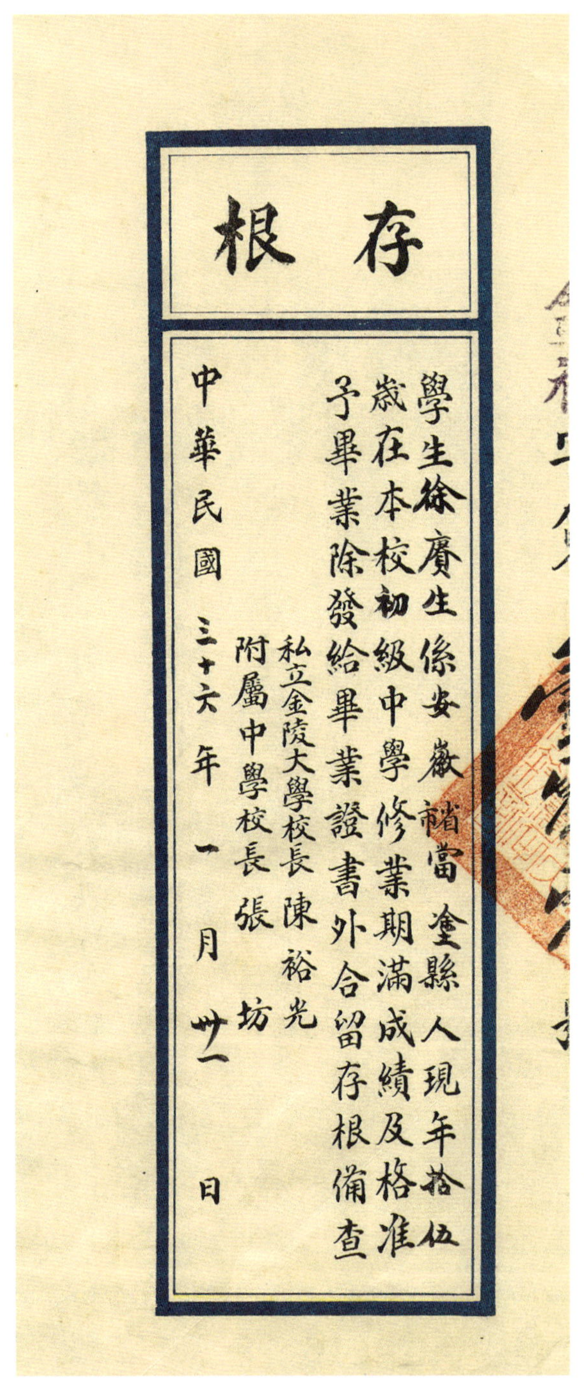

存根

學生徐賡生係安徽省當塗縣人現年拾伍
歲在本校初級中學修業期滿成績及格准
予畢業除發給畢業證書外合留存根備查
私立金陵大學校長陳裕光
附屬中學校長張坊
中華民國三十六年一月卅一日

徐賡生、蔣貫一、資道一、曾巽言等人初中畢業證書存根（一九四七年一月三十一日）
檔號：1009-1-573

存根

學生蔣貫一係江蘇省宜興縣人現年拾柒歲在本校初級中學修業期滿成績及格准予畢業除發給畢業證書外合留存根備查

私立金陵大學校長陳裕光
附屬中學校長張坊

中華民國三十六年一月卅一日

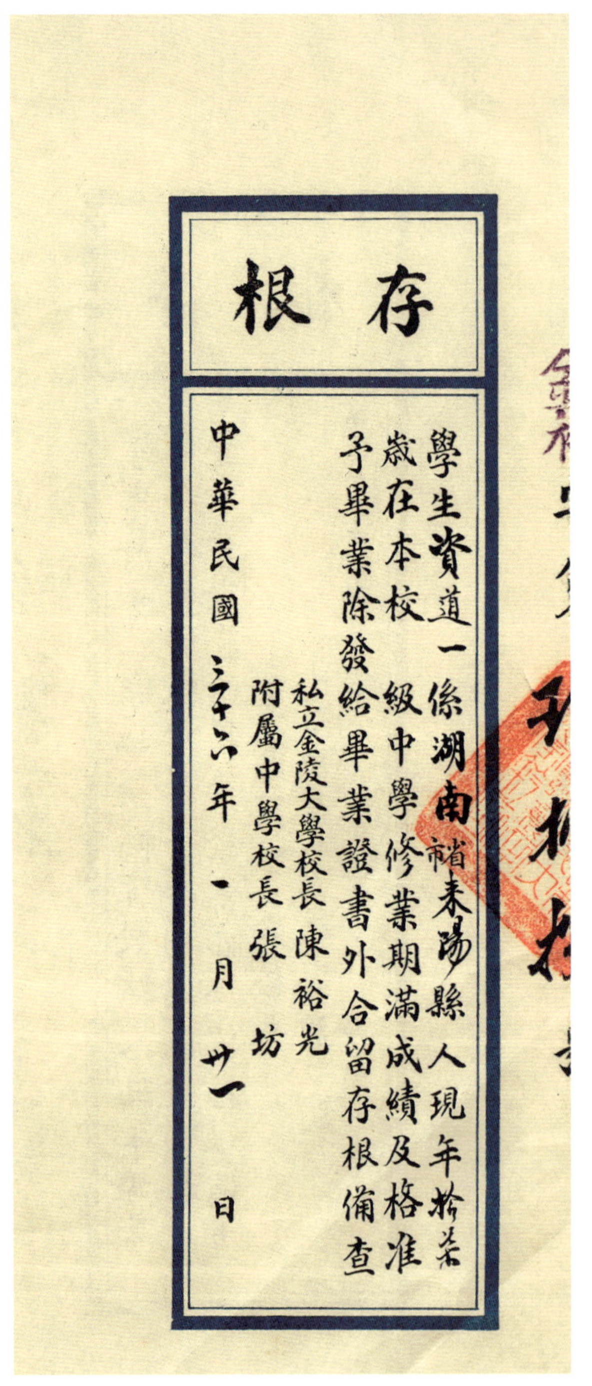
存根

學生資道一係湖南省耒陽縣人現年拾弍歲在本校　級中學修業期滿成績及格准予畢業除發給畢業證書外合留存根備查

私立金陵大學校長陳裕光
附屬中學校長張坊

中華民國三十六年一月廿一日

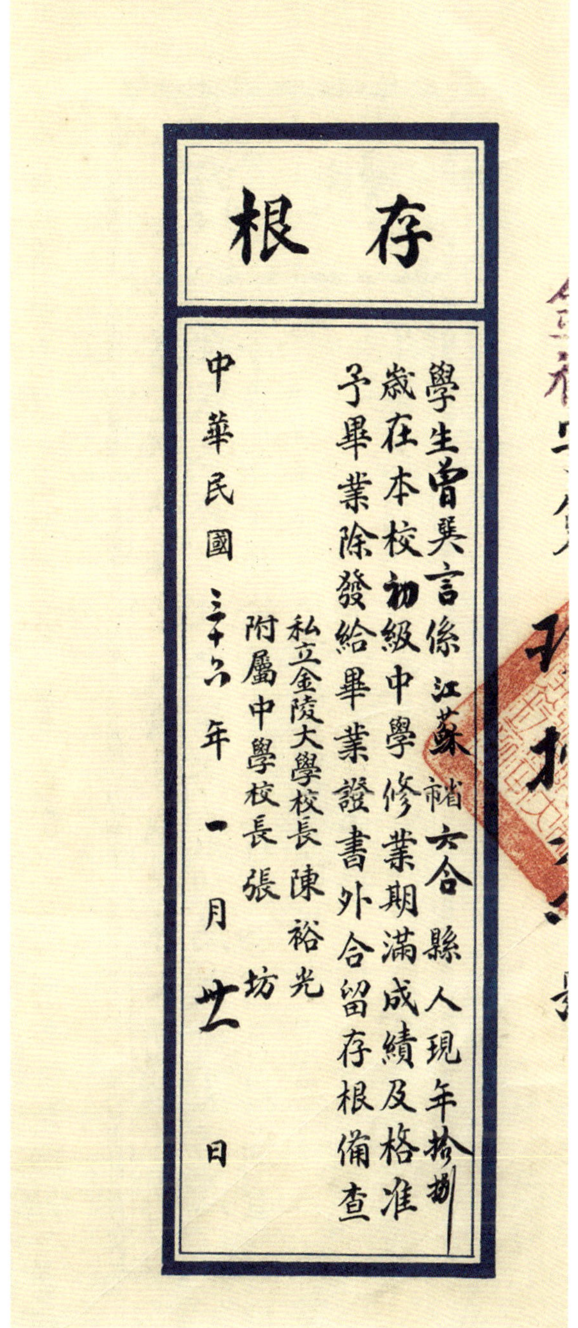
存根

學生曾巽言係江蘇省六合縣人現年拾捌歲在本校初級中學修業期滿成績及格准予畢業除發給畢業證書外合留存根備查

私立金陵大學校長陳裕光
附屬中學校長張坊

中華民國三十六年一月廿一日

存根

學生姚柏源係江蘇省武進縣人現年捌拾 崁在本校初級中學修業期滿成績及格准予畢業除發給畢業證書外合留存根備查

私立金陵大學校長陳裕光
附屬中學校長張坊

中華民國三十六年一月廿一日

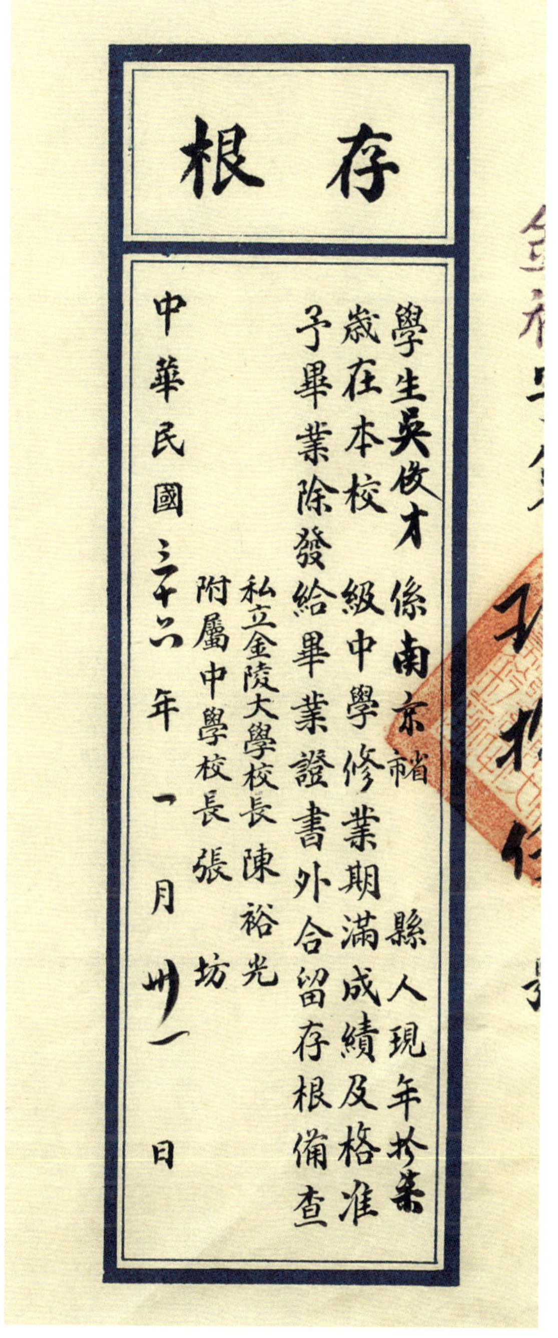

存根

學生吳俊才係南京市省縣人現年於柒歲在本校級中學修業期滿成績及格准予畢業除發給畢業證書外合留存根備查

私立金陵大學校長陳裕光
附屬中學校長張坊

中華民國三十六年一月卅一日

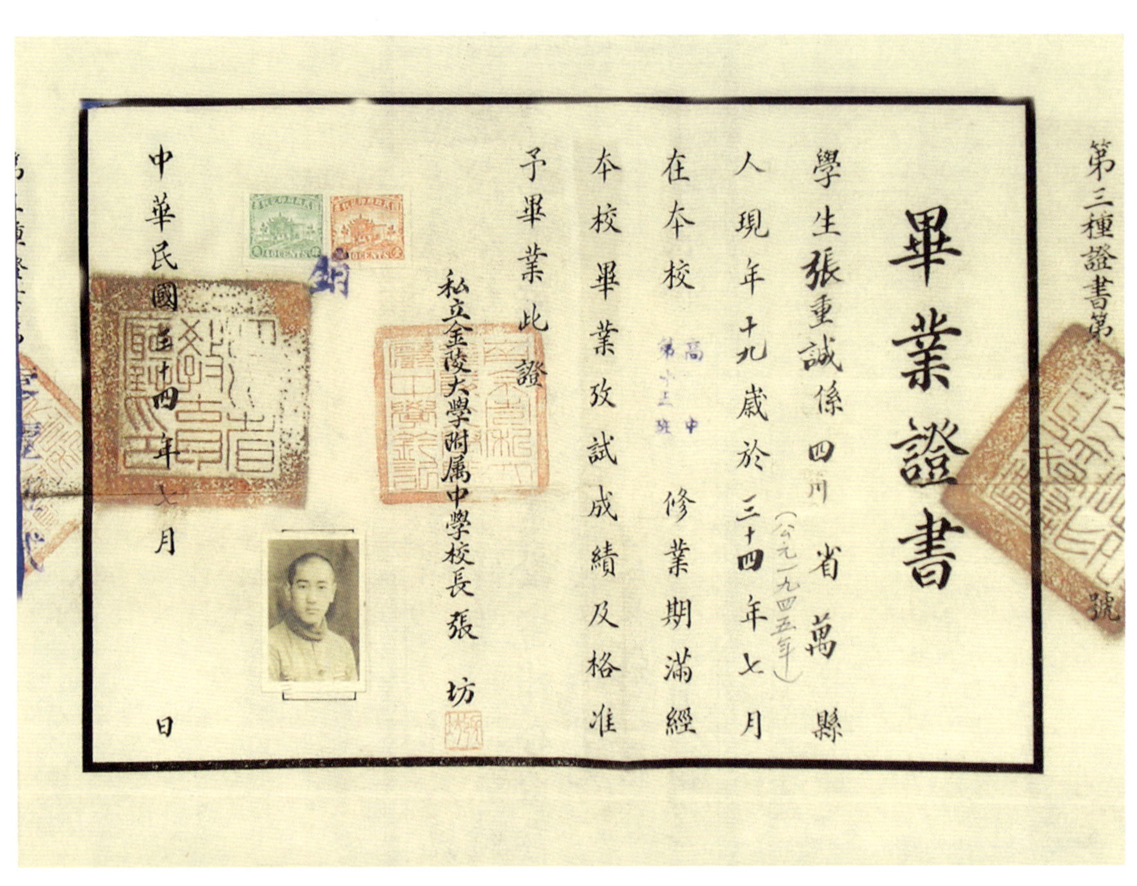

第三種證書第　號

畢業證書

學生張重誠係四川省萬縣人現年十九歲於三十四年七月（公元一九四五年）在本校高中第十三班修業期滿經本校畢業考試成績及格准予畢業此證

私立金陵大學附屬中學校長張坊

中華民國三十四年七月　日

張重誠高中畢業證書（一九四五年七月）

畢業證書

學生沈宏達係安徽省巢縣
人現年拾捌歲在本校高級
修業期滿成績及格准予畢業
依中學法第十二條之規定給
予畢業證書此證

私立金陵大學附屬中學校長張坊

中華民國叁拾柒年柒月廿三日

沈宏達、王毅剛、張溪生高中畢業證書（一九四八年七月）

檔號：1009-1-575

畢業證書

學生王毅剛係南京市人現年貳拾歲在本校高級修業期滿成績及格准予畢業依中學法第十二條之規定給予畢業證書此證

私立金陵大學附屬中學校長張坊

中華民國叁拾柒年柒月　日

中華民國卅七年十一月廿三日 南京市教育局驗訖

畢業證書

學生張溪生係浙江省上虞縣人現年拾捌歲在本校高級修業期滿成績及格准予畢業依中學法第十一條之規定給予畢業證書此證

私立金陵大學附屬中學校長張坊

中華民國叁拾柒年柒月 日

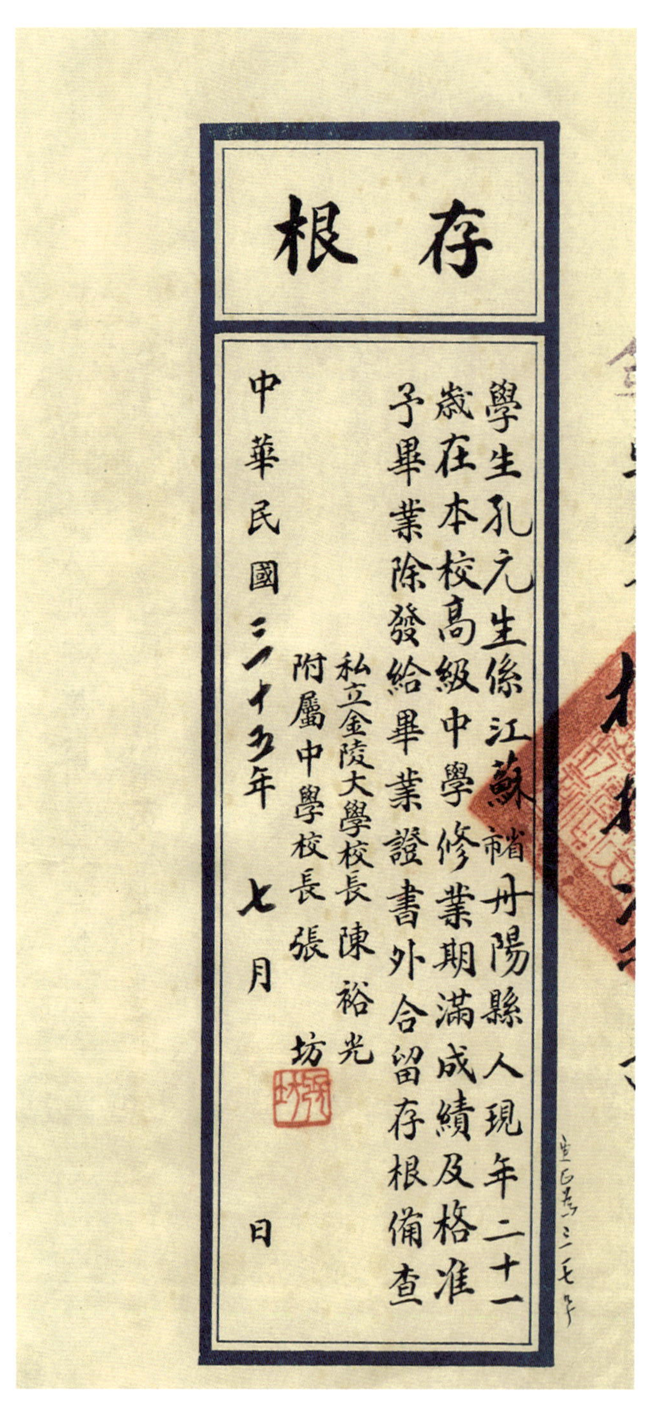

存根

學生孔元生係江蘇省丹陽縣人現年二十一
歲在本校高級中學修業期滿成績及格准
予畢業除發給畢業證書外合留存根備查

私立金陵大學校長陳裕光
附屬中學校長張坊

中華民國三十五年七月　日

孔元生、田遜、馬新仁、章祖蔭高中畢業證書存根（一九四六年七月）

檔號：1009-1-574

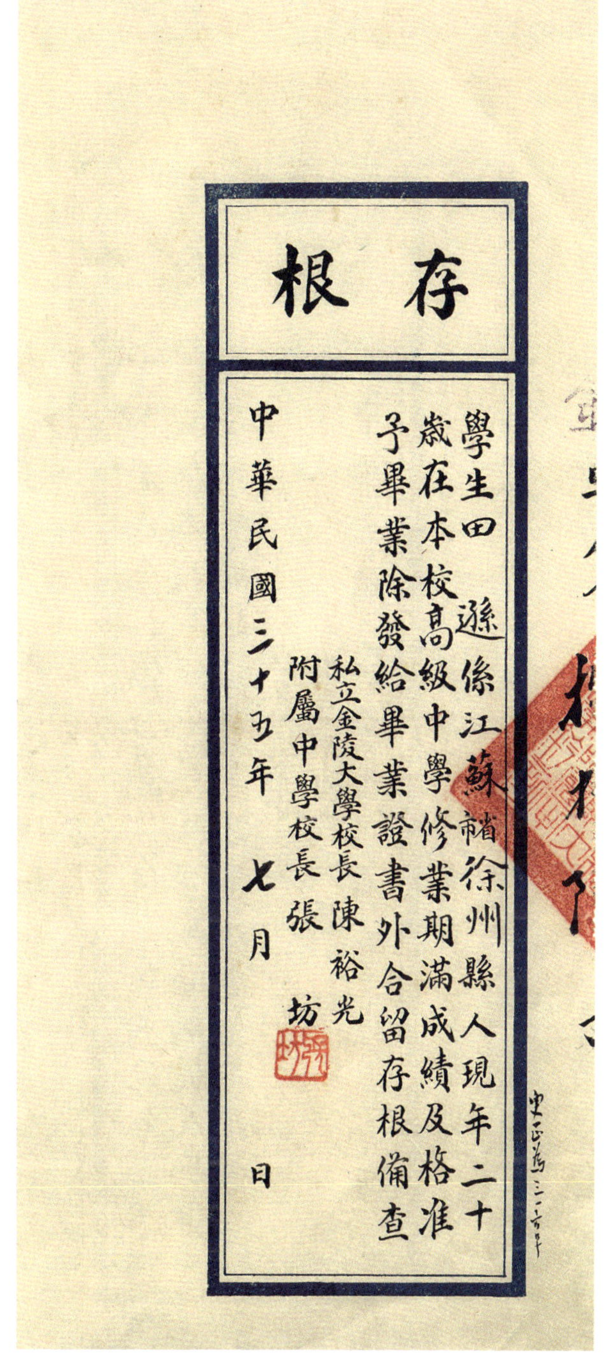
存根

學生田遜係江蘇銅山(徐州)縣人現年二十歲在本校高級中學修業期滿成績及格准予畢業除發給畢業證書外合留存根備查

私立金陵大學校長 陳裕光
附屬中學校長 張坊

中華民國三十五年七月 日

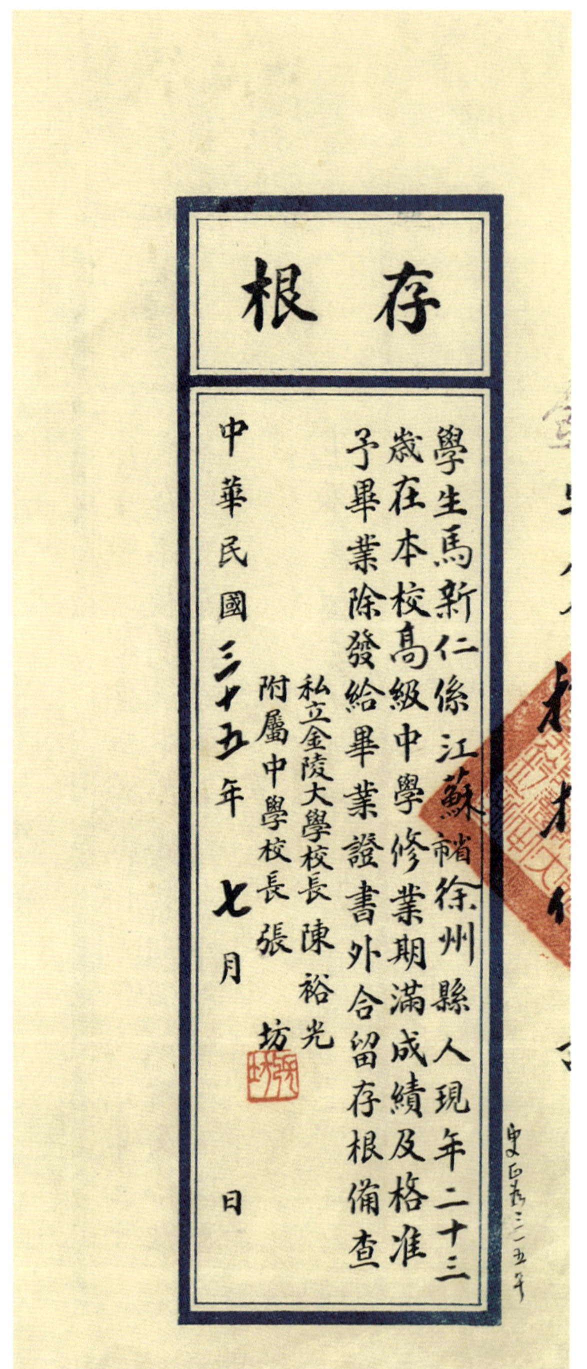

存根

學生馬新仁係江蘇省市徐州縣人現年二十三歲在本校高級中學修業期滿成績及格准予畢業除發給畢業證書外合留存根備查

私立金陵大學校長陳裕光

附屬中學校長張坊

中華民國三十五年七月　日

存根

學生章祖蔭係安徽省滁來安縣人現年二十二歲在本校高級中學修業期滿成績及格准予畢業除發給畢業證書外合留存根備查

私立金陵大學校長陳裕光
附屬中學校長張坊

中華民國三十五年七月日

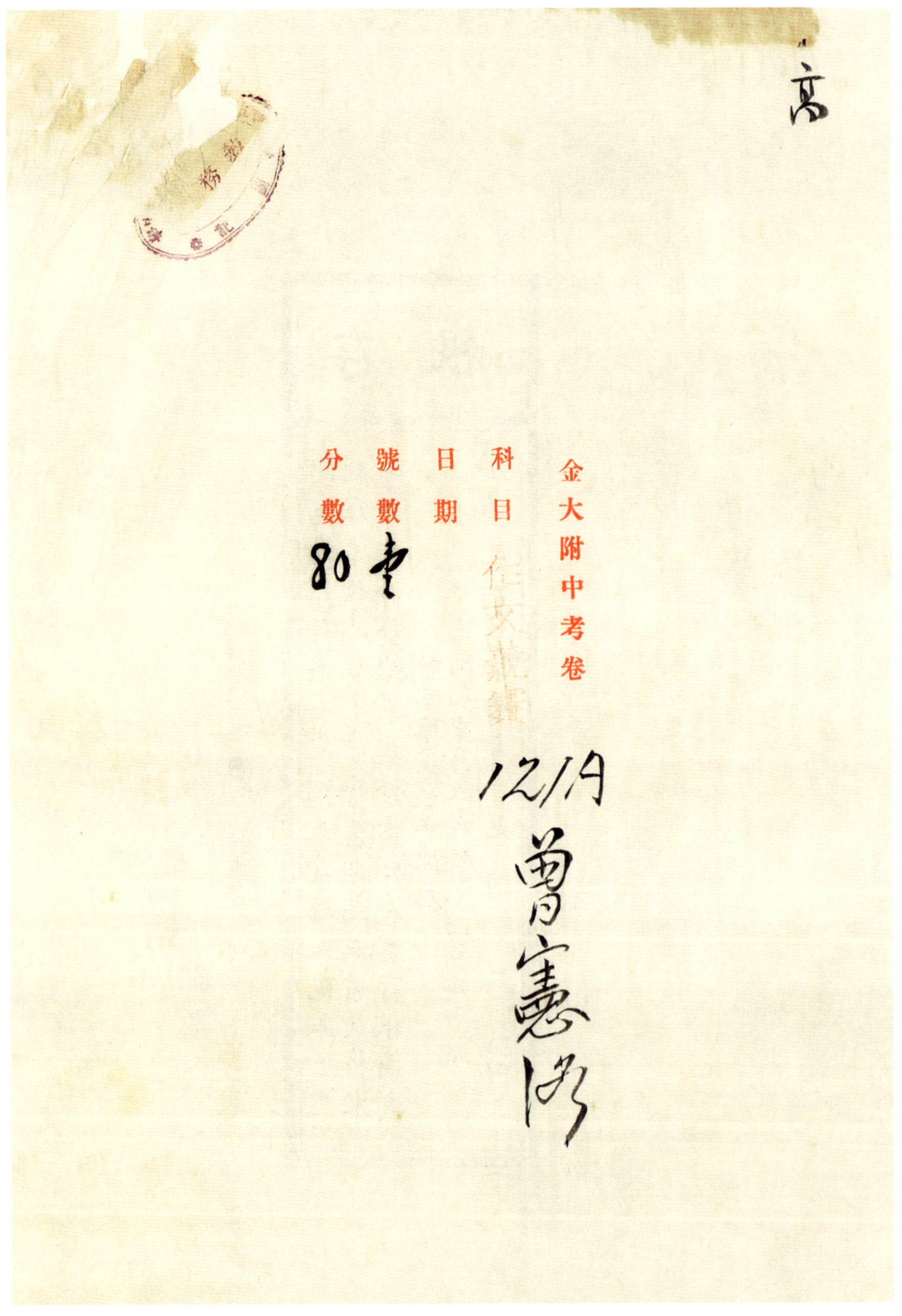

南京市私立金陵大學附屬中學學生曾憲洛、西門紀業、姜克安、梁明祖、方文祥作文競賽考卷（一九四六年）

檔號：1009-1-578

科目　年級　第　頁　姓名（　）

我如何度過此八年國難時期

天快亮了……

當第一次雞聲開始啼叫的時候，從未熄的殘燈下面，對着遠處熹微的晨光，我抬起頭來。於是，在我佈滿了年代的風霜的腦海裏，再一次地又浮現出那些長長的影子來，那些，生者和死者，戰鬥者和退卻者，征服者和奴隸，天堂和地獄……

但究竟我將從何說起呢？八年的苦難，在這裏是多少的搏鬥的終結，多少血滴的流淌……而我，僅僅一個從戰爭裏成長的青年，不也和人們一樣，在那古老的北國的名橋上響起了第一聲槍的時候，便隨着家庭回到故鄉了麽？然而，即使是在我稚弱的心靈裏，我也仍然記得那些群衆，他們為這一个神聖的開始而歡呼；那些青年，他們為着祖國而奔赴沙場；那些母親，她們為着兒子的光榮而流淚……　而當這些印象又幾將泯滅的時候，我已經隨着家人，回到了洞庭湖畔的故鄉。在那古老陰森的故鄉裏，伴着祖母和一堆僕人，整整地住過了半年。

而後，隨着母親，我們又回到長沙，在湘江江心的一個小洲

科目　年級　第　頁　姓名（　）

上岂居下来，而也就在那幾间破瓦房的前面，在某一個晴明的日子，我，一个八歲的孩子，目睹了第一次長沙大轟炸。於是，又為了疏散，我们又離開了這半年来的居留地，深入了帶着恐怖的湘西。

是的，就是在那萬山叢中的湘西，一个終年有着雁跡的小城裏，伴着奔流的江水，江上淘金者的荒涼的歌聲，我们整整又住了半年。之後，一輛汽車又載着我们離開，經由了崎嶇的川黔公路，我们在一个霧的日子裏到了重慶。

金陵大學附屬中學試卷

在重慶一住就是三年，其間我們身經了五三五四大轟炸，看到過碧油油的嘉陵江水，江上的船帆，以及江畔拉縴夫的歌唱……這時祖母在昆明死去了，在一個晴明的日子，我們全家又萬里投荒地飛向昆明。

然而，啊！就在這一個古老的城市，這一個有着故都風味的昆明，在五年之後，我們終于在那兒看到了勝利的光輝。五年之間，我曾經南下滇越邊界，北西探怒江，我們曾奮心於獨山的危急，遭逢着十萬青年十萬軍的狂潮，而終于在那樣一個狂歡的

金陵印刷公司製

科目　年級　第　頁　姓名（　）

夜晚，我们看到人们在街上跳舞，歌唱，擁抱，流淚……在這裏我们看到了真正的人民的心，看到真正的人民的歡樂！

是的，感謝抗戰吧！因為我在他的前夜出生，在他的懷中成長。當人们用血和淚來終結他，來光榮他的時候，是的，讓我们深深地感謝，深深地祈禱吧！即使如今，在大地上依然還是鋪着血和淚，還是一樣地寒冷，一樣地荒凉……但就讓我们經過了寒冷，荒凉，踏着血淚走去吧！我们出生於寒冷，荒凉而多的是血淚的地方，我们就該向他们去早去……

金陵大學附屬中學試卷

第一聲的雞啼叫了，在寂寞荒凉的深秋的早晨……

天快亮了……

金陵印刷公司製

初

金大附中考卷

科目 作文競賽

日期

號數

分數 90

1

9/13 西门纪業

科目　年級　第　頁　姓名（　）

復校的金中

當國土重光，建康虜人被逐，國府遷回金陵，還都開始之際，金中的弦歌又首先在南京重振了，充滿南京、繚繞空際，為教育界開放了一朵奇花碩果。

在珠江路乾河沿的地方，和滙文隔街相望的位置上，有幾幢高大的房屋，這便是金中的校舍了。從校門進去以後，首先入目的便是兩排青綠的矮樹夾着一條煤屑泥塊的小路，跳躍在路上的學生們，路旁偶爾有二三株青蔥的大樹，

金陵大學附屬中學試卷

金陵印刷公司製

異常的勁秀，它的盡頭就是作育教養的大本營（東樓），再向右轉灣有一條平坦的石板路，左右各有兩個廣濶的操場，一個是運動用的，一個是集會場所。沿着這路，兩旁都點綴了一些的樹木和花草，意境非常恬淡，逐漸的排列了大禮堂圖書館，口字房體育館等雄偉的建築；東課堂的盡頭有校長的住宅，操場的附近是教員宿舍……總之，它是星羅棋布的屹立着各種場所，並且充滿了樹木以增加其美觀，這是學生的天堂。在這裏，聽不到都市嘈雜的叫囂；只有琅

科目　年級　第　頁　姓名（　）

琅的書聲；看不見都市紛忙的爭鬥，只見學生歡悅的讀書；更嗅不到路上污濁的俗氣，只有清香的「春意」；尤其感不到外界的紛擾，只感覺到令人心醉的朝氣。所以這裏是都市中的桃源。

金中是一個前進不息的機器。學生們，早晨七點鐘忽忽地挾了書包來到校中，經過早上的朝會，這時他們可以受到寶貴的教訓，接着上課（早上四節下午三節），這七個鐘頭的時間使他們學得了寶貴的知識，求到了做人的至理，成就為一個好學生，逐年經常如此的學着，成為一個金中的真正的學生。先生們，也是一刻不停的教導他們，糾正他們，使他們品學兼優，這是「耳提面命」的教師們，為着神聖的祖國培養人材，為教育獻身。校長張坊是一位中等身材面孔圓胖的仁者，整日為學生學校忙碌，真是「夙夜匪懈」了，整天都是溫和的笑着，所以更是學校的主要支柱，學生的榜樣了。如此，師生合作，相親相愛，使本校日新月異，自強不息！

科目　　年級　　第　　頁　　姓名（　　）

金中是一個大洪鑪，每年都有大批的鐵質來鍛鍊，一批一批地來到；而許多精明優良的工人，主持這些鐵質的鎔鑄；他們積年累日的領導着，而這洪鑪乃不斷地活動着。不精良的被淘汰了，被排出了，只有一羣剛強的受着洗淨鍛鍊，每年都有大批的剛健的鋼鐵分送到社會各部去，擔任了建設的使命！所以，金中是培育建國幹部的大本營，千萬的青年，在這裏受了教育，成為大政治家，大科學家……而分發到社會各部，擔任建國的使命，建設民主自由

金陵大學附屬中學試卷

新中國。金中是一個多麼偉大的一個樹人機構！

在抗戰時間，金中受了炮火的洗禮，而被迫遷校，如今，它又建立了；戰爭不能摧折它，它現在是重生的松柏，希望，今後，它永遠不受時代的沖蕩，成為中流砥柱，永久領導時代，並且更為美滿滋長，成為中國的最偉大的學校！

「松柏長春」，卿重生的松柏努力生長吧！

金陵印刷公司製

高

金大附中考卷

科目 作文競賽

日期

號數 叁

分數 78

101B

姜克安

科目作文　年級　第　頁　姓名（　）

我如何度過此八年國難時期

窗外的雪花亂舞、不時堆積了一點在窗子上。一年又過去了、一九四六年又過去了。我心中頓時起了這種感覺、時間過得真快、我記得在前年的這個時候、我還在重慶南岸的一座小山上。戰爭的火藥氣把我們送到這裏、一個可愛的小地方、那裏有雄莊的松樹、參差不齊的立在山坡上、生在石縫裏、在整個山上面、除了翠翠的幾座洋房以外、其於的東西都整個浸在這大自然美麗的環境裏面。

　　我所得到的知識、我所得到的一切教訓，和我圖畫天才的發展，……在這八個年頭的戰爭裏，在這無名的小山上發展出來的。……

　　我站在高的小山部份，遥望到遠遠的天邊，層層疊疊的梯田、千萬個小山夾在中間，更有那白浪滾滾的長江、向東曲折的流去，看哪！這是一塊多麼富裕、多麼肥沃的土地啊！這時、使我想起了在淪陷區裏同胞、是多麼的苦痛！多麼的難受。我在這裏能有這樣平安和温暖的日子過

科目　年級　第　頁　姓名（　）

！還不够嗎！我得發奮用功，的確，我在過去的幾個年頭中，在這無聲息的小地方，學到了不少我所不知道的東西。

當戰爭打得正吃緊的時候，在大後方發生很使感動的事情，就是，知識青年從軍的慷慨的舉動，這個措（激）動了每一個有血氣青年。我這時，心中塞滿了熱血，我要從軍，但是，年紀不適和（合）標準。我常羡慕山上松樹那種英雄的氣慨，我願像他，在這個時候，到底是我的表哥學到了，他

金陵大學附屬中學試卷

鼓起了勇氣、加入了智識青年從軍運動、和我們離開了、和這座可愛的小山離開了……他常從軍隊裏常寫信回來說“……那座小山我永忘不了他那一種沉靜可愛的樣子……”他又說：“……表弟呀！希望你能用這美麗的環境來創造你的前程！尤其是你的圖畫天才你要讓他盡量的發揮，這可愛的小山是值得描畫的！表弟！努力吧！……”是的，我照着他的話做了！我的圖畫、我的字、都在這八個年頭中、發展了起來！就是我在這八年中、我整日寫、畫……又不時跑到自然

金陵印刷公司製

科目　　年級　　第　　頁　　姓名（　　）

的風景區裏、去探求自然的神秘、去追求開發自然的道路、可以看風雲的變化，葉子的變色、泉水的流動、還有蟲鳥的移動……我去探求、追求了一些。這塊地方、虽没有染上火藥氣、但敵人的飛機曾來摧殘過的。在那個情形中、我看到了人生的苦痛、人生的悲慘……八年抗戰、八年血戰、中國終於握到最後的勝利！這是多麼偉大的一件事情！。我也經了多少次的努力、渡過了他，在這八年中我得到了我所不知道的知識、嘗盡了人生一切的味道，我之渡

金陵大學附屬中學試卷

過這八年國難也就是這樣的！。

金陵印刷公司製

高

金大附中考卷

科目 作文抄錄

日期

號數 弍

分數 79

1113

梁明祖

科目　年級　第　頁　姓名（　）

我如何度過此八年國難時期

又是大雪紛飛的時候，想起来九年一晃就過去了。九年前的冬天，也是十一月底，也是冬天的第一次雪，在雪花飄飄裡，我跟着我的家庭開始逃亡，開始遠出那安靜的環境；那小小的莊院，跟着洶湧着一般的人潮，向後方走。

那時，我家正住在廬山，放眼一望，是雄拔的高山，傾耳一聽，是潺潺的流泉，冬天的松柏包圍着我們，戰爭起了！山中除了更寂靜，更幽雅以外，沒有其他的變化，

金陵大學附屬中學試卷

金陵印刷公司製

鳥兒還是一樣的唱着，松濤還是一樣的響着，然而一大的清晨起來，一切的一切都噤默了，挑開窗簾，才見到大地上遠近的地方全變成了一片白色，不！是銀色，是一片銀色世界，我碰見了媽媽，媽媽也是沉默着的，好久，她說「消息不好，得走，」好，走就走罷，人們總以為初冬的雪是不久的，却不知這場雪的寒冷，却創痛了人們的心。

走得那末倉促，只帶了幾件行李，還鎖好了門，關上了窗子，走了很遠，煙突裡還冒着早飯火的熱氣，我們下

科目　年級　第　頁　姓名（　）

了山，我看見一股洪流，包括人和物資，浩浩蕩蕩，溯江而上，直指西方的天邊，千百个家庭和千萬个人組織成功了這道洪流，我的家和我，是當然其中的一份子。

這道洪流到了四川，經過了重慶，我家就停了下來，沒有更西行，在鄉下弄了所小房子住了下來，這所房子原是一種「抗戰房子」，是土磚作柱，竹片作牆的製品，母親每年都要說她要塌，住了整九年沒塌，現在也還屹立着，本來中華民國的抗戰，也就是那麼一回事，看看要塌，偏偏不

金陵大學附屬中學試卷

金陵印刷公司製

塌，名實確也相符。

我看見過轟炸，也幾乎給炸死，五三一個雙層慘史的日子，我畏縮着蜷伏在屋角，看見銀白色的敵機，掠着屋脊而去，左右的房子都着了火，火映紅了天，滿街都是給機槍射死，給炸彈撕裂的人，可是更多的還活着，譬如我就是。

我遭受過疾病，成千成萬的人屈服于病魔的巨掌之下，更有許多高傲純樸的靈魂，吃死神拘了去，我也病過；

科目　　年級　　第　　頁　　姓名（　　）

可是沒有病死，抗戰中幾乎人人都生過病，死者仍是少數，所以這偉大的重責，總有那麽多鐵肩来負佳。

僥天之幸，我沒有失學，我就讀於全後方最負盛名的學校—南開學校，我們讀着草紙一般紙印的書，用着同樣壞的本子，日間用「八宝飯」一般的平價米充饑，晚上用「一燈如豆的青油燈上自修，好在我已經養成一付鋼鐵一般的腸胃，以一付「目光深邃」的眼鏡看書，雖不敢言適應抗戰生活，但是總也這樣的過慣了。

金陵大學附屬中學試卷

金陵印刷公司製

從民國卅一年入南開，到抗戰結束後一年離南開，來南京入金中。

勝利了，人們又拖着疲勞的身子和破碎的心歸來，不例外，我也和他們一起回來了。江山不易，國耻未雪，有人說「抗戰是一盞幾乎吃不完的酸辣湯」，沒有吃完的死去了，吃完的就回來了……。

滿地又是銀色了，寒意逼人，人們都說初冬的雪是下不久的，他們的心，傷得也很够了。

初

金大附中考卷

科目 作文競賽

日期

號數

分數 80

92

方文祥

科目　年級　第　頁　姓名（　）

復校的金中

順着中山北路的人行道而走入了一條偏僻的小巷即可看到紅色雜着白色的磚墻巍然而高大那便是名震全市的金中了

它的歷史是悠久了每個角落都知道了、抗戰開始　張校長帶着一般老校友、依依不捨悽悽慘慘的離開了而至萬縣播種了金中的種子經過了八年長期的抗戰受了战爭的洗禮於今年五月帶着光榮與神聖而復校　校長同事等先後安然抵校而又重新的建設、花費了許多的人力物力又充沛着朝氣勃勃的現象。

走進了校門光滑的石子路旁一排的冬青樹顏色是鮮艷的使人的目光注視到不覺發生無限的快慰。右手旁是範圍遼濶而平坦的草場有几副美麗的足球架點綴着一個個的金中健兒在活躍着、校址的周圍面積廣大有蒼老蔥蘢的樹木環繞着佈置着。

在建築方面如東課堂、西課堂、圖書館、……──都巍然而高聳

科目　　年級　　第　　頁　　姓名（　　）

在運動方面有了這優越的體育館完美的設備各位導師的努力指導更是一進千丈、在自然科學實驗方面如化學儀器物理的儀器、生物的儀器、尤其善備真是其他各學校所羨慕、在教材方面都採取現代教育的水準進行、教員方面不下數十位都學業豐富教授法良好熱心教導同學們隨時隨地可得到知識在校規方面異常嚴厲每一個人都不敢暢所欲為、這優好的環境物質的享受知識道德的修豐富是誰賜給我們的呢都是勞苦功高熱心教育的　張校長賜給的。

私立金陵大學附屬中學三十六年度八月份公費生印領清册

南京市私立金陵大學附屬中學一九四七年度八月份公費生印領清册（一九四七年八月）

檔號：1009-1-571

私立金陵大學附屬中學卅六年度八月份復員公費生印領清冊

年級	姓名	公費類別	已領數	補領數	共實領數	簽名蓋章	備考
高三下	韓樂峽	全公費			五六、〇〇〇元	韓樂峽（印）	
〃	劉紀慶	〃			五六、〇〇〇元	刘纪庆（印）	
〃	胡積琛	〃			五六、〇〇〇元	胡積琛（印）	
〃上	王瑳	〃			五六、〇〇〇元	王瑳（印）	
〃下	張宇首	〃			五六、〇〇〇元	張宇首（印）	
〃	吳世奇	〃			五六、〇〇〇元	吳世奇（印）	
高三上	曹錦	〃			五六、〇〇〇元	曹錦（印）	
〃	徐祥遑	〃			五六、〇〇〇元	徐祥遑（印）	

〃	盧業精	余賢			五六，〇〇〇元	盧業精（印：盧業精印）
〃	徐慶生	〃			五六，〇〇〇元	徐慶生（印：徐慶生）
〃	沈力成	〃			五六，〇〇〇元	沈力成（印）
〃	沈如時	〃			五六，〇〇〇元	沈立時（印：沈立時印）
高二上	陳懷先	〃			五六，〇〇〇元	陳懷先（印）
〃	張文漪	〃			五六，〇〇〇元	張文漪（印：張文漪）
〃	蘇達生	〃			五六，〇〇〇元	蘇達生（印：蘇達生）
〃	戴公華	〃			五六，〇〇〇元	戴公華（印）
〃	陳子光	〃			五六，〇〇〇元	陳子光（印：陳子光）
高二下	李親仁	〃			五六，〇〇〇元	李親仁（印：李親仁）

班級	姓名	公費	金額	簽名蓋章
高一下	蔣貫一	全公費	五六,〇〇〇元	蔣貫一（印：蔣貫一）
〃	羅小梅	〃	五六,〇〇〇元	羅小梅（印：羅小梅印）
〃	宋玉榮	〃	五六,〇〇〇元	宋玉榮（印）
〃	王健武	〃	五六,〇〇〇元	王健武（印）
〃	陳琦	〃	五六,〇〇〇元	陳琦（印：陳琦）
高一上	李緒曾	〃	五六,〇〇〇元	李緒曾（印：李緒曾）
〃	鄭肇乾	〃	五六,〇〇〇元	鄭肇乾（印：鄭肇乾）
初三上	章琦	〃	五六,〇〇〇元	章琦（印）

右計獲員公費生貳拾陸名

共實領國幣壹百肆拾伍萬陸千元正

私立金陵大學附屬中學校長張坊

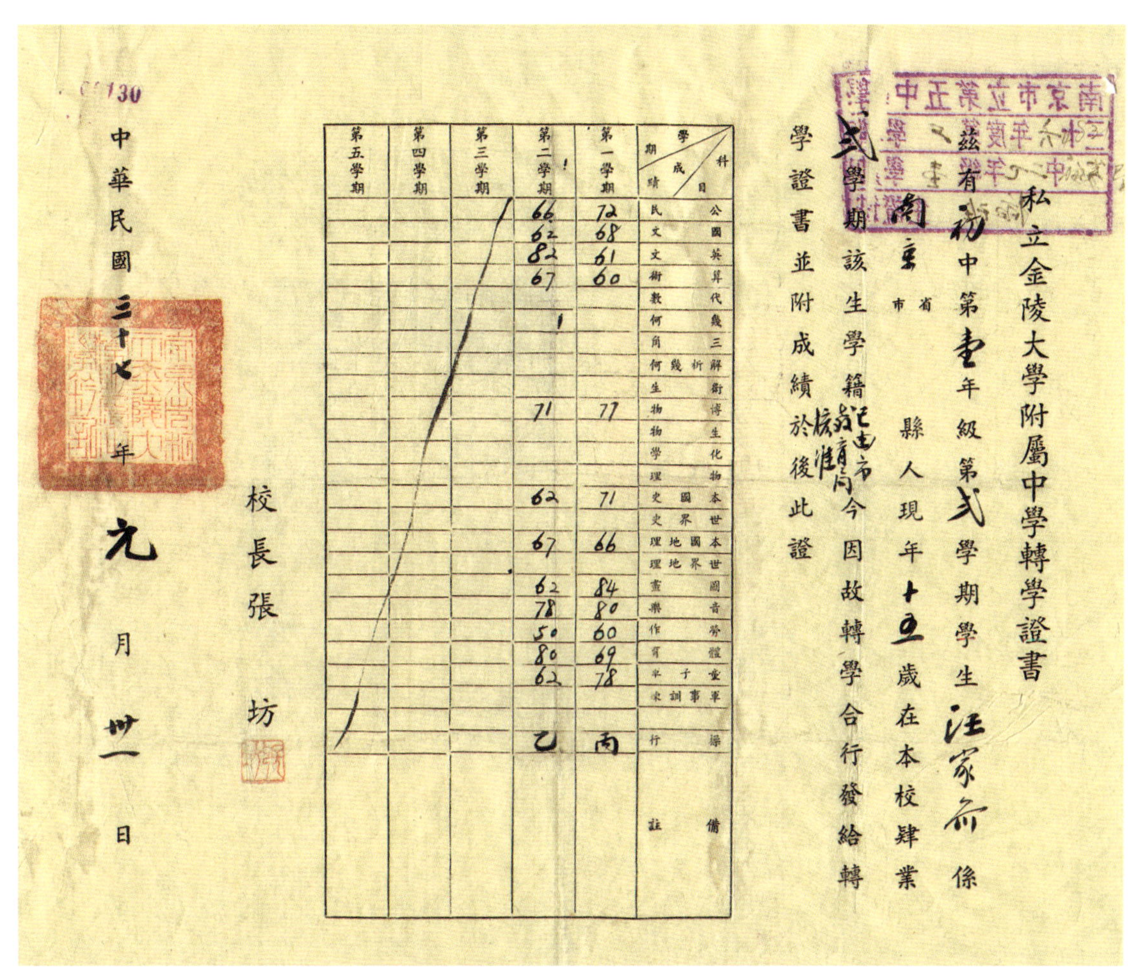

私立金陵大學附屬中學轉學證書

茲有初中第壹年級第弍學期學生汪家齐係南京省市縣人現年十五歲在本校肄業弍學期該生學籍經南京市教育局核准今因故轉學合行發給轉學證書並附成績於後此證

科目　學期　成績	第一學期	第二學期	第三學期	第四學期	第五學期
公民	72	66			
國文	68	62			
英文	61	82			
算術	60	67			
代數					
幾何		1			
三角					
解析幾何					
衛生					
博物	77	71			
生物					
化學					
物理					
本國史	71	62			
世界史					
本國地理	66	67			
世界地理					
圖畫	84	62			
音樂	80	78			
勞作	60	50			
體育	69	80			
童子軍	78	62			
軍事訓練					
操行	丙	乙			
備註					

校長張坊

中華民國三十七年九月卅一日

南京市私立金陵大學附屬中學汪家齊、陳惠民、黄述義轉學證書（一九四八年）

檔號：1009-1-166

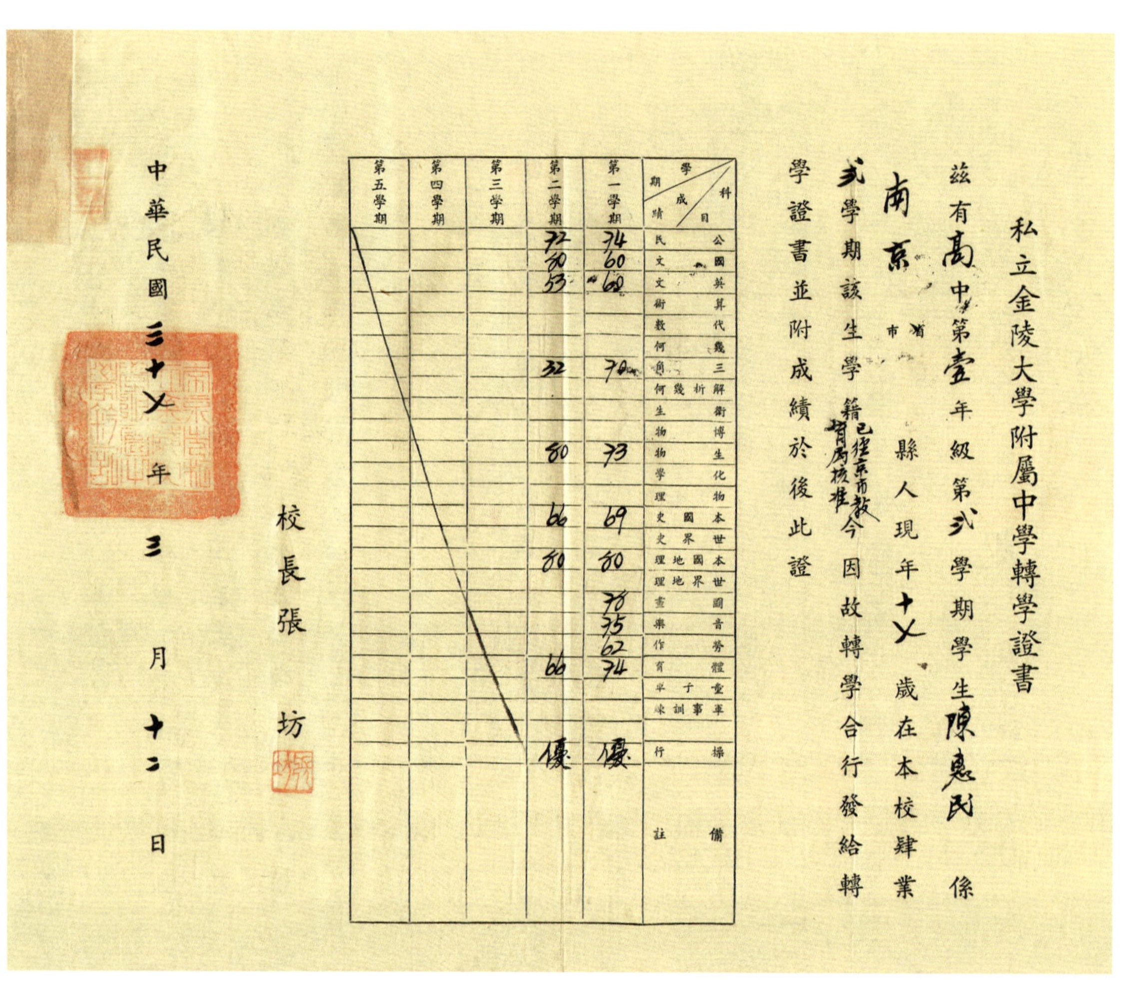

私立金陵大學附屬中學轉學證書

茲有高中第壹年級第貳學期學生陳惠民係南京市縣人現年十七歲在本校肄業貳學期該生學籍已經京市教育局核准今因故轉學合行發給轉學證書並附成績於後此證

科目＼學期成績	第一學期	第二學期	第三學期	第四學期	第五學期
公民	74	72			
國文	60	80			
英文	62	53			
算術					
代數					
幾何					
三角	70	32			
解析幾何					
衛生					
博物					
生物	73	80			
化學					
物理					
本國史	69	66			
世界史					
本國地理	80	80			
世界地理					
圖畫	78				
音樂	75				
勞作	62				
體育	74	66			
童子軍					
軍事訓練					
操行	優	優			
備註					

校長張坊

中華民國三十七年三月十二日

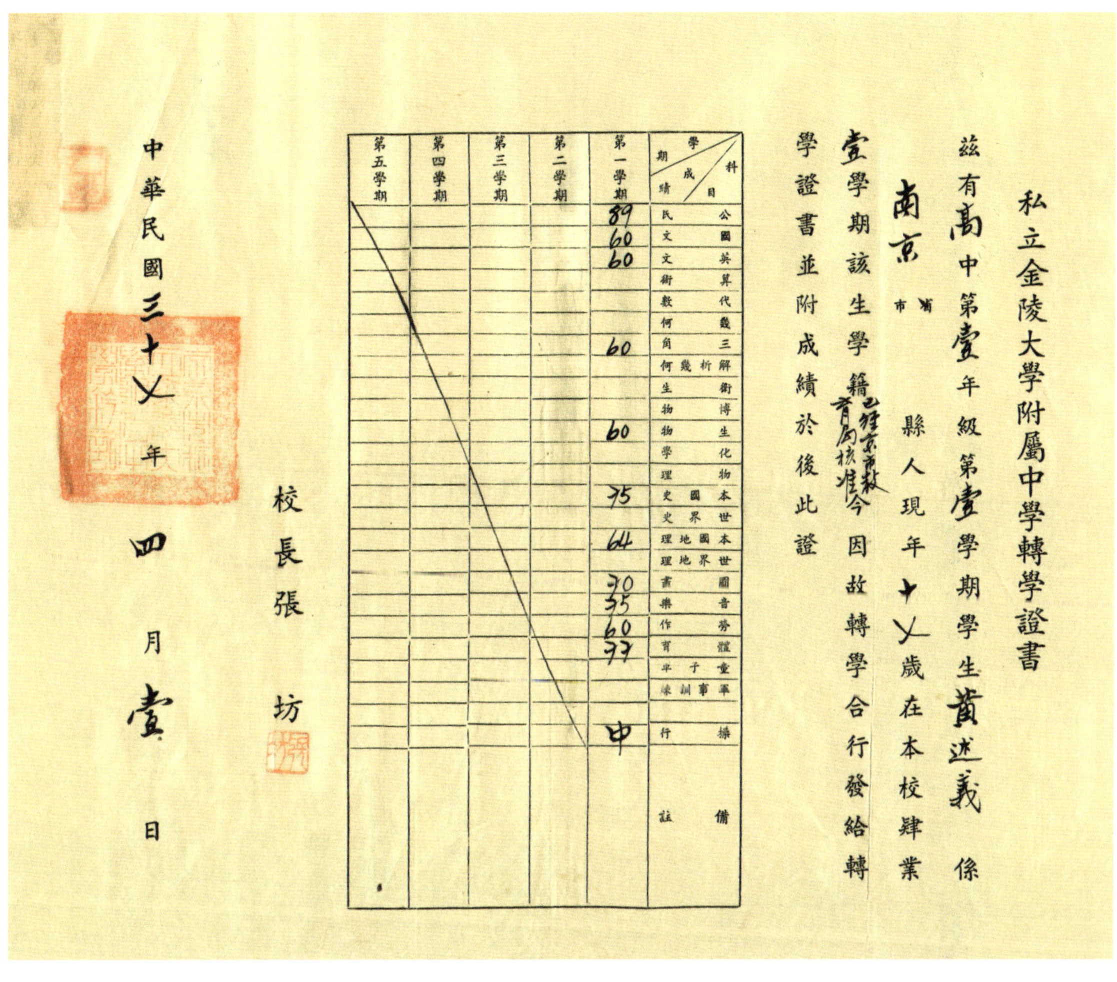

私立金陵大學附屬中學轉學證書

茲有高中第壹年級第壹學期學生黃述義係南京市縣人現年十七歲在本校肄業壹學期該生學籍已經京市教育局核准今因故轉學合行發給轉學證書並附成績於後此證

科目 \ 學期成績	第一學期	第二學期	第三學期	第四學期	第五學期
公民	89				
國文	60				
英文	60				
算術					
代數					
幾何					
三角	60				
解析幾何					
衛生					
博物					
生物	60				
化學					
物理					
本國史	75				
世界史					
本國地理	64				
世界地理					
圖畫	70				
音樂	75				
勞作	60				
體育	77				
童子軍					
軍事訓練					
操行	中				
備註					

校長張坊

中華民國三十七年四月壹日

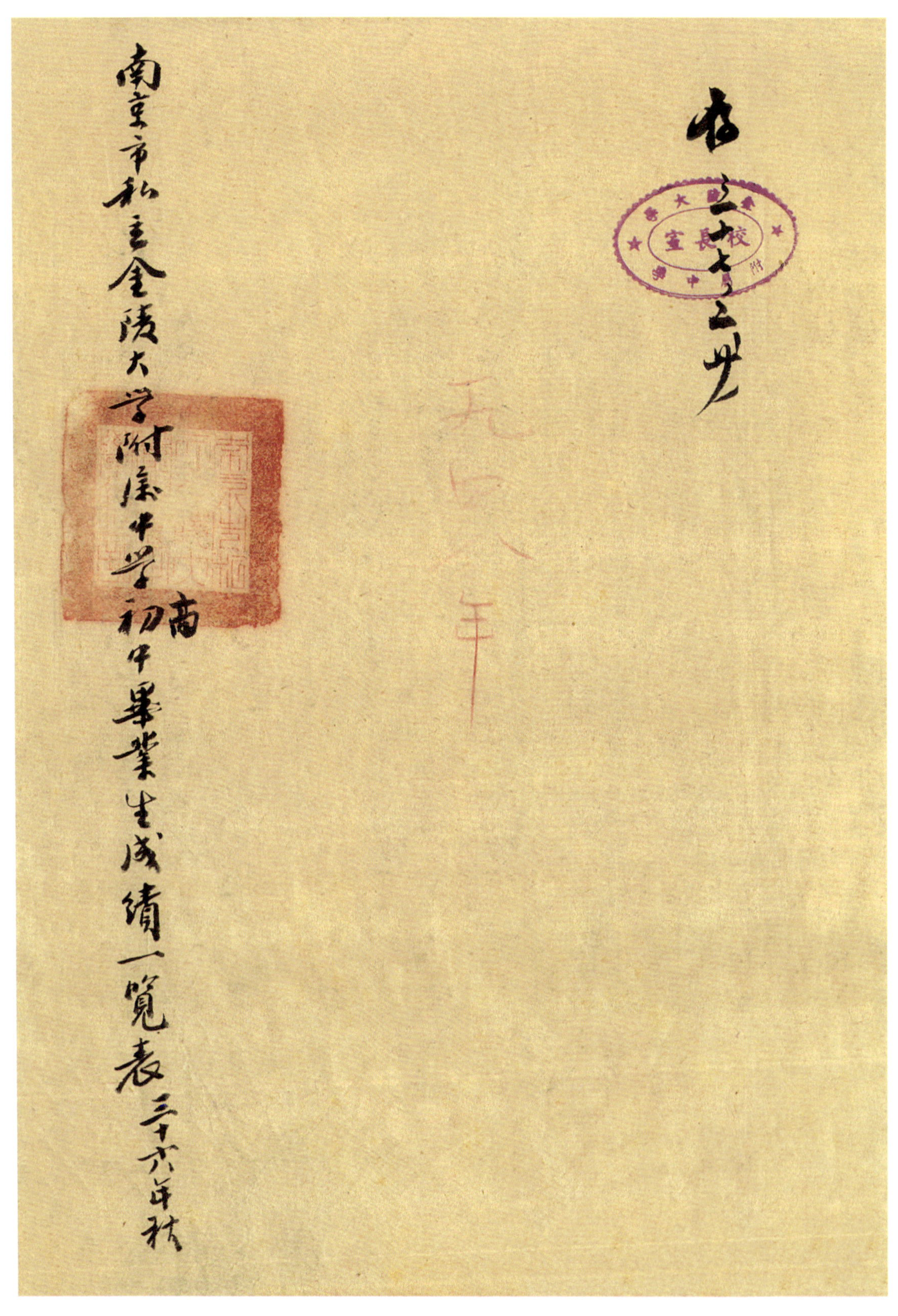
南京市私立金陵大學附屬中學初中畢業生成績一覽表 三十六年秋
南
三十七年二月二十一日
校長室
元旦〔?〕年

南京市私立金陵大學附屬中學一九四七年秋高中、初中畢業生成績一覽表（一九四八年二月二十一日）
檔號：1009-1-569

南京市私立金陵大學附屬中學高中畢業生成績一覽表

學號	姓名	年齡	籍貫	入學年月	畢業年月	成績類別	公民	國文	英文	算學	衛生	科學	歷史	地理	圖畫	音樂	勞作	軍訓	童子軍	各科畢業成績總計	畢業成績平均	操行成績	體育成績	備考
	章道義	十九	安徽來安	三十四年八月	三十七年一月	各學期平均成績	78	63	72	81		68	78	75		75				670	74	丙	80	
						各科畢業考試成績	75	64	60	60		76	66	77						558	70	丙	80	
						各科畢業成績	77	63	67	73		71	73	76		75				655	73	丙	80	
	張宇首	二十一	湖北松滋	三十五年八月	仝上	各學期平均成績	74	79	64	72		80	69	74	66	90				746	75	丙	82	
						各科畢業考試成績	70	65	78	60		60	61	82						545	69	丙	69	
						各科畢業成績	72	73	70	67		72	66	77	66	90				730	73	丙	77	
	鄭均華	二十	河南開封	三十五年二月	仝上	各學期平均成績	85	64	60	75		74	77	81		80				667	74	丙	71	
						各科畢業考試成績	72	68	66	75		63	85	85						589	73	丙	75	
						各科畢業成績	79	67	62	75		69	80	83		80				668	74	丙	73	
	陳德堯	二十	浙江奉化	三十五年八月	仝上	各學期平均成績	70	63	60	64		70	79	77	73	85				715	72	丙	74	
						各科畢業考試成績	74	65	62	77		60	76	88						571	71	丙	69	
						各科畢業成績	72	64	61	69		66	78	81	73	85				721	72	丙	72	
	賈作楫	二十	江蘇睢寧	三十六年二月	仝上	各學期平均成績	88	74	75	73	91	77	89	87		74				805	81	乙	77	
						各科畢業考試成績	75	81	69	74	80	78	80							617	77	乙	80	
						各科畢業成績	83	77	73	73	87	77	85	87		74				794	80	乙	78	
	逯肇錫	二十	山東日照	三十四年二月	仝上	各學期平均成績	75	69	64	64		70	72	76	78	80				723	72	丙	75	
						各科畢業考試成績	82	68	60	60		62	75	75						557	70	丙	75	
						各科畢業成績	78	69	62	62		67	73	76	78	80				720	72	丙	75	
	韓亞嶼	十九	安徽巢縣	三十五年八月	仝上	各學期平均成績	80	85	84	88		91	91	96	80	90				859	86	乙	74	
						各科畢業考試成績	89	76	82	70		90	90	95						664	83	丙	72	
						各科畢業成績	84	81	83	81		91	91	96	80	90				819	82	乙	73	

南京市私立金陵大學附屬中學高中畢業生成績一覽表

學號	姓名	年齡	籍貫	入學年月	畢業年月	成績類別	公民	國文	英文	算學	衛生	科學	歷史	地理	圖畫	音樂	勞作	軍訓	童子軍	各科畢業成績總計	畢業成績平均	操行成績	體育成績	備考
	洪光中	十九	浙江瑞安	三十五年八月	三十七年一月	各學期平均成績	79	71	71	73		80	75	79	88	90				775	78	乙	69	
						各科畢業考試成績	80	71	62	84		81	85	82						611	77	乙	66	
						各科畢業成績	79	71	67	77		80	79	80	88	90				779	78	乙	68	
	許福超	十九	湖北武昌	仝上	仝上	各學期平均成績	74	83	60	68		77	87	92	70	90				768	77	丙	67	
						各科畢業考試成績	72	79	63	62		65	78	87						566	71	丙	60	
						各科畢業成績	73	80	61	66		72	83	90	70	90				748	75	丙	64	
	胡積琛	二十一	安徽霍邱	仝上	仝上	各學期平均成績	79	67	60	63		70	66	73	78	85				717	72	乙	76	
						各科畢業考試成績	74	66	60	70		61	76	78						554	70	丙	69	
						各科畢業成績	77	67	60	66		66	70	75	78	85				717	72	乙	73	
	耿祥和	二十	江蘇江寧	三十六年二月	仝上	各學期平均成績	79	74	66	64		71	70	82		78				668	74	乙	84	
						各科畢業考試成績	70	66	67	68		63	78	78						567	71	乙	77	
						各科畢業成績	75	71	66	66		68	73	80		78				659	73	乙	82	
	林超華	二十	廣西南寧	三十五年二月	仝上	各學期平均成績	80	63	60	68		74	77	84		88				672	75	乙	78	
						各科畢業考試成績	70	69	60	61		60	78	78						556	70	丙	78	
						各科畢業成績	76	66	60	65		68	77	77		88				655	73	乙	78	
	林平	十九	福建林森	三十五年八月	仝上	各學期平均成績	70	60	60	67		72	91	87						580	72	丙	73	
						各科畢業考試成績	72	67	60	61		60	85	77						560	70	丙	78	
						各科畢業成績	71	63	60	65		67	85	83						569	71	丙	75	
	劉紀慶	二十	湖北岳陽	仝上	仝上	各學期平均成績	84	73	74	83		73	83	91	90	85				815	82	乙	79	
						各科畢業考試成績	89	70	71	90		84	78	77						639	80	乙	80	
						各科畢業成績	86	72	73	86		77	81	85	90	85				814	81	乙	79	

南京市私立金陵大學附屬中學高中畢業生成績一覽表

學號	姓名	年齡	籍貫	入學年月	畢業年月	成績類別	公民	國文	英文	算學	衛生	科學	歷史	地理	圖畫	音樂	勞作	童子軍	軍訓	各科畢業成績總計	畢業成績平均	操行成績	體育成績	備考
	劉寰英	十九	廣東平遠	三十五年八月	三十七年一月	各學期成績平均	75	68	65	70		75	77	76	70	90				750	75	乙	84	
						各科畢業考試成績	70	66	60	70		68	68	75						572	71	丙	95	
						各科畢業成績	73	67	63	70		72	73	76	70	90				733	73	乙	89	
	劉導津	二一	江蘇宜興	仝上	仝上	各學期成績平均	76	75	62	76		76	80	79	85	85				772	77	乙	78	
						各科畢業考試成績	80	70	60	75		88	85	77						615	78	丙	80	
						各科畢業成績	78	73	61	76		81	82	78	85	85				778	78	乙	79	
	陸承祖	二十	安徽靈璧	仝上	仝上	各學期成績平均	80	71	67	82		80	89	89	75	85				795	80	乙	77	
						各科畢業考試成績	75	67	75	85		84	88	82						653	79	丙	77	
						各科畢業成績	78	69	71	83		82	89	86	75	85				795	80	乙	77	
	任肇三	十九	江蘇江寧	三十六年二月	仝上	各學期成績平均	75	67	74	75		74	71	77						591	74	乙	78	
						各科畢業考試成績	84	70	81	68		79	90	73						620	77	乙	75	
						各科畢業成績	79	68	77	72		76	79	75						603	75	乙	77	
	鄧銘心	二十	山東濰縣	三十四年八月	仝上	各學期成績平均	78	68	60	75		70	65	80		84				657	73	乙	77	
						各科畢業考試成績	78	67	60	86		74	75	77						595	74	乙	78	
						各科畢業成績	78	68	60	80		72	69	79		84				667	74	乙	77	
	沈克劭	十九	安徽當塗	三十五年八月	仝上	各學期成績平均	79	77	61	65		66	73	83	78	85				746	75	乙	79	
						各科畢業考試成績	84	67	60	80		83	75	78						613	77	丙	86	
						各科畢業成績	81	73	61	71		73	74	81	78	85				759	76	乙	82	
	沈棠雙	十九	浙江餘姚	三十六年二月	仝上	各學期成績平均	70	77	72	74		76	86	85						617	77	乙	77	
						各科畢業考試成績	80	70	72	88		83	80	76						626	78	乙	77	
						各科畢業成績	74	74	72	80		79	84	81						621	78	乙	77	

南京市私立金陵大學附屬中學高中畢業生成績一覽表

學號	姓名	年齡	籍貫	入學年月	畢業年月	成績類別	公民	國文	英文	算學	衛生	科學	歷史	地理	圖畫	音樂	勞作	童子軍	軍訓	各科畢業成績總計	畢業成績平均	操行成績	體育成績	備考
	唐伯詒	二十	安徽來安	三十六年二月	三十七年一月	各學期成績平均	65	64	71	65		74	75	73						557	70	丙	72	[illegible]生
						各科畢業考試成績	78	71	73	68		83	78	73						602	75	乙	78	
						各科畢業成績	70	67	72	66		78	76	73						576	72	丙	74	
	鄒家祓	十九	南京市	三十四年八月	仝上	各學期成績平均	69	60	60	60		70	61	69		77				608	67	丙	82	[illegible]生
						各科畢業考試成績	70	60	60	60		60	60	75						511	64	丙	66	
						各科畢業成績	69	60	60	60		66	61	71		77				600	66	丙	76	
	覃繼儒	十九	廣西宜山	三十五年二月	仝上	各學期成績平均	78	66	68	70		72	75	69	70	80	73			798	72	丙	77	
						各科畢業考試成績	70	66	62	60		60	60	72						545	68	丙	95	
						各科畢業成績	75	66	66	66		67	68	70	70	80	73			785	72	丙	84	
	梁硯詒	十九	湖北黃梅	三十五年八月	仝上	各學期成績平均	73	80	75	66		75	87	90	87	85				793	79	乙	75	
						各科畢業考試成績	78	74	79	75		66	88	80						600	77	乙	60	
						各科畢業成績	75	78	77	70		71	87	86	87	85				786	79	乙	69	
	萬元虎	二一	南京市	仝上	仝上	各學期成績平均	74	63	77	64		77	73	88	60	85				742	74	乙	81	
						各科畢業考試成績	78	71	78	72		60	75	88						608	76	丙	86	
						各科畢業成績	76	66	77	67		70	74	88	60	85				746	75	乙	83	
	萬元麟	二一	江蘇江寧	三十六年二月	仝上	各學期成績平均	75	67	60	60		75	71	72						560	70	乙	80	[illegible]生
						各科畢業考試成績	80	74	60	70		62	70	80						585	73	丙	89	
						各科畢業成績	77	70	60	64		69	71	75						570	71	乙	84	
	王珂琦	二二	安徽蕪湖	三十五年八月	仝上	各學期成績平均	75	81	76	69		76	84	75	94	90				800	80	乙	80	
						各科畢業考試成績	82	77	70	82		84	81	80						648	81	丙	92	
						各科畢業成績	78	79	74	74		79	83	77	94	90				813	81	乙	85	

南京市私立金陵大學附屬中學高中畢業生成績一覽表

姓名	年齡	籍貫	入學年月	畢業年月	成績類別	公民	國文	英文	算學	科學	歷史	地理	圖畫	音樂	勞作	各科畢業成績總計	畢業成績平均	操行成績	體育成績	備考
王心恒	二一	江苏镇江	三十五年八月	三十七年一月	各學期成績平均	74	75	70	66	76	78	73	70	85		737	74	乙	70	
					各科畢業考試成績	72	78	64	65	72	85	80				582	73	丙	66	
					各科畢業成績	73	76	68	66	74	81	76	70	85		727	73	乙	68	
魏建诚	二二	江苏镇江	仝上	仝上	各學期成績平均	74	70	61	63	70	75	73	68	85		716	72	丙	77	
					各科畢業考試成績	74	70	61	74	72	83	80				586	73	乙	72	
					各科畢業成績	74	70	61	67	71	78	76	68	85		725	73	丙	75	
吳國斌	二一	江苏镇江	三十四年八月	仝上	各學期成績平均	75	70	66	74	77	72	76	83	78	85	832	76	乙	71	
					各科畢業考試成績	80	66	60	70	70	81	75				574	72	乙	72	
					各科畢業成績	77	68	64	72	74	76	76	83	78	85	824	75	乙	71	
吳世奇	十九	安徽合肥	三十五年八月	仝上	各學期成績平均	83	67	81	83	88	72	82	74	90		795	80	乙	75	
					各科畢業考試成績	73	72	84	85	88	71	85				636	80	乙	78	
					各科畢業成績	79	69	82	84	88	72	83	74	90		797	80	乙	76	
周永茂	二十	湖北宜昌	三十四年八月	仝上	各學期成績平均	79	76	77	64	78	70	71	76	82	84	834	76	乙	77	
					各科畢業考試成績	72	67	76	60	63	65	73				560	70	丙	84	
					各科畢業成績	76	72	77	62	71	68	72	76	82	84	820	74	乙	80	
龍贊祺	十九	湖南常德	三十三年八月	仝上	各學期成績平均	76	64	60	64	62	66	66	77	66		736	67	乙	69	
					各科畢業考試成績	70	63	60	60	60	71	70				514	64	丙	60	
					各科畢業成績	74	64	60	62	61	68	68	77	66		731	67	乙	65	
王承邦	二一	南京市	三十五年二月	仝上	各學期成績平均	80	65	61	68	64	63	67		80		618	68	乙	70	
					各科畢業考試成績	75	64	63	62	66	60	66				536	69	丙	80	
					各科畢業成績	78	65	62	66	65	62	67		80		619	68	乙	74	

南京市私立金陵大學附屬中學高中畢業生成績一覽表

姓名	年齡	籍貫	入學年月	畢業年月	成績類別	公民	國文	英文	算學	科學	歷史	地理	圖畫	音樂	勞作	各科畢業成績總計	畢業成績平均	操行成績	體育成績	備考
周昌定	二一	江苏吴县	三十三年二月	三十七年一月	各學期成績平均	76	70	62	62	72	71	84		77		650	73	乙	76	
					各科畢業考試成績	85	61	60	60	61	65	82				545	68	丙	71	
					各科畢業成績	80	66	61	61	68	69	83		77		638	71	乙	74	
田見義	十九	湖南長沙	三十五年八月	仝上	各學期成績平均	78	60	62	62	60	74	61				542	68	乙	85	
					各科畢業考試成績	60	60	79	61	80	70	77				553	69	丙	66	
					各科畢業成績	71	60	69	62	68	72	67				546	68	乙	77	
查日爔	二一	安徽當塗	三十三年八月	仝上	各學期成績平均	86	70	61	66	71	74	83		77		662	74	丙	75	
					各科畢業考試成績	82	61	60	60	60	72	79				554	69	丙	80	
					各科畢業成績	84	66	61	64	67	73	81		77		650	72	丙	77	
查日智	二二	安徽當塗	仝上	仝上	各學期成績平均	84	71	67	62	69	74	74		72		648	72	乙	75	
					各科畢業考試成績	81	63	60	60	60	72	74				546	68	丙	70	
					各科畢業成績	83	68	64	61	65	73	74		72		633	70	乙	73	
沈迪克	一九	江苏青浦	三十六年二月	仝上	各學期成績平均	80	68	72	71	65	83	88		85		689	77	丙	77	該生奉鈞局一月十四日(卅七)市教中字第〇九四號指令核准補給學籍
					各科畢業考試成績	72	60	75	74	65	72	82				575	72	丙	75	
					各科畢業成績	73	65	73	72	65	77	86		85		680	76	丙	76	

南京市私立金陵大學附屬中學初中畢業生成績一覽表

學號																					
姓名	安珣			安寶璜			張家權			章仲侯			章道全			鄭熾昌			陳慶文		
年齡	十七			十六			十八			十八			十七			十六			十九		
籍貫	江蘇無錫			江蘇無錫			江蘇江浦			江蘇吳縣			安徽來安			江西高安			江蘇江寧		
入學年月	三十五年二月			仝上			仝上			仝上			仝上			三十五年八月			三十六年二月		
畢業年月	三十七年一月			仝上			仝上			仝上			仝上			仝上			仝上		
科目＼成績類別	各學期成績平均	各科畢業考試成績	各科畢業成績	各學期成績平均	各科畢業考試成績	各科畢業成績	各學期成績平均	各科畢業考試成績	各科畢業成績	各學期成績平均	各科畢業考試成績	各科畢業成績	各學期成績平均	各科畢業考試成績	各科畢業成績	各學期成績平均	各科畢業考試成績	各科畢業成績	各學期成績平均	各科畢業考試成績	各科畢業成績
公民	79	88	79	82	86	83	83	89	85	86	99	91	76	79	77	73	84	77	90	87	89
國文	71	76	73	67	63	66	69	68	69	68	76	71	71	71	71	63	70	67	74	77	75
英文	82	80	81	62	70	65	62	70	65	65	79	73	62	71	66	68	65	67	75	66	71
算學	88	86	87	64	76	69	71	75	73	76	92	88	66	60	64	83	80	82	63	82	71
衛生	76	70	72	79	61	72	88	60	77	78	68	75	79	65	73	70	68	69	73	64	69
科學	92	87	90	72	76	73	77	68	73	84	90	86	76	68	72	75	86	80	68	75	71
歷史	89	80	85	79	72	76	78	80	78	82	86	84	70	77	73	79	88	83	73	76	74
地理	83	81	82	76	77	76	83	80	82	82	91	86	75	73	74	71	84	78	77	80	78
圖畫	85	82	84	77	80	78	82	78	81	86	96	90	65	72	68	86	95	90	70	70	70
音樂	78	96	85	78	89	82	66	85	74	79	97	86	78	64	72	77	92	83	64	80	70
勞作	73	68	71	78	76	77	74	75	74	79	79	79	71	60	66	67	80	72	60	72	65
童子軍	76	75	76	77	80	78	68	75	71	71	70	71	72	85	78	77	70	74	65	65	65
各科畢業成績總計	1052	1049	1045	966	991	975	977	983	979	1006	1098	1052	923	934	938	954	1032	991	919	959	935
畢業成績平均	81	81	81	74	76	75	75	76	75	77	84	80	72	72	72	73	79	75	71	74	72
操行成績	乙	乙	乙	乙	乙	乙	乙	乙	乙	乙	乙	乙	丙	乙	乙	乙	乙	乙	乙	乙	乙
體育成績	80	80	80	75	85	79	76	80	78	70	75	72	73	90	80	65	75	69	67	65	66
備考																					

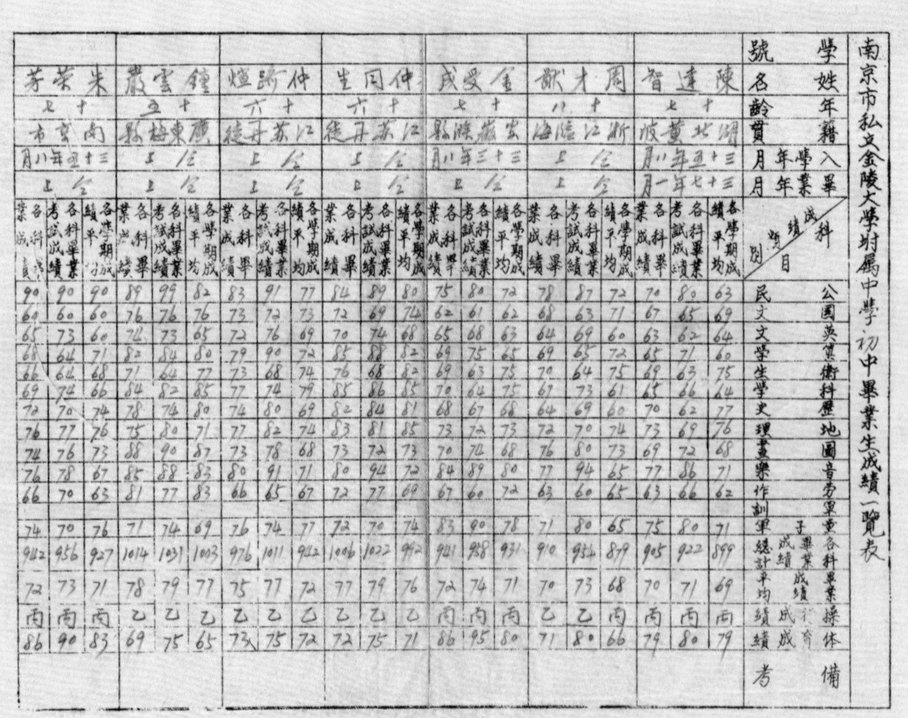

南京市私立金陵大學附屬中學初中畢業生成績一覽表

學號																					
姓名	陳達智			周才猷			金受成			仲周生			仲踌煌			鍾雲巖			朱榮芳		
年齡	十七			十八			十七			十六			十六			十五			十七		
籍貫	湖北黃陂			浙江臨海			安徽滁縣			江蘇丹徒			江蘇丹徒			廣東梅縣			南京市		
入學年月	三十五年八月			仝上			三十三年八月			仝上			仝上			仝上			三十五年八月		
畢業年月	三十七年一月			仝上			仝上			仝上			仝上			仝上			仝上		
科目＼成績類別	各學期成績平均	各科畢業考試成績	各科畢業成績	各學期成績平均	各科畢業考試成績	各科畢業成績	各學期成績平均	各科畢業考試成績	各科畢業成績	各學期成績平均	各科畢業考試成績	各科畢業成績	各學期成績平均	各科畢業考試成績	各科畢業成績	各學期成績平均	各科畢業考試成績	各科畢業成績	各學期成績平均	各科畢業考試成績	各科畢業成績
公民	63	80	70	72	87	78	72	80	75	80	89	84	77	91	83	82	99	89	90	90	90
國文	69	65	67	71	63	68	62	61	62	74	69	72	73	72	73	76	76	76	60	60	60
英文	64	62	63	60	69	64	63	68	65	68	74	70	69	76	72	65	73	74	60	73	65
算學	60	71	65	72	65	69	65	75	69	82	88	85	72	90	79	80	84	82	71	64	68
衛生	75	63	69	75	64	70	75	63	69	82	68	76	74	68	73	77	64	71	68	64	66
科學	64	66	65	61	73	67	75	64	70	85	86	85	79	74	77	85	82	84	66	74	69
歷史	77	62	70	60	69	64	68	67	68	81	84	82	69	80	74	80	74	78	74	70	72
地理	76	69	73	74	70	72	73	72	73	85	81	83	74	82	77	71	80	75	76	77	76
圖畫	68	72	69	73	80	76	68	74	70	73	72	73	68	78	73	87	90	88	73	76	74
音樂	71	86	77	65	94	77	80	89	84	72	94	80	71	91	80	83	88	85	67	78	76
勞作	62	66	63	65	60	63	72	60	67	69	77	72	67	65	66	83	77	81	63	70	66
童子軍	71	80	75	65	80	71	78	90	83	74	70	72	77	74	76	69	74	71	76	70	74
各科畢業成績總計	899	922	905	879	934	910	931	958	941	942	1022	1006	942	1011	976	1003	1031	1014	927	956	942
畢業成績平均	69	71	70	68	73	70	71	74	72	76	79	77	72	77	75	77	79	78	71	73	72
操行成績	丙	丙	丙	丙	乙	乙	丙	丙	丙	乙	乙	乙	乙	乙	乙	乙	乙	乙	丙	丙	丙
體育成績	79	80	79	66	80	71	80	95	86	71	75	72	72	75	73	65	75	69	83	90	86
備考																					

南京市私立金陵大學附屬中學初中畢業生成績一覽表

學號																					
姓名	歐陽諧			范希曾			方成尖			何　達			顧松華			顧子明			蔡承先		
年齡	十七			十七			十五			十七			十七			十六			十七		
籍貫	江西興國			湖北黃陂			江蘇儀徵			福建林森			江蘇漣水			南京市			安徽宿松		
入學年月	三十五年八月			仝上			三十五年二月			三十五年八月			三十六年二月			三十五年二月			三十六年二月		
畢業年月	三十七年一月			仝上			仝上			仝上			仝上			仝上			仝上		
科目／成績類別	各學期成績平均	各科畢業考試成績	各科畢業成績	各學期成績平均	各科畢業考試成績	各科畢業成績	各學期成績平均	各科畢業考試成績	各科畢業成績	各學期成績平均	各科畢業考試成績	各科畢業成績	各學期成績平均	各科畢業考試成績	各科畢業成績	各學期成績平均	各科畢業考試成績	各科畢業成績	各學期成績平均	各科畢業考試成績	各科畢業成績
公民	82	78	80	82	99	90	77	92	83	98	93	96	82	80	81	83	81	82	87	63	77
國文	72	70	71	87	88	87	73	68	71	78	77	78	71	60	67	66	69	67	63	64	63
英文	67	69	68	80	73	77	80	84	82	63	75	68	60	76	66	63	73	67	60	60	60
算學	60	70	64	75	84	79	64	73	68	71	78	74	65	60	63	67	83	73	77	68	73
衛生	75	63	70	76	61	69	80	65	74	78	69	74	69	65	67	70	61	66	70	61	66
科學	71	72	71	93	87	91	78	78	78	77	79	78	69	60	65	83	65	76	64	64	64
歷史	83	78	81	87	82	85	78	77	78	84	79	82	60	63	61	71	68	70	76	67	72
地理	78	78	78	85	81	83	83	73	79	74	75	74	63	70	66	76	73	75	60	68	63
圖畫	69	75	76	86	95	90	69	78	73	84	74	80	72	75	73	73	82	77	65	91	75
音樂	75	82	78	78	92	84	80	96	86	69	88	77	66	78	71	79	90	83	60	60	60
勞作	72	75	73	77	64	71	66	65	66	65	70	67	64	60	62	79	68	74	62	85	71
童子軍訓	74	75	74	70	85	76	70	75	72	74	80	76	75	70	73	69	80	73	78	80	79
各科畢業成績總計	960	965	962	1051	1081	1062	974	1002	999	986	1022	1001	896	892	894	955	973	961	893	916	900
各科畢業成績平均	74	74	74	81	83	82	75	77	77	76	79	77	69	68	69	73	75	74	69	70	69
操行成績	乙	乙	乙	丙	甲	乙	丙	乙	丙	乙	乙	乙	丙	丙	丙	乙	丙	乙	乙	丙	乙
體育成績	82	80	81	75	90	81	76	80	78	71	85	77	80	75	78	76	80	78	71	85	77
備考																					

南京市私立金陵大學附屬中學初中畢業生成績一覽表

學號																					
姓名	李潤文			李達道			馮興儀			馬世鈺			蕭志武			蕭伊文			宋　浩		
年齡	十九			十七			十五			十八			十六			十五			十八		
籍貫	江蘇江浦			南京市			江蘇吳縣			浙江餘姚			福州市			湖南常寧			江蘇江浦		
入學年月	三十五年二月			仝上			仝上			仝上			仝上			仝上			仝上		
畢業年月	三十七年一月			仝上			仝上			仝上			仝上			仝上			仝上		
科目／成績類別	各學期成績平均	各科畢業考試成績	各科畢業成績	各學期成績平均	各科畢業考試成績	各科畢業成績	各學期成績平均	各科畢業考試成績	各科畢業成績	各學期成績平均	各科畢業考試成績	各科畢業成績	各學期成績平均	各科畢業考試成績	各科畢業成績	各學期成績平均	各科畢業考試成績	各科畢業成績	各學期成績平均	各科畢業考試成績	各科畢業成績
公民	75	74	75	76	83	79	68	78	72	76	87	80	74	77	75	78	80	79	85	81	83
國文	75	73	74	65	67	66	62	66	64	70	66	68	72	80	75	70	65	67	71	69	70
英文	67	60	64	72	78	74	72	76	72	73	72	73	64	73	68	64	75	69	79	62	70
算學	79	78	79	70	80	74	76	64	71	78	86	81	64	72	68	75	60	69	77	78	77
衛生	79	64	72	69	63	67	68	60	65	79	62	72	77	65	72	73	61	68	76	65	71
科學	78	72	75	80	77	79	68	64	66	75	81	77	78	77	78	72	65	70	87	65	78
歷史	75	78	76	78	78	78	74	66	71	76	67	72	83	71	78	77	71	75	80	71	76
地理	85	75	81	81	77	79	78	72	76	79	73	77	85	73	80	82	72	78	81	79	80
圖畫	74	78	76	76	77	76	72	80	75	72	82	76	82	72	78	81	72	77	73	74	73
音樂	73	92	81	71	82	75	69	92	78	68	92	78	76	90	82	75	60	69	67	90	76
勞作	74	77	75	72	72	72	69	70	69	69	63	67	72	68	70	72	70	71	66	69	67
童子軍訓	73	75	74	77	75	76	73	80	76	71	70	71	76	80	78	78	80	79	77	80	78
各科畢業成績總計	981	976	979	965	989	975	932	953	926	957	976	965	981	983	982	973	916	951	992	968	977
各科畢業成績平均	75	75	75	74	76	75	72	73	72	74	75	74	75	75	75	75	70	73	76	74	75
操行成績	丙	丙	丙	乙	丙	乙	丙	丙	丙	乙	丙	乙	乙	乙	乙	乙	丙	乙	乙	丙	乙
體育成績	74	80	76	78	80	79	74	85	79	71	75	73	78	85	81	76	85	80	73	85	78
備考																					

南京市私立金陵大學附屬中學初中畢業生成績一覽表

學號																					
姓名	孫家駒			孫自立			湯紹華			鄒奉璋			蔣孝航			汪愷			王甫治		
年齡	十七			十九			十六			十六			十六			十六			十七		
籍貫	浙江鄞縣			江蘇常熟			浙江吳興			南京市			安徽歙縣			安徽來安			江蘇六合		
入學年月	三十五年八月			三十五年二月			三十三年八月			三十五年八月			三十五年二月			仝上			仝上		
畢業年月	三十七年一月			仝上			仝上			仝上			仝上			仝上			仝上		
科目 / 成績類別	各學期成績平均	各科畢業考試成績	各科畢業成績	各學期成績平均	各科畢業考試成績	各科畢業成績	各學期成績平均	各科畢業考試成績	各科畢業成績	各學期成績平均	各科畢業考試成績	各科畢業成績	各學期成績平均	各科畢業考試成績	各科畢業成績	各學期成績平均	各科畢業考試成績	各科畢業成績	各學期成績平均	各科畢業考試成績	各科畢業成績
公民	72	96	82	78	72	76	70	80	74	87	88	87	69	84	76	79	92	84	80	89	84
國文	61	66	63	71	77	73	65	63	64	75	69	73	72	75	73	65	82	72	71	75	73
英文	68	72	70	73	70	72	70	68	69	61	66	63	64	63	64	67	73	69	70	68	69
算學	76	68	73	72	66	70	66	60	64	85	85	85	63	81	71	67	82	69	89	81	86
衛生	72	65	69	66	65	66	70	63	67	80	64	73	76	62	70	83	64	75	67	60	64
科學	67	64	66	82	79	81	70	66	68	70	71	70	71	70	71	78	74	76	83	74	79
歷史	75	76	75	72	74	72	67	67	67	82	78	80	78	71	75	77	71	75	73	71	72
地理	71	71	71	79	77	78	71	68	70	85	74	80	71	73	72	78	76	77	75	78	76
圖畫	65	68	66	77	84	80	72	68	70	77	72	75	70	72	71	68	70	69	65	70	67
音樂	62	80	69	74	88	80	79	70	75	66	67	66	70	85	77	73	93	81	70	90	78
勞作	67	60	64	74	75	74	79	60	71	75	60	68	71	69	70	70	77	73	68	77	72
訓																					
童子軍	72	80	75	72	80	75	73	75	74	77	70	74	70	80	74	76	90	82	76	80	78
各科畢業成績總計	893	946	915	971	987	977	921	883	904	987	934	962	923	976	925	951	1034	982	919	998	975
各科畢業成績平均	69	73	70	75	76	75	71	68	70	76	72	74	71	74	73	73	79	75	71	77	75
操行成績	丙	丙	丙	乙	乙	乙	丙	丙	丙	丙	丙	丙	丙	丙	丙	乙	乙	乙	乙	乙	乙
体育成績	66	80	72	81	80	81	69	75	71	67	70	68	78	85	81	70	95	80	72	85	77
備考																					

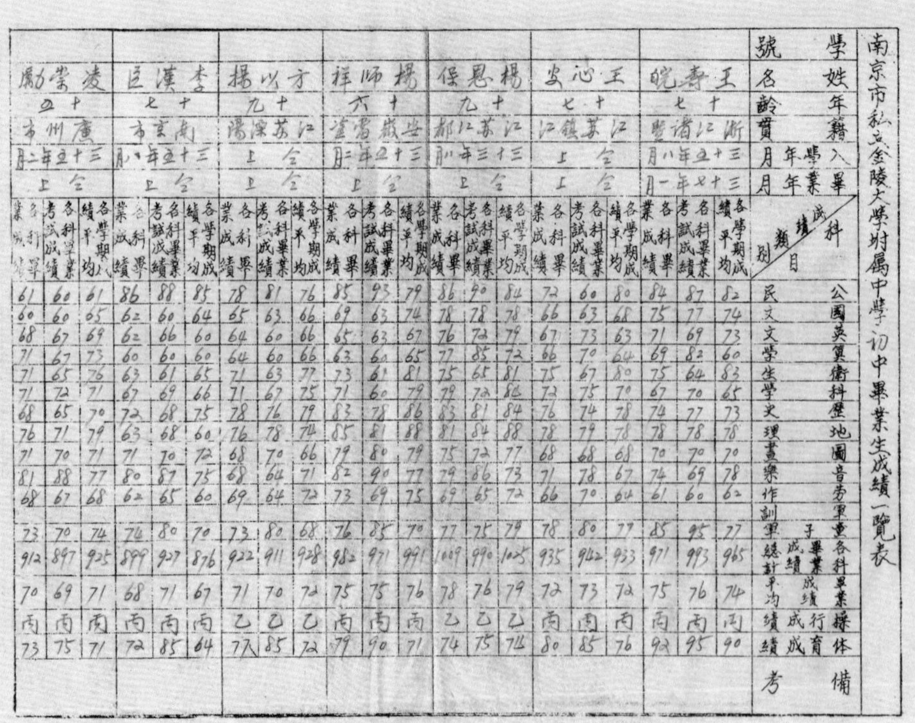

南京市私立金陵大學附屬中學初中畢業生成績一覽表

學號																					
姓名	王壽皖			王心安			楊恩保			楊師祥			方以揚			李漢匡			凌崇勵		
年齡	十七			十七			十九			十六			十九			十七			十五		
籍貫	浙江諸暨			江蘇鎮江			江蘇江都			安徽當塗			江蘇溧陽			南京市			廣州市		
入學年月	三十五年八月			仝上			三十三年八月			三十五年二月			仝上			三十五年八月			三十五年二月		
畢業年月	三十七年一月			仝上			仝上			仝上			仝上			仝上			仝上		
科目 / 成績類別	各學期成績平均	各科畢業考試成績	各科畢業成績	各學期成績平均	各科畢業考試成績	各科畢業成績	各學期成績平均	各科畢業考試成績	各科畢業成績	各學期成績平均	各科畢業考試成績	各科畢業成績	各學期成績平均	各科畢業考試成績	各科畢業成績	各學期成績平均	各科畢業考試成績	各科畢業成績	各學期成績平均	各科畢業考試成績	各科畢業成績
公民	82	87	84	80	60	72	84	90	86	79	93	85	76	81	78	85	88	86	61	60	61
國文	74	77	75	68	63	66	78	78	78	74	63	69	66	63	65	64	60	62	65	60	60
英文	73	69	71	63	73	67	79	72	76	67	63	65	66	60	64	60	66	62	69	67	68
算學	60	82	69	64	70	66	72	85	77	65	60	63	66	60	64	60	60	60	73	67	71
衛生	83	64	75	80	67	75	81	65	75	81	61	73	77	63	71	65	61	63	76	65	71
科學	65	70	67	70	75	72	86	72	79	79	60	71	75	67	71	66	69	67	71	72	71
歷史	73	77	74	78	74	76	84	81	83	86	78	83	79	76	78	75	68	72	70	65	68
地理	78	78	78	78	79	78	88	84	81	88	81	85	74	78	76	60	68	63	79	71	76
圖畫	70	70	70	68	68	68	77	72	75	79	80	79	66	70	68	72	70	71	71	70	71
音樂	78	69	74	67	78	71	73	86	79	77	90	82	71	64	68	75	87	80	77	88	81
勞作	62	60	61	64	70	66	72	65	69	75	69	73	72	64	69	60	65	62	68	67	68
訓																					
童子軍	77	95	85	77	80	78	79	75	77	70	85	76	68	80	73	70	80	74	74	70	73
各科畢業成績總計	965	993	971	933	942	935	1025	990	1009	991	971	982	928	911	922	876	927	899	925	897	912
各科畢業成績平均	74	76	75	72	73	72	79	76	78	76	75	75	72	70	71	67	71	68	71	69	70
操行成績	丙	丙	丙	丙	丙	丙	乙	乙	乙	丙	丙	丙	乙	乙	乙	丙	丙	丙	丙	丙	丙
体育成績	90	95	92	76	85	80	74	75	74	71	90	79	72	85	77	64	85	72	71	75	73
備考																					

南京市私立金陵大學附屬中學初中畢業生成績一覽表

學號															
姓名	達明的			廖志強			杜正東			王慶同			王壽鄂		
年齡	十八			十八			十七			十九			十七		
籍貫	廣東南海			安徽巢縣			南京市			浙江海寧			浙江諸暨		
入學年月	三十六年二月			三十五年二月			仝			三十五年八月			仝		
畢業年月	三十七年一月			仝			仝			仝			仝		
科目／成績類別	各學期成績平均	各科畢業考試成績	各科畢業成績	各學期成績平均	各科畢業考試成績	各科畢業成績	各學期成績平均	各科畢業考試成績	各科畢業成績	各學期成績平均	各科畢業考試成績	各科畢業成績	各學期成績平均	各科畢業考試成績	各科畢業成績
公民	87	87	87	77	83	79	78	74	76	78	77	78	86	63	77
國文	76	68	73	63	60	62	63	60	62	72	70	71	65	60	63
英文	74	64	70	60	61	60	60	60	60	65	60	63	66	69	67
算學	65	60	63	69	61	66	67	60	64	71	60	67	62	64	63
衛生	74	63	70	70	66	68	79	65	74	77	62	70	78	64	72
科學	69	72	70	67	63	65	72	60	67	63	69	65	64	64	64
歷史	82	62	74	65	62	64	73	66	70	69	68	69	74	65	70
地理	78	63	72	70	64	68	70	64	68	64	72	67	70	71	70
圖畫	87	70	80	76	80	78	67	70	68	70	70	70	67	68	67
音樂	69	74	71	68	81	73	73	87	79	68	64	66	65	60	63
勞作	71	63	68	68	60	65	68	70	69	65	72	68	61	66	63
軍訓															
童子軍	80	80	80	73	70	72	75	75	75	71	80	75	77	90	82
各科畢業成績總計	1003	906	965	898	881	891	918	891	907	913	909	911	911	894	904
畢業成績平均	77	70	74	68	68	68	71	68	70	70	70	70	70	68	69
操行成績	乙	丙	乙	丙	丙	丙	乙	丙	乙	丙	乙	乙	丙	丙	丙
體育成績	92	80	87	72	70	71	73	80	76	80	85	82	76	90	82
備考															

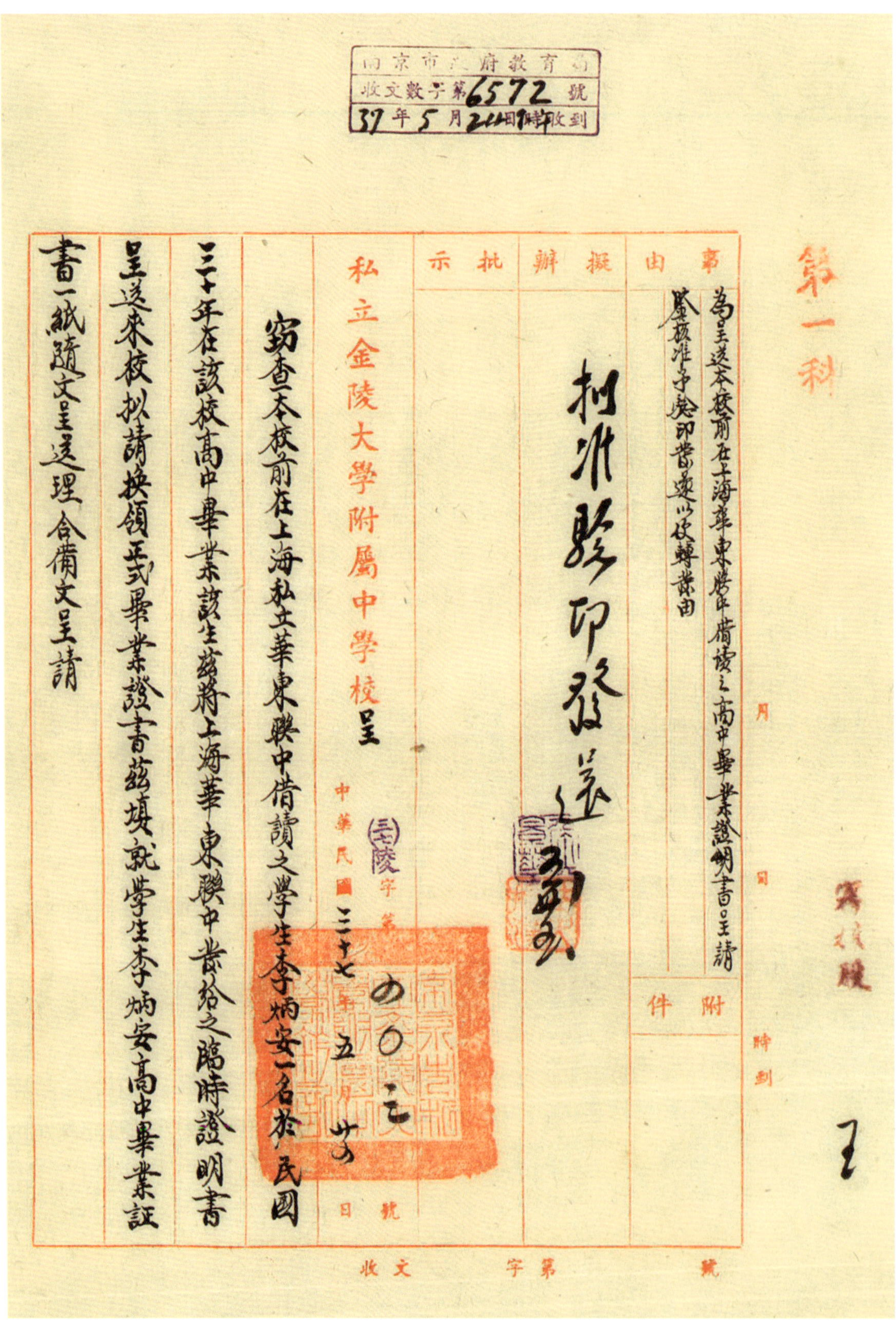

南京市政府教育局
收文數字第6572號
37年5月24日 時收到

第一科

事由：為呈送本校前在上海華東聯中借讀之高中畢業證明書呈請鑒核准予驗印發還以便轉發由

擬辦：擬准驗印發還

批示：

附件：

私立金陵大學附屬中學校呈

中華民國三十七年五月廿 日 （三七）陵字第〇〇二號

竊查本校前在上海私立華東聯中借讀之學生李炳安一名於民國三十年在該校高中畢業該生茲將上海華東聯中發給之臨時證明書呈送來校擬請換領正式畢業證書茲填就學生李炳安高中畢業証書一紙隨文呈送理合備文呈請

收文　字第　號

南京市私立金陵大學附屬中學爲本校前在上海私立華東聯合中學借讀學生送來高中畢業臨時證明書擬換正式畢業證書請準予驗印發還給市政府教育局的呈文（一九四八年五月二十四日）

附：畢業證明書

檔號：1003-7-766

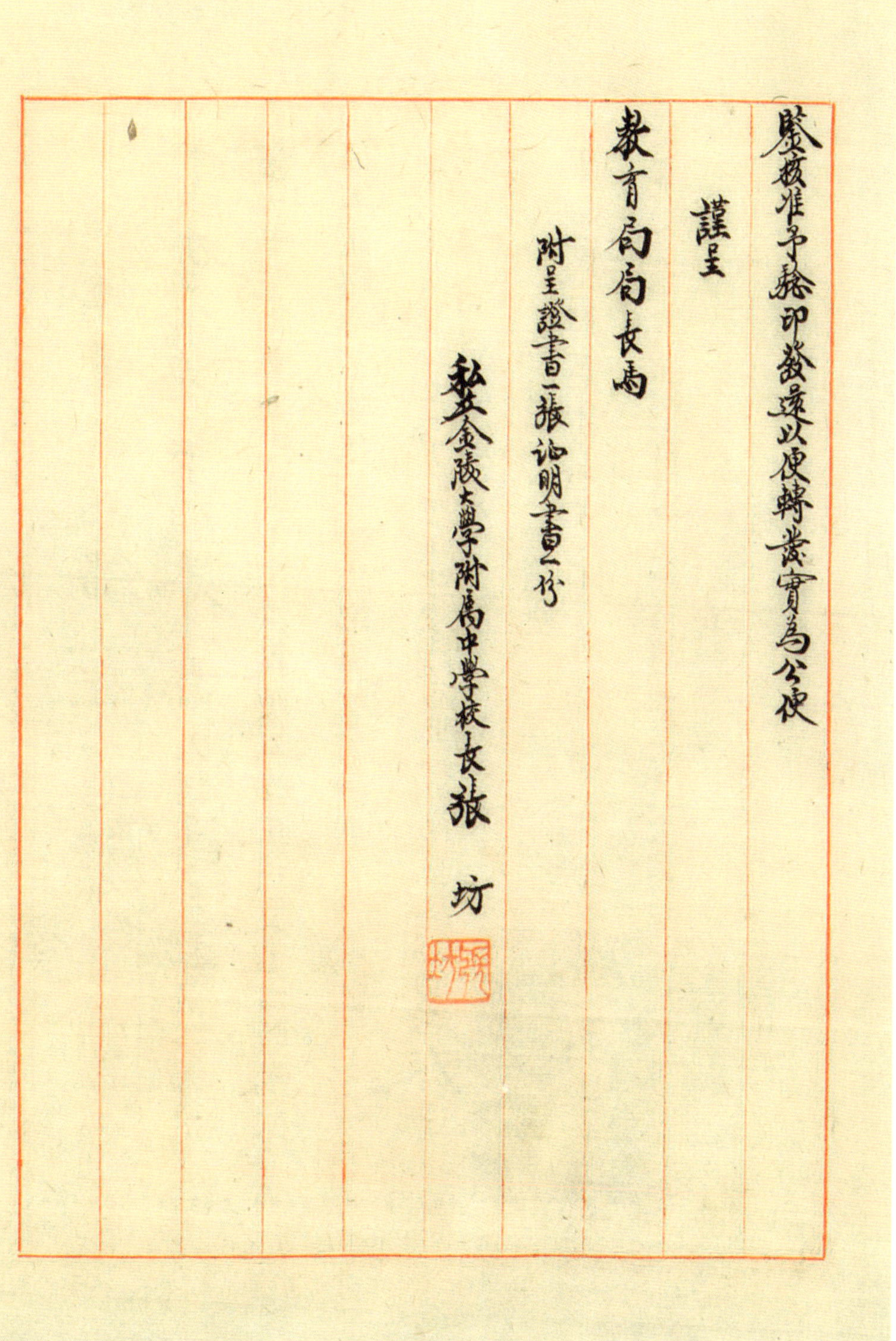
鑒核准予發印發還以便轉發實爲公便

謹呈

教育局局長馬

附呈證書一張説明書一份

私立金陵大學附屬中學校校長張　坊

畢業證明書

學生李炳安山東省泰安縣人現年貳拾歲在本校高中部修業期滿畢業攷試成績及格正式文憑因時局關係未能即時呈驗發給特此證明

上海私立華東聯合中學校長顧惠人

中華民國三十年七月　日

注意　此項證明書務須於戰事平靖後六個月內換取正式文憑逾期無效

該生畢業於南京金陵附中以鈐記在滬暫由本校代為證明將來戰事平靖後六個月內須向金陵附中換取正式文憑逾期無效

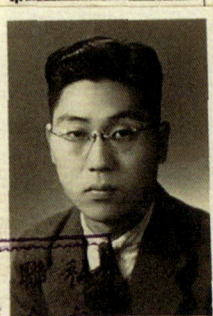

校址　上海北京路二五五號六樓

校長室　私立華東聯合中學

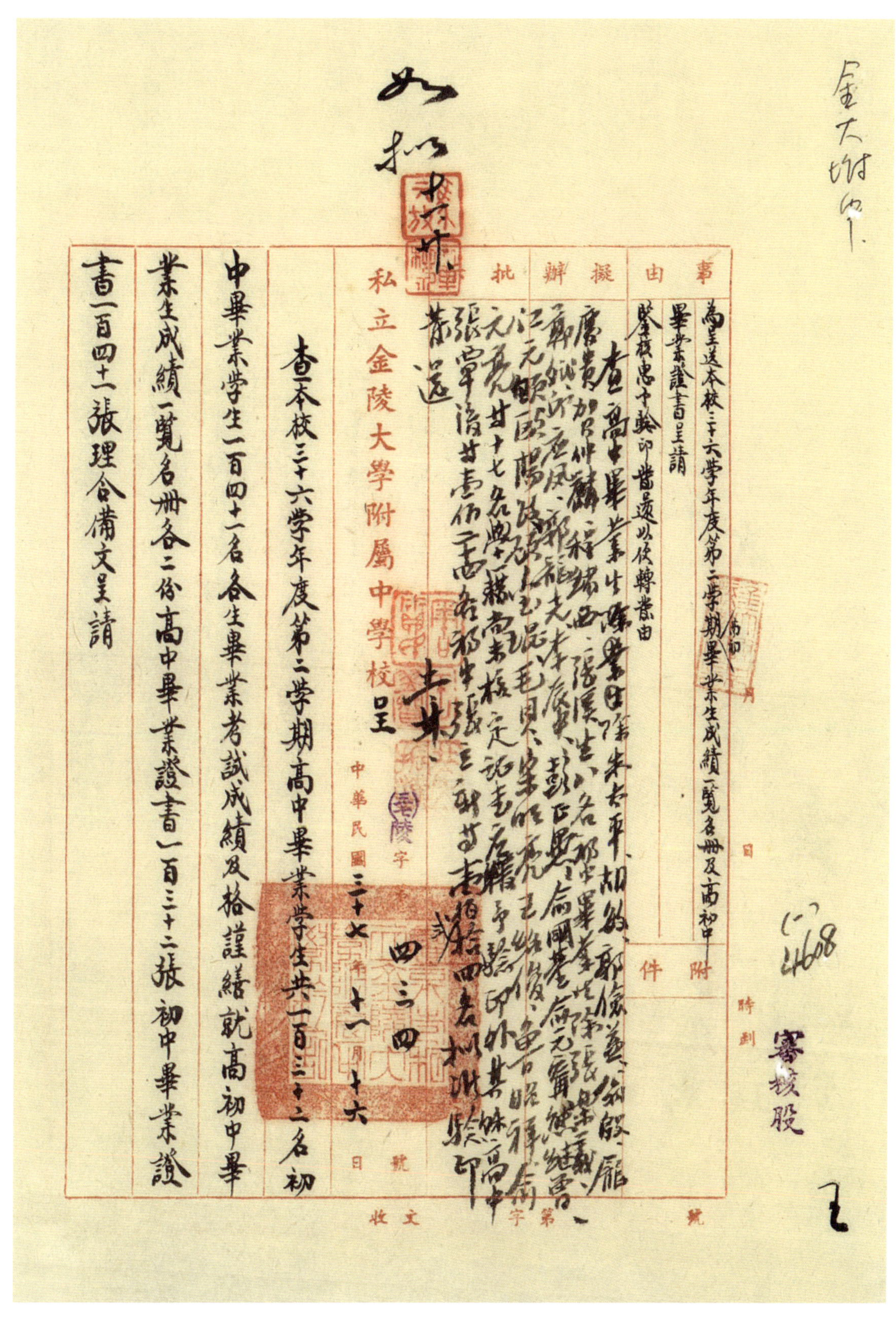
如擬

事由：為呈送本校三十六學年度第二學期畢業生成績一覽名冊及高初中畢業證書呈請鑒核惠予驗印發還以便轉發由

擬辦：[illegible]

批：

附件：

查本校三十六學年度第二學期高中畢業學生共一百三十二名初中畢業學生一百四十一名各生畢業考試成績及格謹繕就高初中畢業生成績一覽名冊各二份高中畢業證書一百三十二張初中畢業證書一百四十一張理合備文呈請

私立金陵大學附屬中學校呈

中華民國三十七年十一月十六日　　字　號

收文　字第　號

審核股

關于呈送一九四七年度第二學期高中、初中畢業生成績一覽表及高中、初中畢業證書的往來公函

南京市私立金陵大學附屬中學給市政府教育局的呈文（一九四八年十一月十六日）

附：初中、高中畢業生成績一覽表

檔號：1003–7–792

鑒核患予驗印发還以便轉發實感公便

謹呈

南京市教育局局長馬

私立金陵大學附屬中學校長張坊

附呈：高中畢業生成績一覽名册二份

初中畢業生成績一覽名册二份

高中畢業證書一百三十二張

初中畢業證書一百四十一張

收回本班照片初中證書照片

[illegible]

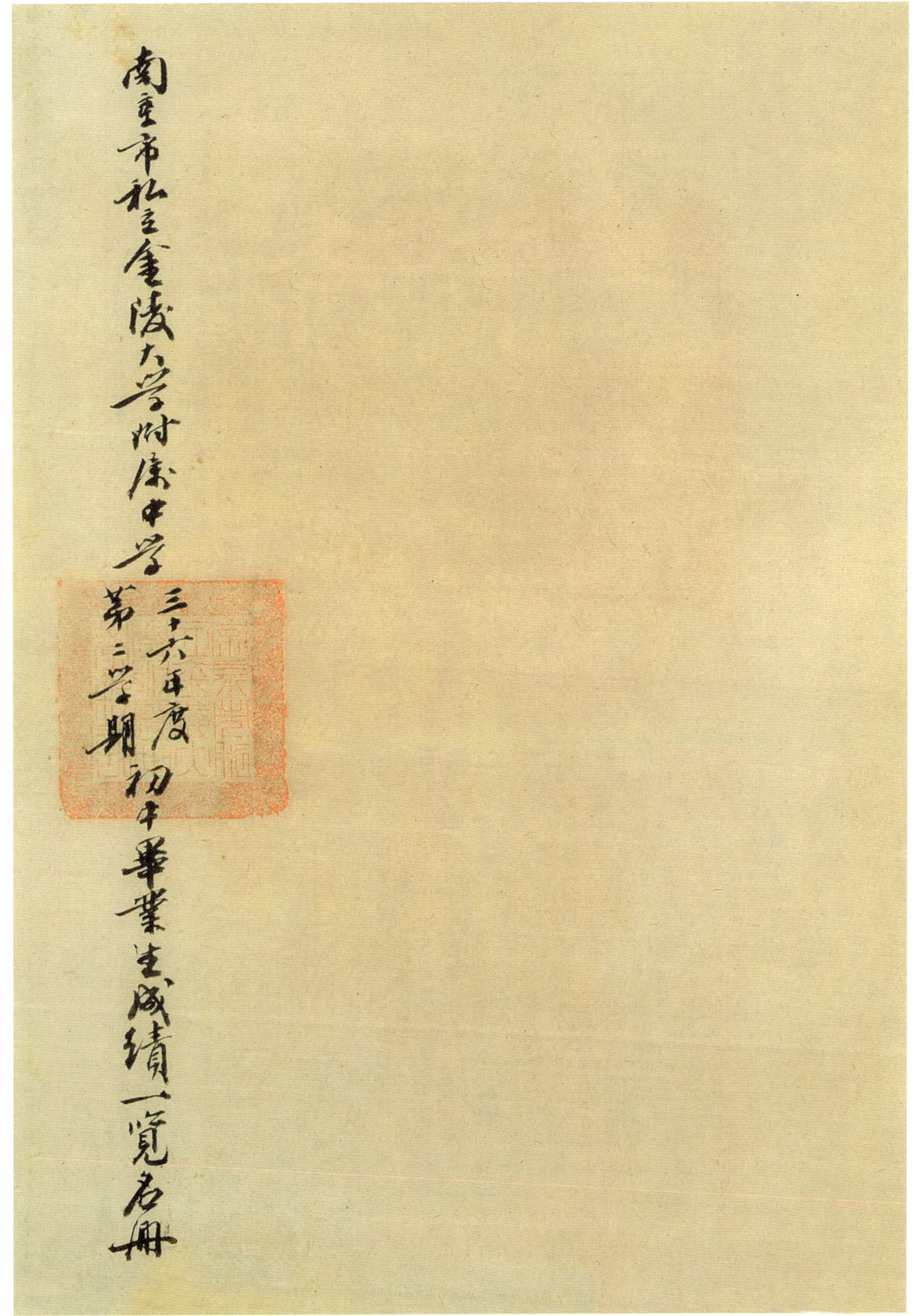

南京市私立金陵大學附屬中學

三十六年度第二學期初中畢業生成績一覽名冊

南京市私立金陵大學附屬中學初中畢業生成績一覽表

學號	姓名	年齡	籍貫	入學年月	畢業年月
	張立新	一五	安徽來安	三十五年八月	三十七年六月
	張業義	一五	河北臨山	三十六年二月	上仝
	趙北堂	一五	江蘇江都	三十五年八月	上仝
	陳三廷	一九	安徽[illegible]	三十四年八月	上仝
	陳[illegible]點	一六	安徽懷寧	三十五年八月	上仝
	鄒試	一五	福建林森	上仝	上仝
	周道業	一九	安徽來安	上仝	上仝

姓名	成績類別	公民	國文	英文	算學	衛生	科學	歷史	地理	圖畫	音樂	勞作	軍訓	童子軍	各科畢業成績總計	畢業成績平均	操行成績	體育成績
張立新	各學期平均成績	83	73	91	87	81	86	80	84	67	71	69		72	1012	80.7	乙	68
	各科畢業考試成績	96	70	75	79	76	81	84	85	75	60	70		65	990	76.2	甲	72
	各科畢業成績	89	73	84	84	79	84	82	84	70	60	69		69	1007	79.9	乙	70
張業義	各學期平均成績	71	69	77	81	65	78	70	71	85	70	71		72	951	74.4	乙	72
	各科畢業考試成績	72	64	60	82	60	79	75	78	80	68	68		66	922	71.0	乙	70
	各科畢業成績	71	67	69	81	63	78	72	74	83	69	70		69	937	72.0	乙	71
趙北堂	各學期平均成績	88	80	91	88	77	88	84	88	76	71	75		75	1050	81.6	丙	69
	各科畢業考試成績	91	73	77	81	82	62	81	83	82	70	75		70	989	76.0	乙	62
	各科畢業成績	89	77	85	85	79	76	83	86	79	71	75		73	1025	73.0	丙	66
陳三廷	各學期平均成績	70	79	[illegible]	81	71	76	78	73	74	69	75		75	966	73.9	乙	73
	各科畢業考試成績	98	79	60	72	81	72	78	82	83	82	60		70	988	76.0	甲	71
	各科畢業成績	83	79	67	77	75	74	78	77	78	74	69		73	976	75.0	乙	72
陳[illegible]點	各學期平均成績	86	77	80	87	79	82	86	86	68	71	69		76	1019	79.2	乙	72
	各科畢業考試成績	83	73	62	73	71	73	82	82	80	60	70		70	945	73.0	甲	66
	各科畢業成績	85	75	72	81	76	78	84	84	73	67	69		74	988	76.0	乙	70
鄒試	各學期平均成績	70	75	85	91	78	83	83	83	78	76	77		77	1032	81.0	乙	76
	各科畢業考試成績	80	73	74	82	68	75	77	80	78	70	80		85	1004	79.9	乙	82
	各科畢業成績	74	74	81	87	74	80	80	82	78	74	78		80	1025	73.0	乙	79
周道業	各學期平均成績	82	81	88	97	81	92	84	85	81	79	70		78	1066	[illegible]	乙	68
	各科畢業考試成績	93	83	75	84	76	83	84	84	80	66	75		60	1013	72.0	甲	70
	各科畢業成績	87	82	82	91	79	88	84	85	81	74	72		71	1028	80.6	乙	69

備考：

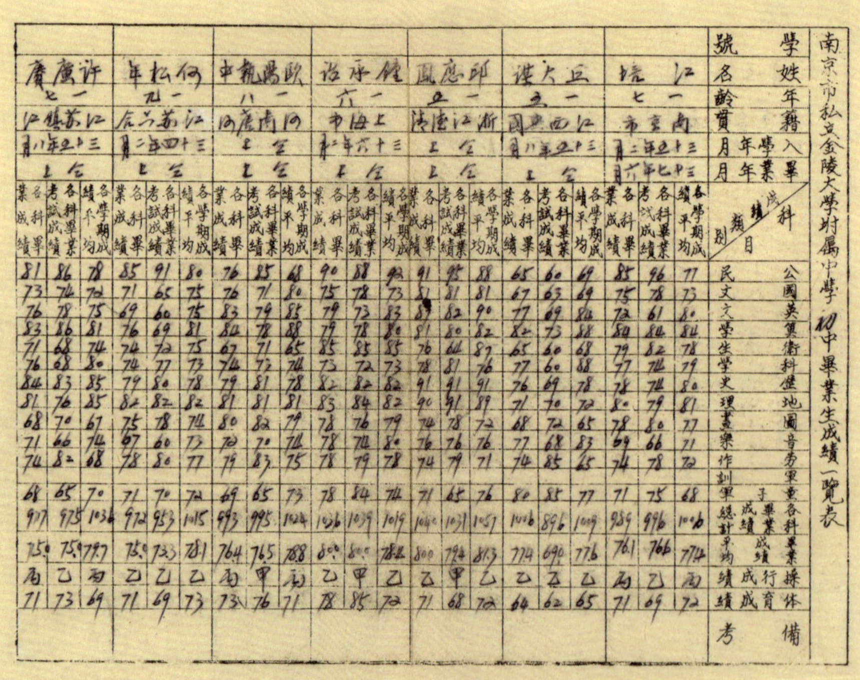

南京市私立金陵大學附屬中學初中畢業生成績一覽表

學號	姓名	年齡	籍貫	入學年月	畢業年月
	江埦	一七	南京市	三十五年二月	三十七年六月
	丘大浚	一五	江西興國	三十五年八月	上仝
	邱應鳳	一五	浙江慈溪	上仝	上仝
	鍾承裕	一六	上海市	三十六年二月	上仝
	歐陽龍中	一八	河南唐河	上仝	上仝
	何松年	一九	江蘇六合	三十四年二月	上仝
	許廣賡	一七	江蘇鎮江	三十五年八月	上仝

姓名	成績類別	公民	國文	英文	算學	衛生	科學	歷史	地理	圖畫	音樂	勞作	軍訓	童子軍	各科畢業成績總計	畢業成績平均	操行成績	體育成績
江埦	各學期平均成績	77	73	80	84	78	79	80	81	77	71	72		68	1006	77.4	丙	72
	各科畢業考試成績	96	78	61	84	82	74	74	79	80	66	78		75	996	76.6	乙	69
	各科畢業成績	85	75	72	84	79	77	78	80	78	69	74		71	989	76.1	丙	71
丘大浚	各學期平均成績	69	69	84	88	68	88	78	72	65	83	65		77	1009	77.6	乙	65
	各科畢業考試成績	60	63	69	73	60	60	69	70	72	68	85		85	896	69.0	乙	62
	各科畢業成績	65	67	77	82	65	77	76	71	68	77	74		80	1006	77.4	乙	64
邱應鳳	各學期平均成績	88	81	90	82	87	76	91	89	72	76	71		76	1057	81.3	乙	72
	各科畢業考試成績	95	81	82	80	64	81	91	91	78	76	79		65	1031	79.4	甲	68
	各科畢業成績	91	81	81	81	76	78	91	90	74	76	74		71	1040	80.0	乙	71
鍾承裕	各學期平均成績	92	73	83	80	85	73	82	82	79	80	78		74	1019	78.4	乙	72
	各科畢業考試成績	88	78	73	78	85	72	82	84	76	74	79		84	1039	80.0	甲	85
	各科畢業成績	90	75	79	79	85	73	82	83	78	78	78		78	1036	80.0	乙	78
歐陽龍中	各學期平均成績	68	80	85	88	65	74	78	81	79	74	75		73	1024	78.8	丙	71
	各科畢業考試成績	85	71	79	78	71	72	81	81	82	70	83		65	995	76.5	甲	76
	各科畢業成績	76	76	83	84	67	74	79	81	80	72	79		69	993	76.4	丙	73
何松年	各學期平均成績	80	75	75	81	75	73	78	82	74	73	77		72	1015	78.1	乙	73
	各科畢業考試成績	91	65	60	69	72	77	80	82	78	60	80		70	953	73.3	乙	69
	各科畢業成績	85	71	69	76	74	74	79	82	75	67	78		71	972	75.0	乙	71
許廣賡	各學期平均成績	78	72	75	81	74	80	85	85	67	74	68		70	1036	79.7	丙	69
	各科畢業考試成績	86	74	78	86	68	68	83	76	70	66	82		65	975	75.9	乙	73
	各科畢業成績	81	73	76	83	71	76	84	81	68	71	74		68	977	75.0	丙	71

備考：

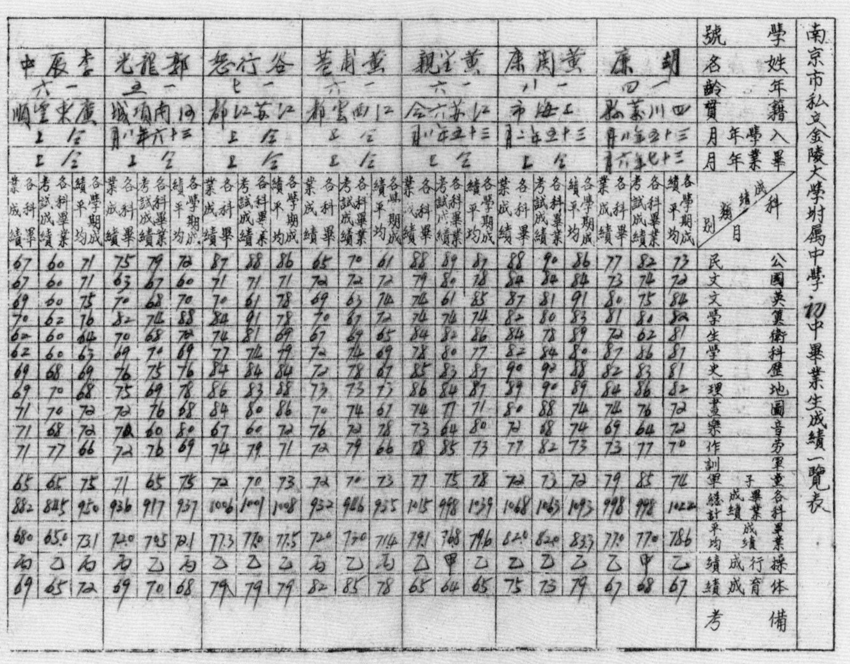

南京市私立金陵大學附屬中學初中畢業生成績一覽表

學號																					
姓名	胡康			黃周康			黃至親			黃肖蒼			谷行懋			鄭龍光			李辰中		
年齡	一四			一八			一六			一六			一七			一五			一六		
籍貫	四川[illegible]縣			上海市			江蘇六合			江西雩都			江蘇江都			河南項城			廣東[illegible]		
入學年月	三十五年八月			三十五年二月			三十五年八月			仝上			仝上			三十六年八月			仝上		
畢業年月	三十七年六月			仝上			仝上			仝上			仝上			仝上			仝上		
科目／成績類別	各學期平均成績	畢業考試各科成績	各科畢業成績	各學期平均成績	畢業考試各科成績	各科畢業成績	各學期平均成績	畢業考試各科成績	各科畢業成績	各學期平均成績	畢業考試各科成績	各科畢業成績	各學期平均成績	畢業考試各科成績	各科畢業成績	各學期平均成績	畢業考試各科成績	各科畢業成績	各學期平均成績	畢業考試各科成績	各科畢業成績
公民	73	82	77	86	90	88	87	89	88	61	70	65	86	88	87	72	79	75	71	60	67
國文	72	74	73	84	84	84	78	80	79	72	72	72	71	71	71	60	67	63	71	60	67
英文	84	75	80	91	81	87	85	61	74	74	63	69	78	61	70	70	68	70	75	60	69
算學	82	80	81	83	80	82	74	74	74	72	67	70	78	91	84	88	74	82	76	62	70
衛生	81	62	72	89	78	84	86	82	84	65	69	67	69	81	74	78	68	70	64	60	62
科學	81	86	87	80	84	82	77	80	78	69	74	72	79	74	77	69	74	69	63	60	62
歷史	81	83	82	88	92	90	87	83	85	67	78	72	84	84	84	76	75	76	69	68	69
地理	82	86	84	89	90	89	87	84	86	73	73	73	88	83	86	78	69	75	68	70	69
圖畫	72	76	74	74	88	80	71	77	74	61	74	70	86	80	84	68	76	72	72	70	71
音樂	72	64	69	74	68	72	80	64	73	78	72	76	72	60	67	80	60	70	72	68	71
勞作	70	77	73	73	82	77	73	85	78	66	79	72	71	79	74	69	76	72	66	77	71
童子軍訓	76	85	79	72	73	72	78	75	77	73	70	72	73	70	72	75	65	71	75	65	65
各科畢業成績總計	1022	998	998	1093	1063	1068	1039	998	1015	955	986	932	1008	1009	1006	937	917	936	950	845	882
畢業成績平均	78.6	77.0	77.0	83.3	82.0	82.0	79.6	76.8	79.1	71.4	77.0	72.0	77.5	77.0	77.3	72.1	70.5	72.0	73.1	65.0	68.0
操行成績	乙	甲	乙	乙	乙	乙	乙	甲	乙	丙	乙	丙	乙	乙	乙	丙	乙	丙	丙	乙	丙
体育成績	67	68	67	79	73	75	65	64	65	78	85	82	79	79	79	68	70	69	72	65	69
備考																					

南京市私立金陵大學附屬中學初中畢業生成績一覽表

學號																					
姓名	李家傑			李家禧			李祥青			李沅騰			柳光俊			潘永成			彭正思		
年齡	一四			一四			一四			一七			一五			一五			一六		
籍貫	[illegible]			江西臨川			浙江黃巖			廣西蒼梧			南京市			江蘇吳縣			江蘇六合		
入學年月	三十五年二月			三十六年二月			仝上			三十五年八月			三十五年二月			三十六年二月			三十六年八月		
畢業年月	仝上			仝上			仝上			仝上			仝上			仝上			仝上		
科目／成績類別	各學期平均成績	畢業考試各科成績	各科畢業成績	各學期平均成績	畢業考試各科成績	各科畢業成績	各學期平均成績	畢業考試各科成績	各科畢業成績	各學期平均成績	畢業考試各科成績	各科畢業成績	各學期平均成績	畢業考試各科成績	各科畢業成績	各學期平均成績	畢業考試各科成績	各科畢業成績	各學期平均成績	畢業考試各科成績	各科畢業成績
公民	78	88	82	85	90	87	84	97	90	77	83	80	83	99	90	83	73	78	92	97	95
國文	83	72	78	72	77	74	71	78	74	76	74	75	88	82	86	66	61	64	83	70	77
英文	87	69	79	79	74	77	88	76	83	84	74	80	95	90	93	95	80	88	86	63	75
算學	81	79	80	85	76	81	72	71	72	91	67	80	94	93	94	90	75	83	73	70	72
衛生	78	77	78	75	79	77	70	72	71	74	60	68	87	89	88	67	67	67	92	83	88
科學	75	61	68	74	76	75	74	78	76	88	86	83	92	94	93	91	85	88	70	76	72
歷史	80	75	78	79	79	79	82	85	83	80	76	78	93	95	94	78	72	76	88	83	86
地理	80	81	80	79	88	83	83	79	81	78	81	79	94	95	94	83	81	82	88	83	86
圖畫	76	74	75	67	75	70	71	75	73	89	84	87	91	96	93	70	78	74	80	77	79
音樂	82	64	74	83	68	76	81	70	76	80	72	77	76	86	80	66	64	65	75	68	72
勞作	70	85	77	77	80	79	73	90	81	69	70	69	85	70	78	72	67	70	70	66	68
童子軍訓	73	70	72	72	65	69	67	70	68	76	90	82	71	65	68	75	65	71	85	70	78
各科畢業成績總計	1024	961	990	987	989	990	994	1016	1000	1069	995	1021	1169	1123	1121	1009	954	986	1084	974	1016
畢業成績平均	78.8	74.0	76.1	75.9	76.0	76.1	76.5	77.4	77.0	82.2	76.5	78.0	89.9	86.4	86.2	80.7	73.2	76.0	80.3	75.0	78.1
操行成績	乙	乙	乙	乙	乙	乙	丙	乙	丙	乙	乙	乙	乙	甲	乙	乙	乙	乙	乙	乙	乙
体育成績	71	66	69	63	63	63	78	62	72	80	78	79	70	69	70	75	86	80	68	68	68
備考																					

南京市私立金陵大學附屬中學初中畢業生成績一覽表

學號																					
姓名	孫銓			孫瑾			石其良			沈政達			畢明建			阮礼徵			平友堯		
年齡	一五			一七			一六			一七			一五			一六			一六		
籍貫	浙江紹興			江蘇高郵			上海市			浙江吳興			安徽[illegible]			安徽合肥			江蘇江陰		
入學年月	三十六年八月			三十六年八月			三十五年二月			三十六年八月			三十五年八月			三十六年二月			三十五年二月		
畢業年月	仝上			仝上			仝上			仝上			仝上			仝上			三十□年六月		
科目／成績類別	各科畢業成績	各科畢業考試成績	各學期成績平均	各科畢業成績	各科畢業考試成績	各學期成績平均	各科畢業成績	各科畢業考試成績	各學期成績平均	各科畢業成績	各科畢業考試成績	各學期成績平均	各科畢業成績	各科畢業考試成績	各學期成績平均	各科畢業成績	各科畢業考試成績	各學期成績平均	各科畢業成績	各科畢業考試成績	各學期成績平均
公民	75	88	67	71	81	62	79	85	73	66	74	60	75	72	77	92	96	90	85	95	78
國文	71	72	71	79	77	81	67	60	73	63	64	62	73	65	79	78	76	80	81	84	79
英文	75	66	81	92	89	94	72	60	82	80	69	87	74	64	80	82	78	84	87	79	92
算學	75	76	74	88	83	91	78	64	89	78	77	78	70	64	74	84	85	83	84	83	84
衛生	75	67	81	68	73	64	76	68	81	62	60	64	67	60	71	73	66	78	77	66	85
科學	73	76	71	86	83	88	74	62	84	64	66	62	68	68	68	82	90	77	92	92	92
歷史	74	76	73	79	77	80	74	70	72	74	78	72	72	68	75	86	90	83	83	79	85
地理	77	75	79	80	82	79	79	74	83	71	72	71	77	79	76	85	87	83	85	86	84
圖畫	78	74	81	72	78	68	69	73	66	68	70	66	74	74	74	75	77	73	75	76	75
音樂	65	60	69	76	70	76	74	70	76	82	76	86	80	78	80	76	70	80	82	84	81
勞作	83	85	81	72	72	72	73	80	68	72	83	65	71	75	68	67	74	62	72	75	70
軍訓																					
童子軍	66	60	70	81	75	85	74	70	76	71	65	75	77	80	75	75	70	78	70	70	70
各科畢業成績總計	948	935	987	1007	1008	1079	967	921	1001	920	928	933	954	932	952	1025	1027	1040	1043	1038	1078
畢業成績平均	73.0	74.0	75.9	77.4	77.5	83.0	74.4	71.0	77.0	71.0	71.4	71.8	73.4	71.7	73.2	79.0	79.0	80.0	80.2	80.0	82.9
操行成績	乙	乙	乙	丙	乙	丙	丙	乙	丙	丙	乙	丙	乙	乙	乙	乙	乙	乙	乙	甲	乙
体育成績	61	60	62	63	68	60	78	79	78	69	74	65	76	85	70	70	68	72	70	69	70
備考																					

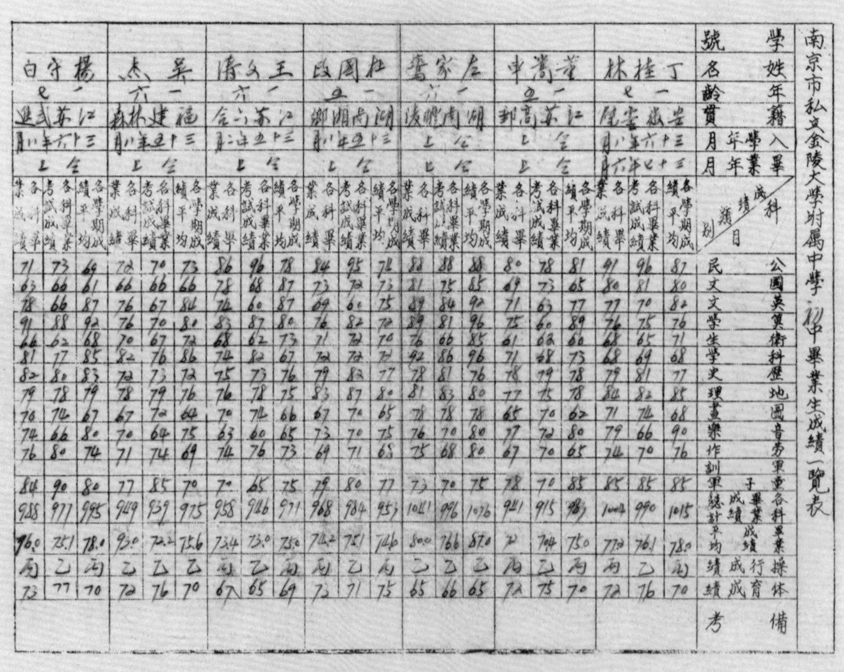

南京市私立金陵大學附屬中學初中畢業生成績一覽表

學號																					
姓名	楊守白			吳杰			王文濤			杜國段			左家麿			董濤申			丁桂林		
年齡	一七			一六			一六			一五			一六			一五			一七		
籍貫	江蘇武進			福建林森			江蘇六合			湖南湘鄉			湖南醴陵			江蘇高郵			安徽休寧		
入學年月	三十六年八月			三十五年八月			三十五年二月			三十五年八月			仝上			仝上			三十六年八月		
畢業年月	仝上			仝上			仝上			仝上			仝上			仝上			三十七年六月		
科目／成績類別	各科畢業成績	各科畢業考試成績	各學期成績平均	各科畢業成績	各科畢業考試成績	各學期成績平均	各科畢業成績	各科畢業考試成績	各學期成績平均	各科畢業成績	各科畢業考試成績	各學期成績平均	各科畢業成績	各科畢業考試成績	各學期成績平均	各科畢業成績	各科畢業考試成績	各學期成績平均	各科畢業成績	各科畢業考試成績	各學期成績平均
公民	71	73	69	72	70	73	86	96	78	84	95	76	88	88	88	80	78	81	91	96	87
國文	63	66	61	66	66	66	78	68	87	73	72	73	81	75	85	69	73	65	80	81	80
英文	78	66	87	76	67	84	74	60	87	69	60	75	89	84	92	71	67	77	77	70	82
算學	91	88	92	76	70	80	83	87	80	76	82	72	89	81	96	75	60	89	76	75	76
衛生	66	62	68	70	67	72	68	62	73	71	72	70	76	66	85	61	62	60	68	65	71
科學	81	77	85	82	76	86	74	82	67	72	72	72	92	86	96	71	68	73	68	69	68
歷史	82	80	83	72	73	72	75	73	76	79	82	77	78	81	76	78	79	78	79	81	77
地理	79	78	79	78	79	76	76	78	75	83	87	80	81	83	80	77	75	78	84	82	85
圖畫	76	74	67	67	72	64	70	74	66	67	70	65	78	78	78	65	70	62	71	74	68
音樂	74	66	80	70	64	75	63	60	65	73	70	75	76	70	80	77	72	80	79	66	90
勞作	76	80	74	71	74	69	74	76	73	69	71	65	75	68	80	67	70	65	74	70	76
軍訓																					
童子軍	84	90	80	77	85	70	70	65	75	79	80	77	73	70	75	78	70	85	85	85	85
各科畢業成績總計	988	977	995	949	939	975	958	946	971	968	984	953	1011	996	1076	941	915	987	1004	990	1015
畢業成績平均	76.0	75.1	78.0	93.0	72.2	75.6	73.4	73.0	75.0	74.2	75.1	74.6	80.0	76.6	87.0	72	70.4	75.0	77.3	76.1	78.0
操行成績	丙	乙	丙	乙	乙	乙	丙	乙	丙	丙	乙	丙	乙	乙	乙	丙	乙	丙	丙	乙	丙
体育成績	73	77	70	72	76	70	67	65	69	73	71	75	65	66	65	72	75	70	72	76	70
備考																					

南京市私立金陵大學附屬中學初中畢業生成績一覽表

學號																					
姓名	姚永煬			容庭鸞			俞國基			俞元寧			袁杜			章正讓			張致信		
年齡	一七			一五			一七			一七			一七			一七			一六		
籍貫	南京市			廣東中山			安徽合肥			安徽懷寧			湖南長沙			安徽來安			安徽六安		
入學年月	三十四年八月			三十六年八月			三十六年二月			三十五年八月			三十六年八月			三十五年二月			三十六年二月		
畢業年月	三十七年六月			仝上			仝上			仝上			仝上			仝上			仝上		
科目／成績類別	各學期成績平均	各科畢業考試成績	各科畢業成績	各學期成績平均	各科畢業考試成績	各科畢業成績	各學期成績平均	各科畢業考試成績	各科畢業成績	各學期成績平均	各科畢業考試成績	各科畢業成績	各學期成績平均	各科畢業考試成績	各科畢業成績	各學期成績平均	各科畢業考試成績	各科畢業成績	各學期成績平均	各科畢業考試成績	各科畢業成績
公民	82	89	85	65	87	76	65	71	68	68	82	74	78	78	78	77	97	86	74	87	80
國文	74	79	76	69	67	68	75	66	71	72	71	72	73	69	71	74	73	74	71	61	67
英文	77	69	78	75	69	73	77	60	69	81	60	71	78	60	70	82	73	78	72	75	73
算學	85	82	84	84	60	73	67	60	64	76	72	74	92	74	85	82	60	72	70	60	66
衛生	88	77	86	63	60	62	62	63	62	73	76	72	82	63	73	83	89	86	73	78	76
科學	84	90	86	60	64	62	62	64	63	81	70	76	85	76	81	80	67	75	71	60	66
歷史	86	87	86	72	76	74	64	70	68	78	79	78	76	86	81	73	83	78	75	75	75
地理	85	87	87	63	74	68	65	70	67	77	82	79	80	87	83	82	82	82	72	77	74
圖畫	76	84	80	60	78	68	60	70	64	73	80	76	74	78	76	70	73	71	70	80	74
音樂	78	70	75	82	68	75	72	68	71	80	70	76	79	64	72	77	75	76	79	76	78
勞作	82	75	79	60	84	71	63	82	72	68	80	73	76	84	80	76	76	76	66	76	71
童子軍訓	76	70	74	85	70	78	73	65	69	77	70	74	75	65	71	70	65	68	68	70	69
各科畢業成績總計	1083	1026	1045	902	952	917	880	894	885	976	970	971	1022	956	989	1009	913	992	903	908	921
畢業成績平均	80.2	79.0	80.2	68.6	70.0	70.5	68.7	68.0	68.0	75.3	74.9	75.0	78.6	73.5	76.0	77.6	70.2	76.3	71.0	73.0	72.4
操行成績	乙	乙	乙	丙	乙	丙	丙	丙	丙	丙	乙	丙	丙	丙	丙	乙	乙	乙	丙	丙	丙
體育成績	74	67	71	64	75	69	73	83	77	72	78	74	65	72	68	69	71	70	71	73	72
備考																					

南京市私立金陵大學附屬中學初中畢業生成績一覽表

學號																					
姓名	張群正			張寶華			張滄良			陳範			程邦和			鄭兆禹			鄭德華		
年齡	一七			一五			一五			一五			一五			一五			一六		
籍貫	陝西臨潼			山東濰坊			浙江吳興			江西萬載			江蘇吳縣			湖南長沙			河南開封		
入學年月	三十五年八月			三十四年二月			仝上			三十五年八月			三十六年八月			三十五年二月			三十六年八月		
畢業年月	三十七年六月			仝上			仝上			仝上			仝上			仝上			仝上		
科目／成績類別	各學期成績平均	各科畢業考試成績	各科畢業成績	各學期成績平均	各科畢業考試成績	各科畢業成績	各學期成績平均	各科畢業考試成績	各科畢業成績	各學期成績平均	各科畢業考試成績	各科畢業成績	各學期成績平均	各科畢業考試成績	各科畢業成績	各學期成績平均	各科畢業考試成績	各科畢業成績	各學期成績平均	各科畢業考試成績	各科畢業成績
公民	83	93	88	69	80	74	62	75	68	74	80	77	76	60	69	77	82	79	61	70	65
國文	69	67	67	67	61	65	70	67	69	71	78	74	68	60	65	77	69	74	65	66	65
英文	75	71	73	68	71	68	67	68	67	68	70	69	81	70	76	84	70	78	69	68	69
算學	62	77	67	65	60	63	77	65	72	67	64	66	78	68	74	76	71	74	87	68	83
衛生	71	64	68	67	62	65	69	65	67	73	67	71	75	68	72	84	90	86	65	73	69
科學	81	73	78	70	60	66	72	67	70	67	60	64	71	60	66	81	80	81	76	60	69
歷史	75	82	78	67	70	68	71	72	71	69	66	68	65	74	69	80	70	76	75	73	74
地理	83	90	86	74	69	72	74	71	73	71	72	71	61	72	66	82	78	80	73	73	73
圖畫	86	94	89	63	72	67	66	70	68	66	70	68	60	70	66	64	60	62	62	70	66
音樂	72	75	73	78	80	79	81	80	81	80	78	79	88	79	84	81	80	81	80	78	79
勞作	72	74	73	66	60	64	65	80	63	61	60	61	65	60	63	66	70	68	60	60	64
童子軍訓	73	75	74	76	70	74	74	70	72	70	70	70	75	60	68	70	70	70	85	70	78
各科畢業成績總計	973	1009	988	914	900	910	928	915	923	907	901	906	943	861	896	992	960	978	934	909	928
畢業成績平均	75.0	77.6	76.0	70.3	69.0	70.0	71.0	70.4	71.0	69.7	69.3	69.3	72.5	66.3	69.0	77.4	74.0	75.2	72.8	70.0	71.4
操行成績	丙	丙	丙	丙	丙	丙	丙	丁	丙	丙	丙	丙	丙	丙	丙	丙	丙	丙	丙	丙	丙
體育成績	71	78	74	86	85	86	80	85	82	70	66	68	60	60	60	70	70	70	76	80	78
備考																					

南京市私立金陵大學附屬中學初中畢業生成績一覽表

科目／成績類別	各學期平均成績	各科畢業考試成績	各科畢業成績	各學期平均成績	各科畢業考試成績	各科畢業成績	各學期平均成績	各科畢業考試成績	各科畢業成績	各學期平均成績	各科畢業考試成績	各科畢業成績	各學期平均成績	各科畢業考試成績	各科畢業成績	各學期平均成績	各科畢業考試成績	各科畢業成績	各學期平均成績	各科畢業考試成績	各科畢業成績
學號																					
姓名	周福民			周定一			周丹浦			江元倜			金建華			歐陽凱			方陽生		
年齡	一七			一五			一六			一七			一六			一六			一六		
籍貫	浙江諸暨			浙江宜興			浙江臨海			江蘇阜寧			上海市			湖南平江			南京市		
入學年月	三十五年二月			三十六年二月			三十五年八月			仝上			仝上			仝上			仝上		
畢業年月	三十七年六月			仝上			仝上			仝上			仝上			仝上			仝上		
公民	72	80	76	79	73	77	74	79	76	72	90	80	68	95	81	74	97	85	72	91	81
國文	70	60	66	70	63	68	68	62	66	67	68	67	67	65	66	75	68	72	76	68	70
英文	87	65	77	67	60	64	67	72	69	73	69	72	70	72	71	68	61	65	80	70	76
算學	67	60	64	70	60	66	67	60	64	68	67	68	76	69	73	69	65	67	82	69	76
衛生	84	67	76	79	62	71	72	60	67	77	69	74	69	66	68	75	73	74	76	60	69
科學	80	62	72	69	60	69	70	60	66	80	68	75	74	65	70	76	60	69	81	75	78
歷史	79	76	78	77	75	76	68	67	68	76	84	79	68	76	71	79	75	77	86	76	81
地理	81	60	72	77	67	73	68	72	69	79	85	82	68	61	65	77	81	79	78	82	80
圖畫	76	76	76	68	74	71	64	70	66	79	88	83	71	72	71	65	70	67	80	77	79
音樂	83	80	82	78	82	80	75	70	73	75	70	73	77	70	74	70	68	69	76	80	78
勞作	72	64	69	63	60	62	65	65	65	71	66	69	67	74	68	64	64	64	66	60	64
軍訓																					
童子軍	74	60	68	77	70	74	70	65	68	68	65	62	73	60	67	70	65	68	72	65	69
各科畢業成績總計	999	876	925	939	869	914	884	882	899	961	964	960	910	910	910	932	925	929	995	933	969
畢業成績平均	76.8	69.4	73.0	72.2	66.9	70.3	68.4	67.8	69.0	74.0	74.1	74.0	70.0	70.0	70.0	71.1	91.0	71.4	76.9	92.0	74.5
操行成績	乙	乙	乙	丙	乙	丙	丙	丙	丙	乙	乙	乙	丙	丙	丙	丙	丙	丙	乙	乙	乙
體育成績	72	66	69	63	63	63	83	80	82	76	75	76	66	65	66	70	78	73	70	60	66
備考																					

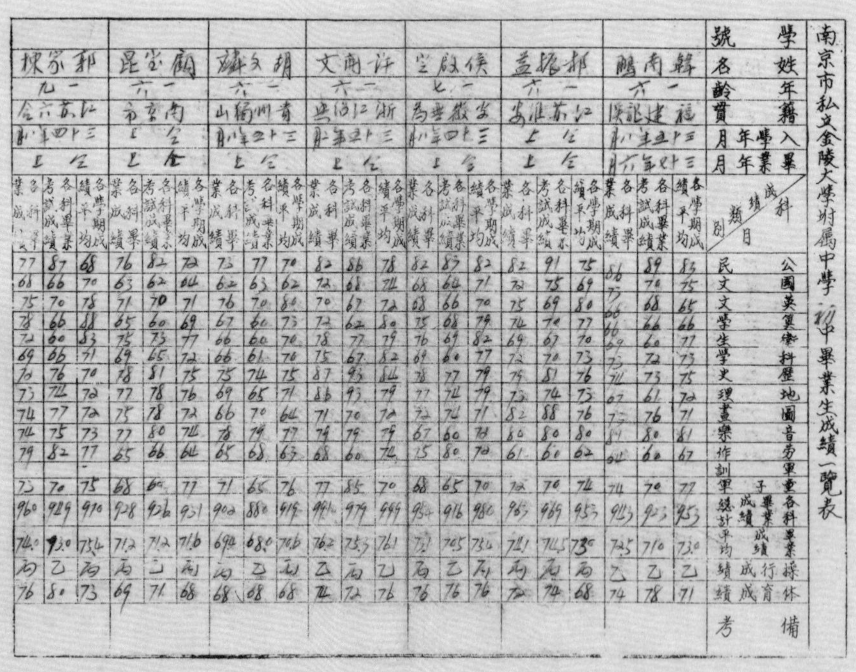

南京市私立金陵大學附屬中學初中畢業生成績一覽表

科目／成績類別	各學期平均成績	各科畢業考試成績	各科畢業成績	各學期平均成績	各科畢業考試成績	各科畢業成績	各學期平均成績	各科畢業考試成績	各科畢業成績	各學期平均成績	各科畢業考試成績	各科畢業成績	各學期平均成績	各科畢業考試成績	各科畢業成績	各學期平均成績	各科畢業考試成績	各科畢業成績	各學期平均成績	各科畢業考試成績	各科畢業成績
學號																					
姓名	韓南鵬			郝振益			侯啟堂			許南文			胡文鏞			顧寶昆			郭家棟		
年齡	一六			一六			一七			一六			一六			一六			一九		
籍貫	福建閩侯			江蘇淮安			安徽無為			浙江吳興			貴州[illegible]山			南京市			江蘇六合		
入學年月	三十五年八月			仝上			三十四年八月			三十五年八月			三十五年八月			仝上			三十四年八月		
畢業年月	三十七年六月			仝上			仝上			仝上			仝上			仝上			仝上		
公民	83	89	86	75	91	82	82	87	82	78	86	82	70	77	73	72	82	76	68	87	77
國文	75	79	75	69	75	72	71	64	68	74	68	72	62	63	62	64	62	63	70	66	68
英文	65	68	66	80	69	75	70	66	68	72	67	70	80	70	76	71	70	71	78	70	75
算學	66	66	66	77	70	74	79	68	75	80	62	72	73	60	67	69	60	65	88	66	78
衛生	77	60	69	70	67	69	82	69	76	79	77	78	70	60	66	77	73	75	83	60	72
科學	73	72	73	73	70	72	77	60	69	82	67	75	70	61	66	72	65	69	71	66	69
歷史	75	73	74	76	81	79	79	77	78	84	93	87	75	74	75	75	81	78	70	76	70
地理	72	61	67	73	74	73	79	74	77	79	93	86	71	65	69	76	78	77	72	74	73
圖畫	71	76	73	76	88	82	71	74	72	70	70	71	64	70	66	72	78	75	72	77	74
音樂	81	80	81	80	80	80	78	60	67	79	79	79	77	79	78	74	80	77	73	75	74
勞作	67	60	64	62	60	61	70	80	75	74	60	68	63	68	65	64	66	65	77	82	79
軍訓																					
童子軍	77	70	74	74	70	72	70	65	68	70	85	77	76	65	71	77	69	68	75	70	73
各科畢業成績總計	953	923	963	953	969	963	980	916	954	944	979	961	919	880	902	931	926	928	910	929	960
畢業成績平均	73.0	71.0	72.5	73.0	74.5	72.1	75.4	70.5	73.1	76.1	75.3	76.2	70.6	68.0	69.4	71.6	71.2	71.2	75.4	93.0	74.0
操行成績	乙	乙	乙	丙	丙	丙	丙	乙	丙	乙	丙	乙	丙	乙	丙	丙	乙	丙	丙	乙	丙
體育成績	71	78	74	68	74	72	76	76	76	76	72	74	68	68	68	68	71	69	73	80	76
備考																					

南京市私立金陵大學附屬中學初中畢業生成績一覽表

學號																					
姓名	梁復			毛貝			潘扶			沈南莊			宋明亮			湯光武			閻煒		
年齡	一六			一六			一六			一九			一七			一六			一五		
籍貫	廣東南平			南京市			南京市			江蘇六合			河北鹽山			江蘇鎮江			湖南岳陽		
入學年月	三十五年八月			仝上			仝上			三十四年八月			三十六年二月			三十五年[illegible]			三十六年八月		
畢業年月	三十七年六月			仝上			仝上			仝上			仝上			仝上			仝上		
科目 / 成績類別	各學期成績平均	各科畢業考試成績	各科畢業成績	各學期成績平均	各科畢業考試成績	各科畢業成績	各學期成績平均	各科畢業考試成績	各科畢業成績	各學期成績平均	各科畢業考試成績	各科畢業成績	各學期成績平均	各科畢業考試成績	各科畢業成績	各學期成績平均	各科畢業考試成績	各科畢業成績	各學期成績平均	各科畢業考試成績	各科畢業成績
公民	70	88	79	70	80	74	78	90	83	71	84	77	74	81	77	79	83	81	81	71	77
國文	72	60	67	66	63	65	66	62	64	78	62	71	76	71	72	79	80	79	66	66	66
英文	69	71	70	67	65	66	81	75	79	70	68	70	75	65	71	71	75	72	76	68	73
算學	67	65	66	76	67	78	74	66	71	73	61	68	70	72	71	82	71	78	74	63	69
衛生	74	65	70	70	60	66	76	68	73	82	68	77	75	60	68	79	83	81	77	86	72
科學	67	60	64	76	68	73	76	66	72	74	71	73	70	75	73	75	74	75	60	60	60
歷史	75	71	73	79	75	78	70	70	70	74	72	74	76	74	75	73	81	76	70	76	72
地理	80	81	80	81	76	79	76	81	78	77	77	77	75	78	77	75	76	75	77	73	75
圖畫	70	75	72	70	70	70	80	82	81	74	78	75	67	80	73	70	78	73	64	74	68
音樂	83	75	80	74	85	79	76	78	77	72	75	73	70	78	73	78	80	79	85	82	84
勞作	64	60	62	70	60	66	64	60	62	73	64	69	77	80	79	72	64	69	64	74	68
童子軍軍訓	74	60	68	69	65	67	75	70	73	76	70	74	73	65	69	73	70	72	75	75	75
各科畢業成績總計	929	896	915	938	909	927	958	944	954	973	935	959	947	951	949	976	985	981	948	919	935
畢業成績平均	71.4	69.0	70.4	72.2	70.0	71.3	74.0	72.6	73.4	75.0	72.0	74.0	73.0	73.1	73.0	75.0	75.9	75.4	73.0	70.7	72.0
操行成績	丙	丙	丙	乙	乙	乙	乙	乙	乙	乙	乙	乙	乙	乙	乙	乙	乙	乙	丙	乙	丙
体育成績	64	65	64	70	75	72	66	76	71	79	83	81	67	72	69	70	70	70	79	71	76
備考																					

南京市私立金陵大學附屬中學初中畢業生成績一覽表

學號																					
姓名	董鈞			鄒希聖			蔡炳漢			蔡偉棋			崔明哲			萬長業			王欽澤		
年齡	一八			一五			一七			一六			一七			一八			一七		
籍貫	北平市			湖南岳陽			江蘇[illegible]江			福建林森			山東濰縣			江蘇六合			江蘇江寧		
入學年月	三十五年八月			三十六年八月			三十五年二月			仝上			三十六年八月			三十四年八月			三十六年二月		
畢業年月	仝上			仝上			仝上			仝上			仝上			仝上			仝上		
科目 / 成績類別	各學期成績平均	各科畢業考試成績	各科畢業成績	各學期成績平均	各科畢業考試成績	各科畢業成績	各學期成績平均	各科畢業考試成績	各科畢業成績	各學期成績平均	各科畢業考試成績	各科畢業成績	各學期成績平均	各科畢業考試成績	各科畢業成績	各學期成績平均	各科畢業考試成績	各科畢業成績	各學期成績平均	各科畢業考試成績	各科畢業成績
公民	84	98	90	84	79	82	84	91	87	73	85	79	79	77	78	92	95	93	85	97	91
國文	67	61	65	66	61	64	68	61	65	73	67	70	70	60	66	76	72	74	76	74	75
英文	64	67	65	81	69	76	69	63	66	69	64	67	76	72	74	82	69	76	79	67	74
算學	73	60	67	63	66	64	72	70	71	84	60	73	77	70	74	74	72	73	75	79	77
衛生	84	71	78	63	62	63	74	87	80	69	62	66	72	77	74	85	74	80	73	73	73
科學	72	60	67	68	71	69	68	60	65	69	66	68	63	67	65	81	68	75	72	65	69
歷史	68	77	72	77	73	75	74	83	78	85	67	77	79	79	79	90	93	91	87	81	84
地理	76	75	76	77	77	77	81	78	80	81	71	77	71	81	75	89	90	89	85	83	80
圖畫	84	82	83	60	72	65	72	74	73	77	82	79	70	80	74	83	90	86	68	72	70
音樂	78	80	79	78	75	77	85	78	81	74	79	76	79	75	77	74	60	68	78	77	78
勞作	72	68	70	64	84	73	68	68	68	72	72	70	72	66	70	78	90	79	67	60	64
童子軍軍訓	78	70	74	75	75	75	68	70	69	70	65	68	85	75	81	75	70	73	75	75	75
各科畢業成績總計	912	947	959	923	934	928	952	955	954	968	917	940	978	970	976	1060	1026	1033	991	971	984
畢業成績平均	70.8	72.8	73.8	71.0	71.8	71.4	73.2	73.2	73.2	74.4	70.5	72.5	75.2	74.8	75.0	81.2	79.4	79.3	76.2	75.0	75.7
操行成績	乙	乙	乙	丙	乙	丙	乙	乙	乙	乙	丙	乙	丙	乙	丙	乙	乙	乙	乙	乙	乙
体育成績	72	75	73	67	70	68	71	72	71	72	77	74	85	93	89	77	83	79	71	68	70
備考																					

南京市私立金陵大學附屬中學初中畢業生成績一覽表

學號																					
姓名	王敬偉			王紹俊			汪世基			汪宗洞			魏蘊寬			楊赳武			楊光中		
年齡	一五			一五			一五			一五			一五			一七			一七		
籍貫	湖北棗陽			江蘇鎮江			浙江杭縣			浙江吳興			南京市			甘肅天水			貴陽市		
入學年月	三十四年二月			三十六年二月			三十五年八月			三十四年二月			三十四年八月			三十五年八月			三十六年八月		
畢業年月	三十七年六月			仝上			仝上			仝上			仝上			仝上			仝上		
科目類別／成績	各學期成績平均	各科畢業考試成績	各科畢業成績	各學期成績平均	各科畢業考試成績	各科畢業成績	各學期成績平均	各科畢業考試成績	各科畢業成績	各學期成績平均	各科畢業考試成績	各科畢業成績	各學期成績平均	各科畢業考試成績	各科畢業成績	各學期成績平均	各科畢業考試成績	各科畢業成績	各學期成績平均	各科畢業考試成績	各科畢業成績
公民	67	85	75	68	86	76	68	94	80	72	88	79	81	98	89	88	95	91	75	90	82
國文	68	70	69	62	60	61	73	62	68	65	63	66	85	78	82	75	69	72	62	69	65
英文	70	60	66	74	63	69	66	74	69	79	69	76	94	77	87	84	77	81	65	67	66
算學	81	86	83	69	60	65	66	60	64	84	75	80	75	73	74	66	73	69	76	60	69
衛生	69	62	66	64	65	64	63	75	68	70	68	70	88	80	85	76	71	74	60	63	61
科學	66	76	71	65	60	63	60	60	60	81	60	72	85	75	81	74	60	68	66	60	64
歷史	70	81	75	69	63	67	73	82	77	71	75	73	91	91	91	76	76	76	71	74	72
地理	80	74	78	72	74	73	64	81	70	79	75	77	87	90	89	84	72	79	78	79	78
圖畫	66	70	67	71	80	75	71	88	74	73	86	79	67	76	71	83	75	79	74	76	75
音樂	70	75	70	72	76	74	70	68	70	76	68	73	77	70	74	73	74	73	90	85	88
勞作	61	60	61	68	64	66	67	60	64	74	86	79	67	70	66	65	64	65	60	70	64
軍訓																					
童子軍	65	65	65	78	70	75	73	70	72	68	70	69	73	60	67	75	60	68	65	70	67
畢業各科成績總計	903	936	918	898	883	893	886	947	915	967	953	961	1033	998	1020	959	926	969	927	948	936
畢業成績平均	69.4	71.9	70.8	68.4	67.9	68.4	68.0	72.9	70.4	74.4	73.3	74.0	79.4	76.8	78.4	76.0	72.8	74.5	71.3	73.0	72.0
操行成績	丙	丙	丙	丙	丁	丙	丙	乙	丙	乙	丙	乙	乙	乙	乙	丙	乙	丙	丙	丙	丙
體育成績	70	70	70	67	62	65	72	73	70	73	70	72	67	60	64	70	80	74	85	85	85
備考																					

南京市私立金陵大學附屬中學初中畢業生成績一覽表

學號																					
姓名	楊力宇			嚴大經			尤本根			張必華			韋琦			張忠棟			常國瑞		
年齡	一五			一四			一七			一八			一八			一六			一七		
籍貫	江西寧岡			浙江海寧			江蘇吳縣			江蘇六合			浙江上虞			江蘇無錫			南京市		
入學年月	三十五年八月			三十五年二月			三十五年八月			三十四年八月			三十五八月			仝上			三十五年二月		
畢業年月	三十七年六月			仝上			仝上			仝上			仝上			仝上			仝上		
科目類別／成績	各學期成績平均	各科畢業考試成績	各科畢業成績	各學期成績平均	各科畢業考試成績	各科畢業成績	各學期成績平均	各科畢業考試成績	各科畢業成績	各學期成績平均	各科畢業考試成績	各科畢業成績	各學期成績平均	各科畢業考試成績	各科畢業成績	各學期成績平均	各科畢業考試成績	各科畢業成績	各學期成績平均	各科畢業考試成績	各科畢業成績
公民	80	88	83	63	82	71	68	73	70	78	81	79	69	78	73	79	60	71	80	80	80
國文	70	60	66	64	60	62	71	70	71	70	64	68	67	63	65	65	70	67	68	66	67
英文	75	69	73	64	67	65	79	71	76	66	60	64	62	60	61	71	61	67	63	60	62
算學	80	64	74	74	60	68	73	63	69	73	61	68	80	65	74	71	65	69	65	68	66
衛生	81	70	77	68	63	66	79	66	74	76	72	74	73	73	73	68	68	68	81	70	77
科學	87	62	71	66	60	64	76	82	78	73	61	68	63	60	62	71	63	68	66	63	65
歷史	79	74	77	69	71	70	77	78	77	75	73	74	77	71	75	69	74	71	71	82	76
地理	75	73	74	72	67	70	75	73	74	75	74	75	79	85	81	61	73	66	74	80	76
圖畫	68	73	71	68	70	69	70	78	76	70	85	76	78	86	81	67	70	68	68	82	74
音樂	73	80	76	74	78	76	84	88	86	71	79	74	74	83	78	76	79	77	78	78	78
勞作	67	70	68	68	76	71	66	72	68	77	70	74	65	74	69	61	60	61	65	70	67
軍訓																					
童子軍	72	60	67	67	65	66	78	70	75	72	75	73	75	70	73	68	70	69	69	85	75
畢業各科成績總計	969	913	950	891	894	890	974	962	966	952	930	903	932	930	932	906	883	892	918	964	957
畢業成績平均	74.5	70.2	73.0	68.5	68.6	68.4	75.0	74.0	74.5	73.2	71.5	72.5	71.7	71.5	71.7	69.[illegible]	68.0	68.6	70.6	74.0	72.0
操行成績	乙	乙	乙	丙	乙	丙	丙	乙	丙	乙	乙	乙	丙	丙	丙	丙	丙	丙	乙	乙	乙
體育成績	67	70	68	74	70	72	78	78	78	76	75	76	70	62	67	73	70	72	70	80	74
備考																					

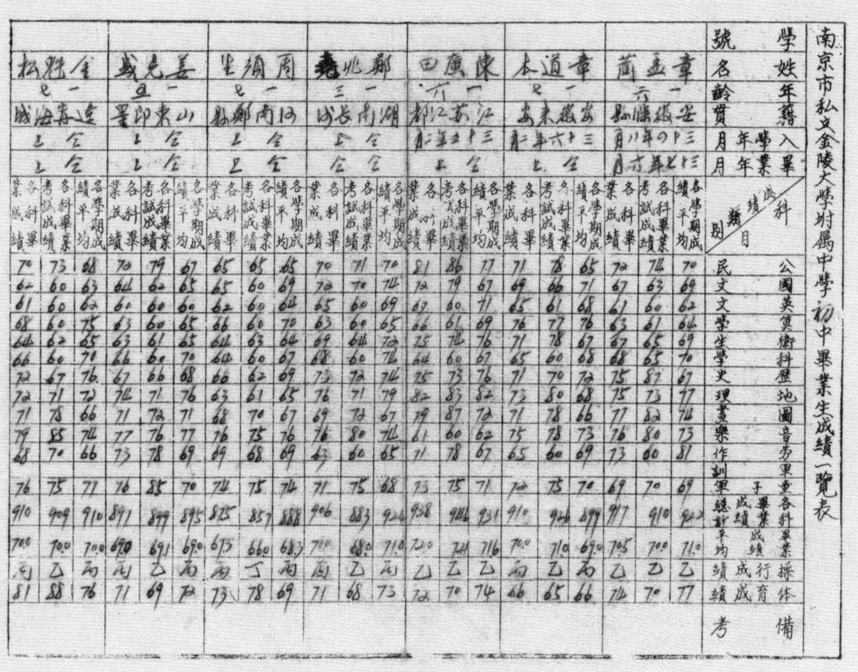

南京市私立金陵大學附屬中學初中畢業生成績一覽表

																					學號
金耕松			姜克誠			周頌星			鄭兆堯			陳廣田			章道本			章孟蘭			姓名
一七			一五			一七			一三			一六			一七			一六			年齡
遼寧海城			山東即墨			河南鄭縣			湖南長沙			江蘇江都			安徽來安			安徽懷縣			籍貫
仝上			仝上			仝上			仝上			三十五年二月			三十六年二月			三十四年八月			入學年月
仝上			仝上			仝上			仝仝			仝上			仝上			三十七年六月			畢業年月
各科畢業成績	各科畢業考試成績	各學期成績平均	各科畢業成績	各科畢業考試成績	各學期成績平均	各科畢業成績	各科畢業考試成績	各學期成績平均	各科畢業成績	各科畢業考試成績	各學期成績平均	各科畢業成績	各科畢業考試成績	各學期成績平均	各科畢業成績	各科畢業考試成績	各學期成績平均	各科畢業成績	各科畢業考試成績	各學期成績平均	科目／成績類別
70	73	68	70	79	67	65	65	65	70	71	70	81	86	77	71	78	65	70	74	70	公民
62	60	63	64	62	65	65	60	69	72	70	74	72	79	67	69	66	71	67	63	69	國文
61	60	62	60	60	60	62	60	64	65	60	69	67	60	71	65	61	68	61	60	62	英文
68	60	75	63	60	65	66	60	70	63	60	65	66	61	69	76	77	76	63	61	64	算學
64	62	65	63	61	65	64	63	64	69	64	72	75	74	76	71	78	67	67	65	69	衛生
66	60	70	66	60	70	64	60	67	68	60	74	64	60	67	65	60	68	68	65	70	科學
72	67	76	67	66	68	66	62	69	73	72	74	75	73	76	71	70	72	75	87	67	歷史
72	71	72	74	71	76	63	61	65	76	71	79	82	83	82	73	80	68	75	73	77	地理
71	78	66	71	72	71	68	70	67	69	72	67	79	87	72	71	78	66	77	82	74	圖畫
79	85	74	77	76	77	76	75	76	76	80	74	61	60	62	75	78	73	76	80	73	音樂
68	70	66	73	78	69	69	68	69	67	60	65	71	78	67	65	60	69	73	60	81	勞作
76	75	77	76	85	70	74	75	74	71	75	68	73	75	71	72	75	70	69	70	69	童子軍訓練
910	909	910	891	899	895	875	857	888	906	883	924	938	946	931	910	924	899	917	910	922	各科畢業成績總計
70.0	70.0	70.0	69.0	69.1	69.0	67.5	66.0	68.3	70.0	68.0	71.0	72.0	72.1	71.6	70.0	71.0	69.0	70.5	70.0	71.0	畢業成績平均
丙	乙	丙	丙	乙	丙	丙	丁	丙	丙	乙	丙	乙	乙	乙	丙	乙	丙	乙	乙	乙	操行成績
81	88	76	71	69	72	73	78	69	71	68	73	72	70	74	66	65	66	74	70	77	體育成績
																					備考

南京市私立金陵大學附屬中學初中畢業生成績一覽表

																					學號
顧福生			萬延海			黃其普			張繼曾			夏淳光			朱黎命			邱耀東			姓名
一四			二○			一六			一七			一九			一七			一七			年齡
江蘇江陰			江蘇六合			安徽[illegible]			江蘇高郵			浙江鄞縣			浙江鄞縣			江蘇松江			籍貫
三十五年八月			三十四年八月			三十六年八月			仝上			仝上			仝上			三十五年八月			入學年月
仝上			仝上			仝上			仝上			仝上			仝上			三十七年六月			畢業年月
各科畢業成績	各科畢業考試成績	各學期成績平均	各科畢業成績	各科畢業考試成績	各學期成績平均	各科畢業成績	各科畢業考試成績	各學期成績平均	各科畢業成績	各科畢業考試成績	各學期成績平均	各科畢業成績	各科畢業考試成績	各學期成績平均	各科畢業成績	各科畢業考試成績	各學期成績平均	各科畢業成績	各科畢業考試成績	各學期成績平均	科目／成績類別
73	81	67	74	81	69	75	83	70	81	83	80	69	68	69	74	84	68	78	76	80	公民
66	65	66	69	70	69	61	61	61	70	72	69	62	60	63	74	71	65	65	60	68	國文
63	60	65	66	60	70	64	60	67	69	77	67	69	60	74	74	64	80	73	60	81	英文
71	70	72	71	61	78	61	60	62	68	70	63	63	65	61	73	66	77	60	60	60	算學
74	70	77	71	63	77	66	63	68	69	62	74	64	61	66	62	60	63	67	60	72	衛生
66	65	67	74	70	77	64	66	63	67	60	71	65	64	66	68	66	69	66	60	70	科學
68	72	65	74	71	76	74	73	74	77	84	72	66	73	62	73	76	71	75	68	79	歷史
70	79	64	79	78	80	65	64	65	73	75	72	73	74	73	70	68	71	74	62	82	地理
95	96	95	77	78	76	72	76	70	67	72	63	73	75	71	71	76	67	77	80	75	圖畫
64	60	67	69	65	71	84	85	83	78	78	78	75	75	75	76	75	76	75	80	72	音樂
67	70	65	79	80	78	68	66	69	73	80	68	65	70	62	67	74	62	64	64	64	勞作
68	60	74	74	75	74	82	85	80	75	75	75	74	70	77	76	80	73	73	75	71	童子軍訓練
905	908	906	928	923	966	906	915	900	937	963	918	894	895	892	931	930	914	925	895	961	各科畢業成績總計
70.0	70.0	70.0	73.0	71.0	74.3	70.0	70.4	69.2	72.0	74.0	70.6	69.0	69.0	69.0	72.0	71.5	70.3	71.0	69.0	74.0	畢業成績平均
丙	乙	丙	丙	乙	丙	丙	乙	丙	丙	丙	丙	乙	丙	乙	丙	乙	丙	丙	丁	丙	操行成績
61	60	62	71	71	71	70	73	68	72	75	70	76	80	73	73	75	72	88	90	87	體育成績
																					備考

南京市私立金陵大學附屬中學初中畢業生成績一覽表

學號																					
姓名	郭京臨			李民裁			李晋增			劉永華			曹昭祥			史寿昌			宋克治		
年齡	一八			一六			一八			一七			一六			一六			一六		
籍貫	浙江臨海			廣東台山			山東招遠			安徽和縣			安徽當塗			南京市			湖北江陵		
入學年月	三十五年八月			三十六年八月			仝上			三十五年八月			仝上			仝上			三十六年八月		
畢業年月	仝上			仝上			仝上			仝上			仝上			仝上			仝上		
科目 / 成績類別	各學期成績平均	各科畢業考試成績	各科畢業成績	各學期成績平均	各科畢業考試成績	各科畢業成績	各學期成績平均	各科畢業考試成績	各科畢業成績	各學期成績平均	各科畢業考試成績	各科畢業成績	各學期成績平均	各科畢業考試成績	各科畢業成績	各學期成績平均	各科畢業考試成績	各科畢業成績	各學期成績平均	各科畢業考試成績	各科畢業成績
公民	82	83	82	89	73	83	71	79	74	66	83	73	78	79	78	66	80	72	96	79	89
國文	62	60	61	64	64	64	61	65	63	63	78	70	69	69	69	78	77	78	70	66	68
英文	64	60	62	71	60	67	60	60	60	71	73	72	69	60	65	75	65	71	60	60	60
算學	60	60	60	65	60	63	66	60	64	71	60	67	80	63	61	60	60	60	60	63	61
衛生	78	70	75	60	67	63	61	71	65	79	67	72	77	69	74	66	60	64	76	70	74
科學	74	60	68	60	60	60	63	64	63	76	82	78	72	81	68	67	60	64	78	61	68
歷史	68	66	67	62	78	69	71	71	71	69	80	73	85	84	85	74	85	79	77	81	79
地理	80	66	74	63	77	69	77	74	76	72	79	76	85	83	84	68	77	72	74	74	74
圖畫	70	73	71	60	78	67	60	76	66	68	75	71	75	78	77	64	73	68	72	77	78
音樂	70	60	66	76	68	73	68	65	67	80	80	80	68	79	73	79	80	79	78	70	75
勞作	72	76	74	65	76	74	65	60	63	66	74	64	68	60	65	61	60	61	60	76	66
童子軍訓	75	60	69	80	70	76	80	75	78	74	85	79	65	75	70	75	83	78	85	70	79
各科畢業成績總計	927	856	897	885	909	897	873	898	883	929	986	932	935	928	935	901	933	916	955	927	944
畢業成績平均	71.3	66.0	69.0	68.1	70.0	69.0	67.2	69.0	68.0	71.5	76.0	73.0	72	71.4	72.0	69.7	72.0	70.4	73.4	71.0	72.6
操行成績	丙	丁	丙	丙	丙	丙	丙	丁	丙	丙	乙	丙	乙	乙	乙	丙	丙	丙	丙	乙	丙
体育成績	72	62	68	70	78	73	70	78	73	74	70	72	64	68	66	68	73	70	75	80	77
備考																					

南京市私立金陵大學附屬中學初中畢業生成績一覽表

學號																					
姓名	孫久驊			孫江浩			孫拓			孫維光			達偉鈞			蔡秉誠			錢澄懷		
年齡	一九			一八			一六			一六			一六			一四			一六		
籍貫	江蘇江浦			上海市			江蘇高郵			安徽合肥			廣東南海			廣州市			江蘇金壇		
入學年月	三十四年八月			三十五年二月			仝上			三十五年八月			三十六年二月			三十五年二月			三十五年八月		
畢業年月	三十七年六月			仝上			仝上			仝上			仝上			仝上			仝上		
科目 / 成績類別	各學期成績平均	各科畢業考試成績	各科畢業成績	各學期成績平均	各科畢業考試成績	各科畢業成績	各學期成績平均	各科畢業考試成績	各科畢業成績	各學期成績平均	各科畢業考試成績	各科畢業成績	各學期成績平均	各科畢業考試成績	各科畢業成績	各學期成績平均	各科畢業考試成績	各科畢業成績	各學期成績平均	各科畢業考試成績	各科畢業成績
公民	80	77	79	73	88	70	68	66	67	78	87	82	80	61	72	73	70	72	72	75	73
國文	69	66	68	71	60	67	67	60	64	71	78	74	75	60	68	67	73	70	65	62	64
英文	67	60	64	63	60	62	71	60	67	66	60	64	70	60	66	75	70	73	63	60	62
算學	70	60	66	67	60	64	75	60	69	63	60	62	68	60	65	71	65	69	64	62	63
衛生	75	71	73	75	65	71	74	68	72	71	75	73	69	60	65	69	64	67	72	66	70
科學	78	62	72	69	65	67	77	65	71	65	62	64	63	60	62	74	65	70	74	70	72
歷史	79	70	75	73	73	73	68	73	70	83	79	81	75	60	69	78	79	78	79	70	75
地理	82	75	79	79	79	79	77	71	75	81	80	81	72	64	69	81	75	79	79	80	79
圖畫	77	78	77	64	78	70	75	77	76	76	88	81	78	82	80	65	80	71	77	80	78
音樂	82	79	81	79	78	79	73	70	72	68	72	70	82	75	79	77	76	77	68	75	71
勞作	68	78	72	65	60	63	67	68	67	75	68	72	64	66	65	68	74	70	75	60	68
童子軍訓	75	80	77	73	75	74	72	75	72	71	80	75	75	90	81	72	85	77	74	70	72
各科畢業成績總計	1031	936	961	929	914	910	936	896	916	945	969	957	936	878	913	937	936	939	926	892	910
畢業成績平均	75.7	72.0	74.0	73.0	70.3	70.0	72.0	69.0	70.2	72.7	74.5	73.3	72.0	67.5	70.1	72.0	72.0	72.2	71.2	68.6	70.0
操行成績	乙	乙	乙	乙	乙	乙	丙	乙	丙	乙	乙	乙	丙	丁	丙	丙	乙	丙	乙	乙	乙
体育成績	77	80	78	69	73	71	67	83	73	77	80	78	67	80	72	70	60	66	64	62	63
備考																					

南京市私立金陵大學附屬中學初中畢業生成績一覽表

學號							
姓名	宗賢倚	孫思瑩	王序雲	王侃	王雄	吳昌文	吳儀明
年齡	一五	一六	一七	一七	一七	一五	一七
籍貫	湖北漢陽	福建建甌	廣西桂林	江西上饒	福建林森	江蘇儀徵	安徽合肥
入學年月	三十五年二月	仝上	三十五年八月	仝上	仝上	三十六年二月	三十五年八月
畢業年月	三十七年六月	仝上	仝上	仝上	仝上	仝上	仝上

科目	宗賢倚			孫思瑩			王序雲			王侃			王雄			吳昌文			吳儀明		
成績類別	各學期成績平均	各科畢業考試成績	各科畢業成績	各學期成績平均	各科畢業考試成績	各科畢業成績	各學期成績平均	各科畢業考試成績	各科畢業成績	各學期成績平均	各科畢業考試成績	各科畢業成績	各學期成績平均	各科畢業考試成績	各科畢業成績	各學期成績平均	各科畢業考試成績	各科畢業成績	各學期成績平均	各科畢業考試成績	各科畢業成績
公民	67	84	74	74	85	79	66	71	67	73	68	71	75	60	69	87	89	88	93	90	92
國文	65	60	63	69	69	69	69	62	66	73	66	70	61	69	66	71	69	70	76	78	77
英文	75	60	69	72	60	67	62	60	61	62	60	61	66	60	64	70	60	66	69	70	69
算學	80	60	72	73	60	68	72	60	67	61	60	61	65	63	62	72	60	67	66	77	70
衛生	74	68	72	77	69	76	72	61	68	72	60	67	68	68	68	72	69	71	77	76	77
科學	72	73	72	70	70	70	76	65	71	63	63	63	69	62	66	68	72	70	71	77	73
歷史	60	70	64	72	79	76	67	88	75	76	83	79	70	78	73	75	60	69	79	70	75
地理	78	76	77	81	76	79	74	76	75	70	76	72	75	75	75	73	72	73	82	78	80
圖畫	61	70	65	82	84	83	93	95	94	71	78	74	65	70	67	72	77	74	81	83	82
音樂	80	80	80	81	80	81	76	83	79	76	83	79	71	79	74	77	79	78	88	80	85
勞作	70	68	69	64	60	62	65	70	67	74	72	73	69	76	72	66	72	68	74	78	76
童子軍訓	70	90	78	73	90	80	77	70	74	78	75	77	75	70	73	78	75	77	77	90	82
各科畢業成績總計	926	934	937	962	915	976	949	954	950	923	917	920	887	913	903	932	924	937	998	1035	1009
畢業成績平均	71.5	72.0	72.0	74.0	75.0	75.0	73.0	73.[illegible]	73.0	71.0	70.5	71.0	68.2	70.2	69.4	71.7	71.0	72.0	76.8	79.6	77.6
操行成績	丙	丁	丙	丙	丁	丙	乙	丙	乙	乙	丁	丙	丙	丙	丙	丙	乙	丙	乙	乙	乙
体育成績	77	75	76	82	93	86	81	93	86	73	73	73	68	83	74	63	70	66	66	78	71
備考																					

南京市私立金陵大學附屬中學初中畢業生成績一覽表

學號							
姓名	楊興和	楊光庸	楊仕遠	蔡家煜	俞中行	俞元亮	李寧騰
年齡	一六	一七	一五	一四	一五	一五	一七
籍貫	浙江義烏	安徽當塗	江蘇金壇	南京市	浙江紹興	安徽歙縣	浙江海寧
入學年月	三十五年八月	三十四年八月	三十五年八月	三十四年八月	三十五年二月	三十五年八月	三十六年八月
畢業年月	三十七年六月	仝上	仝上	仝上	仝上	仝上	仝上

科目	楊興和			楊光庸			楊仕遠			蔡家煜			俞中行			俞元亮			李寧騰		
成績類別	各學期成績平均	各科畢業考試成績	各科畢業成績	各學期成績平均	各科畢業考試成績	各科畢業成績	各學期成績平均	各科畢業考試成績	各科畢業成績	各學期成績平均	各科畢業考試成績	各科畢業成績	各學期成績平均	各科畢業考試成績	各科畢業成績	各學期成績平均	各科畢業考試成績	各科畢業成績	各學期成績平均	各科畢業考試成績	各科畢業成績
公民	83	72	78	77	88	81	70	75	72	75	66	71	66	60	64	74	73	74	82	74	79
國文	67	72	69	69	66	68	63	64	63	74	76	75	63	63	63	68	77	72	77	60	70
英文	64	60	62	76	78	77	67	64	66	72	62	68	69	60	65	72	70	71	62	60	61
算學	64	62	63	62	77	69	65	61	63	77	65	71	72	60	67	73	78	75	60	60	60
衛生	72	69	71	74	73	74	70	60	66	80	67	75	78	60	71	74	62	69	64	70	66
科學	64	62	63	73	68	71	64	68	66	74	62	69	81	60	73	81	68	76	67	61	65
歷史	67	63	65	72	75	73	70	82	75	77	85	80	66	78	71	80	77	79	78	60	71
地理	75	70	73	77	78	77	68	68	68	80	76	79	76	73	75	80	73	77	80	66	74
圖畫	65	70	67	70	84	76	69	74	71	68	75	70	75	70	73	69	76	72	60	82	69
音樂	80	81	80	68	60	65	74	76	75	70	68	70	75	78	76	76	82	78	82	60	73
勞作	63	60	62	78	70	75	61	60	61	68	76	71	66	60	64	67	60	64	60	80	68
童子軍訓	76	90	80	71	75	73	69	85	75	74	75	74	68	70	69	76	85	80	85	90	81
各科畢業成績總計	916	904	908	937	962	949	857	897	884	962	926	941	924	860	901	963	922	954	919	903	912
畢業成績平均	70.3	69.5	70.0	72.0	74.0	73.0	67.3	68.9	68.0	74.0	70.4	72.4	71.0	66.1	69.3	74.0	72.6	73.4	70.7	69.4	70.1
操行成績	丙	丙	丙	丙	乙	丙	丙	丙	丙	丙	乙	丙	丙	乙	丙	乙	乙	乙	丙	戊	丙
体育成績	76	73	75	70	70	70	65	60	67	71	63	68	68	68	68	68	65	67	62	85	70
備考																					

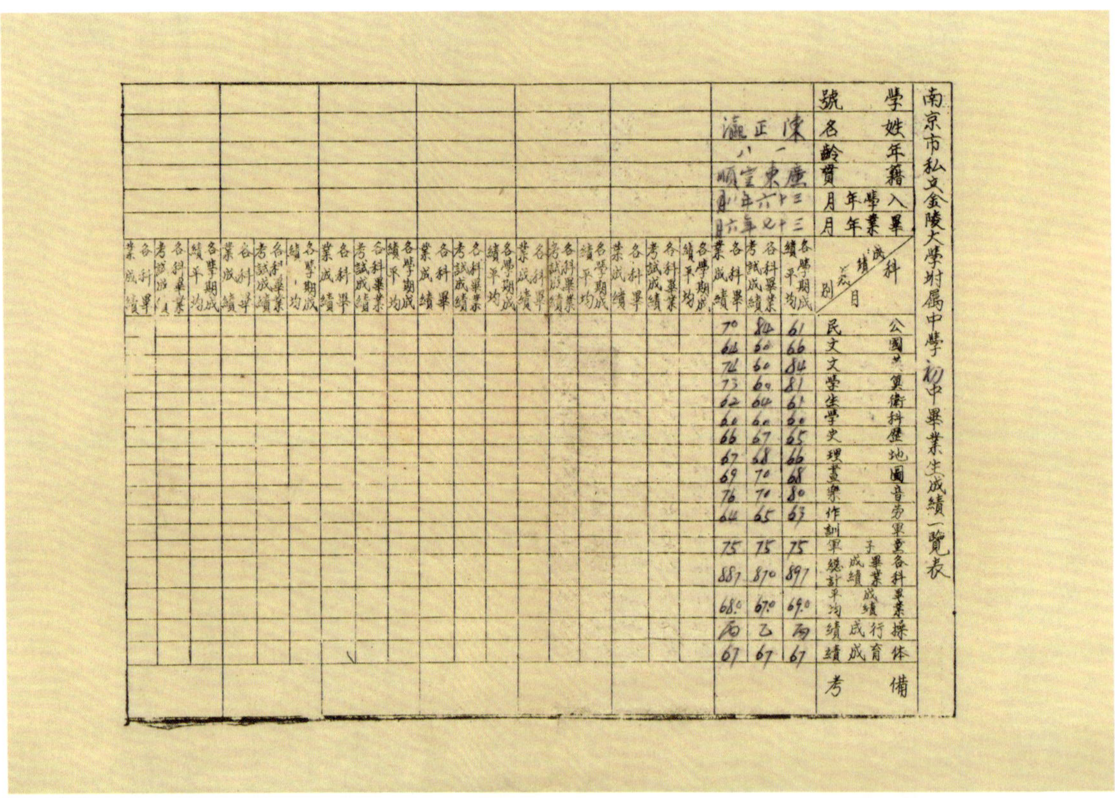

南京市私立金陵大學附屬中學初中畢業生成績一覽表

學號	
姓名	陳正瀛
年齡	十八
籍貫	廣東順德
入學年月	三十六年八月
畢業年月	三十七年六月

科目	各學期成績平均	各科畢業考試成績	各科畢業成績
公民	61	84	70
國文	66	60	66
英文	84	60	76
算學	81	60	73
衛生	61	64	62
科學	60	60	60
歷史	65	67	66
地理	66	68	67
圖畫	68	70	69
音樂	80	70	76
勞作	67	65	66
童子軍訓	75	75	75
各科畢業成績總計	897	870	887
各科畢業成績平均	69.0	67.0	68.0
操行成績	丙	乙	丙
體育成績	67	67	67
備考			

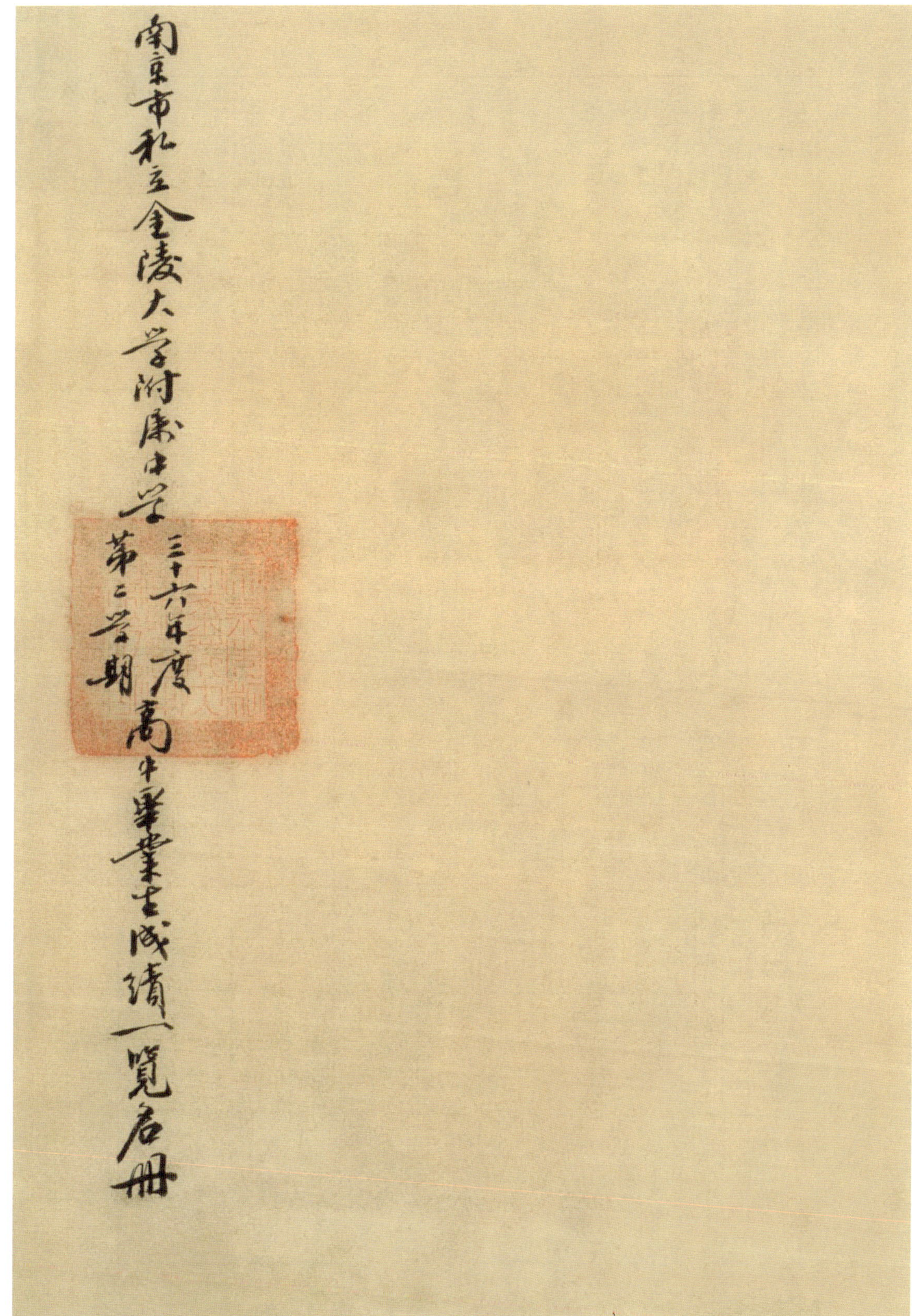

南京市私立金陵大學附屬中學

三十六年度第二學期

高中畢業生成績一覽名册

南京市私立金陵大學附屬中學高中畢業生成績一覽表

學號																					
姓名	張華凌			張德芳			陳克寧			陳炳強			陳貫洪			居振華			居思慈		
年齡	一九			二十			一九			二一			二十			二十			十七		
籍貫	江蘇江浦			江蘇江寧			江蘇武進			天津市			山東臨沂			江蘇江都			江蘇高郵		
入學年月	三十四年八月			仝上			三十五年八月			仝上			三十五年二月			三十五年八月			三十六年八月		
畢業年月	三十七年六月			仝上			仝上			仝上			仝上			仝上			仝上		
科目 成績 類別	各學期平均成績	各科畢業考試成績	各科畢業成績	各學期平均成績	各科畢業考試成績	各科畢業成績	各學期平均成績	各科畢業考試成績	各科畢業成績	各學期平均成績	各科畢業考試成績	各科畢業成績	各學期平均成績	各科畢業考試成績	各科畢業成績	各學期平均成績	各科畢業考試成績	各科畢業成績	各學期平均成績	各科畢業考試成績	各科畢業成績
公民	76	73	75	70	60	66	73	67	71	75	76	75	83	80	82	75	77	76	70	70	70
國文	75	80	77	66	63	65	78	66	73	77	74	76	89	90	89	73	67	70	78	73	76
英文	92	77	86	66	60	64	82	73	78	72	62	68	90	75	84	77	61	74	68	69	68
算學	68	75	71	68	63	66	72	62	68	78	73	76	87	91	89	73	64	69	71	82	75
衛生																					
科學	80	84	82	74	64	70	80	79	80	83	77	81	90	86	88	69	79	73	79	78	79
歷史	84	87	85	79	70	75	78	72	76	88	83	86	94	96	95	85	85	85	68	70	69
地理	80	80	80	75	77	76	81	80	81	82	81	82	95	94	95	86	93	89	74	83	78
圖畫	77		77	67		67	81		81	78		78	98		98	73		73			
音樂	77		77	73		73	73		73	69		69	76		76	71		71			
勞作																					
軍訓																					
童子軍																					
各科畢業成績總計	788	641	790	706	529	692	762	573	750	779	596	765	813	686	868	762	611	758	578	600	587
畢業成績平均	79.4	80.0	79.5	69.5	68.1	68.5	77.1	72.0	76.0	78.3	74.5	77.2	87.4	85.7	86.5	75.0	76.4	74.0	73.4	75.0	74.3
操行成績	乙	乙	乙	丙	丙	丙	乙	乙	乙	乙	丙	乙	乙	甲	乙	乙	乙	乙	丙	乙	丙
體育成績	79	85	81	68	72	70	64	74	69	77	70	74	71	74	72	80	85	82	70	75	72
備考																					

南京市私立金陵大學附屬中學高中畢業生成績一覽表

學號																					
姓名	鍾林			朱家麟			海靖			許維銘			李在宇			劉秦			劉文鍾		
年齡	二〇			一八			一九			二一			一八			一九			一九		
籍貫	安徽[illegible]			南京市			安徽和縣			南京市			安徽宿松			山西汾城			四川成都		
入學年月	三十六年二月			仝上			三十五年二月			三十五年八月			三十六年九月			三十五年八月			仝上		
畢業年月	三十七年六月			仝上			仝上			仝上			仝上			仝上			仝上		
科目 成績 類別	各學期平均成績	各科畢業考試成績	各科畢業成績	各學期平均成績	各科畢業考試成績	各科畢業成績	各學期平均成績	各科畢業考試成績	各科畢業成績	各學期平均成績	各科畢業考試成績	各科畢業成績	各學期平均成績	各科畢業考試成績	各科畢業成績	各學期平均成績	各科畢業考試成績	各科畢業成績	各學期平均成績	各科畢業考試成績	各科畢業成績
公民	75	65	70	75	66	71	83	75	80	78	77	78	70	70	70	80	80	80	81	82	81
國文	76	75	76	79	60	71	83	77	81	81	80	81	77	75	76	73	73	73	74	60	78
英文	69	62	66	69	68	69	88	70	81	76	78	76	78	71	75	79	70	75	82	75	79
算學	77	74	76	63	71	66	76	81	78	77	88	81	62	88	74	86	86	86	81	66	75
衛生																					
科學	70	65	68	73	76	74	94	86	90	78	79	78	86	85	86	80	75	78	72	60	67
歷史	80	78	79	77	78	77	92	83	88	93	96	94	77	80	78	84	78	81	80	90	84
地理	81	75	79	83	80	82	95	93	94	82	93	87	80	77	79	81	81	81	84	80	82
圖畫	70		70	88		88	87		87	72		72				87		87	75		75
音樂	72		72	70		76	80		80	70		70				75		75	72		72
勞作																					
軍訓																					
童子軍																					
各科畢業成績總計	732	569	724	747	563	736	848	650	837	780	650	786	603	623	612	788	611	781	774	598	761
畢業成績平均		70.1	72.9	73.7	70.4	72.5	85.3	81.2	84.3	78.8	81.2	78.6	76.1	77.9	76.5	78.8	76.4	78.1	77.1	74.5	76.1
操行成績	丙	丙	丙	丙	丙	丙	乙	乙	乙	乙	乙	乙	乙	乙	乙	丙	丙	丙	丙	丙	丙
體育成績	62	75	68	70	64	68	70	87	78	73	64	69	73	77	75	63	69	65	73	85	78
備考																					

南京市私立金陵大學附屬中學高中畢業生成績一覽表

學號	姓名	年齡	籍貫	入學年月	畢業年月	成績類別	公民	國文	英文	算學	衛生	科學	歷史	地理	圖畫	音樂	勞作	軍訓	童子軍	各科畢業成績總計	各科畢業成績平均	操行成績	體育成績	備考
	莫若楫	一七	浙江吳興	三十五年八月	三十七年六月	各學期平均成績	78	81	78	75		78	87	88	68	72				768	77.4	乙	63	
						各科畢業考試成績	77	78	70	86		85	93	91						659	80.2	乙	79	
						各科畢業成績	78	74	75	80		81	90	89	68	72				777	77.6	乙	70	
	潘世昌	一九	江蘇六合	三十五年二月	仝上	各學期平均成績	78	76	76	78		80	82	78	69	80				[illegible]	76.8	乙	71	
						各科畢業考試成績	66	66	60	61		62	85	77						562	70.1	丙	85	
						各科畢業成績	73	72	70	70		73	83	78	69	80				745	74.4	乙	77	
	卞琳	一九	江蘇六合	仝上	仝上	各學期平均成績	92	75	71	81		94	86	89	73	82				818	80.0	乙	75	
						各科畢業考試成績	87	70	68	89		90	76	87						662	80.3	乙	95	
						各科畢業成績	90	73	70	84		93	82	88	73	82				808	79.0	乙	83	
	沈宏達	一八	安徽[illegible]縣	三十四年八月	仝上	各學期平均成績	74	69	70	78		76	81	77	81	75				757	73.9	乙	76	
						各科畢業考試成績	77	62	64	67		67	81	87						595	74.3	乙	90	
						各科畢業成績	75	66	68	74		72	81	81	81	75				755	73.8	乙	82	
	沈力成	一八	江蘇武進	三十五年八月	仝上	各學期平均成績	75	67	73	82		83	82	81	82	76				778	77.2	丙	77	
						各科畢業考試成績	76	64	60	64		83	76	80						597	74.4	丙	94	
						各科畢業成績	75	66	68	75		83	80	81	82	76				770	77.0	丙	84	
	沈贊墳	一八	浙江慈谿	仝上	仝上	各學期平均成績	81	81	85	87		88	90	91	92	69				850	84.7	乙	67	
						各科畢業考試成績	82	81	70	88		92	91	85						661	83.0	乙	70	
						各科畢業成績	81	81	78	87		91	90	88	92	69				845	84.2	乙	68	
	沈宇沆	一七	浙江吳興	三十五年二月	仝上	各學期平均成績	82	81	70	88		94	91	85	73	73				850	84.7	乙	70	
						各科畢業考試成績	81	77	70	81		83	93	93	—					645	80.6	乙	67	
						各科畢業成績	82	80	70	85		89	92	88	73	73				821	81.8	乙	69	

南京市私立金陵大學附屬中學高中畢業生成績一覽表

學號	姓名	年齡	籍貫	入學年月	畢業年月	成績類別	公民	國文	英文	算學	衛生	科學	歷史	地理	圖畫	音樂	勞作	軍訓	童子軍	各科畢業成績總計	各科畢業成績平均	操行成績	體育成績	備考
	史軼倫	一五	江蘇溧陽	三十五年八月	三十七年六月	各學期平均成績	79	79	82	75		71	84	84	75	75				715	76.8	乙	71	
						各科畢業考試成績	72	75	62	70		63	76	78						591	74.0	乙	95	
						各科畢業成績	76	77	73	73		68	81	81	75	75				760	75.7	乙	81	
	司馬峻楨	一八	南京市	三十四年八月	仝上	各學期平均成績	72	73	71	67		73	78	72	66	76				723	71.7	乙	75	
						各科畢業考試成績	65	70	60	60		71	78	69						508	68.5	乙	75	
						各科畢業成績	69	72	67	64		72	76	71	66	76				710	70.6	乙	75	
	謝主民	二十	江蘇六合	仝上	仝上	各學期平均成績	92	80	79	88		92	90	88	74	74				832	84.4	乙	75	
						各科畢業考試成績	80	83	73	93		90	90	83						666	83.2	乙	74	
						各科畢業成績	87	81	77	90		91	90	86	74	74				825	83.6	乙	75	
	戴裳	一八	江蘇六合	三十五年二月	仝上	各學期平均成績	85	79	81	89		86	88	87	69	79				814	81.6	乙	71	
						各科畢業考試成績	73	80	66	82		85	88	86						643	80.4	乙	85	
						各科畢業成績	80	79	74	86		86	88	87	69	79				805	81.7	乙	77	
	閻益壽	二〇	浙江蕭山	三十五年八月	仝上	各學期平均成績	81	73	74	80		81	89	83	80	72				781	77.6	乙	68	
						各科畢業考試成績	70	74	70	74		73	85	80						593	74.1	乙	67	
						各科畢業成績	77	73	72	78		78	87	82	80	73				767	76.8	乙	68	
	陶本進	二〇	南京市	三十五年二月	仝上	各學期平均成績	80	82	85	78		82	88	85	86	78				816	81.6	乙	72	
						各科畢業考試成績	85	90	77	87		82	95	84						670	83.5	乙	70	
						各科畢業成績	82	85	81	82		82	91	85	86	78				823	81.7	乙	71	
	田笙炯	二〇	江蘇六合	三十四年八月	仝上	各學期平均成績	86	84	82	84		88	93	86	85	78				841	84.3	甲	75	
						各科畢業考試成績	72	77	72	80		69	90	77						617	77.1	乙	80	
						各科畢業成績	80	81	78	82		80	92	82	85	78				815	82.2	甲	77	

南京市私立金陵大學附屬中學高中畢業生成績一覽表

學號	姓名	年齡	籍貫	入學年月	畢業年月
	徐邦濂	二〇	江蘇鎮江	三十三年八月	三十七年六月
	段廣南	一八	江西永新	三十三年二月	仝上
	王慶新	一九	浙江海寧	三十三年八月	仝上
	王恩涌	二〇	安徽鳳陽	仝上	仝上
	王紹偉	一九	江蘇高郵	仝上	仝上
	王有培	一九	四川萬縣	三十三年八月	仝上
	吳閩	一九	福建林森	三十三年八月	仝上

姓名	成績類別	公民	國文	英文	算學	衛生	科學	歷史	地理	圖畫	音樂	勞作	軍訓	童子軍	各科畢業成績總計	畢業成績平均	操行成績	體育成績	備考
徐邦濂	各學期成績平均	82	70	69	76		87	81	87	76	87				790	76.4	乙	75	
	各科畢業考試成績	74	68	63	90		74	88	84						602	75.2	丙	62	
	各科畢業成績	79	69	66	82		81	84	86	76	87				779	77.2	乙	69	
段廣南	各學期成績平均	73	71	71	73		72	81	83	68	73				739	72.7	乙	74	
	各科畢業考試成績	60	65	62	67		75	90	85						589	73.5	丙	85	
	各科畢業成績	67	69	67	71		73	85	84	68	73				736	72.5	乙	79	
王慶新	各學期成績平均	81	77	77	81		62	82	85	83	75				806	80.0	乙	81	
	各科畢業考試成績	64	62	71	73		73	86	82						602	75.3	丙	97	
	各科畢業成績	74	70	75	78		79	81	84	83	75				789	79.2	乙	90	
王恩涌	各學期成績平均	90	80	78	88		89	91	91	87	78				849	83.4	乙	77	
	各科畢業考試成績	75	76	74	79		71	95	92						626	80.7	甲	84	
	各科畢業成績	84	78	76	84		81	93	91	87	78				832	82.1	乙	80	
王紹偉	各學期成績平均	85	87	85	85		88	93	82	78	77				825	84.8	乙	65	
	各科畢業考試成績	75	82	73	86		80	90	82						640	80.0	乙	72	
	各科畢業成績	81	85	80	85		85	92	82	78	77				813	83.5	乙	68	
王有培	各學期成績平均	71	73	69	82		76	74	78	82	71				752	74.1	乙	76	
	各科畢業考試成績	78	65	60	70		67	75	79						566	70.7	丙	72	
	各科畢業成績	74	70	65	77		72	74	78	82	71				737	73.8	乙	74	
吳閩	各學期成績平均	72	69	70	73		84	80	75	70	77				743	75.0	丙	73	
	各科畢業考試成績	72	69	66	69		78	83	83						584	73.0	丙	64	
	各科畢業成績	72	69	69	71		82	81	78	70	77				738	74.1	丙	69	

南京市私立金陵大學附屬中學高中畢業生成績一覽表

學號	姓名	年齡	籍貫	入學年月	畢業年月
	楊立本	二一	江蘇丹陽	三十五年二月	仝上
	言頌松	二〇	湖南湘潭	三十五年八月	仝上
	余用元	一九	江蘇武進	三十五年二月	仝上
	張紹遠	二〇	江蘇漣水	仝上	仝上
	張雲鵬	一九	安徽含山	三十四年二月	仝上
	陳聖悟	一九	安徽立煌	三十五年八月	仝上
	陳聖士	二〇	安徽立煌	仝上	仝上

姓名	成績類別	公民	國文	英文	算學	衛生	科學	歷史	地理	圖畫	音樂	勞作	軍訓	童子軍	各科畢業成績總計	畢業成績平均	操行成績	體育成績	備考
楊立本	各學期成績平均	70	70	64	67		68	76	69	68	68				692	68.8	乙	72	
	各科畢業考試成績	74	60	65	60		62	76	77						546	68.2	丙	72	
	各科畢業成績	72	66	64	64		66	76	72	68	68				688	68.3	乙	72	
言頌松	各學期成績平均	74	85	88	95		82	79	84	88	77				831	85.2	乙	79	
	各科畢業考試成績	74	75	72	93		92	83	73						632	79.0	乙	70	
	各科畢業成績	74	81	81	94		86	81	79	88	77				816	84.3	乙	75	
余用元	各學期成績平均	70	74	71	67		72	78	79	70	82				741	72.2	丙	78	
	各科畢業考試成績	70	71	65	67		63	71	76						563	70.4	丁	80	
	各科畢業成績	70	73	69	67		68	75	78	70	82				731	71.0	丙	79	
張紹遠	各學期成績平均	72	71	71	77		75	77	77	70	74				747	72.9	乙	83	
	各科畢業考試成績	66	71	62	77		86	85	84						624	78.0	乙	95	
	各科畢業成績	69	71	67	77		80	80	80	70	74				756	74.8	乙	88	
張雲鵬	各學期成績平均	72	71	61	72		66	72	77	75	73	82			797	70.0	乙	76	
	各科畢業考試成績	72	66	60	70		68	66	77						554	69.2	乙	75	
	各科畢業成績	72	69	61	71		67	69	77	75	73	82			792	70.0	乙	76	
陳聖悟	各學期成績平均	77	68	62	65		68	82	75	69	70				711	68.4	丙	75	
	各科畢業考試成績	72	70	60	67		65	70	75						523	68.0	乙	64	
	各科畢業成績	75	69	61	66		67	77	75	69	70				699	67.3	丙	70	
陳聖士	各學期成績平均	91	87	71	72		71	87	84	80	71				789	76.6	丙	75	
	各科畢業考試成績	77	74	60	70		70	82	83						591	73.9	丙	75	
	各科畢業成績	85	81	66	71		71	85	84	80	71				769	75.1	丙	75	

南京市私立金陵大學附屬中學高中畢業生成績一覽表

學號							
姓名	陳體棐	周法平	周漢旦	朱子玉	洪鐵	黃觀鐸	甘志
年齡	一九	一九	二一	二〇	二〇	一九	二〇
籍貫	福建林森	江蘇東海	南京市	南京市	福建林森	廣東中山	南京市
入學年月	三十五年二月	三十四年八月	三十六年二月	三十五年八月	三十五年二月	三十六年八月	三十四年二月
畢業年月	三十七年六月	仝上	仝上	仝上	仝上	仝上	仝上

科目	陳體棐 各學期成績平均	陳體棐 各科畢業考試成績	陳體棐 各科畢業成績	周法平 各學期成績平均	周法平 各科畢業考試成績	周法平 各科畢業成績	周漢旦 各學期成績平均	周漢旦 各科畢業考試成績	周漢旦 各科畢業成績	朱子玉 各學期成績平均	朱子玉 各科畢業考試成績	朱子玉 各科畢業成績	洪鐵 各學期成績平均	洪鐵 各科畢業考試成績	洪鐵 各科畢業成績	黃觀鐸 各學期成績平均	黃觀鐸 各科畢業考試成績	黃觀鐸 各科畢業成績	甘志 各學期成績平均	甘志 各科畢業考試成績	甘志 各科畢業成績
公民	70	60	66	76	73	75	95	77	88	84	68	78	72	75	73	77	75	76	77	80	78
國文	63	65	66	72	66	69	88	85	87	83	69	77	70	61	66	69	71	70	72	63	68
英文	62	60	61	67	65	66	81	79	80	75	66	71	76	65	71	64	69	66	63	60	62
算學	62	68	60	62	66	64	69	70	69	80	72	71	67	67	67	63	72	67	63	65	64
衛生																					
科學	68	60	65	69	60	65	81	87	83	79	69	75	78	82	80	64	73	68	70	61	66
歷史	81	60	72	71	73	72	86	89	87	84	79	82	75	77	76	74	72	73	77	76	77
地理	75	74	75	72	72	72	82	80	81	80	79	80	78	83	80	79	75	77	71	66	69
圖畫	75		75	71		71	88		88	78		78	77		77	85		85	74		74
音樂	80		80	77		77	85		85	75		75	73		73	72		72	80		80
勞作																					
軍訓																					
童子軍																					
各科畢業成績總計	715	542	708	708	547	701	817	608	824	794	575	768	735	583	734	724	585	731	720	549	716
各科畢業成績平均	68.9	69.6	68.2	68.2	68.7	68.1	78.6	80.1	78.7	78.7	72.0	76.6	73.4	73.0	73.4	67.7	73.0	68.5	68.0	68.5	68.0
操行成績	丙	丙	丙	乙	乙	乙	乙	乙	乙	乙	乙	乙	乙	乙	乙	丙	乙	丙	乙	乙	乙
體育成績	79	95	86	69	72	70	72	81	76	76	73	75	71	73	69	77	78	77	78	78	78
備考																					

南京市私立金陵大學附屬中學高中畢業生成績一覽表

學號							
姓名	高維群	谷行巖	郭治平	李崚思	吳明祖	劉德銘	羅慶坤
年齡	一九	二〇	一九	一九	一八	二〇	一九
籍貫	江蘇鎮江	江蘇吳縣	湖南瀏陽	湖南寧鄉	四川長寧	河南郾城	安徽[illegible]縣
入學年月	三十四年八月	三十五年八月	仝上	三十六年八月	三十五年八月	仝上	三十五年二月
畢業年月	仝上	仝上	仝上	仝上	仝上	仝上	仝上

科目	高維群 各學期成績平均	高維群 各科畢業考試成績	高維群 各科畢業成績	谷行巖 各學期成績平均	谷行巖 各科畢業考試成績	谷行巖 各科畢業成績	郭治平 各學期成績平均	郭治平 各科畢業考試成績	郭治平 各科畢業成績	李崚思 各學期成績平均	李崚思 各科畢業考試成績	李崚思 各科畢業成績	吳明祖 各學期成績平均	吳明祖 各科畢業考試成績	吳明祖 各科畢業成績	劉德銘 各學期成績平均	劉德銘 各科畢業考試成績	劉德銘 各科畢業成績	羅慶坤 各學期成績平均	羅慶坤 各科畢業考試成績	羅慶坤 各科畢業成績
公民	72	74	73	77	64	71	78	78	78	90	63	79	80	65	73	72	69	71	75	72	74
國文	72	60	67	79	70	75	73	66	70	60	60	60	83	70	77	68	64	66	66	67	66
英文	75	61	68	75	69	73	67	64	66	61	61	61	77	80	78	66	66	66	65	60	63
算學	67	67	67	69	60	65	67	63	65	60	60	60	70	73	71	68	68	68	66	72	68
衛生																					
科學	74	65	70	70	61	66	70	65	68	60	60	60	72	67	70	82	62	73	69	60	65
歷史	88	88	88	81	84	82	76	76	76	67	70	68	89	88	89	70	70	70	77	68	73
地理	75	62	69	73	81	76	73	71	72	73	72	73	87	85	86	72	80	76	71	64	68
圖畫	76		76	90		90	74		74				85		85	72		72	72		72
音樂	79		79	77		77	72		72				74		74	74		74	80		80
勞作																					
軍訓																					
童子軍																					
各科畢業成績總計	748	547	727	770	569	754	721	559	714	546	523	535	797	598	779	717	553	714	706	536	701
各科畢業成績平均	73.7	68.4	71.8	74.8	70.1	73.7	70.9	70.0	70.8	65.7	65.0	65.2	77.3	74.7	76.2	70.7	69.0	70.6	68.2	67.0	68.1
操行成績	乙	乙	乙	丙	丁	丙	乙	丙	乙	丙	丙	丙	乙	乙	乙	乙	乙	乙	乙	丙	乙
體育成績	70	70	70	79	80	79	71	76	73	71	78	74	80	70	76	63	74	68	75	73	74
備考																					

南京市私立金陵大學附屬中學高中畢業生成績一覽表

學號																					
姓名	盧孝曾			馬企亨			馬傳家			平去庭			沈汝烈			史國光			謝昌熾		
年齡	一七			一八			二〇			一九			一七			一八			二〇		
籍貫	南京市			浙江東陽			徐州市			浙江海寧			浙江吳興			安徽桐城			南京市		
入學年月	三十五年二月			三十六年二月			三十六年八月			仝上			三十五年八月			三十六年八月			三十四年八月		
畢業年月	三十七年六月			仝上			仝上			仝上			仝上			仝上			仝上		
科目　成績類別	各學期成績平均	各科畢業考試成績	各科畢業成績	各學期成績平均	各科畢業考試成績	各科畢業成績	各學期成績平均	各科畢業考試成績	各科畢業成績	各學期成績平均	各科畢業考試成績	各科畢業成績	各學期成績平均	各科畢業考試成績	各科畢業成績	各學期成績平均	各科畢業考試成績	各科畢業成績	各學期成績平均	各科畢業考試成績	各科畢業成績
公民	76	66	72	88	75	82	75	80	77	78	77	78	78	72	76	75	72	74	84	79	82
國文	70	66	68	73	72	73	70	74	72	74	68	72	78	66	73	76	72	74	78	68	74
英文	70	62	67	78	76	77	60	65	62	61	65	63	63	62	63	61	69	64	73	69	72
算學	67	61	65	68	81	74	65	60	63	73	77	75	75	72	74	75	77	74	75	80	77
衛生																					
科學	78	75	77	84	91	87	60	60	60	80	67	74	72	67	70	74	60	68	85	78	82
歷史	70	68	69	78	85	81	72	82	77	82	75	79	76	80	77	77	75	76	87	78	83
地理	69	68	69	85	91	88	80	79	80	85	78	82	76	74	75	80	84	82	77	71	75
圖畫	83		83	75		75							80		80				85		85
音樂	76		76	80		80							72		72				78		78
勞作																					
軍訓																					
童子軍																					
各科畢業成績總計	729	534	716	775	641	784	562	580	571	599	579	597	746	569	736	518	584	579	794	588	778
畢業成績平均	70.2	69.0	68.8	76.7	80.0	76.9	70.2	72.1	71.2	74.1	72.4	74.0	72.7	71.8	71.7	72.1	73.0	72.1	78.2	73.2	77.3
操行成績	乙	丙	乙	乙	乙	乙	乙	乙	乙	乙	乙	乙	乙	乙	乙	乙	乙	乙	乙	乙	乙
體育成績	70	70	70	66	70	67	80	80	80	76	70	74	76	76	76	60	75	67	72	67	70
備考																					

南京市私立金陵大學附屬中學高中畢業生成績一覽表

學號																					
姓名	宋鎮誠			孫成志			闕世桐			肖淮漢			蔣永洸			錢建華			徐慶生		
年齡	二〇			二一			一九			二〇			一九			二〇			二〇		
籍貫	江蘇青浦			江蘇江寧			湖南安化			江蘇江陰			福建林森			江蘇[illegible]陽			安徽[illegible]		
入學年月	三十五年二月			三十四年八月			三十六年八月			三十四年八月			三十五年八月			仝上			仝上		
畢業年月	三十七年六月			仝上			仝上			仝上			仝上			仝上			仝上		
科目　成績類別	各學期成績平均	各科畢業考試成績	各科畢業成績	各學期成績平均	各科畢業考試成績	各科畢業成績	各學期成績平均	各科畢業考試成績	各科畢業成績	各學期成績平均	各科畢業考試成績	各科畢業成績	各學期成績平均	各科畢業考試成績	各科畢業成績	各學期成績平均	各科畢業考試成績	各科畢業成績	各學期成績平均	各科畢業考試成績	各科畢業成績
公民	73	76	74	73	75	73	74	72	73	89	75	83	75	75	75	80	77	79	86	74	81
國文	69	61	66	71	63	68	70	63	67	80	75	78	66	62	64	80	66	72	73	68	71
英文	65	60	63	72	66	69	71	70	71	75	61	68	63	60	62	76	64	71	66	62	64
算學	64	74	69	72	70	71	60	66	62	73	64	69	61	67	63	68	72	70	66	72	69
衛生																					
科學	69	60	65	73	60	67	60	60	60	78	71	75	68	60	65	73	61	68	77	65	71
歷史	73	66	70	82	81	82	65	63	64	87	71	81	66	67	66	75	83	79	77	68	74
地理	73	72	73	77	72	75	65	65	65	84	73	79	66	65	66	80	77	79	78	75	77
圖畫	92		92	76		76				78		78	90		90	97		97	83		83
音樂	79		79	71		71				77		77	70		70	84		84	77		77
勞作																					
軍訓																					
童子軍																					
各科畢業成績總計	720	534	735	741	565	728	534	508	531	796	565	763	693	530	692	782	515	770	760	555	742
畢業成績平均		69.2	69.0	73.1	70.9	72.2	65.3	66.0	65.1	77.4	70.9	75.2	66.1	66.2	66.1	75.7	72.0	74.2	73.1	69.3	71.2
操行成績	丙	乙	丙	乙	乙	乙	丙	乙	丙	乙	乙	乙	乙	丙	乙	乙	乙	乙	乙	丙	乙
體育成績	83	85	84	75	78	76	69	69	69	75	75	75	68	74	71	69	75	71	71	71	75
備考																					

南京市私立金陵大學附屬中學高中畢業生成績一覽表

科目	徐熱			徐光滙			徐祥連			王治芳			汪吉瑞			王瑷			王燕光		
學號																					
年齡	一九			一九			二〇			一八			二〇			二一			二〇		
籍貫	江蘇六合			安徽無為			南京市			南京市			安徽蕪湖			安徽定遠			安徽潛山		
入學年月	三十六年八月			三十五年八月			仝上			三十四年八月			三十六年二月			三十五年八月			仝上		
畢業年月	三十七年六月			仝上			仝上			仝上			仝上			仝上			仝上		
成績類別	各學期平均成績	各科畢業考試成績	各科畢業成績	各學期平均成績	各科畢業考試成績	各科畢業成績	各學期平均成績	各科畢業考試成績	各科畢業成績	各學期平均成績	各科畢業考試成績	各科畢業成績	各學期平均成績	各科畢業考試成績	各科畢業成績	各學期平均成績	各科畢業考試成績	各科畢業成績	各學期平均成績	各科畢業考試成績	各科畢業成績
公民	95	83	89	74	63	69	72	78	76	73	74	73	78	76	77	78	72	75	73	60	68
國文	68	68	68	69	63	67	72	71	72	72	70	71	68	62	66	66	62	64	70	67	69
英文	66	65	66	70	60	66	71	74	72	61	61	61	61	64	62	64	60	62	67	60	64
數學	61	65	62	72	67	70	74	76	75	66	77	70	67	75	71	73	65	69	62	61	62
衛生																					
科學	60	60	60	77	79	78	79	80	79	71	64	68	67	60	64	72	71	72	67	65	66
歷史	63	64	63	65	61	63	78	75	77	74	66	71	63	60	62	74	70	72	73	70	72
地理	70	65	68	81	69	76	75	75	75	74	71	73	73	64	69	74	74	74	67	69	68
圖畫				88		88	77		77	82		82	80		80	75		75	66		66
音樂				76		76	71		71	74		74	85		85	80	—	80	69		69
勞作										88		88									
軍訓										77		77									
各科畢業成績總計	550	539	547	741	582	722	734	602	741	893	578	896	720	544	716	734	548	728	690	528	680
畢業成績平均	65.7	63.4	64.8	72.1	63.6	71.2	73.1	72.8	72.1	69.9	72.1	69.9	71.1	68.0	70.6	69.9	68.2	[illegible]	69.4	66.0	66.4
操行成績	乙	乙	乙	丙	丙	丙	丙	乙	丙	乙	乙	乙	丙	丙	丙	丙	乙	乙	乙	乙	乙
體育成績	75	70	73	69	70	69	65	73	69	83	95	88	78	83	80	78	74	76	76	76	76
備考																					

南京市私立金陵大學附屬中學高中畢業生成績一覽表

科目	吴天傑			楊啟華			楊光興			楊濬			章正尚			張崇法			張濤		
學號																					
年齡	二〇			二〇			二〇			二一			二〇			二〇			一九		
籍貫	安徽合肥			福建林森			南京市			江蘇江寧			安徽來安			江蘇江浦			河北獲鹿		
入學年月	三十六年八月			三十五年八月			三十四年八月			三十三年八月			三十四年八月			三十四年二月			三十五年八月		
畢業年月	三十七年六月			仝上			仝上			仝上			仝上			仝上			仝上		
成績類別	各學期平均成績	各科畢業考試成績	各科畢業成績	各學期平均成績	各科畢業考試成績	各科畢業成績	各學期平均成績	各科畢業考試成績	各科畢業成績	各學期平均成績	各科畢業考試成績	各科畢業成績	各學期平均成績	各科畢業考試成績	各科畢業成績	各學期平均成績	各科畢業考試成績	各科畢業成績	各學期平均成績	各科畢業考試成績	各科畢業成績
公民	80	64	73	84	62	79	81	75	79	79	78	79	81	67	76	75	64	70	71	72	71
國文	76	65	71	74	72	73	71	74	72	75	66	71	75	65	71	68	60	65	75	70	73
英文	73	65	70	66	65	66	61	63	62	76	63	68	61	70	65	66	60	64	80	71	76
數學	60	68	63	66	77	71	62	77	69	63	70	66	62	60	61	60	68	63	66	60	64
衛生																					
科學	71	61	67	67	60	64	73	67	71	68	60	65	67	66	67	71	63	68	83	71	78
歷史	65	75	69	66	73	69	73	83	77	81	84	82	78	71	75	76	69	73	73	79	75
地理	64	67	65	71	76	73	72	73	72	76	72	74	73	60	68	69	65	67	73	63	69
圖畫				72		72	75		75	72		72	80		80	75		75	79		79
音樂				79		79	84		84	72		72	70		70	80		80	82		82
勞作																					
軍訓																					
各科畢業成績總計	564	539	553	713	569	726	731	586	738	730	565	729	720	530	705	724	523	720	772	581	759
畢業成績平均	70.5	69.6	69.5	68.4	70.6	68.6	68.2	73.1	68.3	70.2	70.5	70.1	67.8	66.2	66.9	69.3	65.2	69.0	73.2	72.5	72.4
操行成績	乙	乙	乙	丙	丙	丙	乙	丙	乙	乙	乙	乙	乙	丙	乙	丙	丙	丙	乙	丙	乙
體育成績	75	74	75	78	84	80	79	74	77	73	72	73	73	71	72	75	74	75	90	95	92
備考																					

南京市私立金陵大學附屬中學高中畢業生成績一覽表

學號																					
姓名	趙康			陳正清			陳一超			賈葆年			全三崑			鍾湖濱			朱太平		
年齡	二〇			二一			一九			二二			一八			一九			一八		
籍貫	安徽滁縣			南京市			江蘇無錫			南京市			江蘇鎮江			廣東霞山			南京市		
入學年月	三十四年八月			仝上			三十六年二月			三十五年八月			仝上			三十四年八月			三十五年八月		
畢業年月	仝上			仝上			仝上			仝上			仝上			仝上			仝上		
科目／成績類別	各學期平均成績	各科畢業考試成績	各科畢業成績	各學期平均成績	各科畢業考試成績	各科畢業成績	各學期平均成績	各科畢業考試成績	各科畢業成績	各學期平均成績	各科畢業考試成績	各科畢業成績	各學期平均成績	各科畢業考試成績	各科畢業成績	各學期平均成績	各科畢業考試成績	各科畢業成績	各學期平均成績	各科畢業考試成績	各科畢業成績
公民	81	68	75	75	77	76	65	78	71	71	70	71	82	82	82	88	85	87	76	80	77
國文	72	64	69	71	67	69	70	78	73	61	69	64	75	64	70	72	79	75	66	73	69
英文	64	61	63	71	66	69	60	68	63	60	60	60	67	60	64	68	70	68	60	62	61
算學	62	67	64	81	73	78	67	66	67	64	60	62	69	60	65	65	75	69	61	68	64
衛生																					
科學	66	60	64	79	67	74	72	62	67	65	60	63	75	60	68	74	69	72	69	63	67
歷史	71	62	67	88	77	83	82	78	81	67	60	64	82	76	80	83	68	76	79	75	77
地理	78	71	75	74	71	73	78	72	76	70	70	70	80	71	76	75	75	75	77	78	77
圖畫	71		71	71		71	78		78	78		78	70		70	78		78	97		97
音樂	62		62	74		74	72		72	85		85	75		75	82		82	70		70
勞作																					
軍訓																					
童子軍																					
各科畢業成績總計	703	535	689	756	564	737	722	582	727	681	524	684	754	554	730	770	601	765	738	594	748
畢業成績平均	69.3	69.1	68.4	75.7	70.5	74.2	74.2	73.0	74.2	64.7	65.5	64.7	73.5	69.2	74.0	73.5	75.1	74.4	68.4	74.2	69.3
操行成績	丙	丁	丙	乙	乙	乙	丙	丙	丙	丙	乙	丙	丙	丙	丙	乙	乙	乙	乙	乙	乙
體育成績	76	82	79	70	70	70	78	80	79	60	75	67	79	81	80	85	80	83	83	95	89
備考																					

南京市私立金陵大學附屬中學高中畢業生成績一覽表

學號																					
姓名	范祖安			何功釗			何廣仁			何祖接			胡敏			黃清			葛甦		
年齡	二〇			二一			一九			二〇			一八			一八			一八		
籍貫	江蘇武進			江蘇江浦			江蘇鎮江			福建林森			四川萬縣			廣東中山			安徽懷寧		
入學年月	三十五年八月			三十五年二月			三十四年八月			三十六年二月			三十五年八月			三十四年八月			三十五年八月		
畢業年月	三十七年六月			仝上			仝上			仝上			仝上			仝上			仝上		
科目／成績類別	各學期平均成績	各科畢業考試成績	各科畢業成績	各學期平均成績	各科畢業考試成績	各科畢業成績	各學期平均成績	各科畢業考試成績	各科畢業成績	各學期平均成績	各科畢業考試成績	各科畢業成績	各學期平均成績	各科畢業考試成績	各科畢業成績	各學期平均成績	各科畢業考試成績	各科畢業成績	各學期平均成績	各科畢業考試成績	各科畢業成績
公民	83	82	83	76	72	74	70	70	70	75	68	72	80	75	78	69	82	75	71	66	69
國文	72	60	67	74	80	76	67	62	65	61	66	63	71	70	71	68	70	69	76	67	72
英文	69	61	66	66	61	64	61	60	61	69	65	68	69	68	69	69	73	71	80	69	75
算學	68	67	68	68	67	68	64	70	67	63	67	65	70	63	67	60	60	60	67	60	64
衛生																					
科學	75	60	68	69	61	66	71	60	66	68	65	67	72	82	76	63	60	62	82	81	82
歷史	71	70	71	74	75	74	77	76	77	66	72	69	94	91	93	69	72	70	72	84	77
地理	75	69	72	69	60	65	70	70	70	68	62	66	91	94	92	75	61	69	73	70	72
圖畫	78		78	69		69	70		70	77		77	70		70	76		76	94		94
音樂	81		81	78		78	77		77	80		80	72		72	76		76	77		77
勞作	90		90																		
軍訓	89		89																		
童子軍																					
各科畢業成績總計	919	549	906	708	546	701	705	551	703	68.9	537	694	749	613	733	703	556	707	764	574	756
畢業成績平均	73.2	68.6	72.2	69.5	68.5	68.6	67.7	68.8	67.7	65.7	67.1	65.8	73.1	76.5	74.0	67.2	68.8	67.3	74.1	71.6	73.3
操行成績	乙	丙	乙	乙	丙	乙	丙	丁	丙	丙	丁	丙	乙	乙	乙	丙	丙	丙	乙	丙	乙
體育成績	68	80	73	65	70	67	78	83	80	62	72	67	61	70	65	79	78	79	72	77	74
備考																					

南京市私立金陵大學附屬中學高中畢業生成績一覽表

學號	姓名	年齡	籍貫	入學年月	畢業年月	類別	公民	國文	英文	算學	衛生	科學	歷史	地理	圖畫	音樂	勞作	軍訓	童子軍	各科畢業成績總計	畢業成績平均	操行成績	體育成績	備考
	萬英	一九	安徽懷寧	三十五年一月	三十七年六月	各學期成績平均	79	75	76	70	一	78	70	69	95	74				768	74.7	乙	82	
						各科畢業考試成績	60	68	61	60		72	63	66						578	66.0	丙	78	
						各科畢業成績	70	72	69	66		76	67	68	95	74				728	72.4	乙	81	
	貢長林	二二	江蘇鎮江	三十四年八月	仝上	各學期成績平均	73	66	60	60		74	77	77	82	72				711	68.3	丙	70	
						各科畢業考試成績	80	61	60	60		70	79	72						569	70.1	乙	87	
						各科畢業成績	76	64	60	60		72	78	75	82	72				717	68.4	丙	78	
	郭儀孟	二〇	江蘇鎮江	三十五年二月	仝上	各學期成績平均	78	74	72	74		68	75	73	68	73				725	69.4	丙	73	
						各科畢業考試成績	73	76	74	67		60	69	75						555	69.2	丙	71	
						各科畢業成績	76	75	72	71		65	72	74	68	73				718	69.2	丙	72	
	李全保	二〇	江蘇銅山	三十四年八月	仝上	各學期成績平均	79	72	66	69		73	83	81	82	80				742	72.9	乙	77	
						各科畢業考試成績	73	64	63	78		67	85	77						589	73.5	乙	82	
						各科畢業成績	77	69	65	73		71	84	79	82	80				759	72.8	乙	79	
	李心境	一七	湖南長沙	三十五年一月	仝上	各學期成績平均	71	69	64	68		85	75	78	72	83				724	72.7	丙	79	
						各科畢業考試成績	71	62	62	66		66	75	84						568	71.2	丁	82	
						各科畢業成績	71	66	63	67		76	75	80	72	83				733	71.9	丙	80	
	龍經熱	一九	雲南昭通	仝上	仝上	各學期成績平均	78	66	62	65		70	71	73	73	78				701	67.6	丙	71	
						各科畢業考試成績	82	68	69	60		60	68	70		—				555	69.5	丁	78	
						各科畢業成績	76	67	65	63		66	70	72	73	78				704	67.6	丙	74	
	前殷	一七	福建林森	仝上	仝上	各學期成績平均	79	71	64	62		66	75	74	71	67				695	67.2	丙	66	
						各科畢業考試成績	73	69	70	60		68	75	76						569	71.0	乙	78	
						各科畢業成績	76	70	66	61		67	75	75	71	67				689	67.1	丙	71	

南京市私立金陵大學附屬中學高中畢業生成績一覽表

學號	姓名	年齡	籍貫	入學年月	畢業年月	類別	公民	國文	英文	算學	衛生	科學	歷史	地理	圖畫	音樂	勞作	軍訓	童子軍	各科畢業成績總計	畢業成績平均	操行成績	體育成績	備考
	潘銘祿	二〇	南京市	三十四年八月	三十七年六月	各學期成績平均	81	68	60	67		75	79	71	70	78				731	70.6	乙	82	
						各科畢業考試成績	73	60	68	60		74	83	68						573	71.0	丁	87	
						各科畢業成績	78	65	63	64		75	81	70	70	79				721	70.0	丙	84	
	龐慶貴	二一	江蘇儀徵	仝上	仝上	各學期成績平均	68	71	66	63		71	80	73	76	72				716	69.9	乙	76	
						各科畢業考試成績	72	66	60	60		60	75	67						534	66.7	丙	74	
						各科畢業成績	70	69	64	62		66	78	70	76	72				702	68.9	乙	75	
	沈溪樁	二〇	江西南昌	仝上	仝上	各學期成績平均	71	67	65	61		71	73	75	83	77				714	67.9	丙	71	
						各科畢業考試成績	74	62	68	70		65	67	67						552	69.0	丁	79	
						各科畢業成績	72	65	66	65		69	70	71	83	77				712	67.9	丙	74	
	沈立時	一八	江西奉賢	三十五年八月	仝上	各學期成績平均	70	62	61	74		73	80	76	66	77				717	69.8	丙	78	
						各科畢業考試成績	72	60	69	61		64	67	67						533	66.7	丁	73	
						各科畢業成績	71	61	64	68		69	75	74	66	77				701	68.8	丙	76	
	史乾元	二〇	安徽合肥	仝上	仝上	各學期成績平均	81	61	61	71		67	71	69	85	85				713	67.5	丙	74	
						各科畢業考試成績	73	67	60	75		60	74	70						554	69.0	丙	75	
						各科畢業成績	78	63	61	73		64	72	69	85	85				724	70.1	丙	74	
	孫兆永	一九	南京市	三十四年八月	仝上	各學期成績平均	77	75	62	63		67	76	82	69	74				720	69.2	丙	75	
						各科畢業考試成績	72	79	61	60		60	62	67						541	67.6	丙	80	
						各科畢業成績	75	77	62	62		64	69	80	69	74				709	68.1	丙	77	
	戴華淦	二〇	江蘇江寧	仝上	仝上	各學期成績平均	81	82	82	80		84	93	84	74	75				811	81.7	乙	76	
						各科畢業考試成績	82	82	77	72		64	88	78						623	77.9	乙	80	
						各科畢業成績	81	82	80	77		75	91	82	74	75				795	79.4	乙	78	

南京市私立金陵大學附屬中學高中畢業生成績一覽表

學號																					
姓名	湯紹文			鄭家祺			鄭家祥			丁貴春			徐盤宏			徐棣華			杜佩		
年齡	一九			一九			二一			一九			二一			一九			二一		
籍貫	江西南昌			南京市			南京市			江蘇句容			江蘇六合			安徽廬江			江蘇江浦		
入學年月	三十五年八月			三十四年八月			仝上			仝上			仝上			三十六年二月			三十四年八月		
畢業年月	三十七年六月			仝上			仝上			仝上			仝上			仝上			仝上		
科目 \ 成績類別	各學期成績平均	各科畢業考試成績	各科畢業成績	各學期成績平均	各科畢業考試成績	各科畢業成績	各學期成績平均	各科畢業考試成績	各科畢業成績	各學期成績平均	各科畢業考試成績	各科畢業成績	各學期成績平均	各科畢業考試成績	各科畢業成績	各學期成績平均	各科畢業考試成績	各科畢業成績	各學期成績平均	各科畢業考試成績	各科畢業成績
公民	72	64	69	71	68	70	77	65	71	77	76	77	79	75	77	73	64	69	75	76	75
國文	72	67	64	65	60	63	65	60	63	80	81	80	71	68	70	68	71	69	70	66	69
英文	70	72	81	62	68	64	64	62	63	81	66	75	65	63	64	60	60	64	64	66	65
算學	66	62	64	66	60	64	61	65	63	82	64	74	67	62	65	70	74	72	61	66	63
衛生																					
科學	68	60	65	67	60	64	66	60	64	81	70	76	77	77	77	67	68	67	76	60	69
歷史	71	60	66	66	60	64	71	65	69	87	76	82	83	81	82	79	60	70	81	78	81
地理	70	70	71	66	64	65	66	67	66	78	70	75	74	64	69	83	72	78	75	69	73
圖畫	68		68	74		74	67		67	92		92	86		86	88		88	78		78
音樂	75		75	79		79	77		77	80		80	74		74	70		70	80		80
勞作																					
軍訓																					
童子軍																					
各科畢業成績總計	706	532	687	694	534	688	690	524	681	811	576	784	753	565	740	700	544	711	734	550	723
畢業成績平均	69.3	66.5	68.1	66.0	65.5	65.8	66.0	65.5	65.0	80.7	72.0	77.6	75.0	70.1	72.9	68.4	68.0	68.6	70.2	68.7	69.1
操行成績	丙	丁	丙	丙	丙	丙	丙	丁	丙	乙	乙	乙	丙	乙	丙	丙	丙	丙	丙	丙	丙
體育成績	74	75	74	78	84	81	76	80	78	73	73	73	77	75	76	62	75	68	74	69	70
備考																					

南京市私立金陵大學附屬中學高中畢業生成績一覽表

學號																					
姓名	王鍾武			王德勤			王淵			魏倫美			楊東平			楊維雄			全壽世		
年齡	二〇			一九			二〇			二〇			一九			一九			一九		
籍貫	南京市			湖北棗陽			南京市			南京市			江蘇江浦			浙江鄞縣			南京市		
入學年月	三十四年八月			仝上			仝上			仝上			三十五年八月			三十五年二月			三十五年八月		
畢業年月	仝上			仝上			仝上			仝上			仝上			仝上			仝上		
科目 \ 成績類別	各學期成績平均	各科畢業考試成績	各科畢業成績	各學期成績平均	各科畢業考試成績	各科畢業成績	各學期成績平均	各科畢業考試成績	各科畢業成績	各學期成績平均	各科畢業考試成績	各科畢業成績	各學期成績平均	各科畢業考試成績	各科畢業成績	各學期成績平均	各科畢業考試成績	各科畢業成績	各學期成績平均	各科畢業考試成績	各科畢業成績
公民	72	65	69	67	66	67	70	75	72	76	82	79	76	84	79	86	72	80	79	72	76
國文	63	60	62	65	65	65	69	66	68	69	62	66	65	70	68	62	60	61	85	67	77
英文	64	60	62	61	60	60	63	60	62	63	60	62	60	60	60	67	65	66	63	60	62
算學	60	74	66	64	60	62	64	64	64	61	60	61	62	60	61	80	70	76	66	67	66
衛生																					
科學	68	60	65	68	60	65	68	60	65	69	62	66	70	60	66	68	60	65	78	60	70
歷史	80	67	75	73	73	73	72	65	69	69	60	65	76	60	69	66	61	64	74	67	71
地理	70	69	70	76	63	70	71	67	69	74	72	74	71	73	72	68	60	65	77	75	76
圖畫	71		71	67		67	75		75	76		76	73		73	/		/	76		76
音樂	75		75	76		76	78		78				72		72	80		80	77		77
勞作																					
軍訓																					
童子軍																					
各科畢業成績總計	671	530	693	675	523	680	705	552	715	675	505	706	695	523	703	700	556	694	711	525	700
畢業成績平均	67.1	66.7	69.3	67.7	65.3	68.0	68.6	69.0	69.6	67.7	63.1	68.7	67.2	65.2	68.3	69.7	69.2	68.8	71.9	68.5	69.8
操行成績	丙	丁	丙	丙	丁	丙	丙	乙	丙	丙	丁	丙	丙	丁	丙	丙	丁	丙	丙	乙	丙
體育成績	81	75	78	74	76	75	92	95	94	69	70	69	80	87	83	81	95	88	73	75	74
備考																					

南京市私立金陵大學附屬中學高中畢業生成績一覽表

學號																					
姓名	賀仲龢			李景堂			程渚西			姚傳峻			王毅剛			張溪堂					
年齡	二〇			二一			一八			二〇			二〇								
籍貫	四川萬縣			徐州市			浙江杭縣			浙江杭縣			南京市			浙江上虞					
入學年月	三十五年八月			三十四年二月			三十五年八月			仝上			三十六年二月			三十六年八月					
畢業年月	三十七年六月			仝上			仝上			仝上			仝上			仝上					
科目／成績類別	各學期成績平均	各科畢業考試成績	各科畢業成績	各學期成績平均	各科畢業考試成績	各科畢業成績	各學期成績平均	各科畢業考試成績	各科畢業成績	各學期成績平均	各科畢業考試成績	各科畢業成績	各學期成績平均	各科畢業考試成績	各科畢業成績	各學期成績平均	各科畢業考試成績	各科畢業成績	各學期成績平均	各科畢業考試成績	各科畢業成績
公民	70	74	72	91	85	89	72	66	70	78	80	79	65	85	74	80	74	78			
國文	60	60	60	77	75	76	62	65	63	72	62	68	66	70	68	68	64	66			
英文	62	60	61	84	68	77	67	64	66	71	80	76	68	80	74	60	69	64			
算學	63	62	63	77	80	78	64	75	69	70	70	70	70	78	73	61	72	66			
衛生																					
科學	64	60	62	84	73	79	67	60	62	71	60	66	66	61	64	61	60	61			
歷史	67	60	64	87	73	81	62	76	68	76	80	77	72	93	82	63	79	71			
地理	61	60	61	78	72	76	71	76	73	67	72	69	64	66	65	64	66	65			
圖畫	72		72	86		86	75		75	72		72	76		76						
音樂	72		72	81		81	70		70	80		80	72		72						
勞作																					
軍訓																					
童子軍																					
各科畢業成績總計	663	516	662	83.2	596	792	693	362	700	72.1	579	72.9	648	613	72.7	519	568	538			
各科畢業成績平均	67.5	60.5	66.2	80.4	74.5	78.9	69.3	70.0	70.0	72.7	72.0	72.9	66.7	76.6	72.6	62.9	61.1	60.8			
操行成績	丙	丙	丙	乙	乙	乙	乙	丙	乙	丙	乙	丙	丙	乙	丙	丙	丙	丙			
体育成績	72	80	75	87	70	79	83	82	82	70	75	72	79	80	79	60	72	67			
備考																					

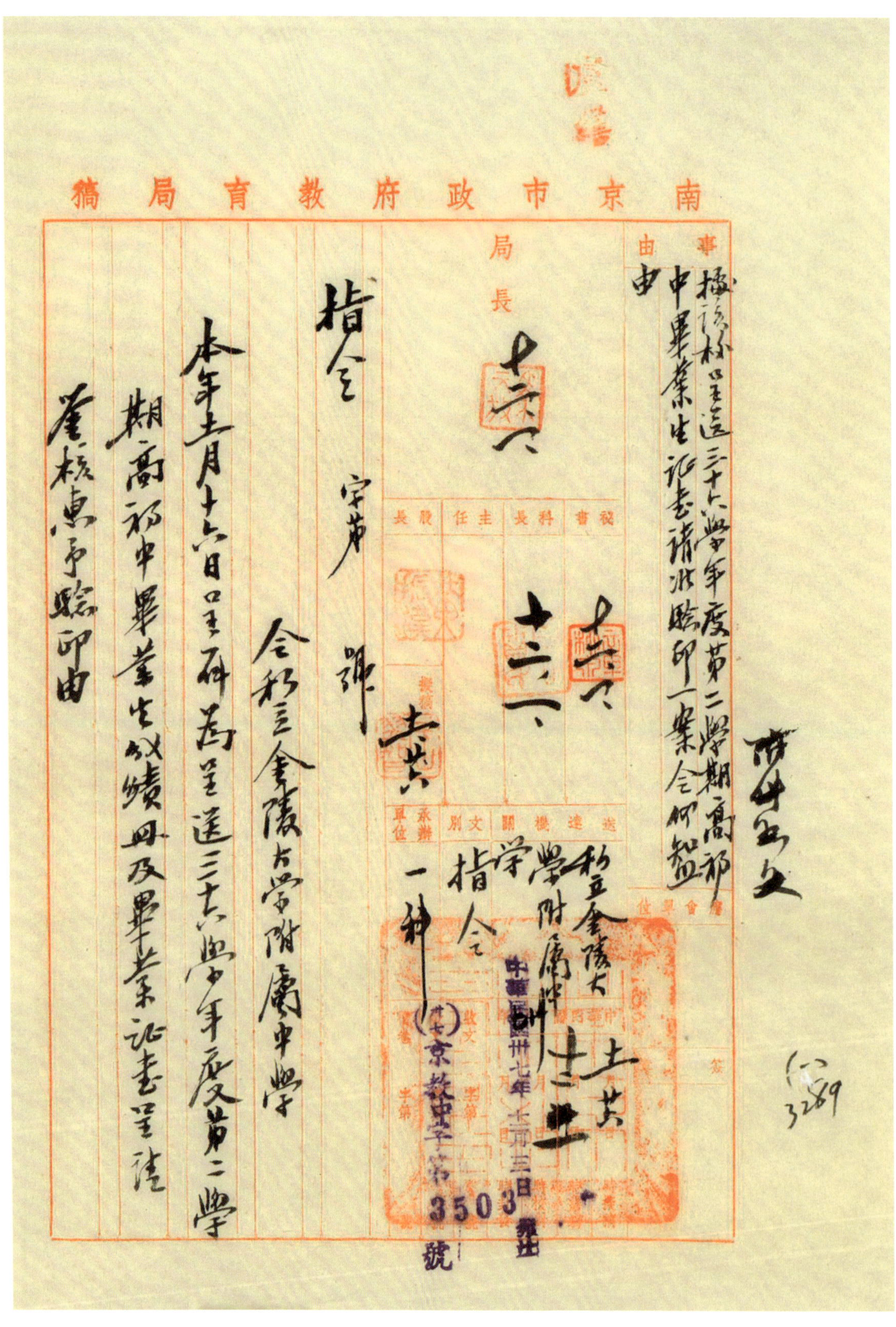
南京市政府教育局稿

事由：據該校呈送三十六學年度第二學期高初中畢業生証書請准驗印一案令仰知照由

局長

秘書　科長　主任　股長

送達機關：私立金陵大學附屬中學

文別：指令

承辦單位：一科

中華民國卅七年十二月三日　京教中字第3503號

指令　字第　號

令私立金陵大學附屬中學

本年十一月十六日呈乙件為呈送三十六學年度第二學期高初中畢業生成績册及畢業証書呈請鑒核惠予驗印由

南京市政府教育局給市私立金陵大學附屬中學的指令（一九四八年十二月三日）

檔號：1003-7-792

呈件均悉。查高中畢業生除朱太平、胡敏、郭儉益、翁殿龍、廖貴、賀仲麟、程緒西、張溟生等八名，初中畢業生除張崇義、鄭斌、邱鹿鳳、郭龍光、李辰中、彭正思、俞國基、俞元寅、熊繼賢、江元鎮、歐陽駿、顧宝琨、毛貝、宋取亮、王繩俊、吳日昭、孫世俞、元堯等十七名學籍尚未核定，證書應暫緩驗印外，其餘高中畢業證書張長雲、濮茂康等壹百零四名，初中張正軒等壹佰貳拾四名，各准予驗印，證書發還。除汪世基、郭京臨、李元華、陳正瀛、宋克治等五名未貼相片未驗印證書，應由該校領回外，合亟檢還高中畢業證書壹佰貳十四張，初中畢業證書壹佰捌拾張，令仰查收，特給為要。

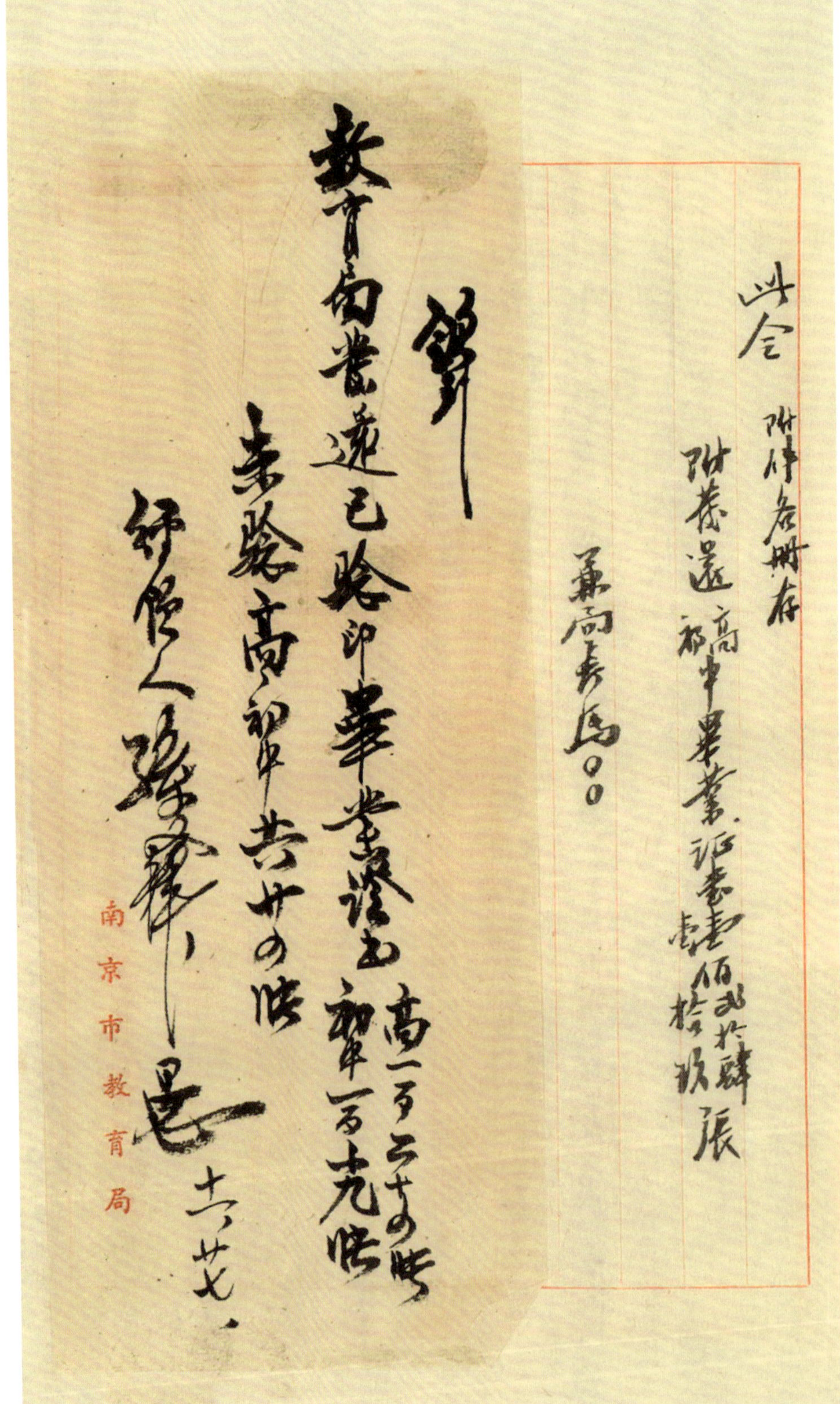

此令

附件名册存

附发还高初中毕业证书壹千伍佰肆拾陆张

兼局长○○

领到

教育局发还已验印毕业证书 高一百二十四张 初中一百九十张

未验高初中共廿四张

经领人 张[illegible]辉 具

十一月廿七

南京市教育局

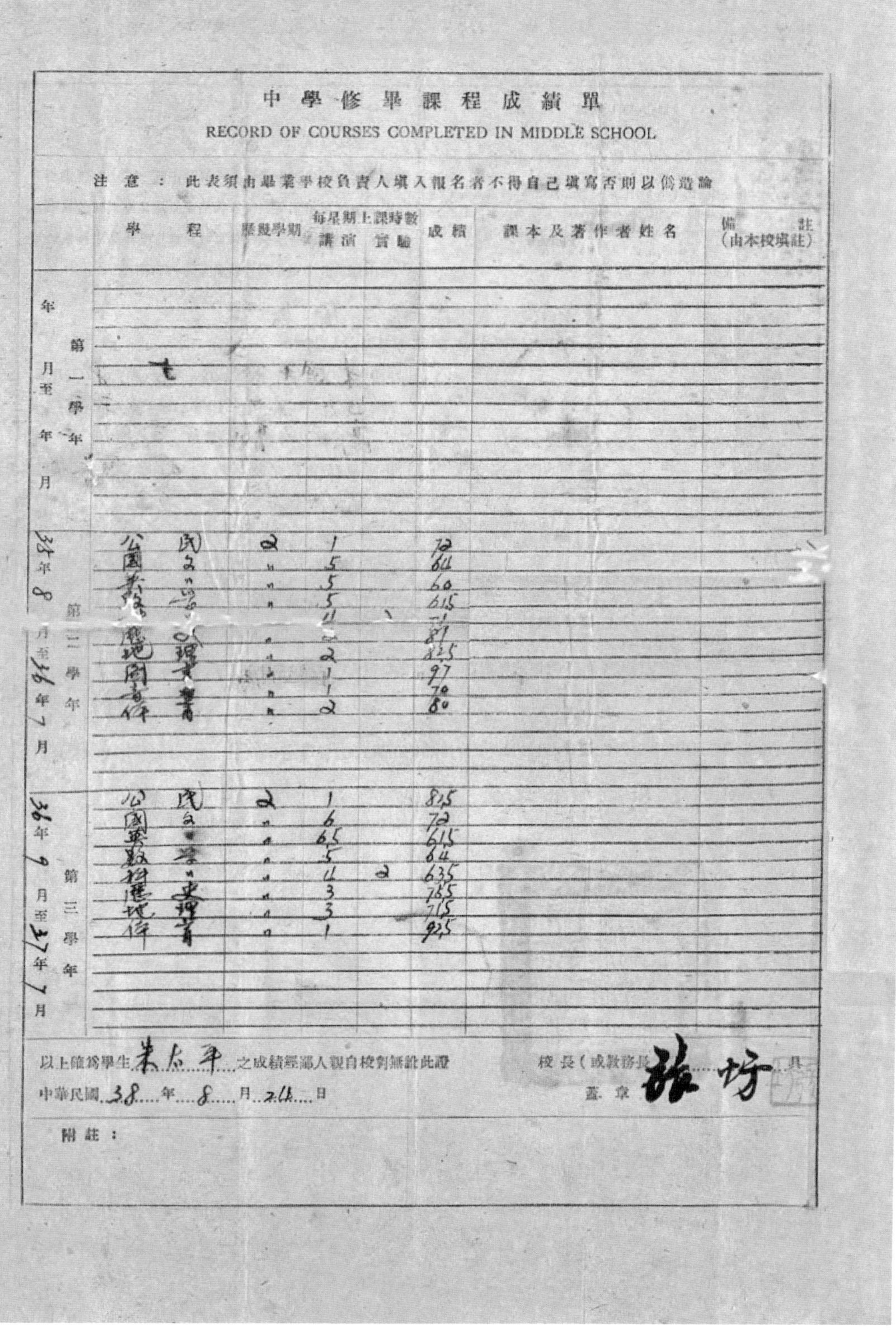

中學修畢課程成績單

RECORD OF COURSES COMPLETED IN MIDDLE SCHOOL

注意：此表須由畢業學校負責人填入報名者不得自己填寫否則以僞造論

學年	學程		歷級學期	每星期上課時數 講演	每星期上課時數 實驗	成績	課本及著作者姓名	備註（由本校填註）
第一學年 年 月至 年 月								
第二學年 35年8月至36年7月	公	民	2	1		72		
	國	文	〃	5		64		
	英	語	〃	5		60		
	[illegible]	[illegible]	〃	5		61.5		
	[illegible]	[illegible]		4		[illegible]		
	[illegible]	[illegible]	〃	[illegible]		81		
	地	理	〃	2		82.5		
	圖	畫	〃	1		97		
	音	樂	〃	1		70		
	體	育	〃	2		80		
第三學年 36年9月至37年7月	公	民	2	1		82.5		
	國	文	〃	6		72		
	英	語	〃	6.5		61.5		
	數	學	〃	5		64		
	物	〃	〃	4	2	63.5		
	歷	史	〃	3		76.5		
	地	理	〃	3		71.5		
	體	育	〃	1		92.5		

以上確爲學生朱太平之成績經鄙人親自校對無訛此證　　校長（或教務長）張坊　具

中華民國 38 年 8 月 24 日　　蓋章

附註：

南京市私立金陵大學附屬中學推薦學生朱太平升入金陵大學的一組文件

朱太平中學修畢課程成績單（一九四九年八月二十四日）

IMPORTANT
Form II

This form must be filled in by the principal or dean of the school from which the applicant comes, must be sent directly to the Office of the Board of studies by the principal and must be accompanied by a picture showing on the back the signature of the principal. This picture must be a duplicate of the picture sent in by the applicant, with form I.

注　意
第二式

報名者須將此張報名單連同與貼在第一式上之同樣相片一張送至所畢業之學校校長或教務長請其詳細填明此式一切空格加蓋學校校印並於相片後面簽字蓋章然後由該校直接交郵局掛號寄至本校教務處

中學校校長介紹書
PRINCIPAL'S RECOMMENDATIONS

This is to certify that the applicant (Romanized)........ (Chinese)........ was a student here for a period of........ years beginning........ 19........ and ending........ 19........ and was duly graduated in 19........ (or successfully completed........ years, work in........ school) I further certify that his conduct has been........ and his scholarship has been of an average grade........ ranking No........ in a class of........

Official Title........
School........
Date

學生朱友平曾於民國35年8月至民國37年7月在該校修業三三制高級中學普通科第三學年二學期課程學業成績總均68.4品行列入乙等該班畢業生人數共........名該生名列第........茲因投考貴校謹將該生修學課程分別填註於後，請予介紹，即請查照爲荷！此致
金陵大學教務處

金陵大學附屬中學校校長　張坊　簽章

本校爲昭慎重杜假冒起見，請畢業中學校長在介紹書內親自簽字蓋章，凡簽字不蓋章，蓋章不簽字者，作爲無效

學校校印請蓋在此處

貼像片處
（請僅貼相片上端）
相片背後須有報名者之姓名及畢業學校……

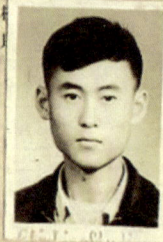

(R1001-4000,August,49)

中學校校長介紹書（一九四九年八月二十四日）

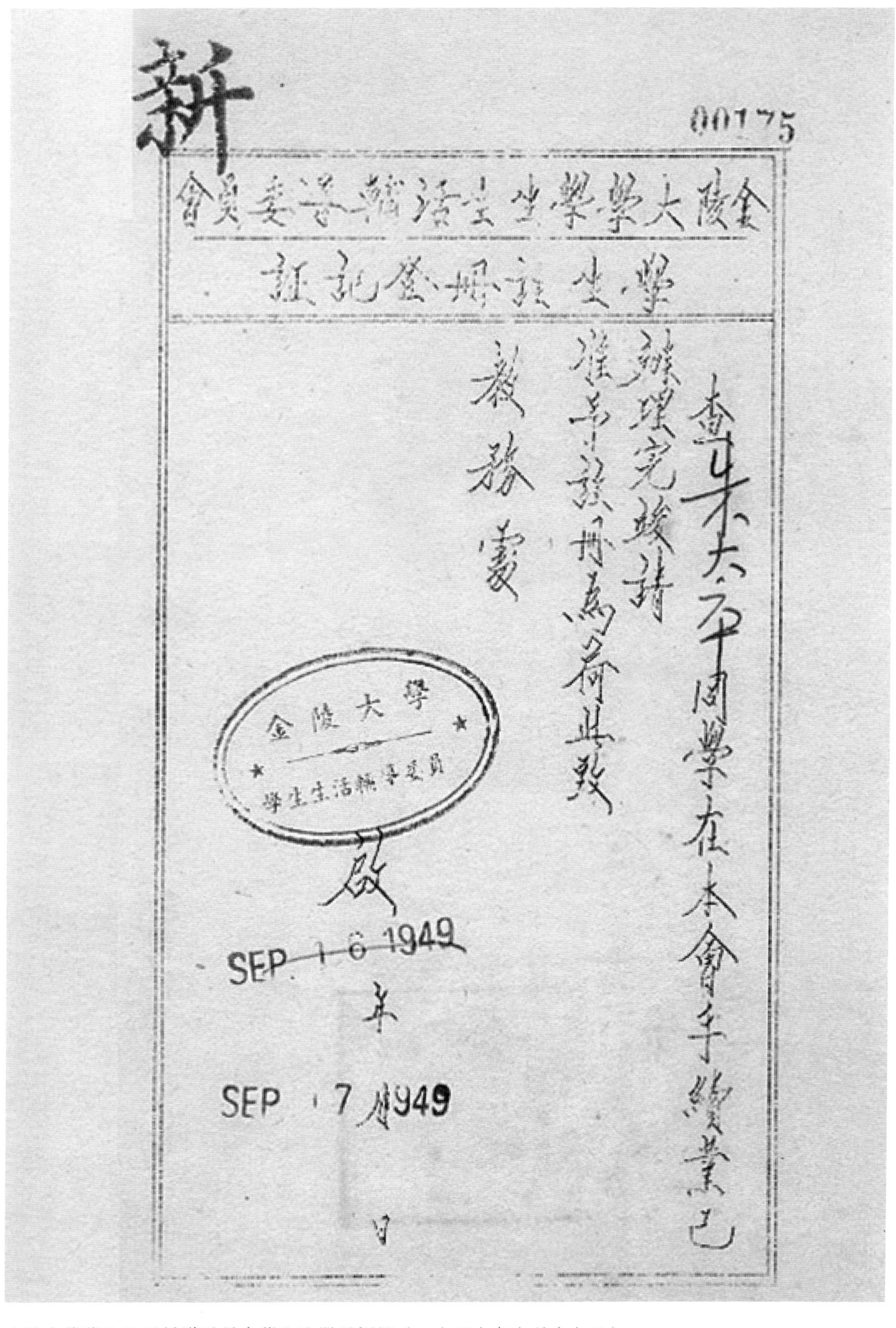

新

00175

金陵大學學生生活輔導委員會

學生注册登記證

查朱太平同學在本會手續業已辦理完竣請准予註册為荷此致

教務處

金陵大學 學生生活輔導委員會 啟

SEP 16 1949

年

SEP 17 1949 月

日

金陵大學學生生活輔導委員會學生注册登記證（一九四九年九月十七日）

南京市私立金陵大學附屬中學

肆 綜合

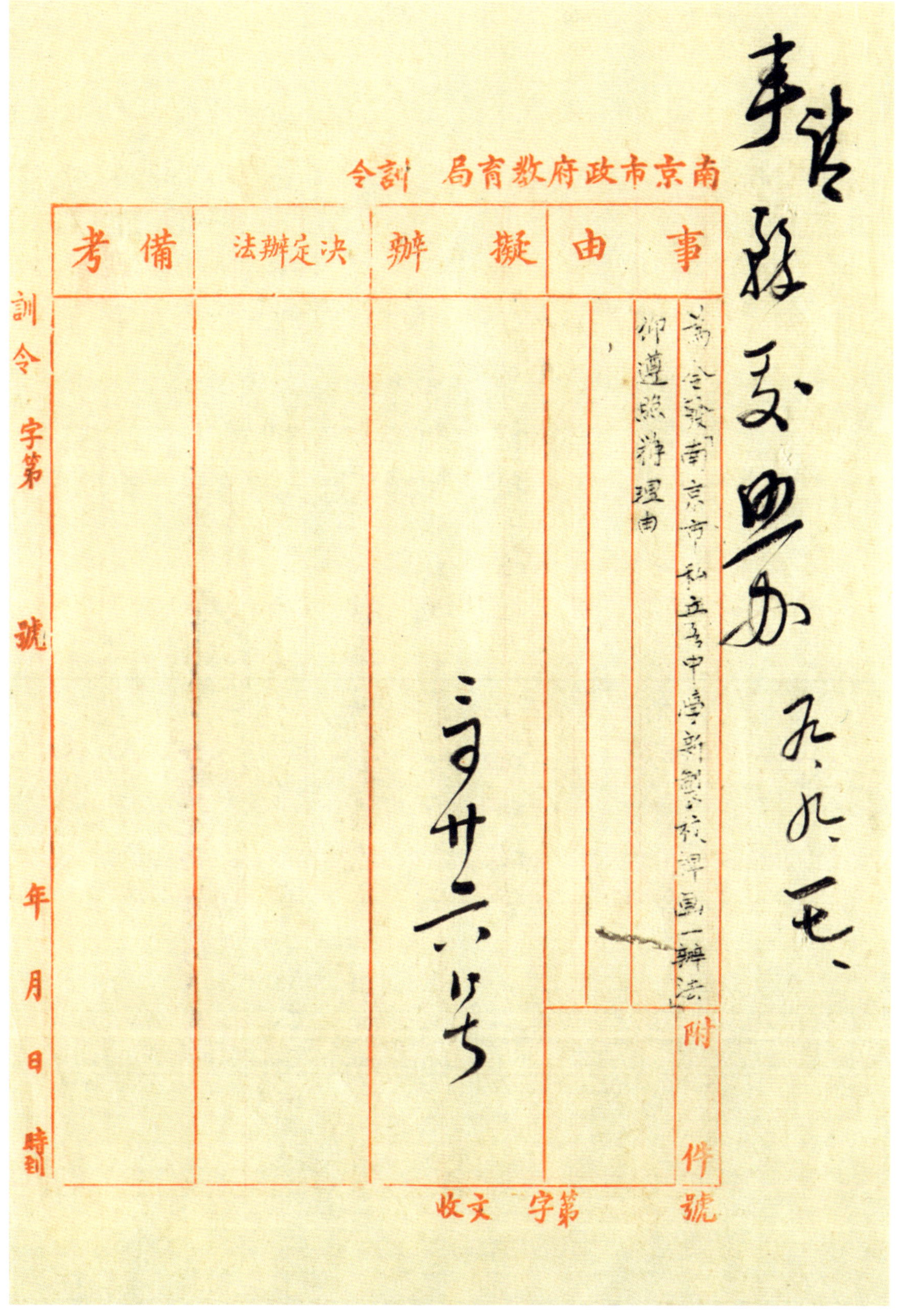

南京市政府教育局訓令

事由	擬辦	決定辦法	備考
爲令發「南京市私立各中學新制校牌劃一辦法」仰遵照辦理由			
附件			

訓令 字第 號 年 月 日 時到

收文 字第 號

南京市政府教育局爲令發“南京市私立各中學新制校牌劃一辦法”給市私立金陵大學附屬中學的訓令（一九三〇年九月十六日）

附：辦法

檔號：1009–1–554

南京市政府教育局訓令　字第　號

令私立金陵大學附屬中學

查本市各私立中學校歌式樣，殊不一致，本局為謀劃一辦法，並加注音符號藉廣宣傳起見，特擬定「南京市私立各中學新製校歌一辦法」通令各校遵辦，除分行外，合亟檢發該項辦法一份，令仰該校遵照辦理！

此令。

附發南京市私立各中學新製校歌一辦法一份。

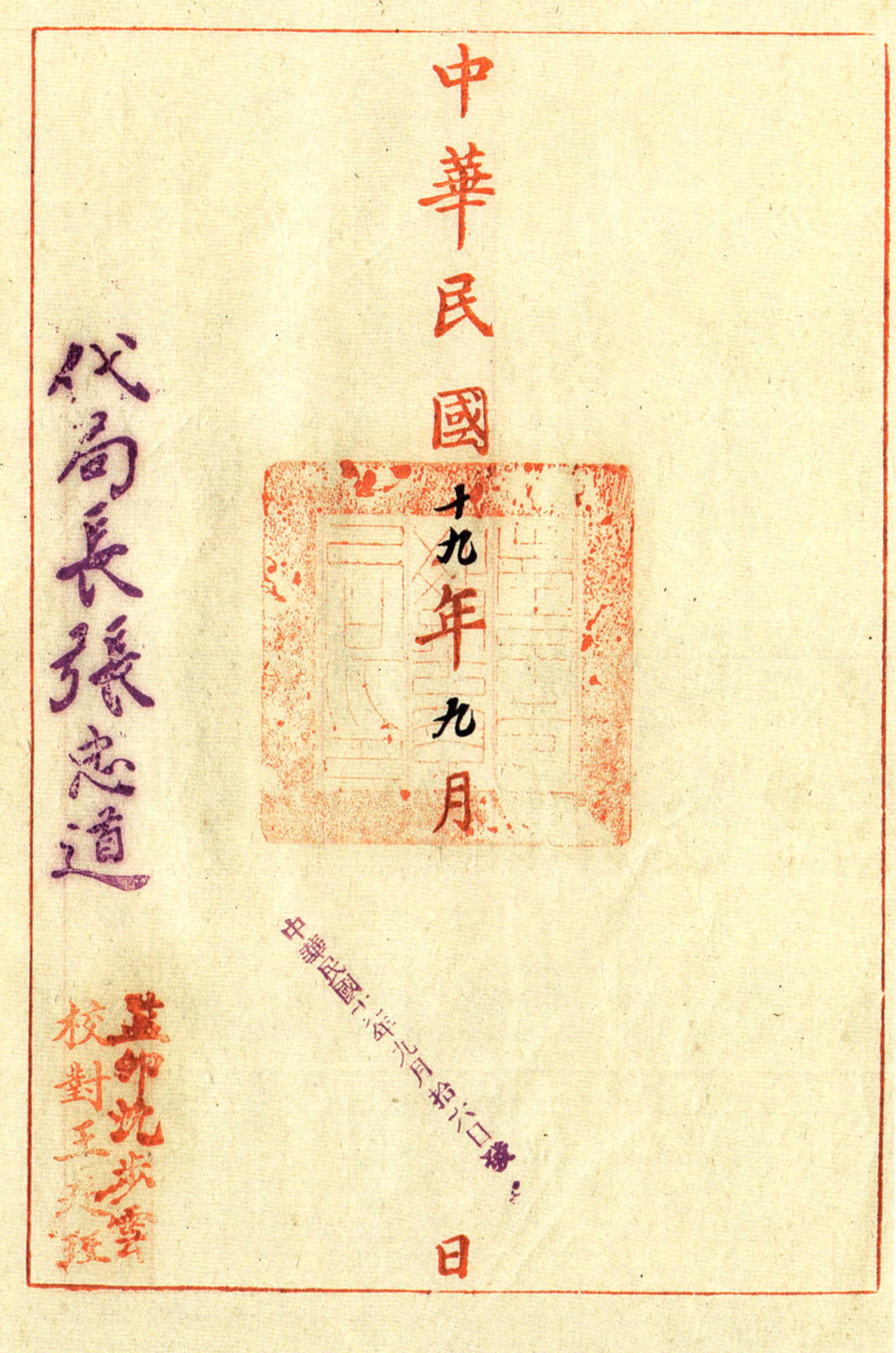
中華民國十九年九月　日

代局長張忠道

監印沈步雲
校對王天祿

中華民國十九年九月拾六日

南京市私立各中學新製校牌劃一辦法

一、質料　木質
二、顏色　藍底白字
三、字體　真字正體
四、注音　右面加注音符號並注音調
五、長度　一公尺又八公寸（一八〇種）
六、寬度　三公寸又二公分（三二種）
七、厚度　二公分至三公分（二一三種）

附私立中學校牌名稱一覽表

南京市私立安徽中學
南京市私立金陵中學
南京市私立青年會中學
南京市私立成美中學
南京市私立鍾英中學
南京市私立東方中學
南京市私立五州中學
南京市私立鍾南中學
南京市私立育群初級中學
南京市私立中華女子中學
南京市私立滙文女子中學
南京市私立三民中學
私立首都女子法政講習所

南京市私立金陵大學附屬中學學生自治會爲成立膳食委員會給校長的呈文（一九三〇年）
檔號：1009-1-555

呈為呈請備案事竊 屬會 原由學生自理嗣因自治會改
組其中畧有停頓膳食即由學校代管現 屬會 遵市黨部民
众訓練委員會指令訓字第一四七四號指令内開准予自
行商得學校當局許可等因現 屬會 商得學校許可於三月
二十日已告成立理合具文呈

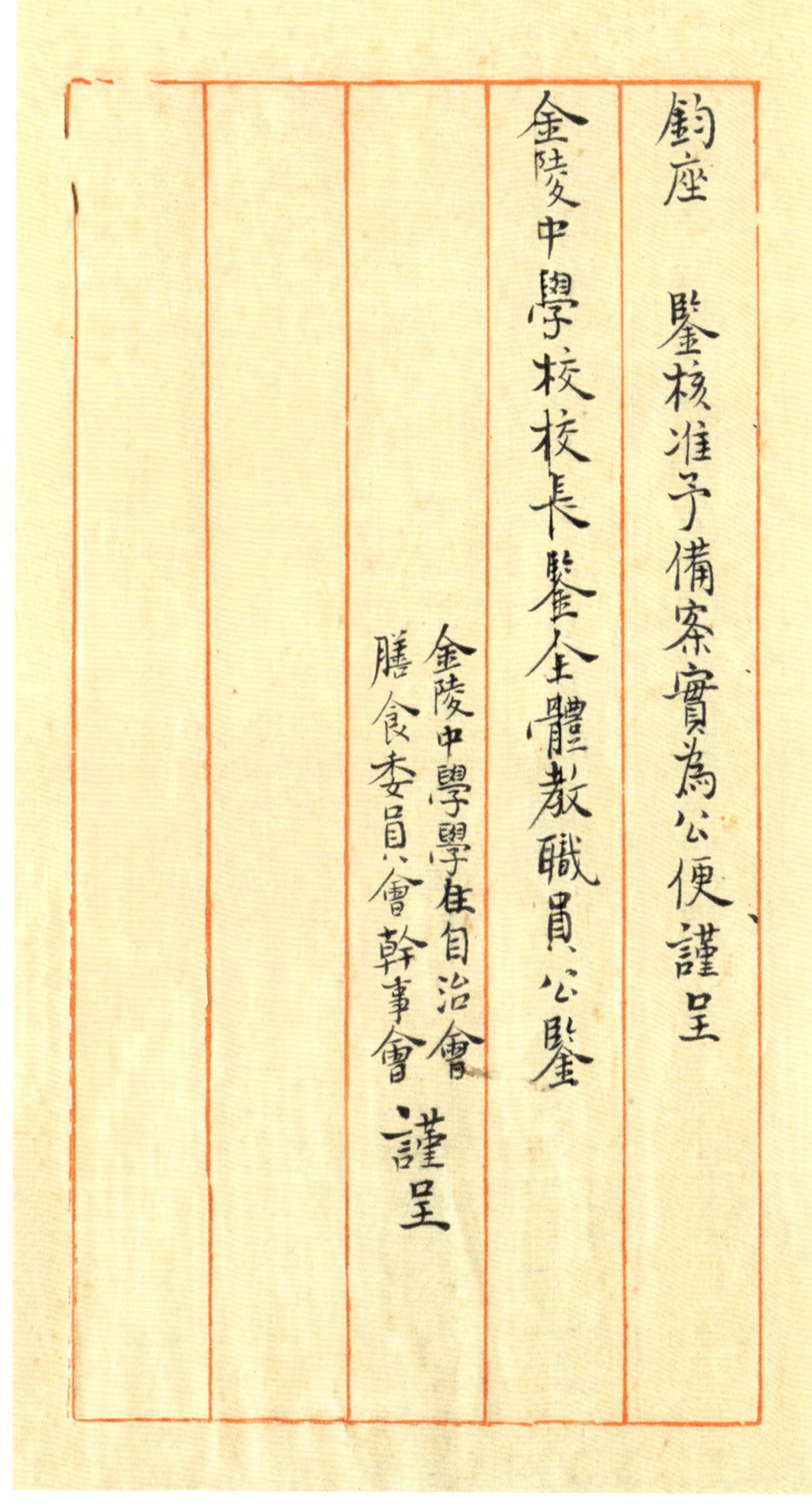

鈞座　鑒核准予備案實爲公便謹呈
金陵中學校校長鑒全體教職員公鑒
金陵中學學生自治會
膳食委員會幹事會　謹呈

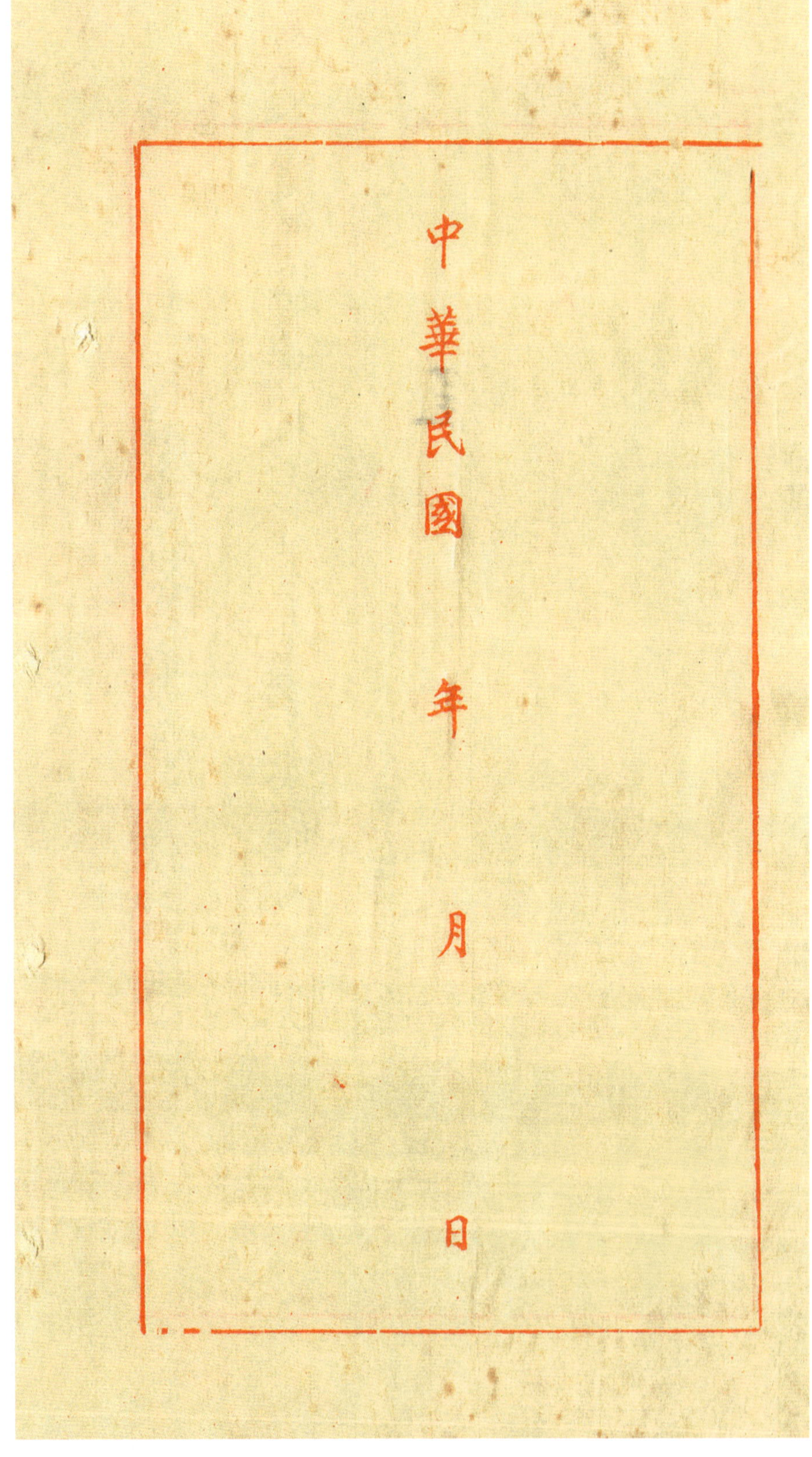
中華民國　年　月　日

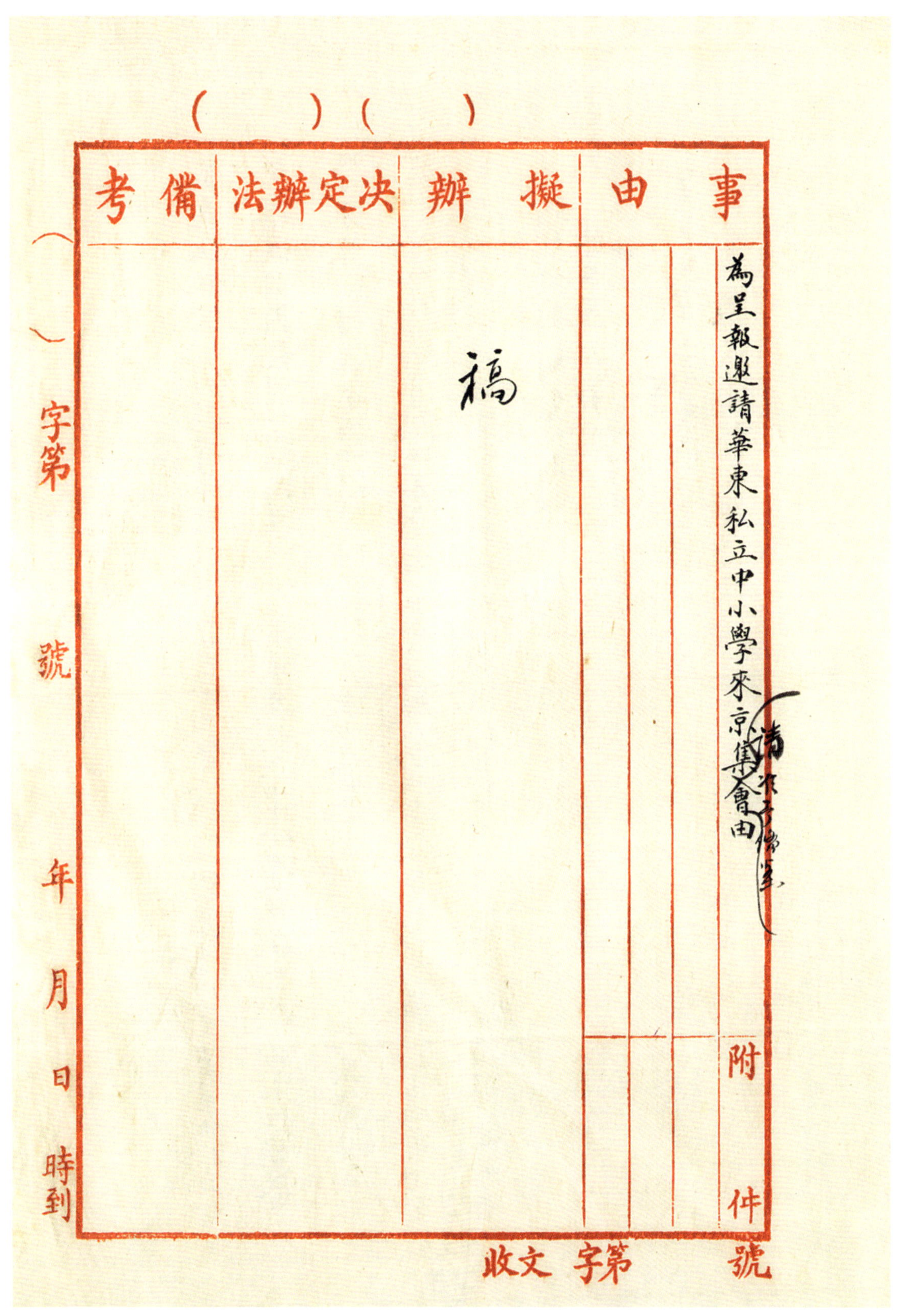

（　　）（　　）

事由　擬辦　決定辦法　備考

為呈報邀請華東私立中小學來京集會由

請准予備案

稿

附件

（　）字第　號　年　月　日　時到

收文　字第　號

關于邀請華東私立各中小學校校長、教務主任及教員來南京討論教學管理等的一組文件

南京市私立金陵大學附屬中學、私立中華女子中學、私立匯文女子中學的聯合呈文（一九三一年三月）

檔號：1009-1-562

字第　號

呈為呈報事竊以教育事業日新月異欲利事工端賴研究敝校等有鑒於此擬在春假期內於四月三四兩日邀請華東各私立中小學校校長教務主任暨教員等來京討論關於教學管理經濟以及教育種種問題並藉此交換意見而敦友誼以為於教育前途不無裨益會址擬假座本京韓家巷協進會膳宿由金中滙文等兩校分別擔任所有邀請華東私立中小學聯合會議情形及開會日期報告衛戍司令部開會日期外理合備文呈報仰祈

鑒核[illegible]實為公便謹呈

南京市教育局局長張

並函首都警察廳備案

准予備案此令

私立金陵大學附中校長張　坊
私立中華女子中學校長童潤之
私立滙文女子中學校長劉芬資

為報告事竊以……滋根……並有邀請華東私立中小學聯合會議情形以及開會日期等除呈准教育局外理合報告

鈞鑒俯祈

鑒核賜予批准實為公便謹呈

首都衛戍司令谷

中華民國二十年三月　日

南京市政府教育局指令（金陵中学）

事由	擬辦	决定辦法	備考
爲呈报邀請華東私立中小学來京集會准予備案 查仰向市执委會呈报備案由	9		
附件			

字第　號　年　月　日　時到

收文　字第　號

南京市政府教育局給市私立金陵大學附屬中學的指令（一九三一年三月三十日）

檔號：1009-1-554

南京市政府教育局指令　字第210號

令私立金陵中學

呈一件爲呈報邀請華東私立中小學來京集會請准予備案由

呈悉。除准予備案外。並仰向市執委會呈報備案！

此令。

中華民國二十年三月廿日

局長張忠道

校對[illegible]

監印沈[illegible]

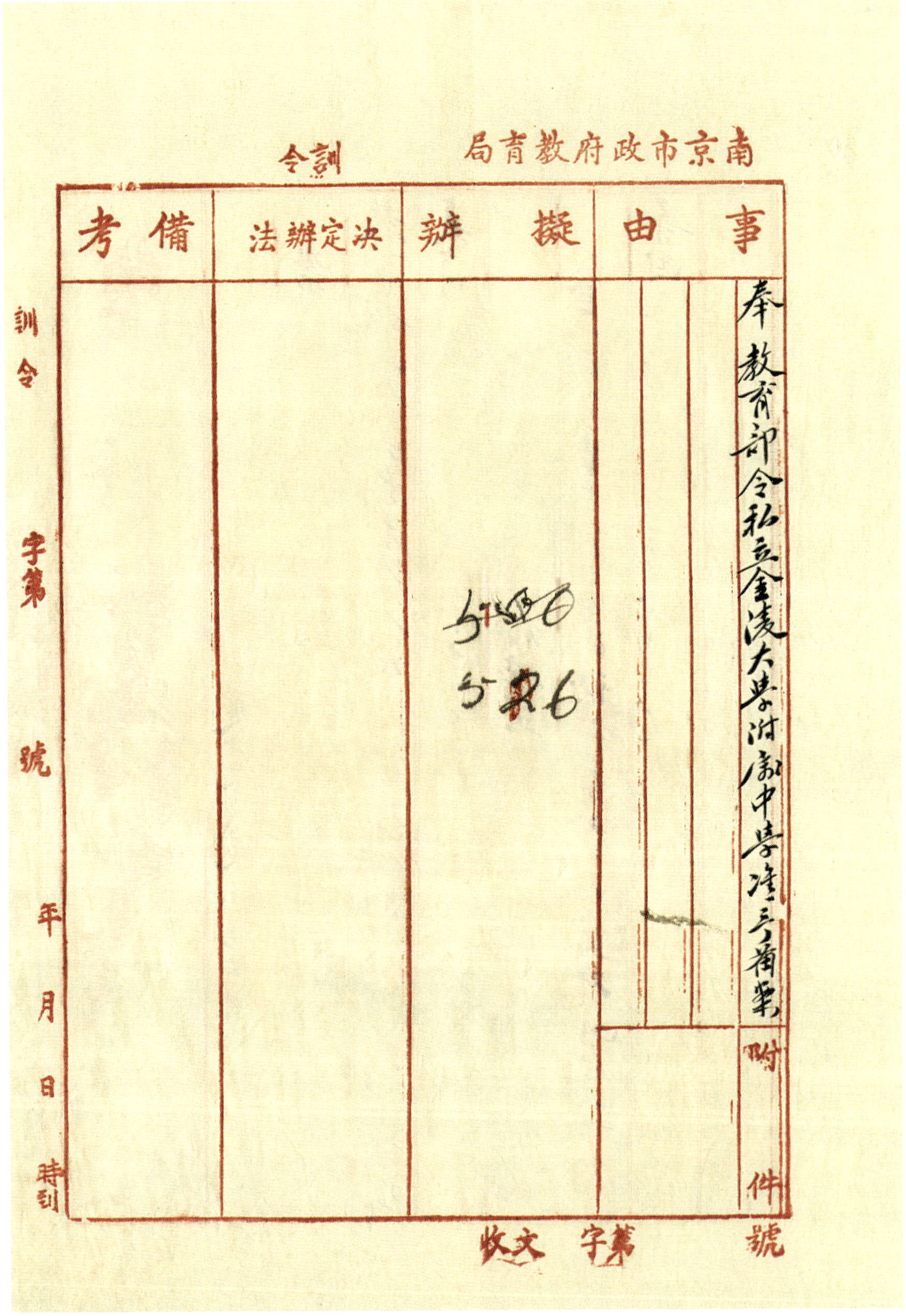
南京市政府教育局訓令
事由 擬辦 決定辦法 備考
奉
教育部令私立金陵大學附屬中學準予備案
附件
訓令 字第 號 年 月 日 時到
收文 字第 號

南京市政府教育局爲教育部案準南京市私立金陵大學附屬中學停辦小學、修正課程并充實基金等給該校的訓令（一九三一年八月十二日）

檔號：1009-1-550

南京市政府教育局訓令　　字第550號

令金陵中學

案奉

教育部六九六六號指令本局呈一件據金陵大學附屬中學聲復補業各点請鑒核示遵由內開：

「呈悉既據稱該校停辦小學修正課程并充實基金以減輕學生擔負請該補業應予照準此令」

等因奉此合行令仰該校知照此令

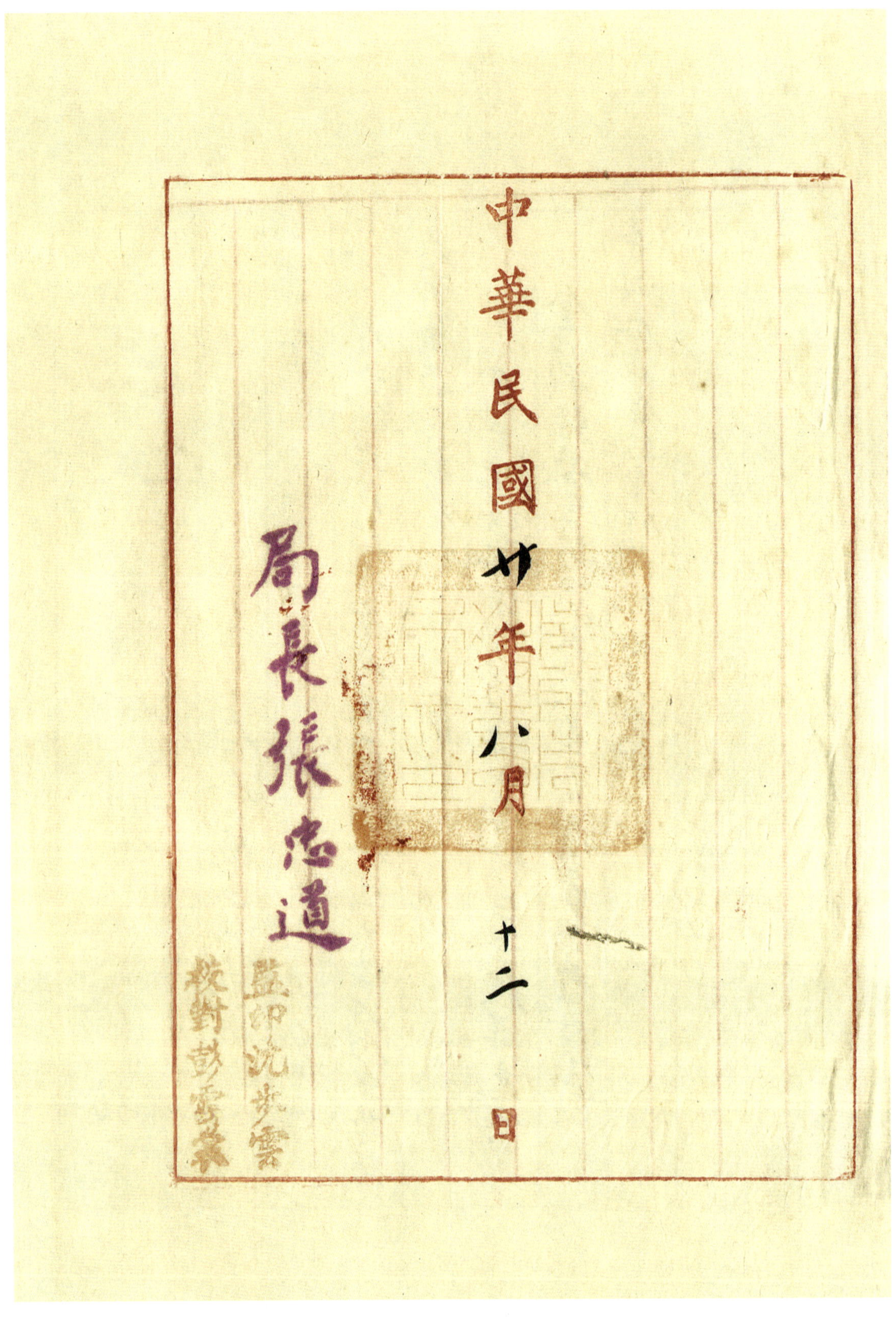

中華民國廿年八月十二日

局長張忠道

監印沈步雲

校對彭震榮

敬啟者憶自承乏之先服務上海基督教會
雖不稱職頗荷優遇不願坊辭坊不願辭去
重違人情嗣以
董事諸公及
陳校長再三勉勵委託重任當經考慮以本閭
此校興替非同小可兼之
諸公厚意義不容辭坊乃自不量力毅然
舍去教會事業而為教育事業第終恐非教育專材
有玷厥職又不得不勉事而懼當坊受命伊始
校中除房屋外一切校具儀器等散失殆盡

張坊校長因“九·一八”事變後學生參加愛國運動被控訴不稱職向董事會呈請辭職的信函（一九三二年）
檔號：1009-1-551

經三年之置癈添補修繕雖未能盡復舊觀

然亦足用三年來學生人數日見發達教務事

務訓育日見頻重而年有改進成績方面在

全市私立中等學校中亦未嘗稍落人後前

教育局之調查評判以及教育部之批准備

案雖獲聲譽於一時然坊猶以為未足而又

欲以十年樹木之精神以貫徹振興斯校之志

願乃事與願違自九一八東北入寇其上海[illegible]度起

與全國教育將次破產一時中等以上學生為

熱血衝動或中傷過激言論有幾校不發生

事變而附中學生愛國運動無不參加而又未嘗稍越軌範致犯嫌疑在此激湍洪濤之際風雨飄搖之間若卒平安度過，坊固無功於學校然亦可告無罪於良心也而誹語之來諸公固一笑置之在坊則以為欲謀校務之進正可一查附中三年前及三年來之實事實情以明究竟然後得以措施坊自知能力薄弱不足擔當重任故特於一九三一年冬具書辭職非特

鑒

諸公賜准且藉

陈校長轉諭慰留奬飾有加人非草木寧不知感第与其濫竽充数不若退讓賢路八月在邇瓜代期近伏跂諸公有以教之不勝迫切待命之至

金陵中學學生納費單 AUG 29 1932

No. 1190　（民國二十一年秋季）　Date

姓名（中文）　（英文）

項目	金額	項目	金額	項目	金額
學費 Tuition	42 00	科學儲金 Sc Breakage		膳費 Board	
雜費 Incidentals	6 00	試驗費 Lab.:		宿費 Room	
體育費 Athletics	3 00	A.普通科學 General Sc.		制服費 Uniform	
醫藥費 Medical	1 00	B.生物學 Bidogy		手工費 Man. Tra.	
校刊費 Magazine	1 00	C.物理學 Physics		校徽費 Badge	
學生自治會費 Stu. Organ.	50	D.化學 Chemistry		遲到費 Late fee	

備註 Remarks

總數 Total	
已付 Paid	
尚欠 Due	

南京市私立金陵大學附屬中學學生納費單兩張（一九三二年八月二十九日、一九三三年二月十日）

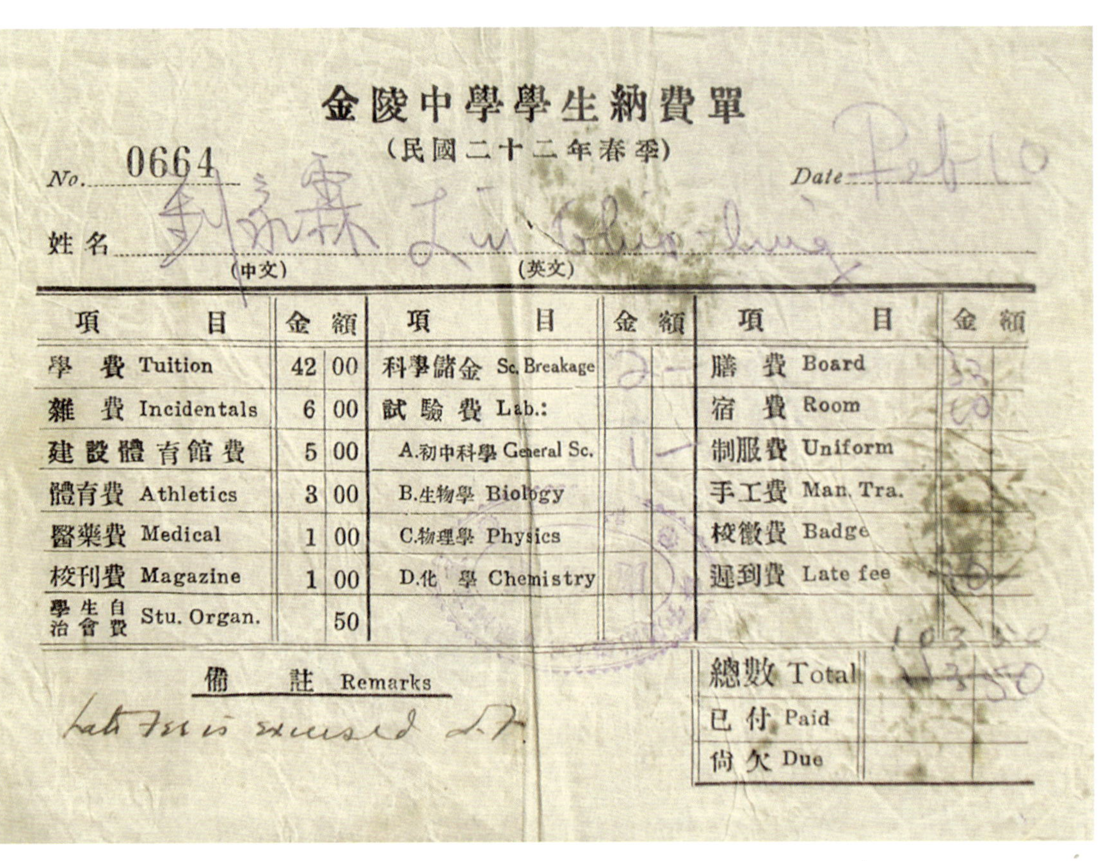

金陵中學學生納費單

（民國二十二年春季）

No. 0664　　Date Feb 10

姓名 （中文）　（英文）

項　目	金額	項　目	金額	項　目	金額
學費 Tuition	42 00	科學儲金 Sc. Breakage	2 —	膳費 Board	
雜費 Incidentals	6 00	試驗費 Lab.:		宿費 Room	
建設體育館費	5 00	A.初中科學 General Sc.	1 —	制服費 Uniform	
體育費 Athletics	3 00	B.生物學 Biology		手工費 Man. Tra.	
醫藥費 Medical	1 00	C.物理學 Physics		校徽費 Badge	
校刊費 Magazine	1 00	D.化學 Chemistry		遲到費 Late fee	
學生自治會費 Stu. Organ.	50				

備註 Remarks

Late fee is excused L.T.

總數 Total	103 50
已付 Paid	
尚欠 Due	

私立金陵大學附屬中學暑期補習學校簡章 二十二年夏

(一)宗旨 利用暑期使學生得補習機會為宗旨

(二)校曆 1.報名自六月二十日起至七月三日止（報名時須交報名費兩元此項報名費可在本人學費內計算報名不入學者概退 2、註冊七月六日 3、上課七月七日起 4、結束考試八月十八九日

(三)時間 上課時間每日上午七時至十一時

(四)學生 1.本校不留級學生因學時補考不及格者及學期成績有五等者均得在暑期學校補習之 2、擬投考本校之新生如先來補習結束考試及格者免入學試驗 3、留級學生不能因補習升級

(五)納費 1、學費十元 2、宿費三元（非本校舊生而欲寄宿者須有妥實保人） 3、損失儲金一元 4、實驗費照平常折半（每週二次） 5、雜費二元 6、膳費十四元 7、中途輟學者除膳費照算外概不退還

(六)課程 1、每人至多選三班 2、不到十五人不開班 3、新生補習以英國算為限

(七)附則 本簡章未列事項統照本校向章辦理

南京市私立金陵大學附屬中學暑期補習學校簡章（一九三三年）

檔號：1009-1-563

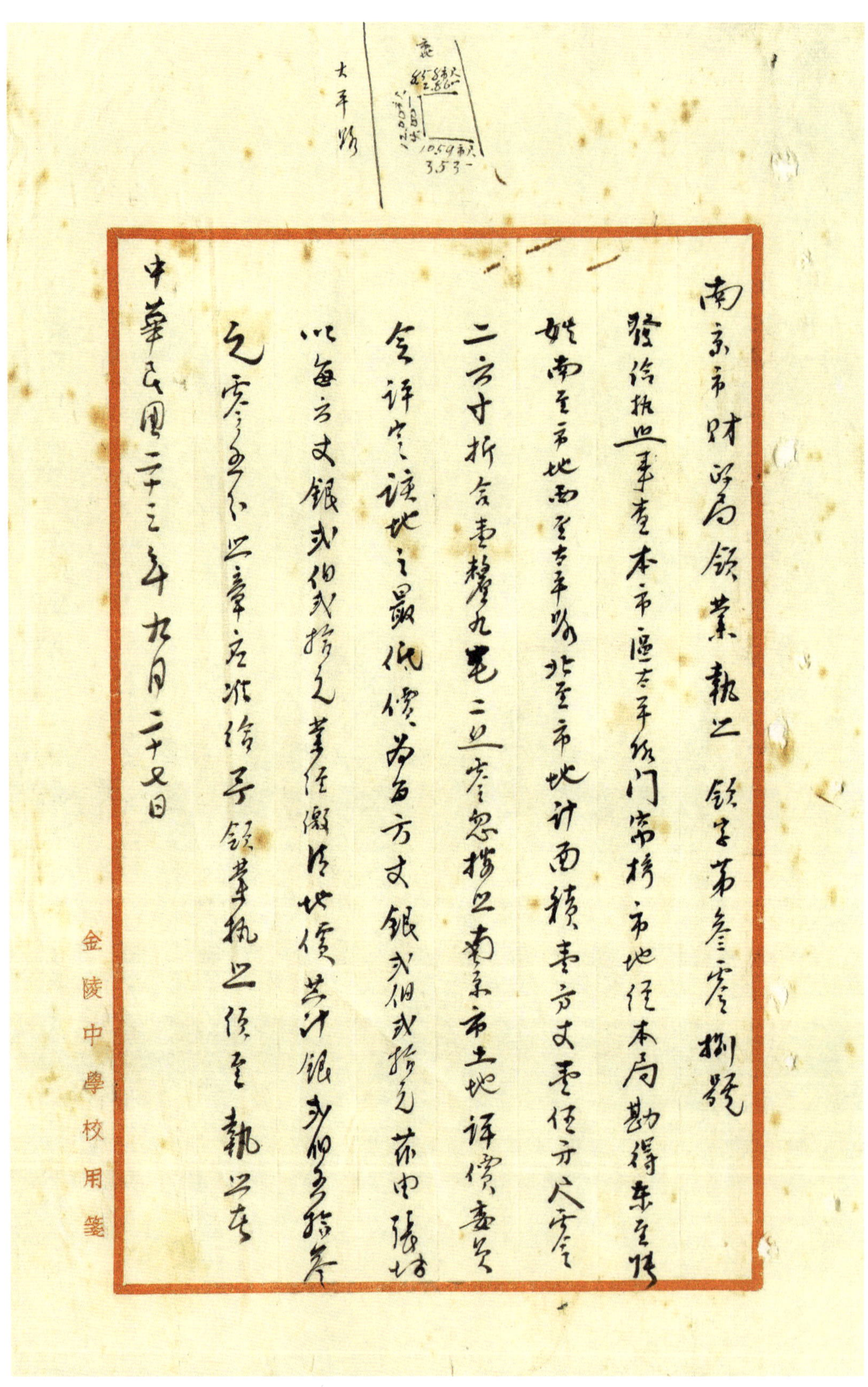
大平路

1059方尺
3.53

南京市財政局領業執照 領字第叁零捌號

發給執照事查本市區太平路門帘橋市地經本局勘得東至陳姓 南至市地 西至太平路 北至市地 計面積壹方丈壹伍方尺零零二方寸 折合壹釐九毫二絲零忽 按照南京市土地評價壹覽表令評定該地之最低價為每方丈銀貳佰貳拾元 茲由張坊以每方丈銀貳佰貳拾元業經繳清地價共計銀貳佰叁拾叁元零零分 照章應准給予領業執照 須至執照者

中華民國二十三年九月二十七日

金陵中學校用箋

南京市財政局關于張坊校長買地的領業執照（一九三四年九月二十七日）

檔號：1009-1-562

敬呈者竊查附中原係僅辦高二所以附中學生讀完高二課程即直進大學肄業嗣奉　教育部令大學不辦高三於是附中乃開辦高三班次當時又因部令規定高三畢業生升入大學必須經過入學試驗乃由雙方考慮遂有附中高三畢業生成績在二·五以上者即可免去入學試驗直接升入大學之協定行之數年頗稱便利而對於學生選擇學院與學系初亦毫無限制具見大學愛護附中之精神良深佩慰頃奉　大學教務處函知附中教務處関於附中高三畢業生成績在二·五以上直升大學部者其名額及院系均有限制文學院規定五人并不得有二人同選一系理學院規定七名計數學物理化學電機工程工業化學動物植物等七系農學院亦規定五名接

南京市私立金陵大學附屬中學張坊校長爲本校畢業生升入金陵大學應有優先權的呈文

（一九三六年十二月）

檔號：1009-1-562

讀之下當由附中教務處提交昨日校務會議經議決應行陳述各項意見如下(一)附中原為金大附中凡屬附中畢業生升入本大學都得有優先權利此為一般之事实本大學亦必不採例外(二)對於二、五直升學生既加以名額限制是否大學部分取消二、五制度然至今未見明文既未取消則二、五之學生其人數倘有超過限制之名額時究將如何辦理誰進誰退何所依據(三)一系限定一生或二生不能同選一系究係有何意義何所根據雖屬計及各院學額而對於附中學生之升學及數年之舊例似宜準之方兼顧特予變通以上三點懇請轉呈大學校長鑒核懇准更改現定辦法維持原制以安青年向學之心 坊謹根據上項議決各點縷晰陳明敬乞

鈞裁准援向例酌予通融办理俾附中畢業生之升學不致抱向隅之嘆
是所盼禱至於二、五學生已經報名而遲不到校一節將来當由准及方
妥籌良善方法加以限制亦可免去此弊也臨穎不勝待　命之至
謹呈

中華民國二十五年十二月　日

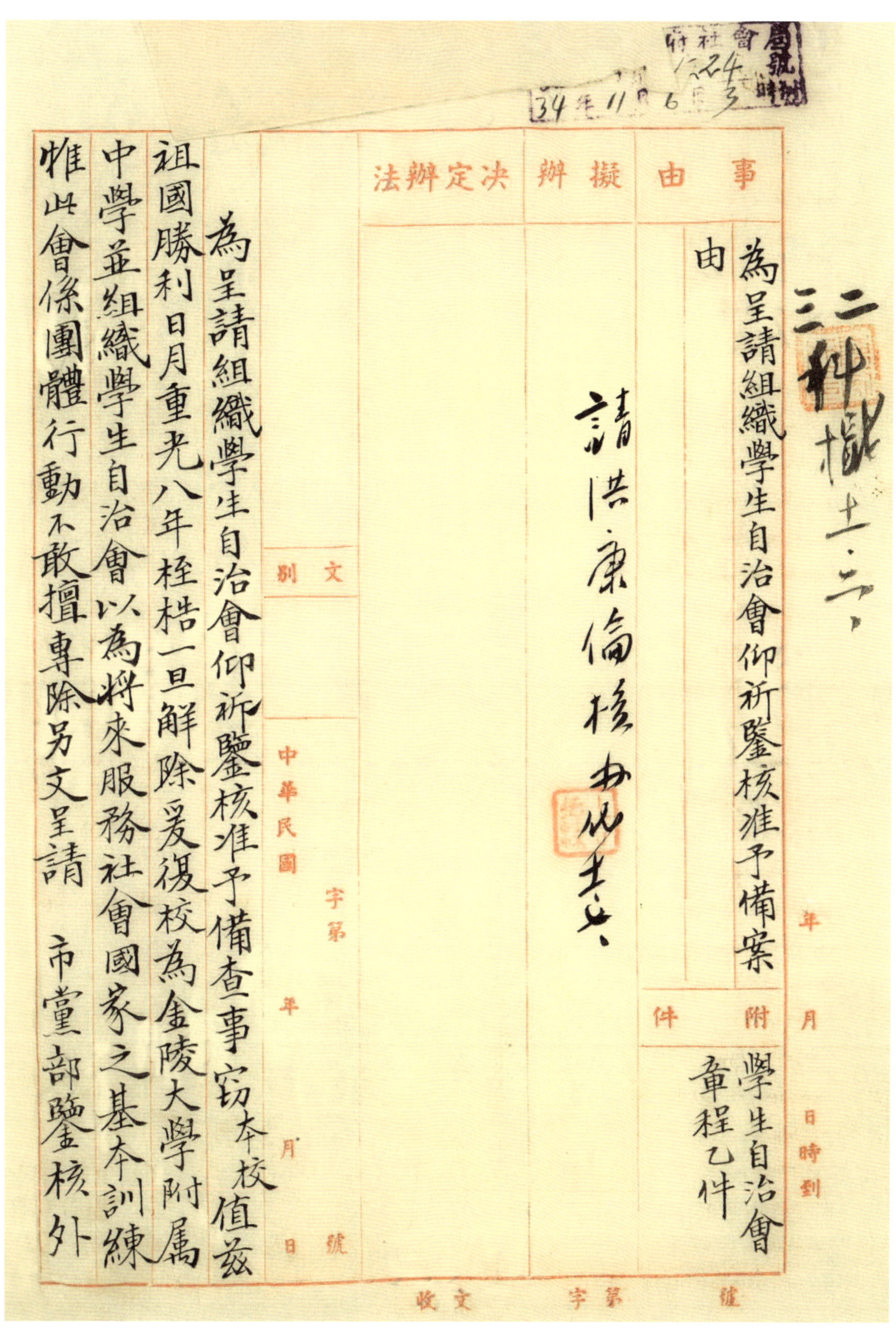

事由：爲呈請組織學生自治會仰祈鑒核准予備案

擬辦：請洪康倫核

附件：學生自治會章程乙件

爲呈請組織學生自治會仰祈鑒核准予備查事竊本校值茲祖國勝利日月重光八年桎梏一旦解除爰復校爲金陵大學附屬中學並組織學生自治會以爲將來服務社會國家之基本訓練惟此會係團體行動不敢擅專除另文呈請市黨部鑒核外

南京市私立金陵大學附屬中學學生自治會爲呈請鑒核準予備案給市政府社會局的呈文（一九四五年十一月）

附：學生自治會章程

檔號：1003-3-877

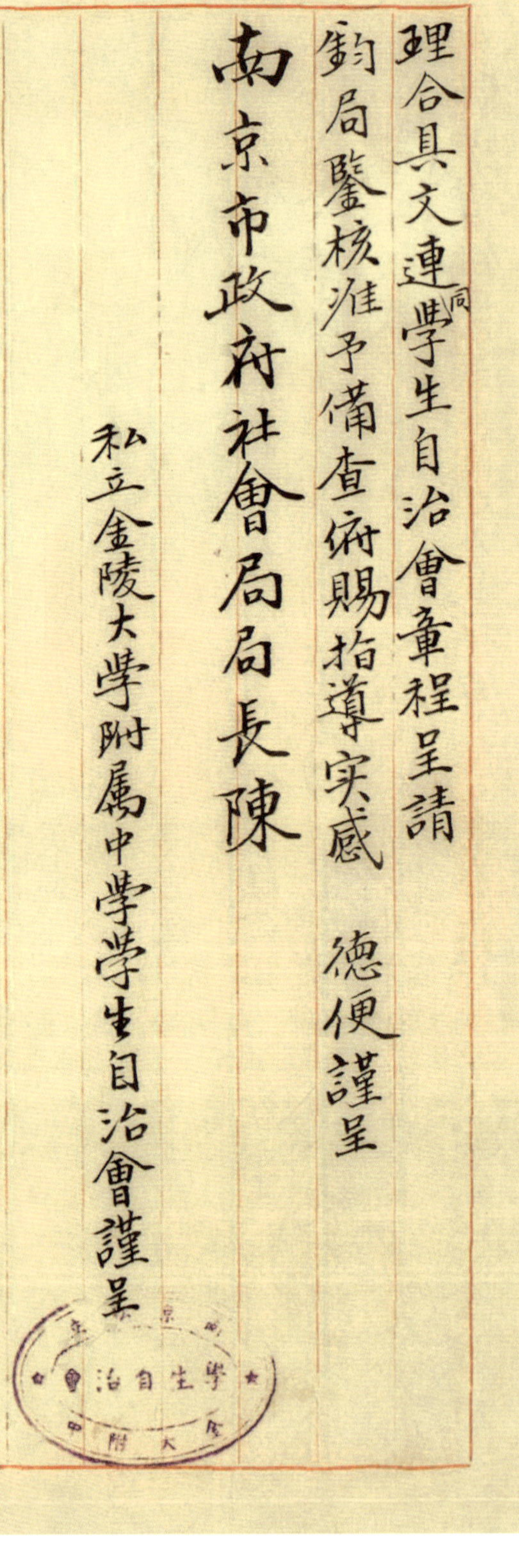
理合具文連同學生自治會章程呈請
鈞局鑒核准予備查俯賜指導寔感德便謹呈
南京市政府社會局局長陳
私立金陵大學附屬中學學生自治會謹呈

監印
校對

第一頁

學生自治會章程

(一)本章程依據學生自治會組織大綱及施行細則訂定之

(二)本會定名為金陵中學學生自治會

(三)本會本三民主義之精神以造成會員在學校以內之自治生活並促進其德智體羣等育之發展為宗旨

(四)本會會址設於本校圖書館樓上

會員

(一)本校在校同學皆為本會會友

(二)本會會員在會務範圍内有選舉罷免創制複決四權及其他公共應享之權利

(三)本會會員有遵守會章服從本會議決案及繳納會費之義務

組織及職權

(一)會員大會由會員(全體)組織之

(二)代表大會由各年級選出代表八人組織之

(三)幹事會由代表會選舉幹事十一人候補幹事三人組織之並由幹事互選常務幹事一人掌理本會日常事務

(四)本會幹事會之下設左列各股每股由幹事互選正副股長各一人分掌之

(Ⅰ)文書股職掌如下

(A)關於保管文件及印信事項

(B)關於撰擬繕校文件事項

(C)關於文書收發配分事項

(D)關於職員登記事項

第二頁

(E)關於各項會議紀錄事項

(2)事務股職掌如下

(A)關於經費出納事項

(B)關於編制預算決算事項

(C)關於物品購置及保管事項

(D)關於會所佈置及衛生事項

(E)關於不屬於其他各股事項

(3)外務股職掌如下

(A)關於校外交際事項

(B)關於校外活動事項

(4)學術股職掌如下

(A)關於學術研究之設計事項

(B)關於科学文藝之集會結社事項

(C)關於科学文藝之編輯出版發行事項

(D)關於学術競賽與演講事項

(5)遊藝股職掌如下

(A)關於各種娛樂之計劃事項

(B)關於各種遊藝之指導管理等實施事項

(五)幹事會各股之下按事務之繁簡酌設股員若干人由各該幹事聘請之

(六)本會經會員大會之決議並呈經学校及党部之許可得設立合作社式組織特種委員會其委員由幹事會於會員中推任之

(七)本會職權以不干涉学校行政為原則但对於校務之

第三頁

改進如有意見時得向学校建議

（八）本會權力屬於會員全體由會員大會或總投票之方式行使之

（九）本會權力機關為會員大會在會員大會閉會時期為代表大會在代表大會閉會時期為幹事會

（十）會員大會之職權如左

（1）通過會章

（2）決定會務之進行

（3）接受代表大會之建議及報告

（4）決定合作社及特種委員會之成立

（5）受理合法之彈劾案

（十一）代表大會之職權如左

(1)接受幹事會之建議及报告

(2)受理合法之彈劾案

(3)選舉幹事

(4)通過預算決算

(5)審核幹事會之工作及財務報告

(十二)幹事會之職權如左

(1)對於代表本會並執行本會一切會務

(2)造具預算決算

(3)支配經費

(4)執行會員大會及代表大會之決議

(5)接受會員之建議

(6)召開各種會議

第四頁

十三)常務幹事之職權如左

(1)處理本會日常事務

(2)召集幹事會會議

(3)指導並督促各股工作

會議

(一)會員大會每學期開学時及終了時各開會一次遇必要時經代表大會或幹事會之決議或會員四分之一以上之建議由幹事會召開臨時大會

(二)代表大會每一個月開會一次遇必要時經幹事會之決議或代表大會代表三分之一或會員五分之一以上之建議由幹事會召開臨時代表大會

(三)幹事會每星期開會一次必要時得開臨時會由常務幹事召集之

選舉及任期

(一)代表大會之代表幹事會之幹事均以記名連選法選出之

(二)代表大會之代表幹事會之幹事之任期皆以一學期為限連選得連任

(三)幹事會幹事任期未滿因事不能執行職務時由候補幹事依票數之多寡順序遞補之以補足原任之原任期為限代表大會代表因事不能執行職務時由原選出之年級另行補選之

經費

(一)會員會費每學期定為國幣二十元

(二)本會經費由會員會費充之必要時得請求學校補助或募集特別捐

第五頁

(三)本會經費之預算決算每学期公布一次如有會員五分之一以上之連署請求審核時得由各年級選派代表審核之

紀律

(一)本會會員如有左列情事之一者由代表大會或會員大會酌量情形予以警告或定期停止享受本會權利之處分

(1)不遵守本章程第七條之規定

(2)濫用本會之名義及其他不正當行為確有妨害本會名譽者

附則

(一)本會辦事細則另訂之

(二)本章程未規定事項悉依學生自治會大綱及組織大綱施行細則規定辦理之

(三)本章程如有未盡事宜由會員大會修改後再呈請市黨部及市社會局備查

(四)本會章程由會員大會通過呈經市黨部核准及市社會局備案施行

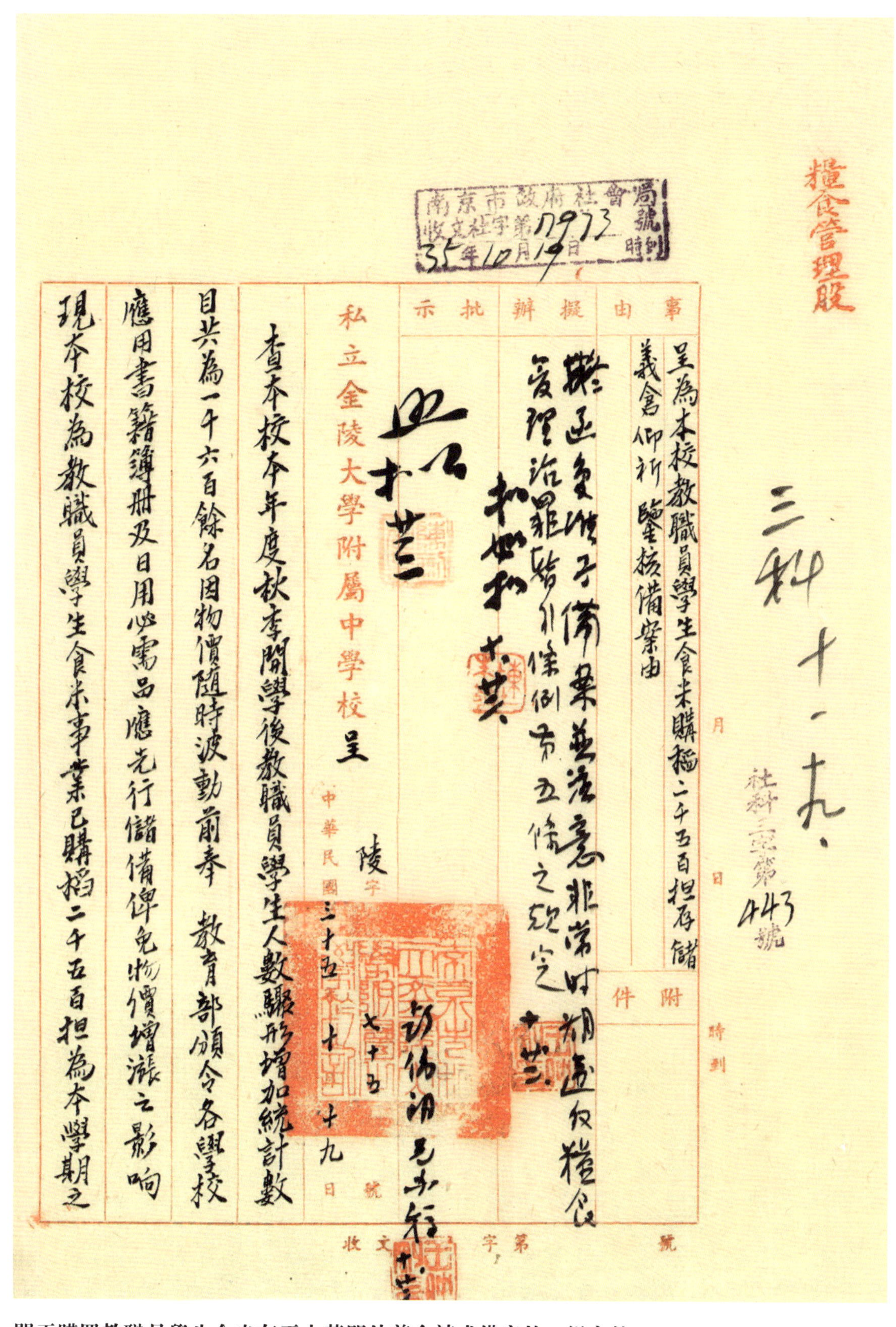

南京市政府社會局 收文社字第17973號 35年10月19日 時到

糧食管理股

三科 十一.九.

社科三字第443號

事由：呈為本校教職員學生食米購稻二千五百担存儲義倉仰祈鑒核備案由

擬辦：擬函復准予備案並注意非常時期違反糧食管理治罪暫行條例第五條之規定

批示：如擬

附件

私立金陵大學附屬中學校呈 陵字第七十五號 中華民國三十五年十月十九日

查本校本年度秋季開學後教職員學生人數驟形增加統計數目共為一千六百餘名因物價隨時波動前奉教育部頒令各學校應用書籍簿冊及日用必需品應先行儲備俾免物價增漲之影响現本校為教職員學生食米事業已購稻二千五百担為本學期之

收文 字第 號

關于購買教職員學生食米存于中華門外義倉請求備案的一組文件

南京市私立金陵大學附屬中學給市政府社會局的呈文（一九四六年十月十九日）

檔號：1003-3-1963

用儲存中華門外義倉理合具文呈請
鈞局鑒核准予備案實爲公便
謹呈
南京市政府社會局局長陳
私立金陵大學附屬中學校長張　坊

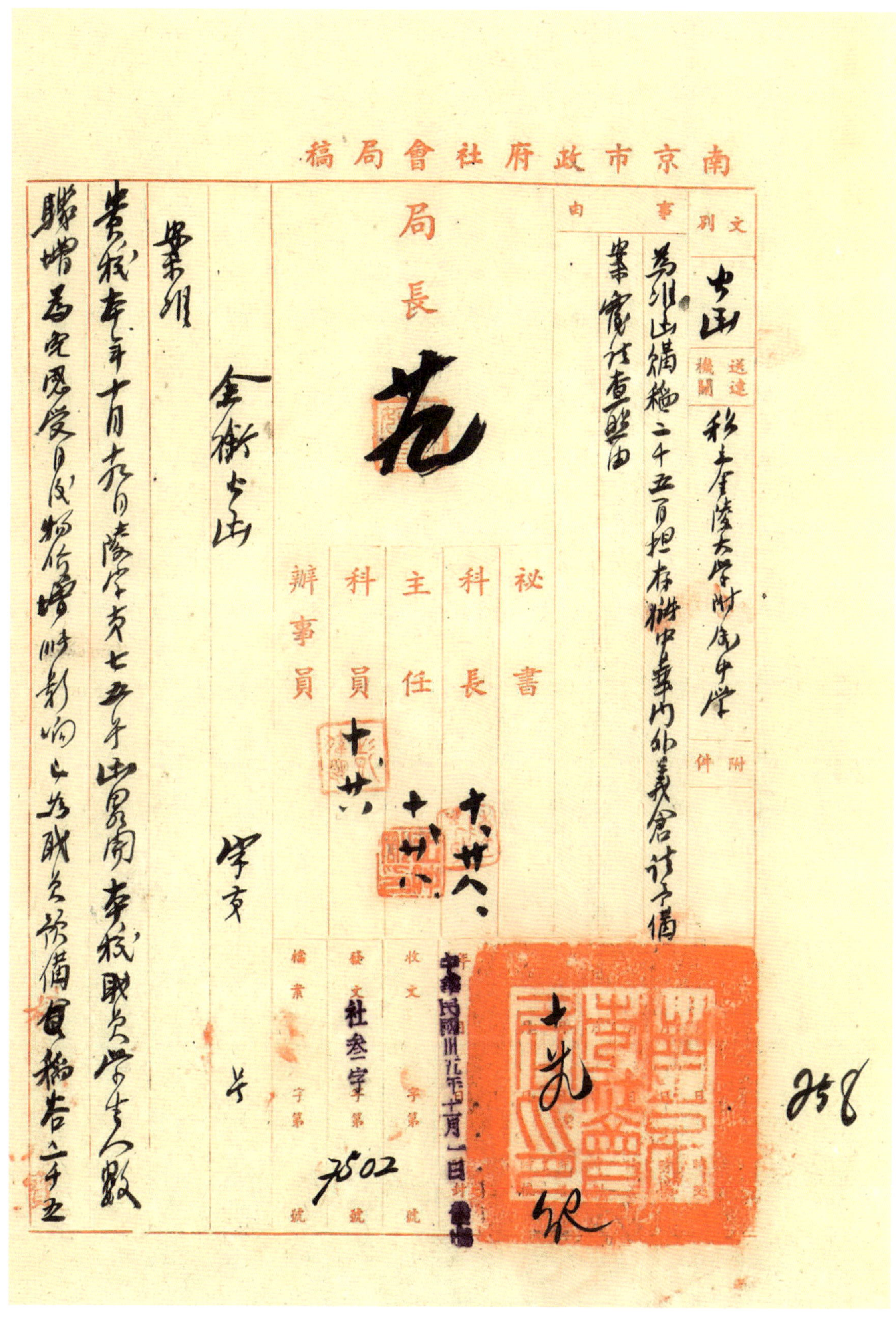

南京市政府社會局稿

文別：公函

送達機關：私立金陵大學附屬中學

附件

事由：為准函備報二十五日[illegible]中華門外義倉請予備案覆請查照由

局長 范

秘書

科長 十、廿八

主任 十、廿八

科員 十、廿八

辦事員

案准 貴校本年十月廿八日金陵字第七五五號函以本校職員學生人數驟增為[illegible]……

准此，[illegible]

金陵大學附屬中學

局長 范

收文 字第 號

發文 社叁字第7502號

檔案 字第 號

中華民國卅五年十一月一日封發

258

南京市政府社會局給市私立金陵大學附屬中學的公函（一九四六年十一月一日）

檔號：1003-3-1963

百姓為本身將來之用儲存於華洋義倉，囑予備案者由

准此。查該項積谷除已予備案外，於此非常時期，擬違反糧食

管理治罪暫行條例第五條之規定，即「需要糧食之民戶存有食糧超

過三個月以上之需要量，由本府依法令向糧食主管機關陳報者，應收其超

過量」；又「需要食糧之公私機關團體存有糧食超過二個月以上之需要

量，由本府依法向糧食主管機關陳報核准者，應收其超過量」；及「需

要糧食之民戶於公私機關團體存有糧食者，經主管或核准後，應繼

續購進超過每二個月之需要量者，應向糧食主管機關陳報

核明者，應收其繼續購進量」。仍希注意上述規定，相應函知照辦。

查照為荷。此致

私立金陵大學附中

市長　陳□

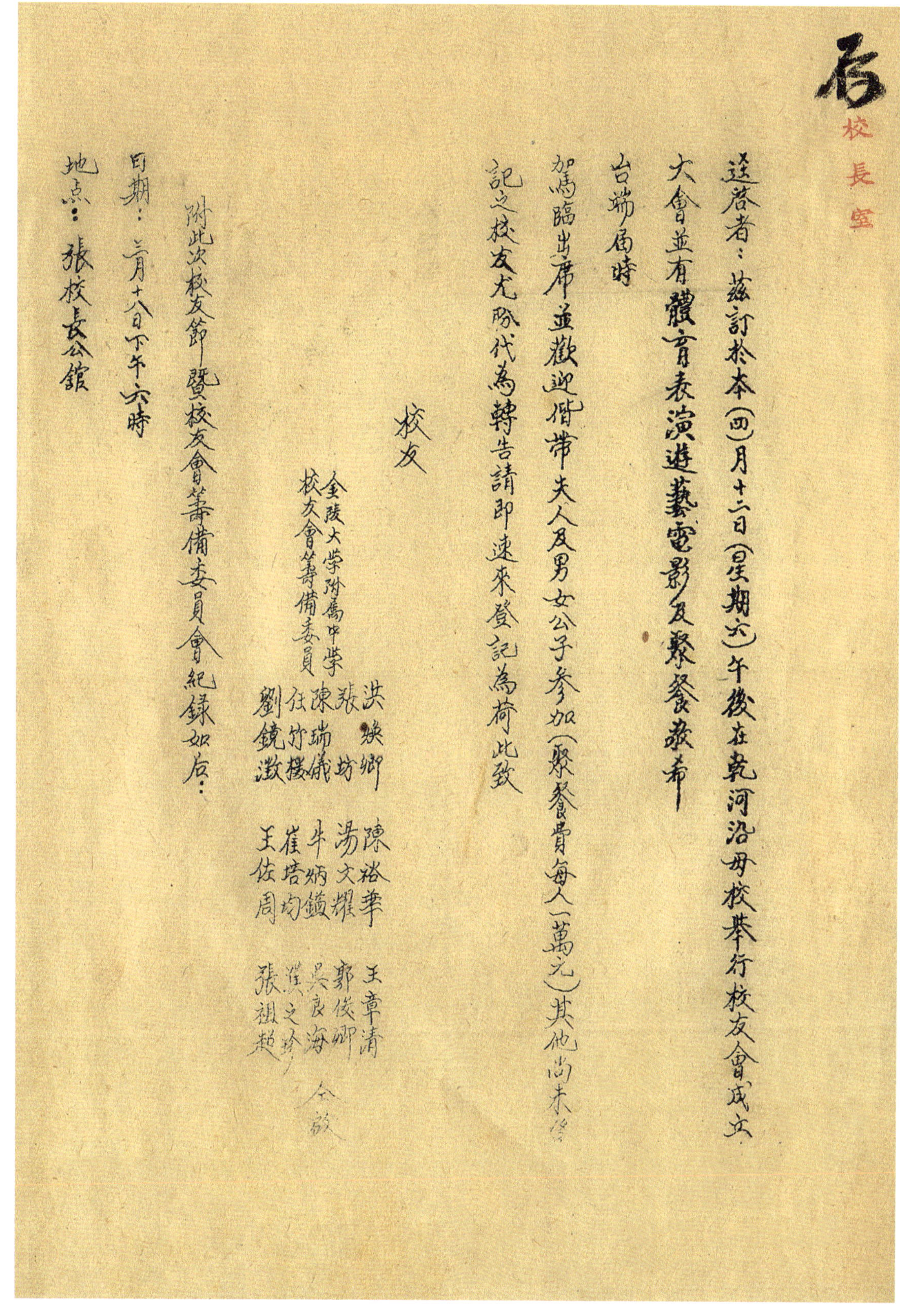

啓

校長室

逕啓者：茲訂於本（四）月十二日（星期六）午後在乾河沿母校舉行校友會成立大會並有體育表演遊藝電影及聚餐敬希

台端屆時

駕臨出席並歡迎偕帶夫人及男女公子參加（聚餐費每人一萬元）其他尚未登記之校友尤盼代為轉告請即速來登記為荷此致

校友

金陵大學附屬中學校友會籌備委員

洪煥卿 張坊 陳瑞儀 任竹樸 劉鏡澂

陳裕華 湯文耀 牛炳鏞 崔培均 王佐周

王章清 郭俊卿 吳良海 濮之珍 張祖超 仝啟

附此次校友節暨校友會籌備委員會紀錄如后：

日期：三月十八日下午六時

地點：張校長公館

南京市私立金陵大學附屬中學校友會成立大會邀請函（一九四七年四月）

附：校友會籌備委員會會議記録

檔號：1009-1-568

主席：王佐周

紀錄：吴良海

討論事項

一、本年四月十二日為校友節，以後每年四月第二個星期六為校友節

二、八年校友節節目

（一）本日下午二時舉行體育表演（足球、籃球、排球，為校友隊對在校同學隊）

（二）本日下午五時舉行校友會成立大會（討論會章及選舉職員）

（三）本日下午六時聚餐

（四）本日下午七時舉行遊藝會（遊藝節目：電影）

三、職務分配：

（一）總務組——劉宜榮

會計股——周伯壎

庶務股——王□蓀

文書股……宋家淇
庶務股……章道元
膳務股……韓發義
佈置股……陳竹君　濮之珍／郭宝璟
路群華接待股……湯文耀
招待股——黃鈺
（二）體育組——徐紹武　許瑞鴻
足球股……陳鎮祥　王英俊
籃球股……牛炳鐘　余和清
排球股……戈福鼎　唐期振
（三）游藝組——郭俊卿　王雨生　黎永誠
電影股……陳則盧
四、將辦法通知已登記之校友，請轉知其他尚未登記之校友速來登記

五、歡迎校友帶夫人及男女公子返校，每人交聚餐費一萬元

六、推舉崔培均、陳瑞儀、王章清起草校友會會章

七、分别通知各校友請將到會人數（夫人男女公子共幾人）於四月十日以前函知母校事務處劉冝榮先生

（附友函一件）

逕復者：四月十二日母校校友節，本人偕　　共　　人前往參加

特此函复，希

查照

啟

月　　日

(1)

校友諸君公鑒

今日為校友佳節諸君聯袂而來翩然蒞臨不吝賜教足見愛護母校之熱誠余忝長母校躬逢其盛衷心欣慰莫可言宣謹表熱烈之歡迎並冀托合歡之餘略焉茲將母校情形為諸校友一陳述之

余首先所欲言者即六十年來歷任校長包文文懷恩劉鏡澂劉靜夫諸先生之功績諸先生開闢草創不遺餘力種種設施多所規劃金大附中之所以能有今日者皆諸先生之賜也

民國十六年寧案發生本校首當其衝兵燹之餘則設備破壞殆盡而當時學生風氣因受五卅慘案之影響拔扈囂張精神物質皆蒙損害實本校一大厄運也

劉靜夫校長辭職後余蒙校董會之推薦繼任承乏深感責任重大時虞隕越而當日情形亦極嚴重如學風之囂張物質之匱乏學生人數之稀少種種問題皆待解決余自知能力菲薄當此環境更不敢有所懈怠遂擬訂第一次五年之計劃首先澄清學生思

陸軍

南京市私立金陵大學附屬中學張坊校長在首届校友節上的講話（一九四七年四月十二日）

檔號：1009-1-568

子造成純樸向学之風其次提高教学之師資俾建立淳淳不倦之美德實行以来頗有成効於是再訂第二次五年計劃擴充校舍添設儀器建築體育館提高学生之程度水準学生人數因而激增同仁等亦孜孜不息埋頭苦幹共期金中為南國之冠不幸抗戰軍興未成完成之計劃遂功虧一簣

當中日戰爭爆發之際忽焉不意首都淪陷棄守之速初無搬遷之計迨形勢迫切風聲鶴唳主持人有解散之意而本校二十四位同仁皆不忍絃歌中輟決心西遷遂至四川萬縣而萬縣為川東重鎮環境迥異人地生疏經濟艱難創立学校實難[illegible]毫無憑藉但經同仁等努力奮鬥篳草萊斬荊棘胼手胝足辛苦經營萬縣之金陵中学亦頗具規模頗得當地人士之好評譽為川東最佳之中学抗戰勝利同仁等在萬縣之工作亦告一段落復員時並將一切圖書儀器校具房屋經費當地父老以酬其八年協助之功亦蒙其饋贈旅費二百萬元本校遂以歷年之少數積蓄作為締造復員之用及同仁在萬所領得之復員費亦遠踰其他学校機關及公共機關為

(2)

復回憶在抗戰八年艱苦時期自力更生未得政府之資助此足以告慰於

諸君者也

淪陷期間本校校舍由陳嶸教授及同仁工友等之愛護得以保

存未遭兵燹殊深慶幸而陳嶸教授等護校之功勳亦不可沒

校舍無損余實銘感五中但以八年來未加整理久未修葺滿目

蕭條圖書儀器亦感缺乏遂以新作第三度之努力幸蒙上

帝垂佑並得大學陳校長及董事會之指導及同仁等之苦幹

得近一年漸上軌道此一年中之工作尤以修理補葺為多計

去年下學期修理費用約為八千數百万元僅有二幢房屋完全

修理完竣關於校具之補充床椅之添置約為四千万元訂

購美國儀器約為四千万元共計約為二万三千五百万元之譜本

學期之修理及添置亦已用去万万元左右此為最近之情形可

為諸校友陳述者也

至於今後之工作更當群策群力再接再勵目前工作之

方針以下列數項

陸軍

(3)

一、關於修理補充方面

(A)本校尚有五幢房屋待修，今後當陸續加以修理

(B)課室上用具雖已完備，但宿舍用具仍感不敷，亦當積極添置

(C)圖書儀器繼續補充，現時高中實驗器材大致完備，初中實驗器材之補充亦為當務之急

(D)教員宿舍不敷分配，而需要迫切，亦當加以修建

二、關於教學方針

(A)盡力使教程配合生活，努力完成教育生活化之標準

(B)按學生之個性添設選科，使學生有機會發展其天才

(C)充分發展課外活動，並多添課外活動之工具，使學生身心得有適當之調劑

(D)多添設參考書籍儀器，以補充教材之不足

綜之，本校歷盡困難，皆蒙上帝之庇蔭及諸同仁之協力，得以平安度過，而來日方長，今後之工作仍須努力為之。諸校友本愛護母校之熱誠，時予指導，多所協助，則不勝感禱之至。此頌

春健康

張○謹啟 四、十六

陸軍

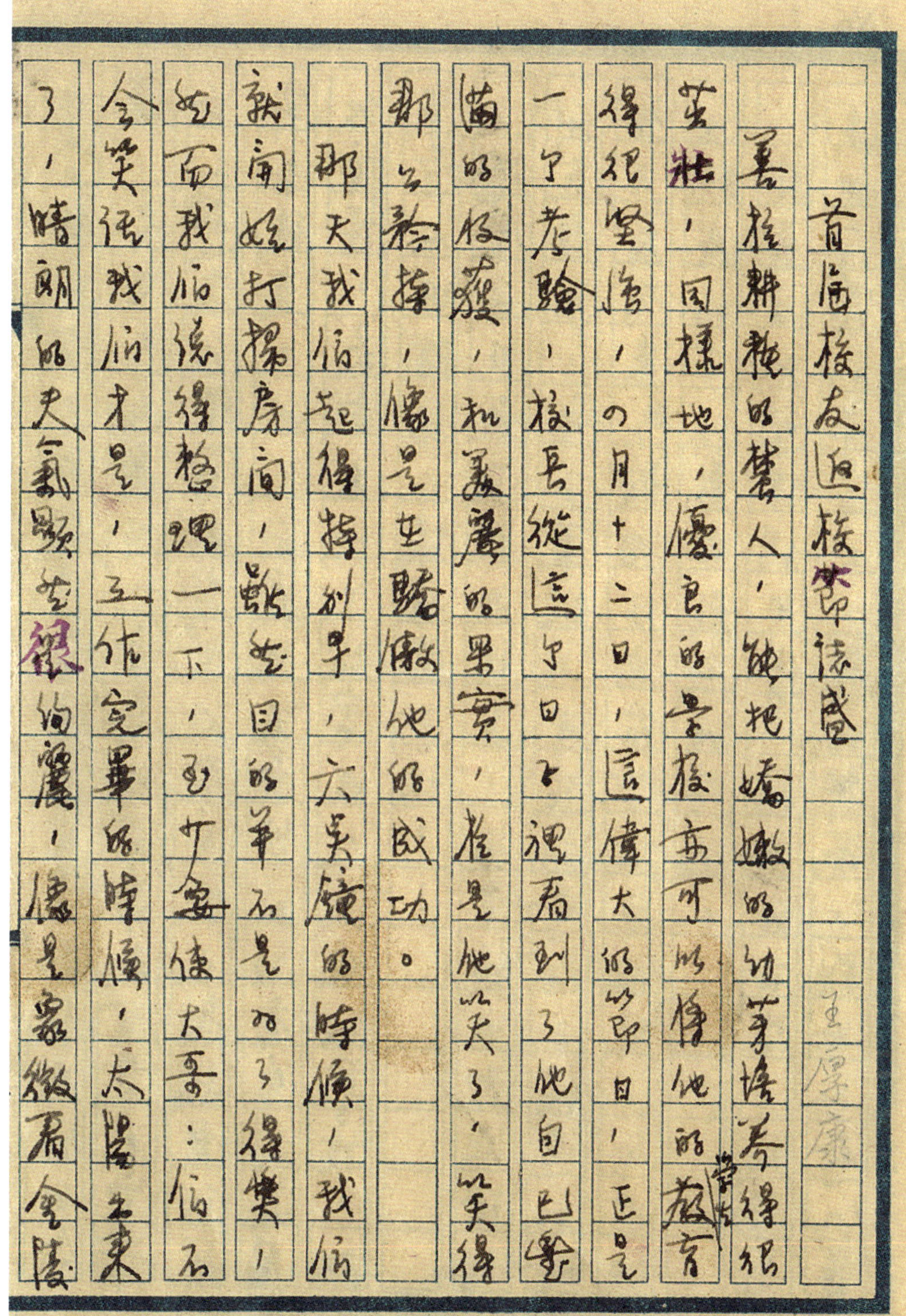

首屆校友返校節誌盛

王學康

善於耕耘的農人，能把嬌嫩的幼芽培養得很茁壯，同樣地，優良的學校亦可以使他的學生得很堅強，四月十二日，這偉大的節日，正是一個考驗，校長從這個日子裡看到了他自己豐滿的收穫，和美麗的果實，於是他笑了，笑得那么矜持，像是在驕傲他的成功。

那天我們起得特別早，六点鐘的時候，我們就開始打掃房間，雖然目的並不是為了得獎，然而我們總得整理一下，至少要使大家：們不會笑話我們才是，工作完畢的時候，太陽出來了，晴朗的天氣顯然很的溫暖，像是象徵着金陵

南京市私立金陵大學附屬中學首屆校友返校節誌盛（一九四七年四月）

檔號：1009-1-568

No. 1

德行之力，十倍於身體之力。

中學的前途，也像是象徵着同學和校友們的命運，春天是美麗的，青春的年華更可貴，它帶給人蓬勃的朝氣和新生的希望，使人把魂夢的現實看得遠遠的，而浸沈在曼妙的幻想中，美麗的憧憬，交織成一個甜蜜的，溫暖的夢境，把年青人的腦海，填得滿滿地……

牆壁上的歡迎標語很多，同學們的歡迎情緒分外熱烈，童子軍從上午起就搭好了帳篷和營地，看起來，雖然未免有些近乎做作，然而從這裡我們可以看出歡迎的熱誠。

校長這天顯得很年青，棕色的西裝，和發亮的皮鞋，使他有着和年青人一樣的漂亮，雖然無奮縐

20×24=480

美德紙品廠印行

掩飾不了額上的皺紋，披垂也依然遮隱不了花白的頭髮，然而他的心却永遠是年青的，這些，正足以表示他人生經驗的豐富和教育工作的辛勞，絲絲的臉龐後面，正隱藏着無限的偉大。

兩點鐘以後，校友們陸續的來了，校長站在大門口，和他們一一的握着手，禮堂的銅像，閃耀在胸襟上，和着每一個充滿春光的臉，交織成一道美麗的光輝，遙揚在眉間，消逝在心底，回味是甜蜜的，過去的一切，都是他們記憶的資料，從這裡，他們可以發現自己幼年的影子，和童稚的足跡，三三兩兩地，在校園裡

No. 2

草地上蹓着步子，好像是因为數着從身边過逝去的日子，而感到光陰的快捷。一些淡々的哀愁，像死水被微風拂過而成的水波，又蕩漾在他们的心頭。

儘管足球比賽兩嬴了，校友和同学間有了更進一步的連繫，啦々隊的助威，和選手的參戰，使得這兩場比賽進行得很精彩，中年的校友們，又回到昔年的時候來。馳騁在操場上，紳士的外形，永遠也掩飾不了一顆年青活潑的心。

晚上舉行了很隆重的校友會，內容我不知道，不過當我聽到很莊嚴的校歌，從禮拜堂裡傳出來的時候，我神往了，莫名的力量攫住了我

德行之力，十倍於身體之力。

美德紙品廠印行

20×24=480

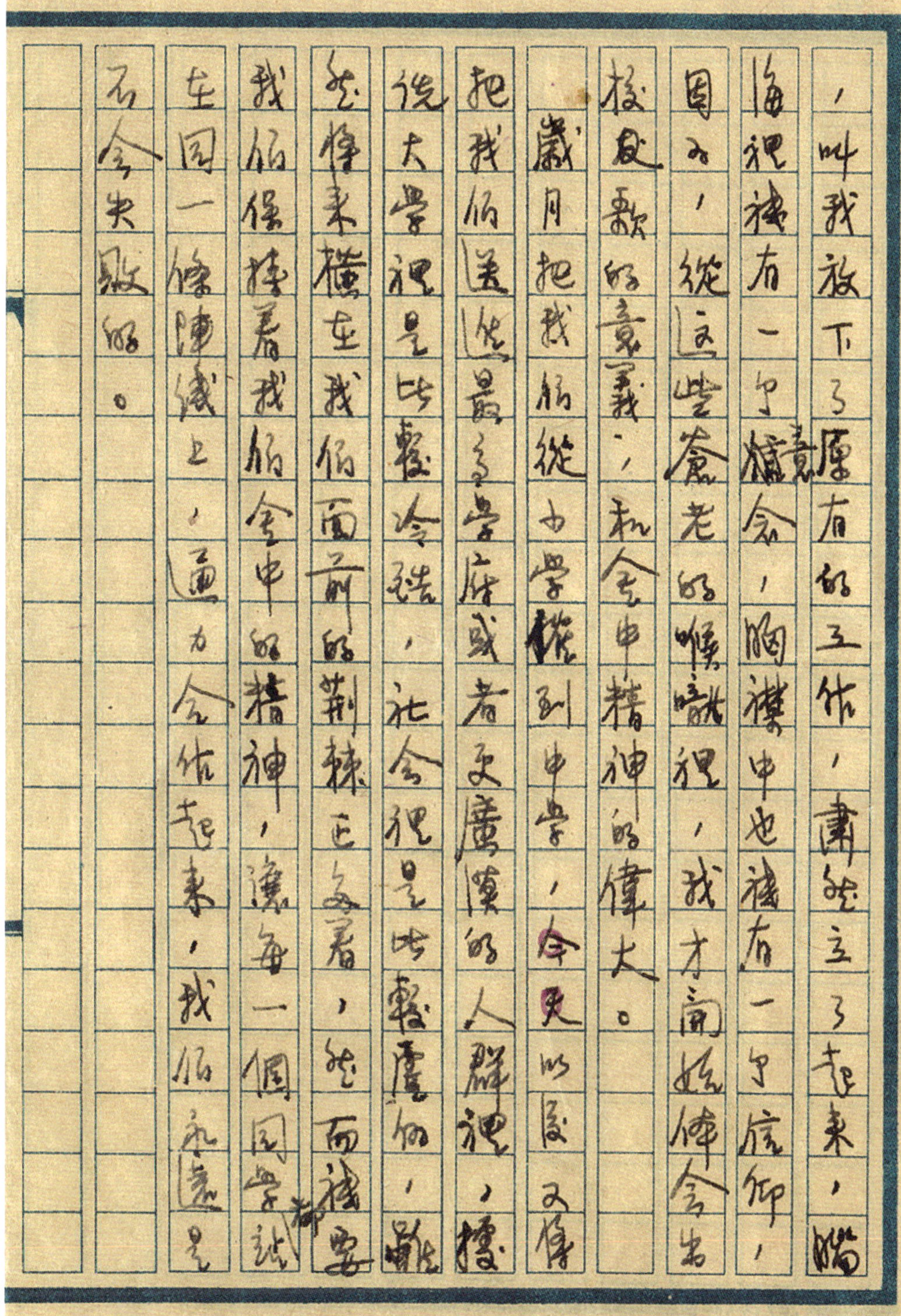

，叫我放下了原有的工作，肅然立了起來，腦海裡祇有一个意念，胸襟中也祇有一个信仰，固了，從這些蒼老的喉嚨裡，我才聞始体会出校歌的意義，和全中精神的偉大。

歲月把我們從小學送到中學，今天以後又將把我們送進最高學府或者更廣濶的人群裡，縱說大學裡是比較冷落，社会裡是比較塵俗，雖然將來橫在我們面前的荊棘正多着，然而祇要我們保持着我們全中的精神，讓每一個同學站在同一條陣線上，通力合作起來，我們永遠是不会失敗的。

中國農民銀行總管理處用箋

孝侯校長先生道鑒：敬啓者，關於在貴校設置獎學金乙事，前蒙概允，毋任感荷。此項獎學金基金總數約乙千萬元，爲茲簡捷起見，擬由生及原發起人共同保管，暫不組織基金保管委員會，即以存息供每學期獎金之用。惟以物價波動劇烈，各學期學費容有調整，故名額及金額擬不作永久性之決定，僅於每學期開學前酌情洽定。茲將所擬原則數項列後：

中華民國　年　月　日

字第　號　第　頁

（六十一）

中國農民銀行張訓舜關于設置"修敬獎學金"相關事宜給張坊校長的兩封信函

（一九四七年七月十日、一九四七年九月二十九日）

檔號：1009-1-551

中國農民銀行總管理處用箋

一、名稱：修敬獎學金

二、名額：暫定三名，高中一、二、三年級各乙名

三、金額：卅六年秋季學期暫以供給學雜等費（不包括膳宿費）為限

四、申請人：以家境確屬清寒，苦志力修學而品學具佳者為限（請審委會著重此點）

五、申請人應填之申請書式可即由　貴校印以規定對象同學領用，俟申請人填報後彙請

中國農民銀行總管理處用箋

字第　號　第　頁

委員先行核定每級三人並將成績加具按語然後由家父作最後決定，必要時或可分別約申請人接談，俾可明瞭其家庭經濟狀況而供取捨。至每學期之獎學金，擬由生於每期中奉繳，此點前承面允，當可不成問題，以上各節，即請
查照示復，以便辦理爲荷。專此敬請
教安

生 張訓舜 敬上 七、十

中華民國　年　月　日（文十一）

孝侯校長先生尊鑒 九月廿六日

惠書奉及承詢關於修敬獎學金詳細辦法及金額

各節前於七月上旬致書

先生時業經述及所有此項獎學金之名称、名額、金

額、資格各点均仍照前次關討之原則辦理關於

詳细申請办法擬請特飭

尊處同仁擬訂後賜下一份留供參考即可至前

給定之名額計為高中一二三年級每級一名惟於初

審之時請每級各選二名出席審下以便由家父最後

决定奖励将名生之家庭经济情形、品学成绩等加具按语一併赐下，藉为理想名额审定，俾即由生将奖金送上尊处，以便转发至下学期之奖金拟仍暂定为三名，并请于本学期结束前即饬名生申请，俾于寒假结业前即能决定，时于申请人或可更为便利也。此上各部，如荷赞同，令仍祈赐示为荷。专此敬颂

教安

学兄

弟 张训恭 敬上 九、廿九、

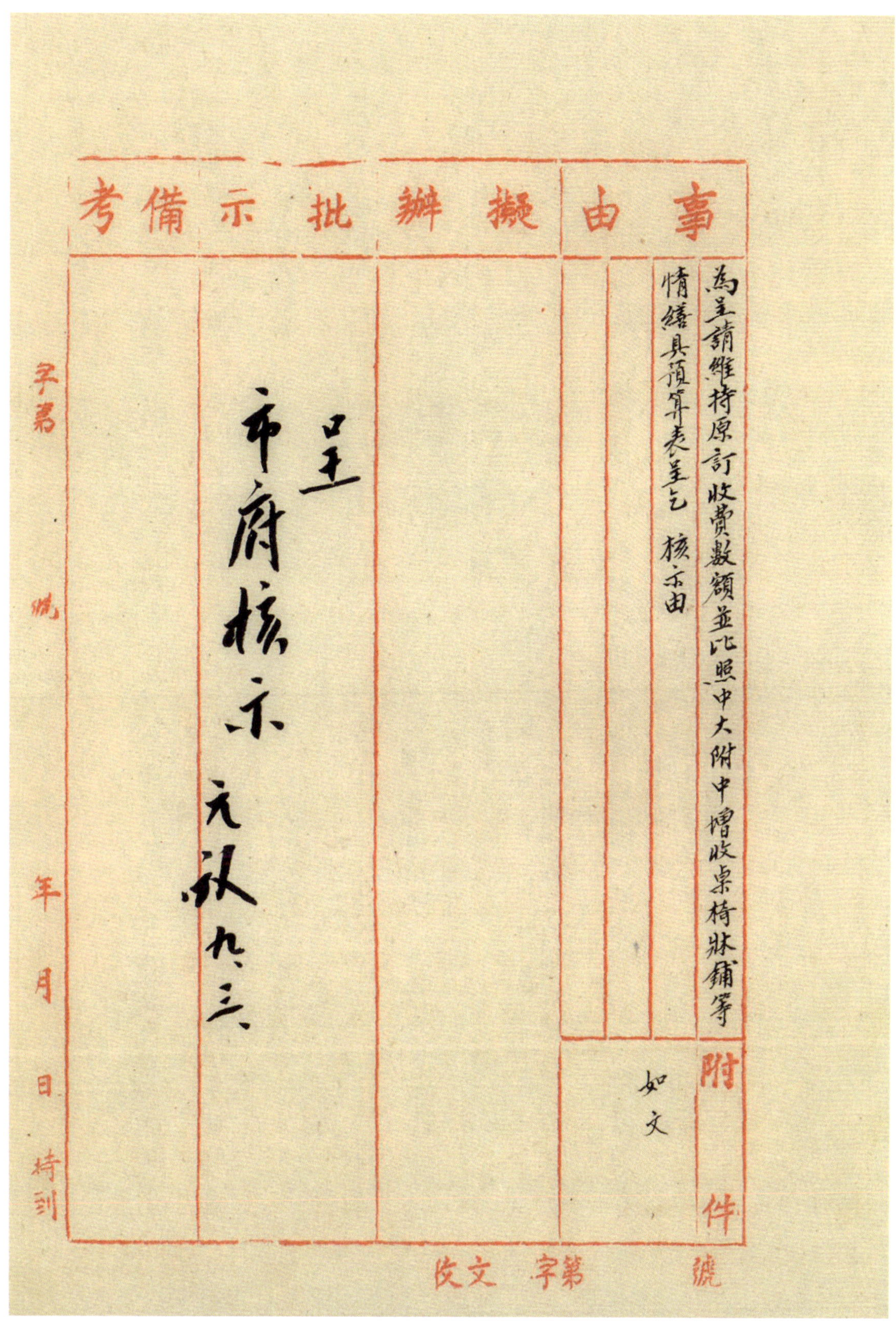

事由

為呈請維持原訂收費數額並比照中大附中增收桌椅牀鋪等

情繕具預算表呈乞　核示由

擬辦

批示

呈

市府核示

元秋　九、三

備考

附件

如文

字第　號

年　月　日　時到

收文　字第　號

關于維持原定高初中學費及教師生活補助費數額等的一組文件

南京市各私立中等學校給市政府教育局的聯合呈文及附件（一九四七年九月一日）

檔號：1003-7-200

案奉

鈞局卅六教一字第一七七八號訓令略以本市私立中等學校三十六年度第一學期收費表業經決定令發遵行等因奉此自應遵辦惟查規定教師生活補助費等予以抑低比照屬校等原訂數額懸殊頗鉅實感不易維持倘遵照規定數額辦理則教職員之待遇難以維持最低限度之生活各校非特優良教師不能繼續延聘即較佳校工亦難雇用所生問題自甚嚴重爰特編繕預算表一份隨文呈送仰祈

鑒核俯准維持原訂初高中學費及教師生活補助費數額不勝盼禱之至又各私立學校之經費政府未加補助必須自給擬比照中大附中辦法自三十六年度第一學期起增收桌椅牀鋪費各十萬元所請悉係斟酌實際情

況切實訂定最低數額各校在此復員之後困苦百端之中艱難維持原屬非易是否可行理合備文一併呈請並乞

鑒核示遵

謹呈

南京市教育局局長馬

附呈預算表、請求事項、中大附中繳費單、各一件

南京市私立東方中學校長陸自衡

金大附中校長張　坊　張坊

金女大附中校長陳玉珍　陳玉珍

青年會中學校長周瑞璋

中華女中校長陳熙仁

滙文女中校長劉芬資

明德女中校長陳黃麗明

弘光中學校長梁明致

道勝中學校長夔孝華

鍾南中學校長喬一凡 押

成美中學校長周西屏

育群中學校長蔡汝霖

冶城中學校長林　廣

華南中學校長龍發甲 押

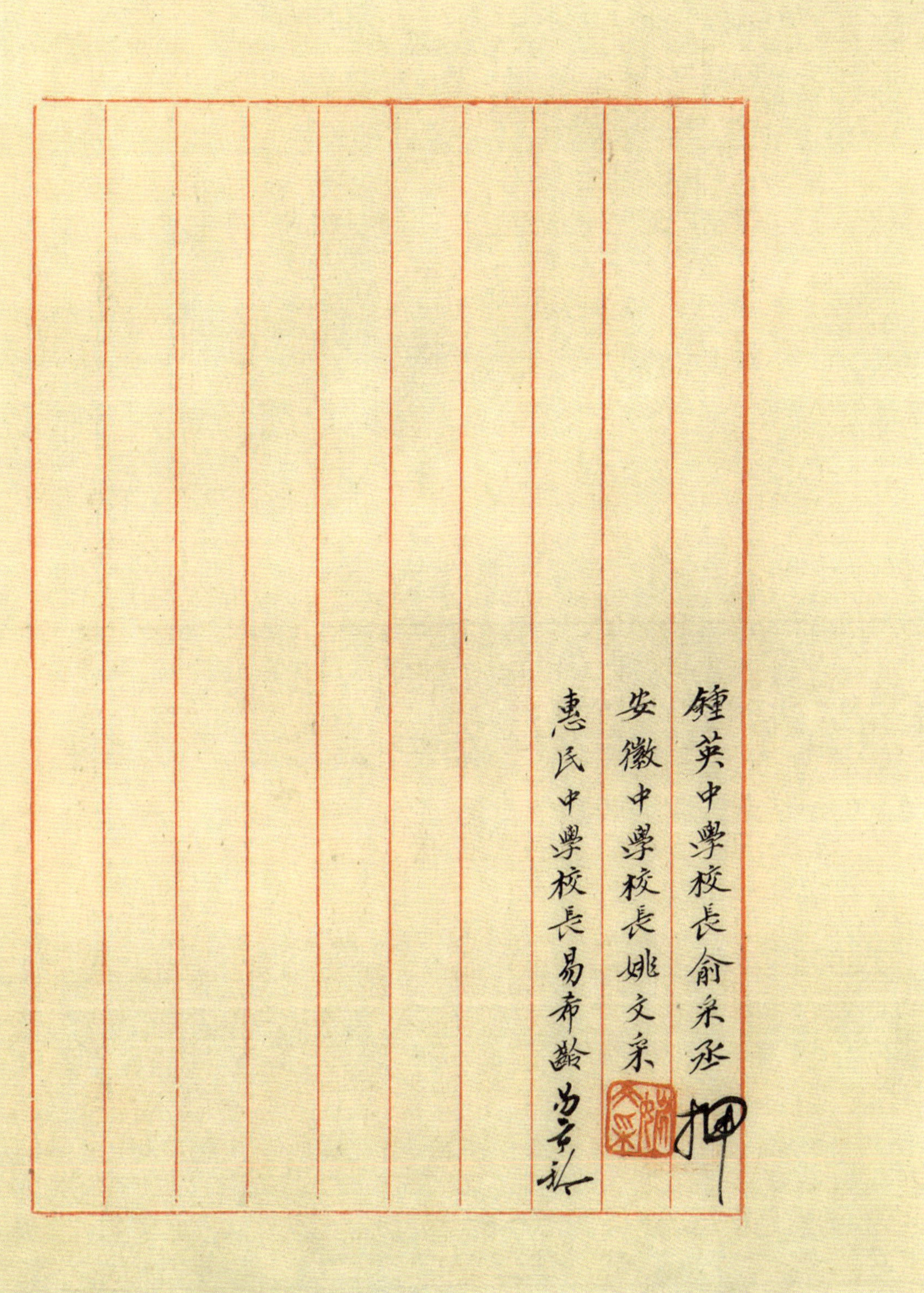

鍾英中學校長俞采丞 押

安徽中學校長姚文采

惠民中學校長易希齡

中華民國三十六年九月一日

預算表：

(1) 每班鐘點總數	
1、授課鐘點	36小時
2、改卷鐘點（國英算）	6
3、試驗鐘點（每班兩組每組兩小時）	4
4、級任導師	6
5、行　政	12
6、監視自習（早晚及空堂）	6
共計	70

每專任以20小時計算　70÷20＝3.5　共計三個半專任

(2) 根據　鈞局標準計算

(a) 每班以40人計算扣除20%免費

學費150,000元、生活補助費360,000元

共計510,000元、

510,000元×40×(1－20/100)＝16,320,000元（每學期）

16,320,000元÷6＝2,720,000元（每月）

2,720,000÷3.5＝777,000元（每專任每月之薪）

(b) 每班以50人計算扣除20%免費

510,000元×50×(1－20/100)＝20,400,000元

20,400,000÷6＝3,400,000元（每月）

附（一）預算表

3,400,000÷3.5=970,000（每專任每月之薪）

(3)根據上學期學補費增加二倍計算

(a)每班40人計算扣除20%免費

學費 150,000

生活補助費 510,000

共計 660,000

$660,000\times40\times(1-\frac{20}{100})=21,120,000$元

21,120,000÷6=3,520,000元（每月總數）

3,520,000÷3.5=1,005,000元（每專任每月之薪）

(b)每班50人計算扣除20%免費

$660,000$元$\times50\times(1-\frac{20}{100})=26,400,000$元

26,400,000元÷6=4,400,000元（每月總數）

4,400,000÷3.5=1,257,000元（每專任每月之薪）

附呈中大附中繳費表，并有其他公立學校自費班擬收建築費等八十萬元。

請求事項

一、前訂之預算乃按生活狀況之最低限度

二、勝利後房屋失修校具缺乏故擬收之

建築費　拾萬元

桌椅代辦費　拾萬元（新生、只收一次）

寄宿生膳費　拾萬元（新生）

有試驗者另增試驗費

附（二）請求事項

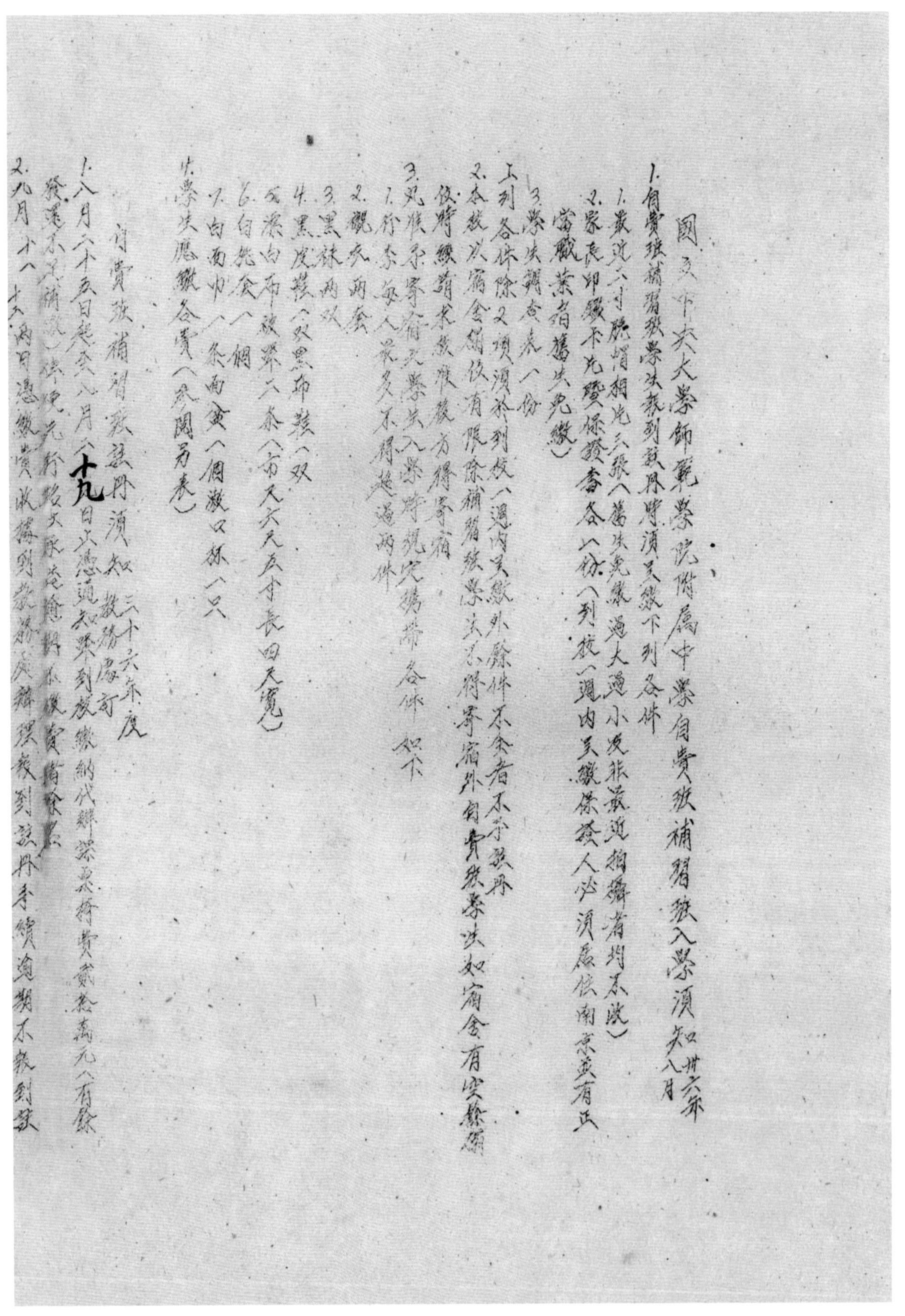

國立中央大學師範學院附屬中學自費班補習班入學須知 卅六年八月

1. 自費班補習班學生報到註冊時須呈繳下列各件
 1. 最近二寸脫帽相片三張（舊生免繳，過大過小及非最近相片者均不收）
 2. 家長印鑑卡兩張保證書各一份（到校一週內呈繳，保證人必須居住南京並有正當職業者，舊生免繳）
 3. 學生調查表一份
 上列各件除第2項須於到校一週內呈繳外，餘件不全者不予註冊
2. 本校以宿舍缺少，僅有限，除補習班學生不得寄宿外，自費班學生如宿舍有空餘額，依時繳清各款後方得寄宿
3. 凡准予寄宿之學生入學時規定攜帶各件如下
 1. 行李每人最多不得超過兩件
 2. 襯衣兩套
 3. 黑襪兩雙
 4. 黑皮鞋一雙（黑布鞋一雙）
 5. 漂白布被單二條（市尺六尺五寸長四尺寬）
 6. 白瓷碗一個
 7. 白面巾一條、面盆一個、漱口杯一只
4. 學生應繳各費（參閱另表）

自費班補習班註冊須知 三十六年度 教務處訂

1. 八月二十五日起至八月二十九日止憑通知單到校繳納代辦雜費貳拾萬元（有餘發還不足補繳）并憑先行將繳費單領取，逾期不繳費者作廢
2. 九月十八十九兩日憑繳費收據到教務處辦理報到註冊手續，逾期不報到註

附（三）國立中央大學師範學院附屬中學自費班補習班入學須知、注册須知、繳費表及新舊生繳費一覽表

發還不足補繳）係便先行根大家意見不收費者無

2.九月十八、十九兩日憑繳費收據到教務處辦理報到該科手續逾期不報到該科者除名

3.報到時憑繳費收據領取入學證存表發各處手續完畢後再到教務處領取科發英由該科組發給

繳費表

費別	數額	備考
建設費	叁萬元	
雜費	伍萬元	
書費	貳拾萬元	
膳費	伍拾萬元	米膳者減半不代膳者免
代收代辦各費	貳拾萬元	有餘發還不足補繳

國立中央大學師範學院附屬中學
三十六年度第一學期新舊生繳費一覽表

項目			數目	備註
設備費			壹拾萬元正	包括修繕圖書體育美勞理科健康等設備
雜費			伍萬元正	包括水電煤等補助費
膳費			伍拾萬元正	以五個月計核多退少補
制服費	高中男生		貳拾伍萬元正	高中男生規定縫製黃卡其布制服女生規定縫陰丹士林布長旗衫初中男女生規定縫製童軍裝均以最低限度一套計列舊生已有制服者免繳制服費多退少補
	高中女生		壹拾貳萬元正	
	初中男女生		貳拾伍萬元正	
總計	舊生	自費	陸拾伍萬元正	加縫制服者照數增繳
		半公費	肆拾萬元正	仝上
		全公費	壹拾伍萬元正	仝上
	新生	高中男	玖拾萬元正	
		高中女	柒拾柒萬元正	
		初中	玖拾萬元正	

三十六年八月

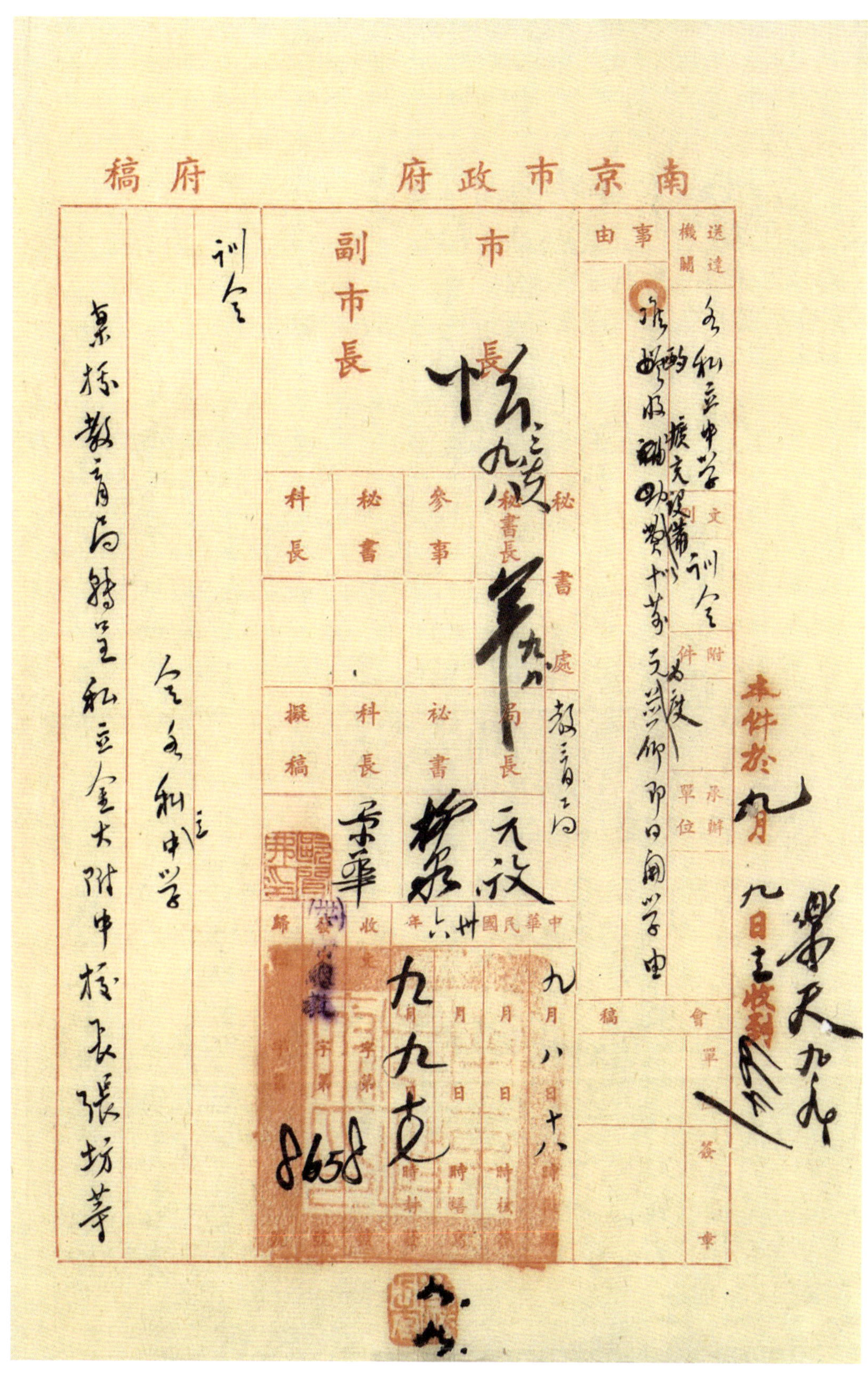

南京市政府給市各私立學校的訓令（一九四七年九月九日）

檔號：1003-7-200

本年九月一日並以本會議會核定收費表不敷開支，請維持原標准訂收費數額等情，請核示。查本市私立中等學校三十六年度第一學期收費表前經教育局轉呈到府，送由本會議決後方通過，並令行各學校遵照在案。該項收費表在本會討論時，對於社會經濟能力及學校需要，均經詳為審核，始成決議，各校長於此經過情形，當所深悉，自應遵辦。惟各校設備必需充實，亦係實情，此次所擬加收，如確有困難，姑准增收充設備費，以十萬元為度，並須先行呈准方可徵收雜費之最高額增加十萬元，即高初中最高數額原為三十萬元者改為四十六萬元，其餘各項照市參議會核定數額徵收，此外概不得別立名目，額外濫收，以維教育，即依照市參議會決

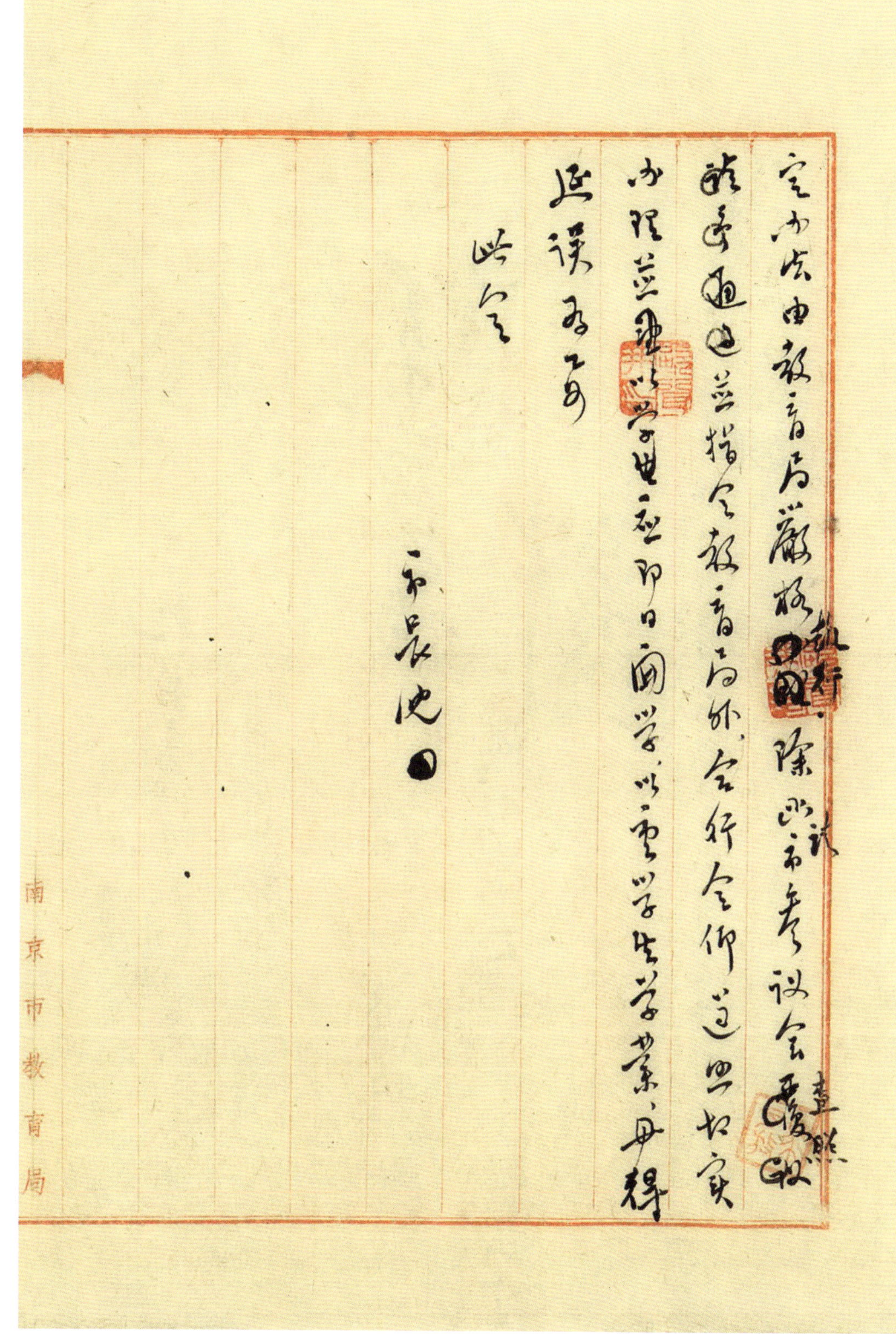

室亦应由教育局严格执行，除照市参议会议决函复查照，暨通过并指令教育局外，合行令仰遵照切实办理，并转饬所属中学即日开学，以重学生学业，毋得延误为要。

此令。

市长沈

南京市教育局

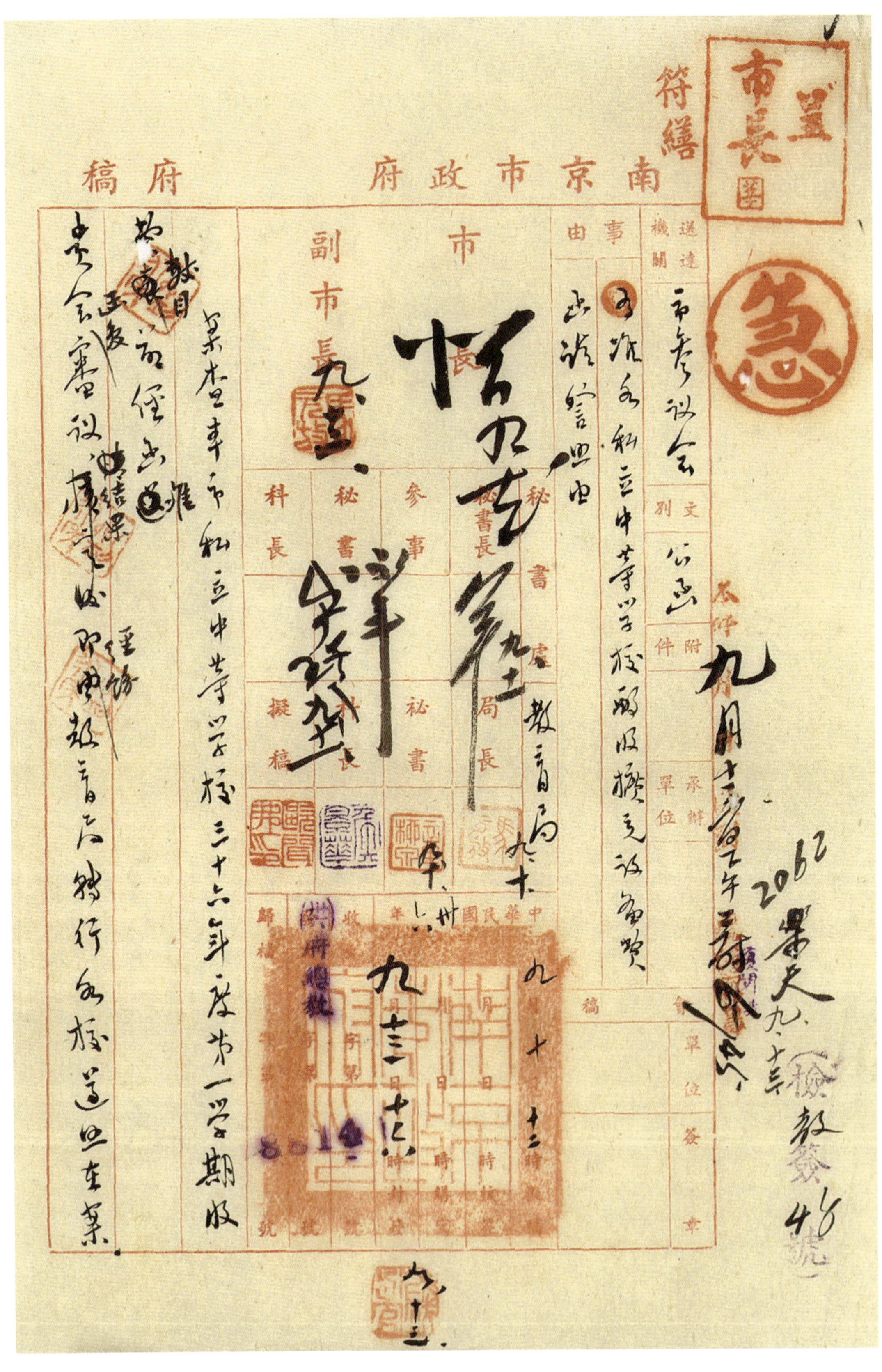

南京市政府稿

符繕

送達機關：市參議會

文別：公函

事由：爲准函私立中華女子中學校所收撥充設備費函請查照由

案查本市私立中華女子中學校三十六年度第一學期收[illegible]

貴會審議[illegible]結果[illegible]經飭即由教育局轉行該校遵照在案

南京市政府給市參議會的公函（一九四七年九月十三日）

檔號：1003-7-200

茲據教育局轉呈私立金大附中校長張坊等呈，以奉
頒核定數額不敷開支，應請維持原訂高初中學費及勤師生補助書籍費，並比照中大附中辦法，准予增收學費情形，核示前來。查該項收費表，查前經
貴會討論決定，對於社會經濟能力及學校需要，均經詳
妥為斟酌，始成決定，自未便有所變更；惟該私立中學自為…以來，因限
於經費，對於各項設備，與擬同酒…之實，亦係實情，
經准予擬具實際需要，酌收擴充設備費，以十萬元為度，
仍須先經呈准，方可徵收，其餘各項，悉照
貴會核定數額，不得浮收，並由教育局依
貴會決定，分飭私立中學嚴格執行。除令飭私立中學並指令

教育局遵照外，相应函请

警察局查照为荷。

此致

南京市参议会

市长沈〇

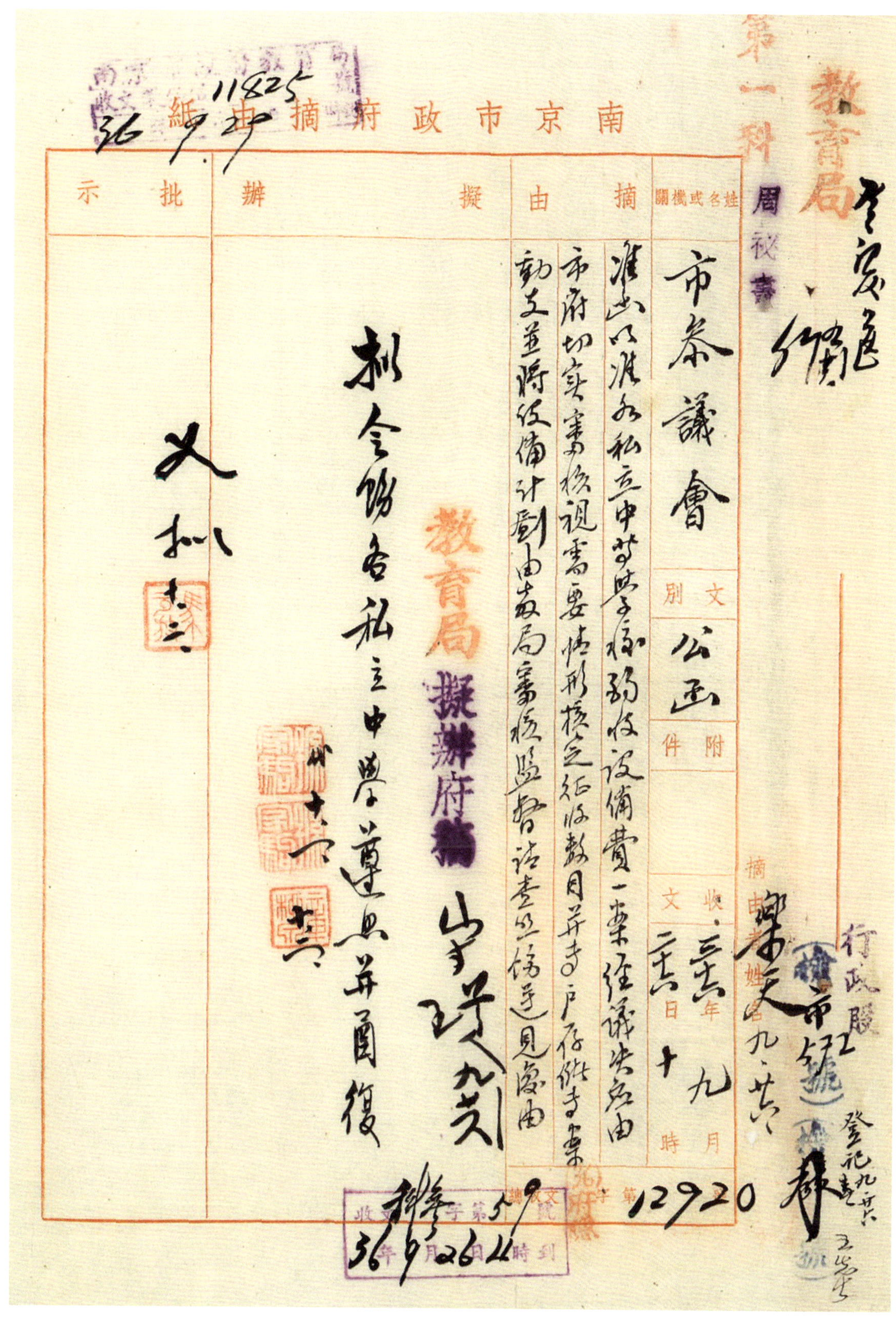
南京市政府摘由紙

姓名或機關	摘由	擬辦	批示
市參議會	准函以准各私立中學藉口收設備費一案經議決函由市府切實審核視需要情形核定征收數目并專戶存儲專案動支並將征備計劃由本局審核監督請查照飭遵見復由	教育局 擬辦府稿 轉令飭各私立中學遵照并函復	文 擬
文別：公函			
附件			
收文：三十六年九月二十日十時			

南京市參議會給市政府的公函（一九四七年九月二十三日）

檔號：1003-7-200

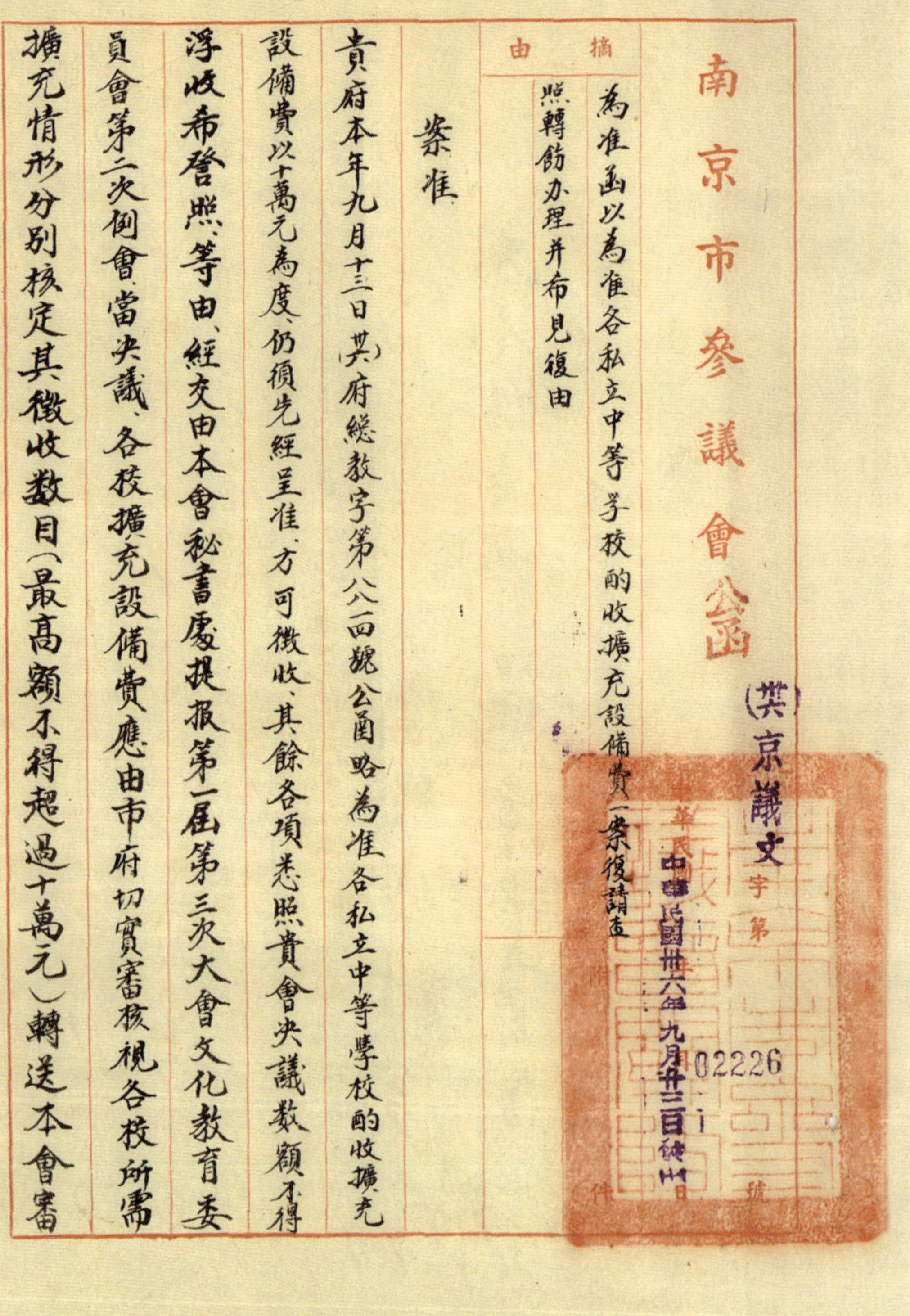

南京市參議會公函

(卅六)京議文字第02226號

中華民國卅六年九月廿三日

摘由：為准函以為准各私立中等学校酌收擴充設備費一案復請查照轉飭办理并布見復由

案准

貴府本年九月十三日(卅六)府總教字第八八四號公函略為准各私立中等學校酌收擴充設備費以十萬元為度、仍須先經呈准、方可徵收、其餘各項悉照貴會決議數額不得浮收希詧照、等由、經交由本會秘書處提報第一屆第三次大會文化教育委員會第二次例會、當決議、各校擴充設備費應由市府切實審核視各校所需擴充情形分別核定其徵收數目(最高額不得超過十萬元)轉送本會審

議至各校所收此項建設費應專户存儲專案動支純以擴充設備為限並由各校提出擴充設備計劃由教育局負責審核監督等語紀録在卷

准函前由相應録案復請

查照办理並轉飭遵照見復為荷！

此致

南京市政府

議長　陳裕光

校對　莫覺奎

監印　顔瑞卿

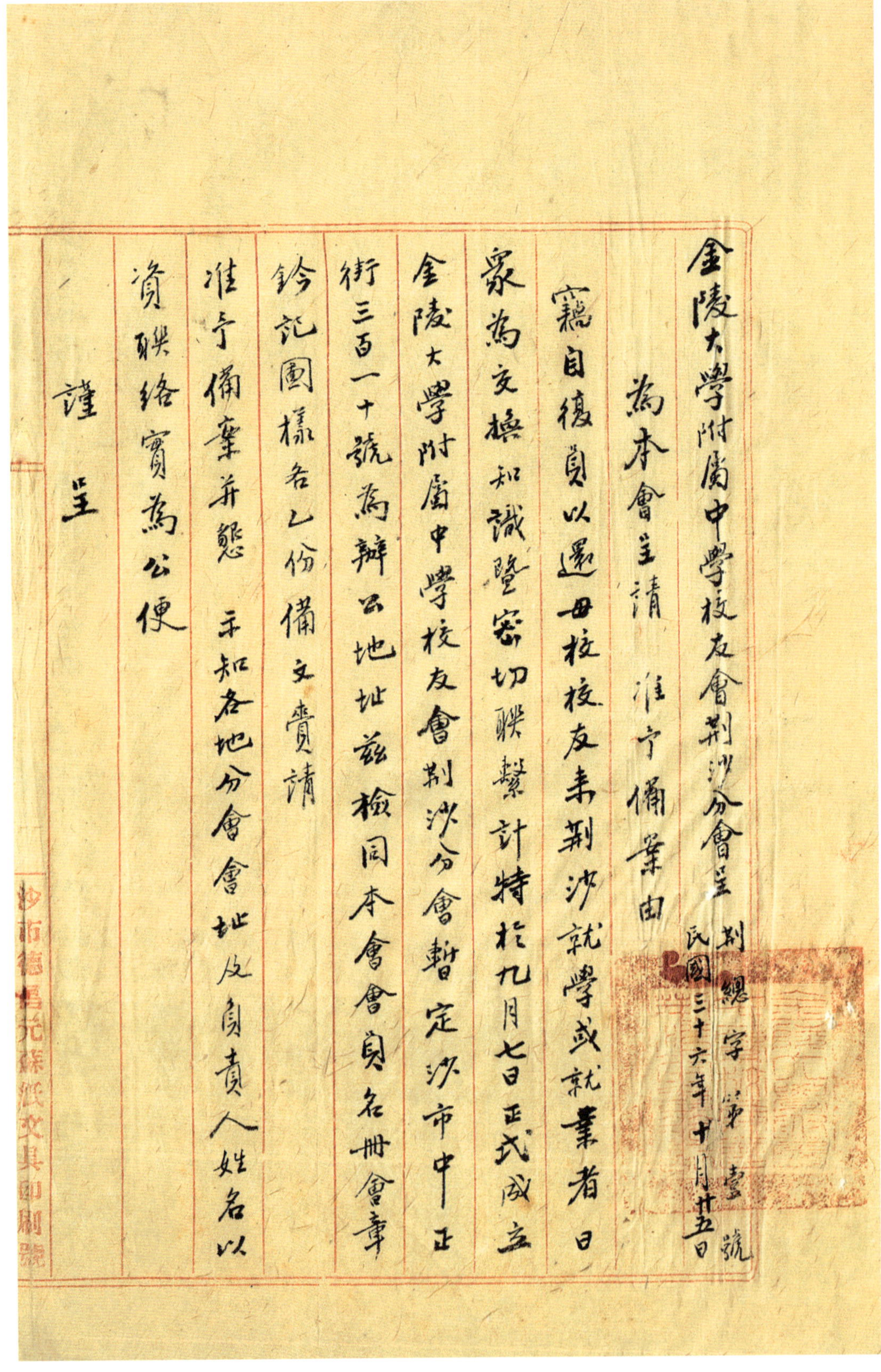

金陵大學附屬中學校友會荊沙分會呈 荊總字第壹號
民國三十六年十月廿五日

為本會呈請 准予備案由

竊自復員以還母校校友來荊沙就學或就業者日衆為交換知識暨密切聯繫計特於九月七日正式成立金陵大學附屬中學校友會荊沙分會暫定沙市中正街三百一十號為辦公地址茲檢同本會會員名冊會章鈐記圖樣各乙份備文賫請

准予備案并懇 示知各地分會會址及負責人姓名以資聯絡實為公便

謹呈

沙市德昌元紙文具印刷號

南京市私立金陵大學附屬中學校友會荊沙分會爲成立後準予備案給總會長張坊的呈文及附件

（一九四七年十月二十五日）

檔號：1009-1-568

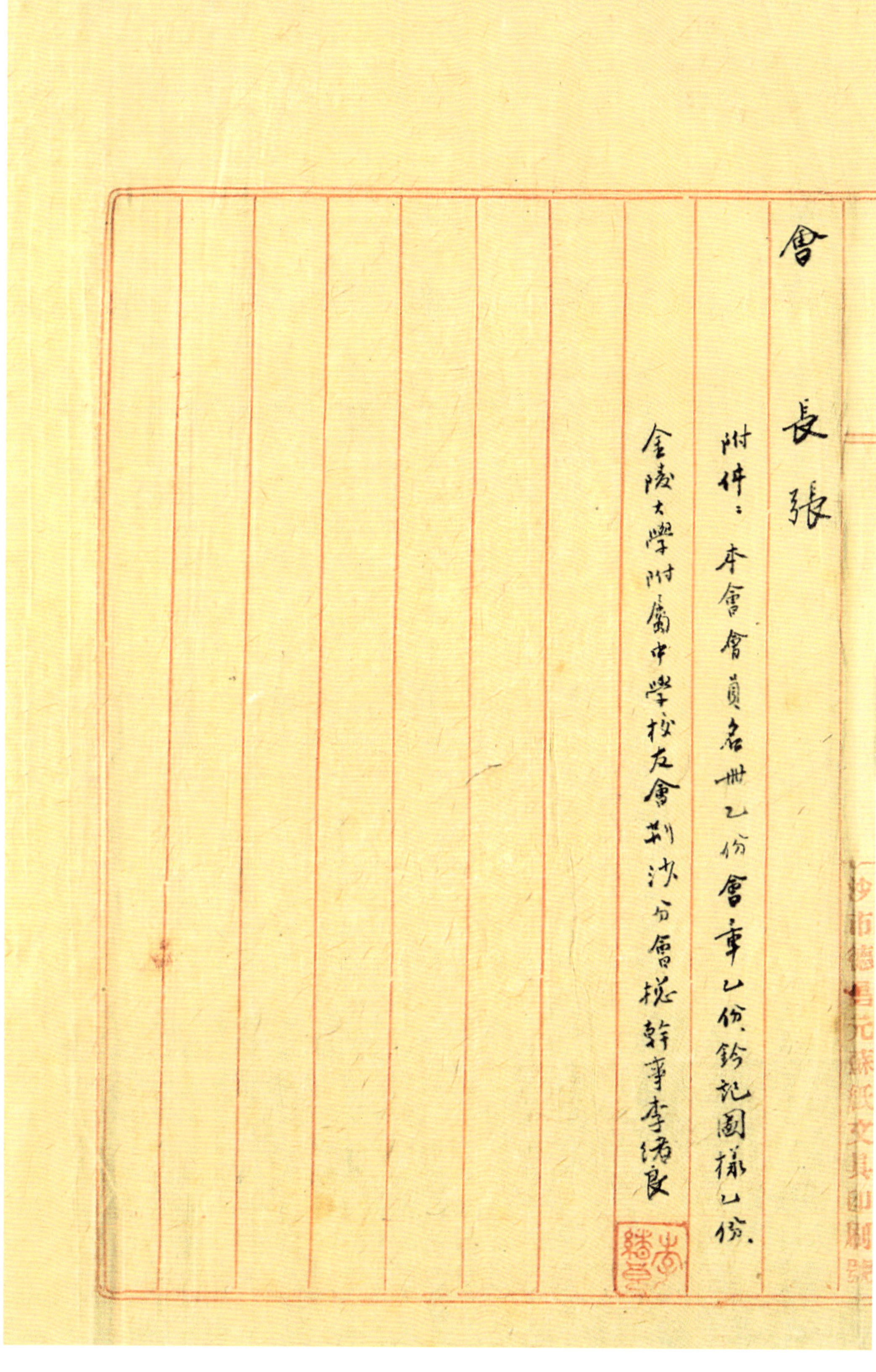

會長張

附件：本會會員名冊一份、會章一份、鈐記圖樣一份。

金陵大學附屬中學校友會荆沙分會總幹事李緒良

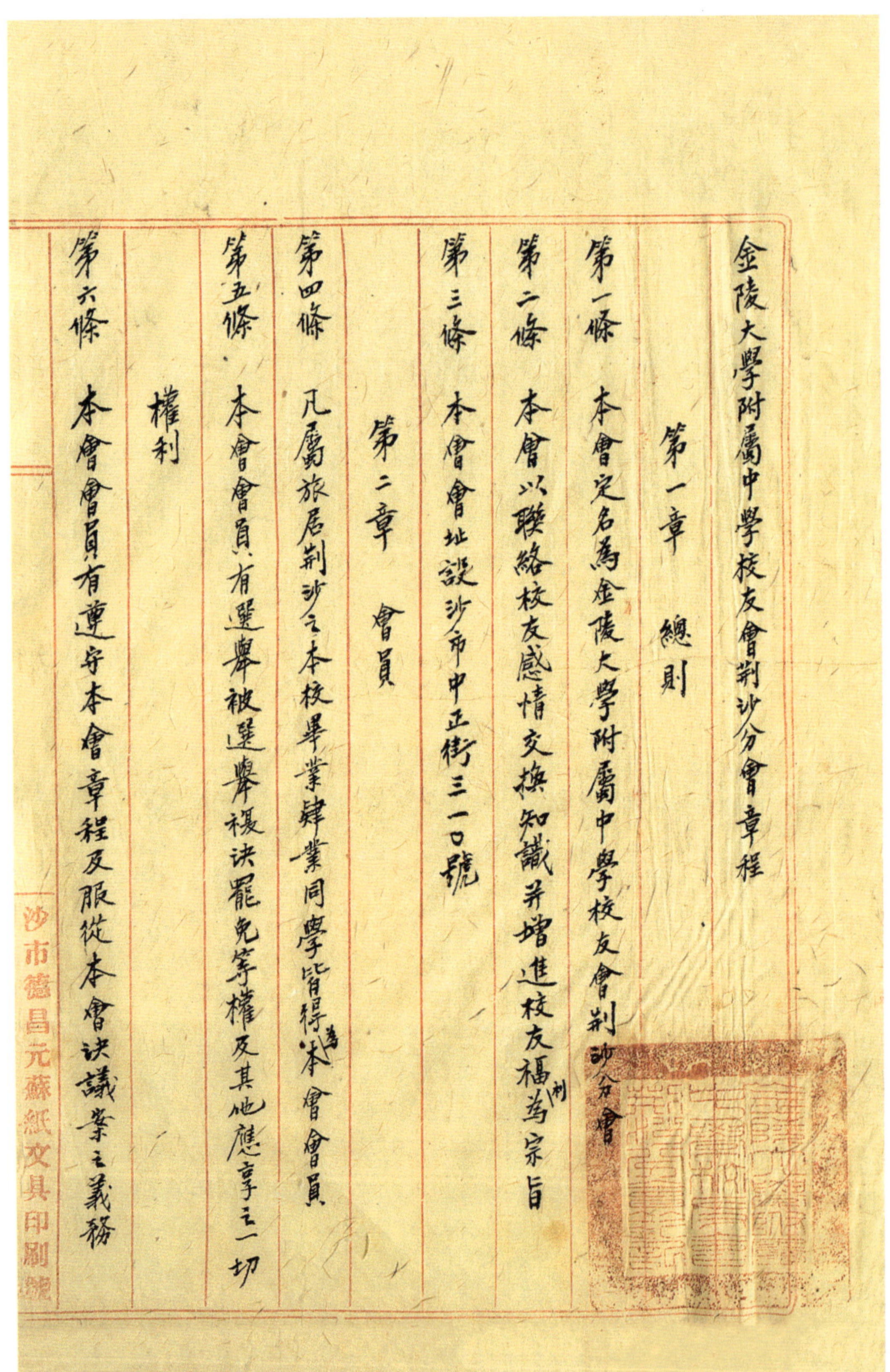

金陵大學附屬中學校友會荊沙分會章程

第一章　總則

第一條　本會定名爲金陵大學附屬中學校友會荊沙分會

第二條　本會以聯絡校友感情交换知識并增進校友福利爲宗旨

第三條　本會會址設沙市中正街三一〇號

第二章　會員

第四條　凡屬旅居荊沙之本校畢業肄業同學皆得爲本會會員

第五條　本會會員有選舉被選舉複决罷免等權及其他應享之一切權利

第六條　本會會員有遵守本會章程及服從本會决議案之義務

沙市德昌元蘇紙文具印刷號

附（一）金陵大學附屬中學校友會荊沙分會章程

第三章 組織及任務

第七條 本會最高權力機關為會會員大會

第八條 本會會員大會由全體會員組織之其任務如左

一、選舉幹事及總幹事

二、議決及變更章程

三、討論會務

四、處理總幹事及幹事不能解決之一切案件

第九條 本會採直接選舉制選舉總幹事一人幹事一人

第十條 總幹事之職權如左

一、處理會務

二、召集會員大會並執行其議決案

第十一條 幹事協助總幹事處理會務

第十二條 本會職員有左情事之一者應即解任

一、因不得已事故經會員大會議決准予退職者

二、曠廢職務經會員大會議決罷免退職者

三、有違背會章或其他重大情節經會員大會議決令其退職者

第十三條 本會總幹事及幹事任期為一年連選則連任之

第十四條 本會會員大會每年召開一次必要時得召開臨時會議

第五章 經費及會計

第十五條 事務費經會員大會議決由全体會員均攤之

第十六條　本會會計年度以每年年終止所有經費收支狀況於會員大會時列賬公佈

第七章　附則

第十七條　本章程如有未盡事宜得由會員大會議決修改之

第十八條　本章程經會員大會通過并呈總會核准後施行

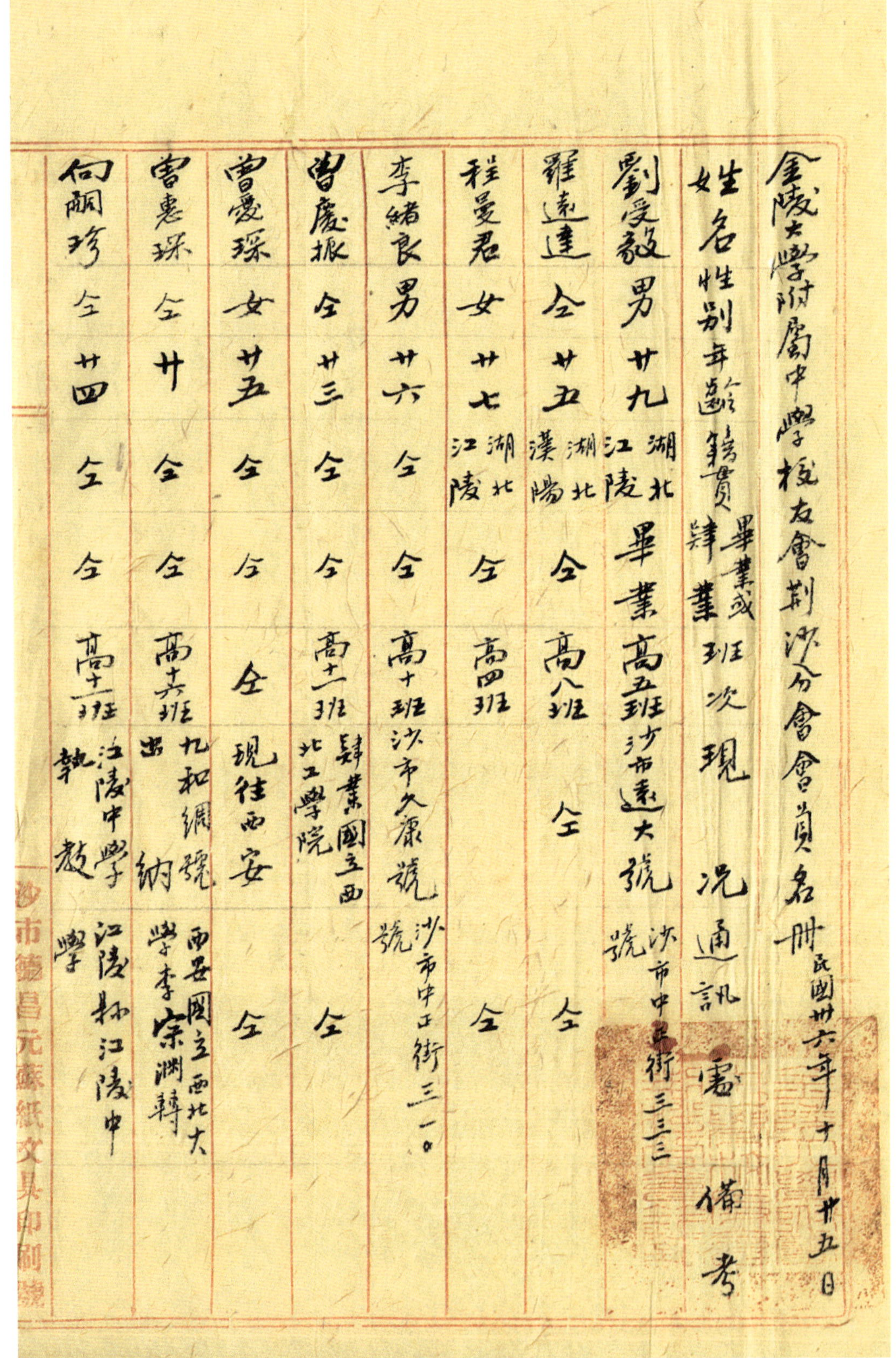

金陵大學附屬中學校友會荊沙分會會員名冊 民國卅六年十月廿五日

姓名	性別	年齡	籍貫	畢業或肄業	班次	現況	通訊處	備考
劉受敎	男	廿九	湖北江陵	畢業	高五班	沙市遠大號	沙市中正街三三三號	
羅遠達	仝	廿五	湖北漢陽	仝	高八班	仝	仝	
程曼君	女	廿七	湖北江陵	仝	高四班		仝	
李緒良	男	廿六	仝	仝	高十班	沙市久康號	沙市中正街三一〇號	
曾慶振	仝	廿三	仝	仝	高十一班	肄業國立西北工學院	仝	
曾慶琛	女	廿五	仝	仝	仝	現往西安	仝	
曾惠琛	仝	廿	仝	仝	高十五班	九和綢號出納	西安國立西北大學李宗淵轉	
何酮玲	仝	廿四	仝	仝	高十二班	江陵中學執教	江陵縣江陵中學	

沙市德昌元蘇紙文具印刷號

附（二）金陵大學附屬中學校友會荊沙分會會員名冊

吳樹梅	男	廿三	湖北麻城	畢業	高十五班	沙市吉昌鴻号	沙市中山路一三八号
馮廷儀	仝	廿二	湖北武昌	仝	仝	肄業國立湖北師範学院	沙市國立湖北師範学院
李華	仝	廿三	仝	仝	高十七班	沙市中國銀行	沙市中國銀行
陶海化	仝	廿六	安東安東	肄業	初五班	沙市招商局	沙市招商局
許玉屏	女	廿三	湖北雲夢	仝	初七班	肄業國立湖北師範学院	沙市國立湖北師範学院
張緒泉	男	廿三	湖北漢陽	畢業	初八班	仝	仝
崔傳禮	仝	廿	湖北江陵	肄業	高六班	沙市新民小学任教	沙市節孝坊新民小學
馮範臣	仝	廿	湖北麻城	畢業	初十三班	沙市裕安号	沙市中山裕華綢緞子波裕安号
袁後璉	女	十九	湖北江陵	肄業	高廿一班		沙市中山路九新綢号
程曼華	仝	廿四	湖北江陵	仝	高十三班		沙市中正街同康烟店後

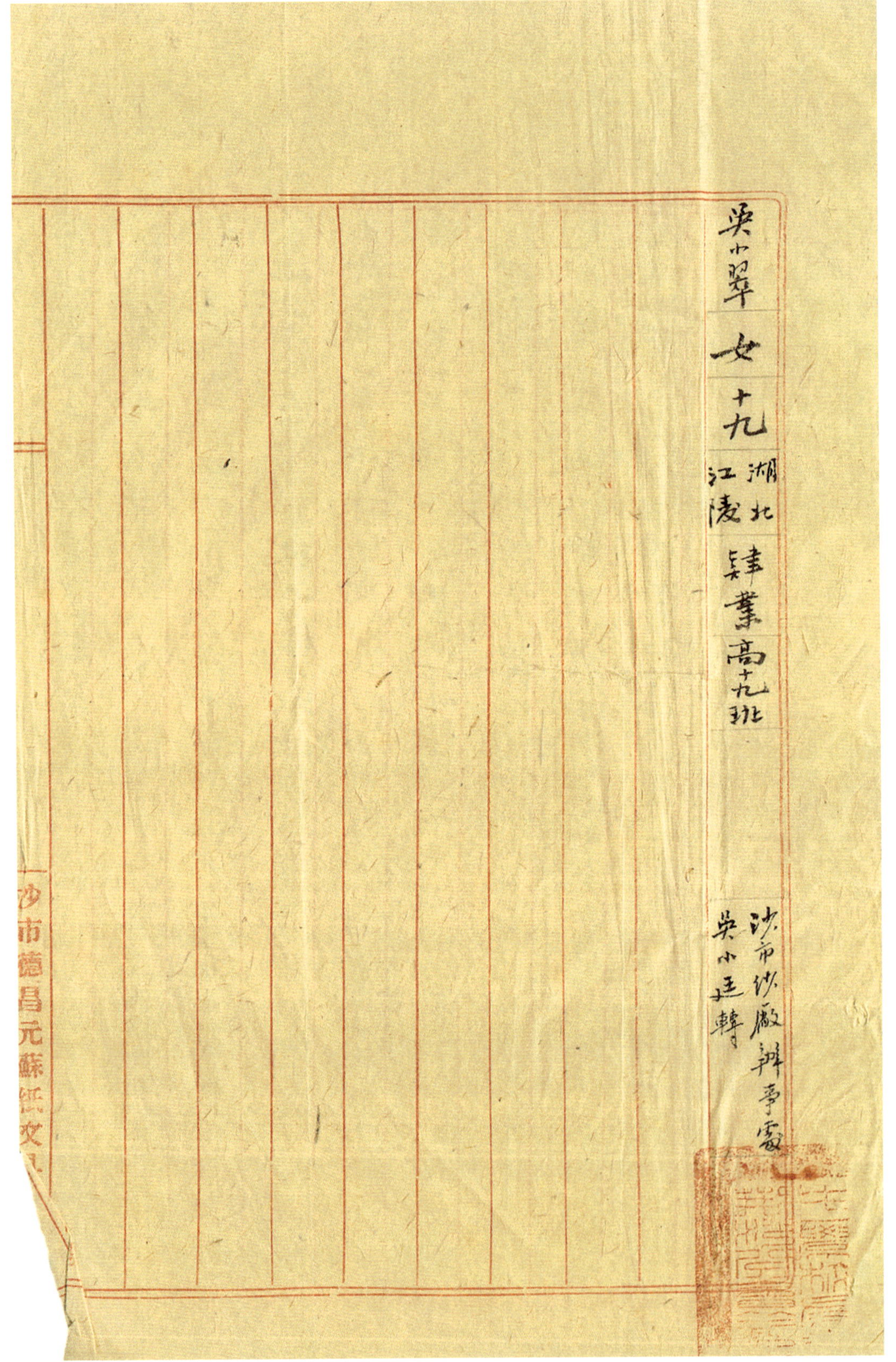
吴小翠　女　十九　湖北江陵　肄業高十九班　沙市紗廠辦事處吴小廷轉

沙市德昌元蘇紙文具

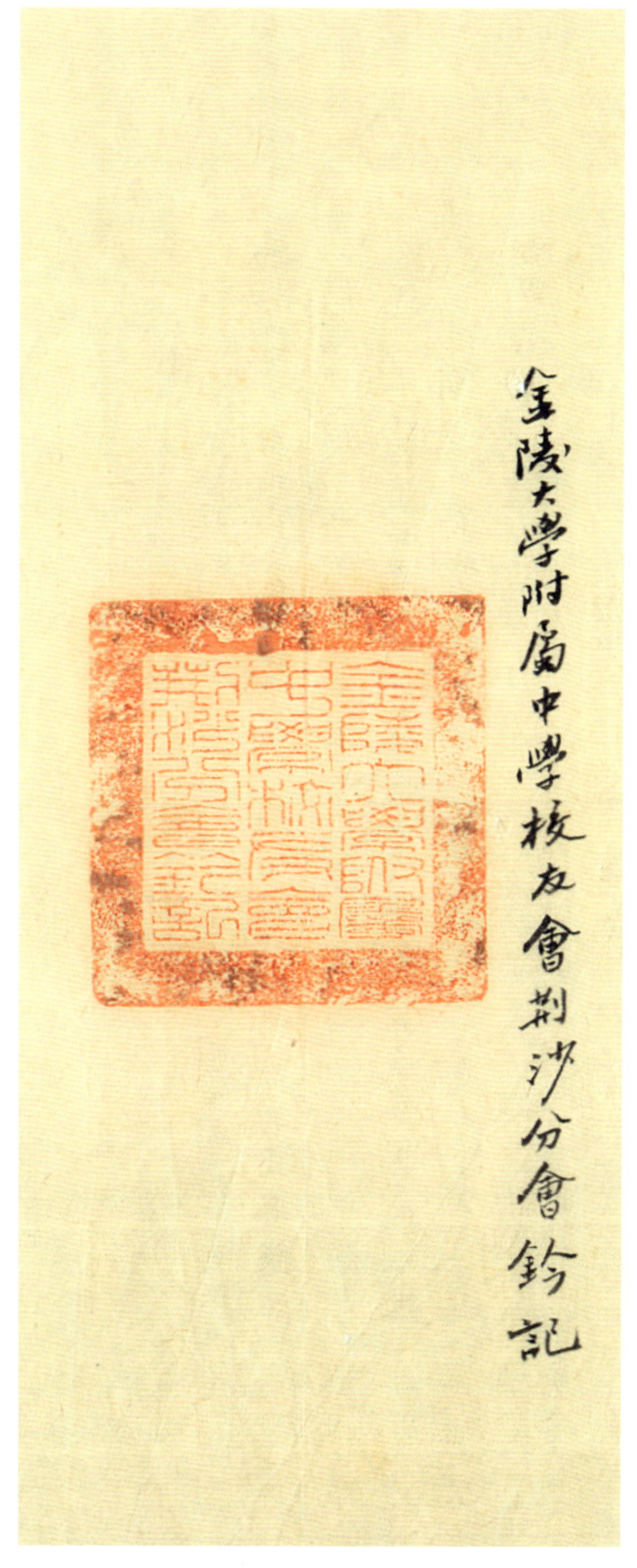

附（三）金陵大學附屬中學校友會荆沙分會鈐記

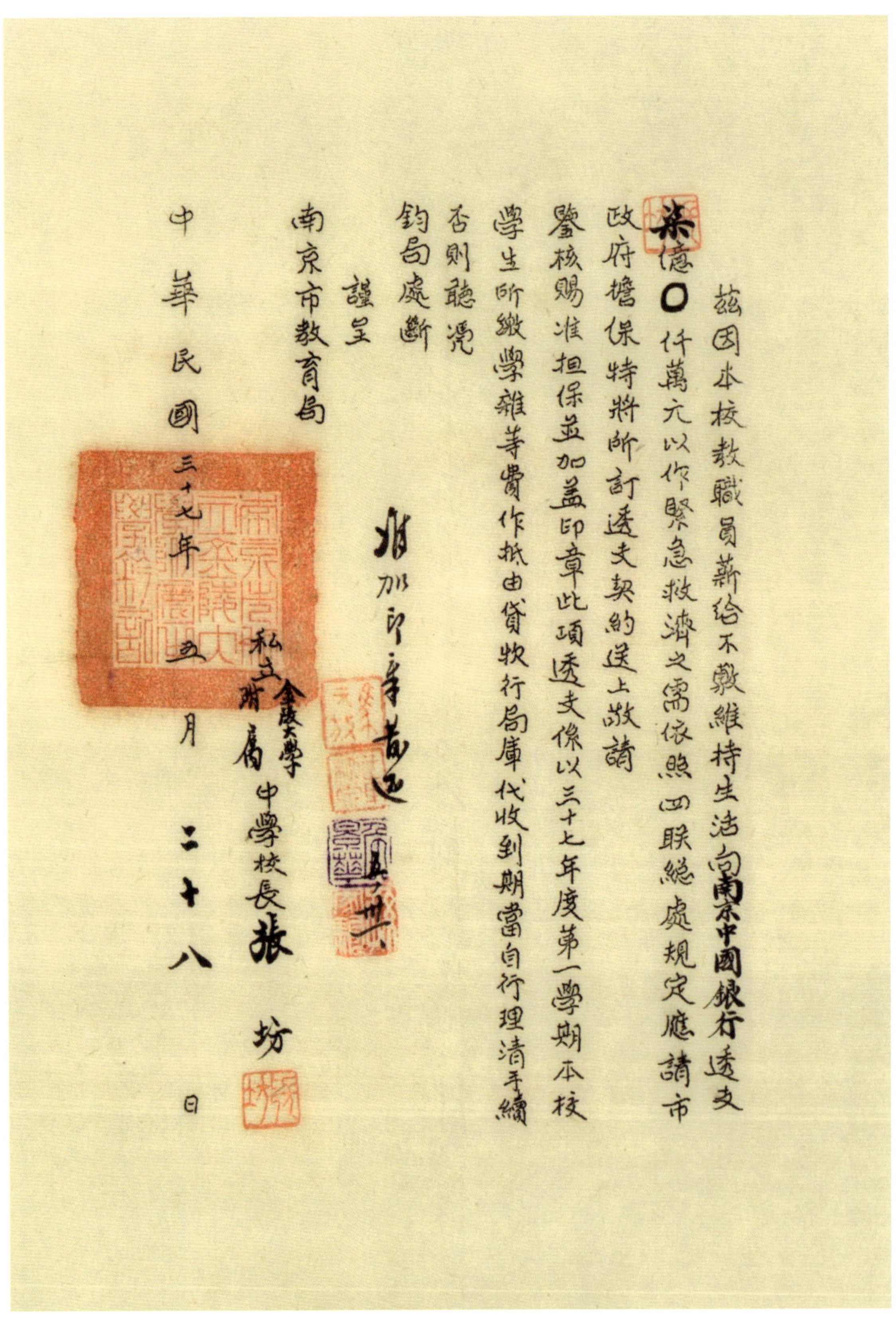
茲因本校教職員薪給不敷維持生活向南京中國銀行透支柒億〇仟萬元以作緊急救濟之需依照四联總處規定應請市政府擔保特將所訂透支契約送上敬請鑒核賜准担保並加蓋印章此項透支係以三十七年度第一學期本校學生所繳學雜等費作抵由貸款行局庫代收到期當自行理清手續否則聽憑鈞局處斷

謹呈

南京市教育局

准加印章 黃邁 五、卅

私立金陵大學附屬中學校長 張坊

中華民國三十七年五月二十八日

南京市私立金陵大學附屬中學爲向中國銀行申請貸款請市教育局給予擔保的呈文及收到該局發還貸款契約的收據（一九四八年五月二十八日）

檔號：1003-7-339

收到

南京市教育局加印　費遞遠支（由圖經新

費約五作

金專教費張坊畫

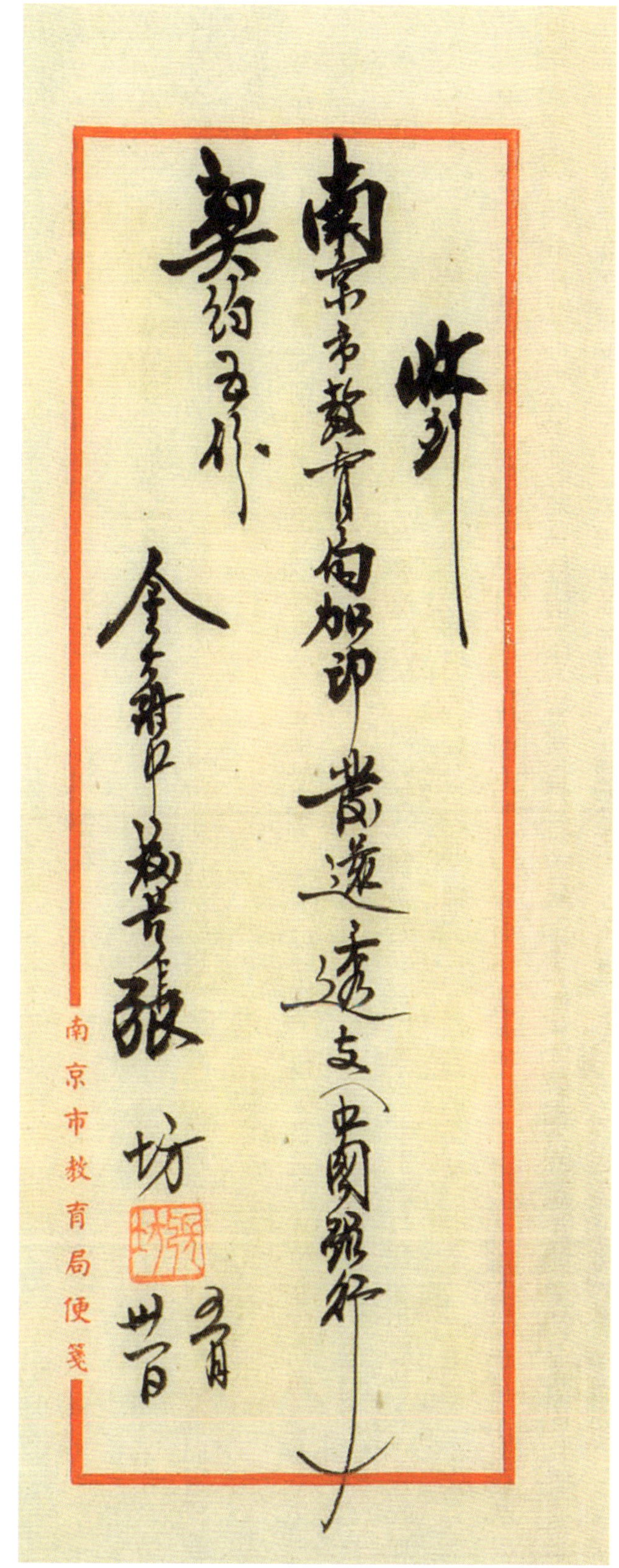

後　記

一八八八年，美國基督教美以美會在南京幹河沿一號（今中山路一百六十九號）創辦了匯文書院，采用西方的學校制度、課程設置、辦學標準、教學方法、學校管理和教育思想，影響和推動了當時的南京教育向近代教育的轉型。

一八九〇年，匯文書院創辦了成美館，正式設立中學部。一八九二年，匯文書院分大學堂、高等學堂、中學堂、小學堂四級，每級學制均爲四年。一九一〇年，匯文書院與宏育書院合并爲金陵大學堂，中學堂更名爲金陵大學附屬中學（簡稱金大附中）。在這個時期，劉鏡澄、劉靖夫、張坊等一批中國教育家相繼執掌學校管理和教學，奠定了金大附中在近代南京教育中的地位，獲得『北南開、南金中』的美譽。

一九三七年十二月，張坊校長帶領金大附中部分師生西遷，在四川萬縣艱難創辦了萬縣金陵中學，在成都設立駐蓉分部。侵華日軍占領南京時期，德國友人約翰·拉貝曾將金大附中作爲國際紅十字會南京安全區難民收容所之一。留守南京的金大附中師生們救助難民、守護校産、曲折辦學，先後辦起金陵補習學校、鼓樓中學、同倫中學和南京金陵中學。抗戰勝利後，萬縣金陵中學及駐蓉分部于一九四六年遷回南京，與南京金陵中學合并，恢復校名爲金陵大學附屬中學。

中華人民共和國成立後，金陵大學附屬中學與金陵女子文理學院附屬中學于一九五一年合并，改名爲南京市第十中學。一九五六年，南京市教育局確立南京市第十中學爲南京市重點中學。一九八八年四月，經南京市人民政府批準，學校更名爲南京市金陵中學，校名沿用至今。

金陵中學創辦迄今，已有一百三十三年的歷史，其檔案材料分別藏于南京、重慶等地的檔案館、圖書館等處。爲薪火相繼，傳承優秀文化，特匯編該校近代教育檔案。本書由南京市檔案館與南京市金陵中學聯合編纂。金陵中學彭衛平、陳建華、許春華、楊敏等同志積極配合，南京市檔案館朱美、華雲、封慶徵等同志在檔案數據審核、提供等方面給予大力支持，在此一并感謝！

編者